Kollmann

Akzeptanz innovativer Nutzungsgüter und -systeme

nbf neue betriebswirtschaftliche forschung

(Folgende Bände sind zuletzt erschienen:)

Band 122 Prof. Dr. Sabine Spelthahn
Privatisierung natürlicher Monopole

Band 123 Prof. Dr. Wolfgang Kürsten
Finanzkontrakte und Risikoanreizproblem

Band 124 Dr. Bernd Eggers
Ganzheitlich-vernetzendes Management

Band 125 Dr. Martin Scheele
Zusammenschluß von Banken und Versicherungen

Band 126 Dr. Joachim Büschken
Multipersonale Kaufentscheidungen

Band 127 Dr. Peter Walgenbach
Mittleres Management

Band 128 Mag. Dr. Dietmar Rößl
Gestaltung komplexer Austauschbeziehungen

Band 129 Prof. Dr. Hans-Joachim Böcking
Verbindlichkeitsbilanzierung

Band 130 Prof. Dr. Michael Wosnitza
Kapitalstrukturentscheidungen in Publikumsgesellschaften

Band 131 Prof. Dr. Dirk Möhlenbruch
Sortimentspolitik im Einzelhandel

Band 132 Prof. Dr. Diana de Pay
Informationsmanagement von Innovationen

Band 133 Dr. Thomas Jenner
Internationale Marktbearbeitung

Band 134 Dr. Wolfgang Weber
Insider-Handel, Informationsproduktion und Kapitalmarkt

Band 135 Dr. Hans Hirth
Kursbeeinflussung und fällige Optionen

Band 136 Dr. Insa Sjurts
Kontrolle, Controlling und Unternehmensführung

Band 137 Dr. Berit Sandberg
Mikrogeographische Marktsegmentierung in öffentlichen Betrieben und Verwaltungen

Band 138 Dr. Harmen Jelten
Computerstandards und die Theorie öffentlicher Güter

Band 139 Dr. Dominik Everding
Zinsänderungswirkungen in Modellen der Investitionsrechnung

Band 140 Prof. Dr. Margit Meyer
Ökonomische Organisation der Industrie

Band 141 Dr. Karen Gedenk
Strategie-orientierte Steuerung von Geschäftsführern

Band 142 Prof. Dr. Werner Neus
Zur Theorie der Finanzierung kleinerer Unternehmungen

Band 143 Dr. Regina Ruppert
Individualisierung von Unternehmen

Band 144 Dr. Frank Jacob
Produktindividualisierung

Band 145 Dr. Georg-Michael Späth
Preisstrategien für innovative Telekommunikationsleistungen

Band 146 Dr. Kai Reimers
Normungsprozesse

Band 147 Prof. Dr. Christian Homburg
Kundennähe von Industriegüterunternehmen

Band 148 Dr. Falko E. P. Wilms
Entscheidungsverhalten als rekursiver Prozeß

Band 149 Dr. Manfred Krafft
Außendienstentlohnung im Licht der Neuen Institutionenlehre

Band 150 Prof. Dr. Christof Weinhardt
Financial Engineering und Informationstechnologie

(Fortsetzung am Ende des Buches)

Betriebswirtschaftlicher Verlag Dr. Th. Gabler GmbH, Postfach 15 46, 65005 Wiesbaden

Tobias Kollmann

Akzeptanz innovativer Nutzungsgüter und -systeme

Konsequenzen für die Einführung von Telekommunikations- und Multimediasystemen

GABLER

Die Deutsche Bibliothek - CIP-Einheitsaufnahme

Kollmann, Tobias:
Akzeptanz innovativer Nutzungsgüter und -systeme : Konsequenzen für
die Einführung von Telekommunikations- und Multimediasystemen
/ Tobias Kollmann. - Wiesbaden : Gabler, 1998
(Neue betriebswirtschaftliche Forschung ; Bd. 239)
Zugl.: Trier, Univ., Diss., 1997
ISBN 3-409-12849-2

Alle Rechte vorbehalten

© Betriebswirtschaftlicher Verlag Dr. Th. Gabler GmbH, Wiesbaden, 1998
Lektorat: Claudia Splittgerber / Annegret Heckmann

Der Gabler Verlag ist ein Unternehmen der Bertelsmann Fachinformation GmbH.

Das Werk einschließlich aller seiner Teile ist urheberrechtlich geschützt. Jede Verwertung außerhalb der engen Grenzen des Urheberrechtsgesetzes ist ohne Zustimmung des Verlages unzulässig und strafbar. Das gilt insbesondere für Vervielfältigungen, Übersetzungen, Mikroverfilmungen und die Einspeicherung und Verarbeitung in elektronischen Systemen.

http://www.gabler-online.de

Höchste inhaltliche und technische Qualität unserer Produkte ist unser Ziel. Bei der Produktion und Auslieferung unserer Bücher wollen wir die Umwelt schonen: Dieses Buch ist auf säurefreiem und chlorfrei gebleichtem Papier gedruckt.

Die Wiedergabe von Gebrauchsnamen, Handelsnamen, Warenbezeichnungen usw. in diesem Werk berechtigt auch ohne besondere Kennzeichnung nicht zu der Annahme, daß solche Namen im Sinne der Warenzeichen- und Markenschutz-Gesetzgebung als frei zu betrachten wären und daher von jedermann benutzt werden dürften.

Druck und Buchbinder: Rosch-Buch, Scheßlitz
Printed in Germany

ISBN 3-409-12849-2

Geleitwort

Die höchsten Innovations- und Marktwachstumsraten liegen gegenwärtig in den Bereichen Telekommunikation und Multimedia, wobei das besondere Kennzeichen der hier angebotenen Problemlösungen in der Interaktivität zu sehen ist. Diese ist dabei jedoch nicht dichotom ausgeprägt, sondern bildet ein Kontinuum, das von einer starren Informationsabfrage in Datenbanken bis hin zur permanenten Wechselbeziehung zwischen Mensch und Maschine reicht. Die Interaktivität führt unmittelbar zu Besonderheiten in der Vermarktung, da sich der Kundenwert der angebotenen Problemlösungen erst bei der Nutzung durch die Anwender entfaltet. Dadurch erzielt ein Anbieter Erlöse nicht nur durch den Verkauf interaktiver Problemlösungen, sondern auch bei der Nutzung durch den Käufer. Als primäres Vermarktungsziel tritt damit die anhaltende und möglichst intensive Nutzung durch den Anwender in den Vordergrund der Betrachtungen. Problemlösungen, die diese Charakteristika aufweisen, werden in der vorliegenden Arbeit als *Nutzungsgüter* bezeichnet.

Die herausragende Bedeutung der Nutzungsebene für den Vermarktungserfolg führt dazu, daß aus marketingwissenschaftlicher Sicht die *Akzeptanz* in den Vordergrund der Betrachtung rückt. Akzeptanztheoretische Forschungen waren in der Vergangenheit vor allem im Business-Bereich vorzufinden, wobei ein Anwendungsschwerpunkt z. B. die Nutzung von Bürokommunikationssystemen durch die Mitarbeiter eines Unternehmens darstellte. Die Nutzung unterlag hier jedoch einem gewissen Zwang und akzeptanztheoretische Überlegungen bezogen sich vor allem auf die Entwicklung von Durchsetzungsstrategien. Nutzungsgüter hingegen zielen auch auf den Endnachfrager ab, und die Nutzung erfolgt auf freiwilliger Basis. Der Erfolg von Nutzungsinnovationen wird deshalb wesentlich dadurch bestimmt, inwieweit es den Anbietern gelingt, nutzungsbezogene Aspekte bereits in den Entwicklungsprozeß von Nutzungsgütern einfließen zu lassen.

Vor diesem Hintergrund wird in der vorliegenden Arbeit ein Akzeptanzmodell für Nutzungsgüter unter besonderer Berücksichtigung einer *freiwilligen* Nutzungsebene entwickelt, das auch eine Prognoseeignung besitzt und so verläßlichere Aussagen zur Akzeptanz bereits im frühen Stadium der Innovationsentwicklung erwarten läßt. In einem ersten Schritt wird zunächst der Untersuchungsgegenstand „technologische Innovationen im Bereich Nutzungsgüter" analysiert und die Bedeutung der Akzeptanz herausgearbeitet. Anschließend erfolgt eine Aufarbeitung der klassischen Akzeptanzforschung und - vor dem Hintergrund der Charakteristika von Nutzungsgütern - die Definition eines prozeßorientierten Akzeptanzbegriffs. Auf der Basis dieser Vorarbeiten wird dann ein dynamisches Akzeptanzmodell entwickelt, wobei gleichzeitig auch mögliche Einflußdeterminanten auf den Akzeptanzprozeß abgeleitet werden. Das generierte Akzeptanzmodell wird abschließend einer kausalanalytischen Prüfung unterzogen, wobei die Ergebnisse insgesamt die im theoretischen Teil der Arbeit generierten Hypothesen stützen. Der besondere Wert der empirischen Untersuchung ist dabei vor allem in dem Beleg zu sehen, daß mit Hilfe des hier entwickelten Akzeptanzmodells im Vergleich zu allein auf der Einstellungstheorie basierenden Modellen deutlich bessere Prognoseergebnisse erzielt werden können. Die Arbeit schließt mit Implikationen für die Erfolgsmessung/-prognose bei multimedialen Nutzungsinnovationen und gibt Empfehlungen für ein akzeptanzorientiertes Marketing-Management.

Die vorliegende Arbeit greift mit dem Untersuchungsobjekt „Nutzungsinnovationen" ein innovatives Anwendungsfeld auf, dem die bisherigen Erkenntnisse der Akzeptanzforschung nur bedingt gerecht werden können. Dabei werden neue Akzente für die Akzeptanzforschung gesetzt, die z. B. darin zu sehen sind, daß

- dem Akzeptanzbegriff der traditionellen Akzeptanztheorie ein neuer Akzeptanzbegriff entgegengesetzt wird. Durch das postulierte Ausprägungskontinuum der sog. Zwischenakzeptanzen ist der vom Verfasser vorgeschlagene Akzeptanzbegriff auch in der Lage, Nutzungsintensitäten abzubilden und überwindet damit die Dichotomie des klassischen Akzeptanzverständnisses.
- das dieser Arbeit zugrunde liegende Akzeptanzverständnis einer die Adoptions-, Einstellungs- und Akzeptanzforschung integrierenden Sichtweise entspricht, da die Akzeptanz nicht mehr allein auf die Nutzungsphase, sondern auch auf die Einstellungs- und Handlungsphase bezogen wird.
- ein dynamisches Akzeptanzmodell entwickelt wird, das eine phasenbezogene Analyse des Akzeptanzphänomens erlaubt und dem Marketing so eine vielversprechende Möglichkeit aufzeigt, auf der Basis kausaler Zusammenhänge Akzeptanzschranken frühzeitig zu erkennen.

Die in dieser Arbeit vorgetragenen Überlegungen liefern nicht nur Impulse für die weitere wissenschaftliche Forschung, sondern auch konkrete Anhaltspunkte für die Unternehmenspraxis, die aufgrund der zunehmenden Verbreitung von Nutzungsgütern immer stärker mit dem Akzeptanzproblem konfrontiert wird. Vor diesem Hintergrund ist der Arbeit sowohl in der Wissenschaft als auch in der Praxis eine breite Resonanz zu wünschen.

Univ.-Prof. Dr. Rolf Weiber

Vorwort

Die Analyse von Austauschprozessen zwischen den Marktteilnehmern ist von jeher Gegenstand des wissenschaftlichen und praktischen Interesses im Bereich absatzwirtschaftlicher Untersuchungen. Die Forschungsrichtung des *Käuferverhaltens* stellt dabei einen zentralen Baustein des Marketing dar, um die Erforschung der (potentiellen) Absatzmärkte mit den hier vorhandenen Kundenanforderungen zu ermöglichen. Die **Akzeptanzforschung** ist ein adäquates Werkzeug, um die Analyse des *Käuferverhaltens* zu unterstützen. Trotz der teilweise rudimentären Behandlung des Konstruktes „Akzeptanz" im Vergleich zu den verwandten Gebieten der Einstellungs- und Adoptionsforschung, erlebt der Begriff durch die Innovationen im Bereich **Multimedia und Telekommunikation** einen erneuten Aufschwung. Diese Arbeit hat es sich daher zum Ziel gesetzt, über eine absatztheoretische Analyse der Besonderheiten der Produktkategorie „Multimedia und Telekommunikation" (Nutzungsgüter und -systeme) die Entwicklung des Konstruktes „Akzeptanz" zu einem zentralen Teil der Forschungsrichtung *Käuferverhalten* zu unterstützen. Die notwendige Erweiterung der Theorie zur Beschreibung und Erklärung des kauf- und nutzungsabhängigen Markterfolgs von entsprechenden Nutzungsgütern bzw. deren Nutzungsinnovationen steht im Mittelpunkt der folgenden Ausführungen. Ein resultierendes dynamisches Akzeptanzmodell soll dabei sowohl für die Theorie als auch für die Praxis als Anregung fungieren.

Die vorliegende Arbeit wurde im Herbst 1997 vom Fachbereich IV der Universität Trier als Dissertation angenommen. Bei der Entstehung dieses Werkes wurde ich von zahlreichen Personen meines akademischen und privaten Umfeldes unterstützt, denen ich an dieser Stelle herzlich danken möchte.

Ein besonderer Dank gilt meinem akademischen Lehrer, Herrn *Prof. Dr. Rolf Weiber*, der nicht nur über Anregungen und Kritik, sondern auch durch seine permanente Diskussionsbereitschaft zu jeder Zeit zum Gelingen dieser Arbeit beigetragen hat. Als Hochschullehrer und als Mensch wird er mir stets ein Vorbild sein, wobei unsere produktive Zusammenarbeit im Rahmen meiner Assistentenzeit am Lehrstuhl für Marketing sowohl eine wissenschaftliche als auch freundschaftliche Basis hervorbrachte, was mich ganz besonders mit Stolz erfüllt. Weiterhin danke ich Herrn *Prof. Dr. Michael Jäckel* für die außergewöhnlich schnelle Erstellung des Zweitgutachtens.

Des weiteren schulde ich meinen Kollegen vom Lehrstuhl für Marketing an der Universität Trier, Herrn *Dr. Jost Adler*, Herrn *Dipl.-Kfm. Peter Billen*, Herrn *Dipl.-Kfm. Christopher McLachlan*, Herrn *Dipl.-Kfm. Tilmann Raff* und Herrn *Dipl.-Kfm. Thomas Rosendahl*, großen Dank für die ständige Diskussionsbereitschaft und die Hilfe bei der Durchführung der empirischen Untersuchung. Dieser Dank gilt auch unserem Sekretariat mit Frau *Hildegard Boor* und Frau *Judith Hoffmann*. Für Gespräche auch außerhalb des universitären Bereiches danke ich ferner meinem Freund und ehemaligem Kollegen *Dr. Alexander Pohl*.

Ebenfalls zum Gelingen der empirischen Untersuchung haben Herr *Dr. Nicolas Apostolopoulos* und Herr *Dipl.-Kfm. Albert Geukes* vom Wirtschaftswissenschaftlichen Rechenzentrum (WRZ) der Freien Universität Berlin beigetragen, die mir den Prototyp der DIALEKT-CD-ROM zur Verfügung stellten. Für die Hilfe bei den notwendigen Multimedia-Elementen zur Umrüstung der eingesetzten Computer gilt der Dank stellvertretend Herrn *Herbert Hennel* von der Firma Bürocenter Lehr. Ferner möchte ich mich bei Herrn *Dipl.-Kfm. Jörg Kremer* bedanken, der für die Umrüstung der eingesetzten Computer während des Pilotprojektes verantwortlich war und bei Frau *Dr. Sabine Dyas* für die Hilfe bei der Betreuung der Arbeitsgruppen. Nicht zuletzt gilt mein Dank den *Teilnehmern der empirischen Untersuchung*, die durch ihre konstruktive Mitarbeit zum Gelingen des Pilotprojektes beigetragen haben.

Für ihr hohes Engagement bei wichtigen Hilfestellungen zur Erstellung der Dissertationsschrift, wie Literaturbeschaffung, Erstellung von Graphiken und Tippfehlerkorrektur, danke ich den aktuellen und ehemaligen wissenschaftlichen Hilfskräften des Lehrstuhls, Herrn *Dipl.-Kfm. Sahi Rahman*, Herrn *Dipl.-Kfm. Malte Reetz*, Frau *Dipl.-Kff. Kornelia Heusener*, Herrn *Markus Weber*, Herrn *Oliver Neuert*, Herrn *Andreas Schmidt* und speziell Frau *Annette Schäfer* und Herrn *Marc Becker*.

Persönlich danke ich meinen Elternteilen und meiner Familie für entscheidende Förderungen und Weichenstellungen in meiner Entwicklung, ohne die ich wohl nicht in die Lage versetzt worden wäre, mich der Herausforderung einer Promotion zu stellen. Mein ganz besonderer Dank gilt abschließend meiner lieben Frau *Frauke Stefanie*, die mit Ihrem warmherzigen Wesen und Ihrem rückhaltlosen Verständnis den wichtigsten Grundstein für den Erfolg dieser Arbeit darstellt. Danke für die Liebe und Zuneigung, die ich während Studium und Assistentenzeit von Dir erfahren durfte.

Tobias Kollmann

Inhaltsverzeichnis

Abbildungsverzeichnis XIII

Tabellenverzeichnis XVII

Abkürzungsverzeichnis XIX

1 Die Bedeutung der Akzeptanz für die Einführung multimedialer Nutzungsgüter und -systeme 1

   1.1 Technologische Innovationen als kritischer Wettbewerbsfaktor 3

   1.2 Die Nutzungsintensität als Erfolgsgröße bei Innovationen 7

      1.2.1 Die Produktkategorie „Nutzungsgüter und -systeme" 12

      1.2.2 Die Problematik der anwendungsorientierten „Nutzungslücke" 14

      1.2.3 Vermarktungsprobleme bei „Nutzungsinnovationen" 20

   1.3 Der „Nutzungsgut"-Charakter bei Multimedia-Innovationen 30

   1.4 Zielsetzung und Vorgehensweise der Arbeit 33

2 Der Akzeptanzbegriff bei Nutzungsgütern und -systemen als Grundlage zur Entwicklung eines Akzeptanzmodells 37

   2.1 Der Akzeptanzbegriff im gesellschaftlich-sozialen Umfeld 38

      2.1.1 Die handlungstheoretische Perspektive 41

      2.1.2 Die konformitätstheoretische Perspektive 43

      2.1.3 Die rollentheoretische Perspektive 43

   2.2 Der Akzeptanzbegriff im ökonomischen Umfeld 44

      2.2.1 Arbeitswissenschaftliche Ansätze 45

      2.2.2 Betriebswirtschaftliche Ansätze 46

         2.2.2.1 Organisationstheoretische Ansätze 46

         2.2.2.2 Absatztheoretische Ansätze 48

      2.2.3 Die ökonomische Begriffsbestimmung 50

   2.3 Der Akzeptanzbegriff der „klassischen Akzeptanzforschung" 54

   2.4 Der Begriff „Akzeptanz" bei Nutzungsgütern und -systemen 61

3 Das dynamische Phasenmodell zur Akzeptanz bei technologischen Nutzungsgütern und -systemen ... 73

3.1 Entwicklung eines Akzeptanzmodells bei Nutzungsgütern und -systemen ... 73
   3.1.1 Input-Modelle zur Akzeptanzerfassung ... 77
   3.1.2 Input/Output-Modelle zur Akzeptanzerfassung ... 80
   3.1.3 Rückkopplungsmodelle zur Akzeptanzerfassung ... 84
   3.1.4 Kritische Beurteilung bestehender Akzeptanzmodelle ... 86

3.2 Das dynamische Phasenmodell zur Akzeptanzerfassung ... 91
   3.2.1 Die Phasen und Konstrukte der Akzeptanzbildung ... 92
      3.2.1.1 Die Einstellungsphase (Einstellungsakzeptanz) ... 92
      3.2.1.2 Die Handlungsphase (Handlungsakzeptanz) ... 98
      3.2.1.3 Die Nutzungsphase (Nutzungsakzeptanz) ... 102
   3.2.2 Die Prozeßebene der Akzeptanzbildung ... 106
   3.2.3 Die Prognoseebene der Akzeptanzbildung ... 114

3.3 Die Einflußdeterminanten des Akzeptanzprozesses ... 117
   3.3.1 Produktbezogene Determinanten ... 117
   3.3.2 Akzeptiererbezogene Determinanten ... 122
      3.3.2.1 Konsumentenbezogene Determinanten ... 122
      3.3.2.2 Unternehmensbezogene Determinanten ... 126
   3.3.3 Umweltbezogene Determinanten ... 129

3.4 Das Gesamtmodell zur Akzeptanz bei technologischen Nutzungsgütern und -systemen ... 132
   3.4.1 Die Struktur des dynamischen Akzeptanzmodells ... 132
   3.4.2 Kritische Reflexion des dynamischen Akzeptanzmodells ... 139
      3.4.2.1 Die Vorteile des Modellansatzes ... 139
      3.4.2.2 Problempotentiale des Modellansatzes ... 142
         3.4.2.2.1 Einstellung versus Akzeptanz ... 143
         3.4.2.2.2 Adoption versus Akzeptanz ... 146
         3.4.2.2.3 Berücksichtigung der Informationsökonomie ... 147
         3.4.2.2.4 Identifikation der Nutzungsphase ... 152

3.5 *Exkurs:* Der Faktor „Preis/Gebühr" ... 153
   3.5.1 Die doppelt-geknickte Preis-Akzeptanz-Funktion ... 154
   3.5.2 Die doppelt-geknickte Gebühr-Akzeptanz-Funktion ... 159

4 Die technologische Nutzungsinnovation „Multimedia-System".............163

4.1 Die Entwicklung zur Multimedia-Generation.............164

4.1.1 Der Begriff „Multimedia".............165

4.1.1.1 Der Aspekt „multimediale Kommunikation".............166

4.1.1.2 Der Aspekt „integrative Kommunikation".............167

4.1.1.3 Der Aspekt „interaktive Kommunikation".............168

4.1.2 Anwendungen im Multimedia-Bereich.............172

4.2 Der Untersuchungsgegenstand „DIALEKT-CD-ROM".............176

5 Empirische Analyse des dynamischen Phasenmodells bei innovativen Multimedia-Systemen.............182

5.1 Konzeption und Design der empirischen Untersuchung.............183

5.1.1 Konzeption der Lehrveranstaltung „Übung/Seminar im Marketing" im Wintersemester 1996/97.............183

5.1.2 Zusammensetzung der Teilnehmer der Lehrveranstaltung.............186

5.1.3 Das Erhebungsdesign der empirischen Untersuchung.............188

5.2 Itemgenerierung und Operationalisierung.............192

5.2.1 Die Akzeptanzebene.............195

5.2.1.1 Determinanten und Hypothesen zur Einstellungsebene.............195

5.2.1.2 Determinanten und Hypothesen zur Handlungsebene.............198

5.2.1.3 Determinanten und Hypothesen zur Nutzungsebene.............200

5.2.2 Die Akzeptanzkonstrukte.............203

5.2.3 Die Prozeß- und Prognoseebene.............206

5.2.4 Ableitung der Meßmodelle für die latent exogenen und latent endogenen Variablen.............207

5.3 Die Beurteilung der Meßmodelle für die latent exogenen und latent endogenen Variablen.............213

5.3.1 Test auf Multinormalverteilung.............213

5.3.2 Prüfung der Eindimensionalität.............215

5.3.3 Prüfung und Beurteilung der Reliabilität.............219

5.3.4 Prüfung und Beurteilung der Validität.............224

5.3.5 Bereinigung der Meßmodelle für das LISREL-Verfahren.............229

5.4 Die empirischen Ergebnisse der modellorientierten Analyse.......... 236
    5.4.1 Der Determinantenbereich des Akzeptanzmodells (Akzeptanzebene).......... 236
    5.4.2 Der Strukturbereich des Akzeptanzmodells (Konstruktebene)...... 245
    5.4.3 Der Prognose- und Prozeßbereich des Akzeptanzmodells.......... 251
    5.4.4 Die doppelt-geknickte Preis-Akzeptanz-Funktion.......... 263
    5.4.5 Quantitatives Ausmaß der Handlungs- und Nutzungsakzeptanz... 266

6 Implikationen für die Erfolgsmessung und -prognose bei multimedialen Nutzungsgütern und -systemen.......... 269

Anhang.......... 281

I   Fragebogen der ersten Erhebung (t1).......... 282
II   Fragebogen der zweiten Erhebung (t2).......... 294
III   Ergebnisse der Beurteilung der Meßmodelle *
IV   Die linearen Gleichungssysteme der Meßmodelle *
V   Ergebnisse der LISREL-Analyse zum Determinantenbereich *
VI   Ergebnisse der LISREL-Analyse zum Strukturbereich *
VII   Ergebnisse zum Prognosebereich (Clusteranalyse - BMDP) *

* Aufgrund des sehr umfangreichen Anhangs für die empirische Untersuchung wurde auf einen Abdruck verzichtet. Die entsprechenden Unterlagen können beim Autor bestellt werden!

Dr. Tobias Kollmann
Lehrstuhl für Marketing, FB IV - BWL/AMK
Universität Trier, Universitätsring 15, D - 54286 Trier
Tel.: 0651 / 201 - 2619, Fax.: 0651 / 201 - 3910, E-Mail: kollmant@uni-trier.de

Literaturverzeichnis.......... 309

Abbildungsverzeichnis

Abbildung 1: Die Nutzungslücke bei der Diffusion von Nutzungsgütern/-systemen ... 15

Abbildung 2: Die Nachfragelücke bei der Diffusion von Nutzungsgütern/-systemen ... 16

Abbildung 3: Vermarktungsprobleme bei Nutzungsgütern/-systemen ... 24

Abbildung 4: Die Bedeutung der Vermarktungsprobleme für Nachfrage- bzw. Nutzungslücke ... 27

Abbildung 5: Entwicklung von Anwendungsmöglichkeiten im Multimedia-Bereich ... 30

Abbildung 6: Schematische Darstellung der Vorgehensweise der Arbeit ... 36

Abbildung 7: Forschungstraditionen im ökonomischen Umfeld ... 49

Abbildung 8: Das Programm der klassischen Akzeptanzforschung ... 58

Abbildung 9: Der Phasenbezug der Begleitforschungsansätze ... 59

Abbildung 10: Adoptionsakzeptanz versus Adaptionsakzeptanz ... 63

Abbildung 11: Die Phasen im dynamischen Akzeptanzmodell ... 68

Abbildung 12: Input-Modelle zur Akzeptanzerfassung ... 79

Abbildung 13: Input/Output-Modell von Hilbig zur Akzeptanzerfassung ... 81

Abbildung 14: Input/Output-Modelle zur Akzeptanzerfassung ... 83

Abbildung 15: Rückkopplungsmodell von Reichwald zur Akzeptanzerfassung ... 84

Abbildung 16: Rückkopplungsmodell von Schönecker zur Akzeptanzerfassung ... 85

Abbildung 17: Rückkopplungsmodell von Filipp zur Akzeptanzerfassung ... 88

Abbildung 18: Die Einstellungsphase im Akzeptanzmodell (Einstellungsakzeptanz) ... 97

Abbildung 19: Die Handlungsphase im Akzeptanzmodell (Handlungsakzeptanz) ... 101

Abbildung 20: Die Nutzungsphase im Akzeptanzmodell (Nutzungsakzeptanz) ... 106

Abbildung 21: Die Prozeßebene des dynamischen Akzeptanzmodells ... 108

Abbildung 22: Die generell möglichen Verläufe des Akzeptanzprozesses ... 112

Abbildung 23: Die zentralen kausalen Zusammenhänge im Akzeptanzprozeß ... 113

XIV

Abbildung 24: Die Prognoseebene der Akzeptanzbildung 116

Abbildung 25: Die zentralen Einflußdeterminanten des Akzeptanzprozesses 132

Abbildung 26: Das dynamische Akzeptanzmodell für innovative Nutzungsgüter und -systeme 135

Abbildung 27: Das Pfaddiagramm des dynamischen Akzeptanzmodells und bedeutsame Indikatoren bei Nutzungsinnovationen 138

Abbildung 28: Der erweiterte Begleitforschungsansatz 142

Abbildung 29: Das Akzeptanzmodell im Spiegelbild der Informationsökonomie .. 150

Abbildung 30: Die doppelt-geknickte Preis-Akzeptanz-Funktion 158

Abbildung 31: Die doppelt-geknickte Gebühr-Akzeptanz-Funktion 162

Abbildung 32: Die Technologieentwicklung im Multimedia-Bereich 165

Abbildung 33: Die Entwicklungsphasen von „interaktiven Multimedia-Anwendungen" 170

Abbildung 34: Die Systemarten im Multimedia-Bereich 173

Abbildung 35: Die Kombination von Medienbausteinen bei DIALEKT 178

Abbildung 36: Das virtuelle Büro der DIALEKT-CD-ROM 180

Abbildung 37: Das Erhebungsdesign der empirischen Untersuchung 189

Abbildung 38: Die verwendeten Skalen der empirischen Untersuchung 191

Abbildung 39: Die Einflußdeterminanten der Akzeptanzuntersuchung 203

Abbildung 40: Das Meßmodell zur „Einstellungsebene" 209

Abbildung 41: Das Meßmodell zur „erwarteten Nutzungsebene" 210

Abbildung 42: Die Meßmodelle zur Einstellungs- und Nutzungsakzeptanz 211

Abbildung 43: Korrelation zwischen den latenten Variablen der Meßmodelle 228

Abbildung 44: Das LISREL-Modell zur „Einstellungsebene" 230

Abbildung 45: Das LISREL-Modell zur „erwarteten Nutzungsebene" 231

Abbildung 46: Das LISREL-Modell zur „Einstellungsakzeptanz" 232

Abbildung 47: Das LISREL-Modell zur „Nutzungsakzeptanz" 233

Abbildung 48: Die komplett standardisierten Ergebnisse des LISREL-Modells „Einstellungsebene" mit ULS 236

Abbildung 49: Die quadrierten multiplen Korrelationskoeffizienten des LISREL-Modells „Einstellungebene" 238

XV

Abbildung 50: Die Gütekriterien zur Beurteilung der Gesamtstruktur im
LISREL-Modell „Einstellungebene".. 240

Abbildung 51: Die komplett standardisierten Ergebnisse des LISREL-Modells
„erwartete Nutzungsebene" mit ULS... 242

Abbildung 52: Die quadrierten multiplen Korrelationskoeffizienten des
LISREL-Modells „erwartete Nutzungsebene"... 243

Abbildung 53: Die Gütekriterien zur Beurteilung der Gesamtstruktur im
LISREL-Modell „erwartete Nutzungsebene"... 244

Abbildung 54: Die komplett standardisierten Ergebnisse des LISREL-Modells
„Einstellungsakzeptanz" mit ULS.. 245

Abbildung 55: Die quadrierten multiplen Korrelationskoeffizienten des
LISREL-Modells „Einstellungsakzeptanz".. 246

Abbildung 56: Die Gütekriterien zur Beurteilung der Gesamtstruktur im
LISREL-Modell „Einstellungsakzeptanz".. 247

Abbildung 57: Die komplett standardisierten Ergebnisse des LISREL-Modells
„Nutzungsakzeptanz" mit ULS.. 248

Abbildung 58: Die quadrierten multiplen Korrelationskoeffizienten des
LISREL-Modells „Nutzungsakzeptanz"... 249

Abbildung 59: Die Gütekriterien zur Beurteilung der Gesamtstruktur im
LISREL-Modell „Nutzungsakzeptanz"... 250

Abbildung 60: Die Gütekriterien zur Beurteilung der Gesamtstruktur der
konfirmatorischen Faktorenanalyse.. 252

Abbildung 61: Güte der Klassifizierung in die Cluster der Akzeptanzkategorien.. 254

Abbildung 62: Die Ergebnisse zur Prozeß- und Prognoseebene........................... 256

Abbildung 63: Die Bedeutung der Teilebenen für die Prognosestabilität............ 258

Abbildung 64: Die Ergebnisse der Klassifizierung anhand
der Einstellungsebene... 259

Abbildung 65: Der Klassifikationsvergleich (t1)... 261

Abbildung 66: Der Klassifikationsvergleich (t2)... 262

Abbildung 67: Die doppelt-geknickte Preis-Akzeptanz-Funktion (empirisch)...... 265

Abbildung 68: Erfolgskarusell eines akzeptanzorientierten
Marketing-Management.. 275

Abbildung 69: Die Wettbewerbsvorteile eines akzeptanzorientierten
Marketing-Management.. 278

Tabellenverzeichnis

Tabelle 1:	Elemente der Akzeptanz aus dem soziologischen Umfeld	65
Tabelle 2:	Elemente der Akzeptanz aus dem ökonomischen Umfeld	66
Tabelle 3:	Überblick zu den bisherigen Akzeptanzansätzen der Literatur	75
Tabelle 4:	Die produktbezogenen Determinanten des Akzeptanzprozesses	121
Tabelle 5:	Konsumentenbezogene Einflußgrößen des Akzeptanzprozesses bei Nutzungsinnovationen	124
Tabelle 6:	Unternehmensbezogene Einflußgrößen auf den Akzeptanzprozeß bei Nutzungsinnovationen	128
Tabelle 7:	Umweltbezogene Einflußgrößen auf den Akzeptanzprozeß bei Nutzungsinnovationen	130
Tabelle 8:	Die Hypothesen zur Einstellungsebene	197
Tabelle 9:	Die Hypothesen zur Handlungsebene	199
Tabelle 10:	Die Hypothesen zur Nutzungsebene	201
Tabelle 11:	Die Hypothesen zur Konstruktebene des Akzeptanzprozesses	205
Tabelle 12:	Die Hypothesen zur Prozeß- und Prognoseebene	207
Tabelle 13:	Die eliminierten Variablen der Meßmodelle	217
Tabelle 14:	Die Reliabilitätsmaße der Meßmodelle	222
Tabelle 15:	Die Anforderungen der iterativen Schätzverfahren	235
Tabelle 16:	Das quantitative Ausmaß der Nutzungs- und Handlungsakzeptanz	267

Abkürzungsverzeichnis

a. a. O.	-	am angegebenen Ort
AGFI	-	Adjusted - Goodness - of - Fit - Index
Anm.	-	Anmerkung
Bd.	-	Band
BTX	-	Bildschirmtext
Büro-T.	-	Bürokommunikationstechnologie
bzw.	-	beziehungsweise
ca.	-	zirka
CAD	-	Computer-Aided-Design
CAM	-	Computer Aided Manufacturing
CBT	-	Computer Based Training
CD-Rom	-	Compact-Disk-Read-only-Memory
CIM	-	Computer Integrated Manufacturing
d. h.	-	das heißt
DIALEKT	-	Digitale Interaktive Lektionen
DWLS	-	Diagonally Weighted Last Square
EA	-	Einstellungsakzeptanz
EE	-	Einstellungsebene
E-Mail	-	Electronic Mail
etc.	-	et cetera
evtl.	-	eventuell
f.	-	folgende Seite
ff.	-	fortfolgende Seite
GFI	-	Goodness - of - Fit - Index
GLS	-	Generalized Least Square Methode
HA	-	Handlungsakzeptanz
HE	-	Handlungsebene
Hrsg.	-	Herausgeber
hrsg.	-	herausgegeben
i. d. R.	-	in der Regel
IES	-	Interaktive elektronische Systeme
IMM	-	Interaktive Multimedia-Systeme

insb.	-	insbesondere
I-Systeme	-	Interaktive Systeme
ITV	-	Interaktives Fernsehen
lat.	-	lateinisch
MBT	-	Multimedia-Based-Teaching
ML	-	Maximum Likelihood Methode
MM	-	Multimedia
NA	-	Nutzungsakzeptanz
NE	-	Nutzungsebene
Netz.-T.	-	Netz-Technologien
Nr.	-	Nummer
o. V.	-	ohne Verfasser
ODI	-	Optical Distortion incorporated
PLS	-	Partial Least Square
POF	-	Point - of - Fun
POI	-	Point - of - Information
POS	-	Point - of - Sale
RMS	-	Root - Mean - Square - Residual - Index
s. o.	-	siehe oben
S.	-	Seite
s.	-	siehe
SNI	-	Siemens Nixdorf Informationssysteme
sog.	-	sogenannt
SOR	-	Stimulus-Organismus-Response
SPSS	-	Superior Performing Software Systems
u. a.	-	unter anderem/und andere
ULS	-	Unweighted Least Square Methode
usw.	-	und so weiter
vgl.	-	vergleiche
WLS	-	Generalized Weighted Least Square Methode
WRZ	-	Wirtschaftswissenschaftliches Rechenzentrum
WWW	-	World - Wide - Web
z. B.	-	zum Beispiel

1 Die Bedeutung der Akzeptanz für die Einführung multimedialer Nutzungsgüter und -systeme

Auf dem Weg ins 21. Jahrhundert stehen Gesellschaft und Wirtschaft vor tiefgreifenden und somit strukturellen Veränderungen. Die Entwicklungen von Informations- und Kommunikationstechnologien weisen die Richtung ins **Informationszeitalter**, einer neuen Dimension in der Austauschbeziehung zwischen den Marktteilnehmern. Der resultierende **informationstechnologische Wandel** wird hierbei begleitet durch Schlagwörter wie *Datenautobahn, Online-Welt, Internet, mobile Telekommunikation (Mobilfunk)* oder *interaktive Multimedia-Systeme*.[1] Hieran anknüpfend kann zur gleichen Zeit ein **signifikanter Anstieg an innovativen Produkten und Dienstleistungen** in den Bereichen *Telekommunikation* und *Multimedia* beobachtet werden.[2] Der Bereich „Multimedia" (MM) gehört spätestens seit Beginn der 90er Jahre zu den beherrschenden Themen der medienpolitischen und darüber hinaus wirtschafts- und strukturpolitischen Diskussion der Gegenwart. Die Breite und Intensität der Diskussion resultiert aus den der Chancen und Möglichkeiten, zum einen neue Produkte und Dienstleistungen zu generieren, zum anderen bestehende Prozesse durch Multimedia-Unterstützungen zu verbessern.[3] Unabhängig von definitorischen Problemen bei der Begriffsbestimmung von „Multimedia" werden insbesondere *Online-Dienste, CD-ROM´s, Interaktives Fernsehen, World-Wide-Web (WWW)* und *interaktive Multimedia-Systeme (IMM-Systeme)* bzw. *Informationssysteme (z. B. Point-of-Information-Terminals)* zum Bereich von Multimedia gezählt. Die **Einführung dieser innovativen Produkt- und Dienstleistungstechnologien induziert** jedoch sowohl erhebliche Anpassungsanforderungen an bestehende Kommunikations- oder Informationssysteme als auch entsprechend **elementare Verhaltensänderungen bei deren Nutzer** gegenüber einem bisherigen Modus.[4] Damit stellt sich auf der Nutzer- bzw. Nachfragerseite die **Frage nach der** *Akzeptanz* dieser innovativen Kommuni-

---

[1] Vgl. Tapscott, Don (1996): Die digitale Revolution - Verheißungen einer vernetzten Welt, Wiesbaden 1996, S. 17ff. Hünerberg, Reinhard/Heise, Gilbert (1995): Multi-Media und Marketing - Grundlagen und Anwendungen, in: Dieselben (Hrsg.): Multi-Media und Marketing - Grundlagen und Anwendungen, Wiesbaden 1995, S. 3ff. Weiber, Rolf/Kollmann, Tobias (1996a): Die Akzeptanz von interaktivem Fernsehen - Anforderungen an ein neues Multimedium, in: Glowalla, Ulrich/Schoop, Eric (Hrsg.): Deutscher Multimedia Kongreß '96 - Perspektiven multimedialer Kommunikation, Berlin 1996, S. 163.
[2] Vgl. o.V. (1996a): Reihenweise Innovationen, in: telcom report, Nr. 1, 19 (1996), S. 49.
[3] Vgl. Wittkemper, Gerd (1995): Vorwort, in: Booz • Allen & Hamilton (Hrsg.): Zukunft Multimedia - Grundlagen, Märkte und Perspektiven in Deutschland, 2. Auflage, Frankfurt/M. 1995, S. 9ff.
[4] Vgl. Weiber, Rolf/Kollmann, Tobias (1995): Die Vermarktung von Multimedia-Diensten - Akzeptanzprobleme bei interaktivem Fernsehen, Forschungsbericht Nr. 3 zum Marketing des Lehrstuhls für Marketing der Universität Trier, hrsg. von R. Weiber, Trier 1995, S. 1ff.

kations- und Informationstechnologien. Die elementaren Verhaltensänderungen durch die Einführung innovativer Technologien im allgemeinen und im Multimedia-Bereich im speziellen stellen die Frage nach einer Erfolgsmessung bzw. -prognose bei den potentiellen Verwendern.

In der Diskussion um die **Erfolgsmessung bzw. -prognose von technologischen Innovationen** gibt es innerhalb der sozial- bzw. wirtschaftswissenschaftlichen Forschung kaum ein Schlagwort, welches derart strapaziert wird wie der Begriff der „Akzeptanz". Je nach Interessenslagen werden sowohl Hoffnungen als auch Befürchtungen der Beteiligten widergespiegelt. Vor diesem Hintergrund wird die „Akzeptanz" zum kontroversen Spielball zwischen wissenschaftlicher Theorie und politischer bzw. ökonomischer Verwendbarkeit.[5] Bei der Betrachtung von aktuellen Auseinandersetzungen zu dieser Thematik kann der Eindruck entstehen, daß es einfacher zu erklären ist, was Akzeptanz **nicht** darstellt, als zu versuchen, eine Positivdefinition zu generieren. Nicht zuletzt aus diesem Grund wurde und wird das Schlagwort „Akzeptanz" heute weitgehend undefiniert verwendet[6] und mutiert zur *Leerformel* für die Erklärung unterschiedlichster Phänomene des gesellschaftlichen und wirtschaftlichen Lebens.[7]

Trotz der teilweise offenkundigen Unbestimmtheit des Begriffes spielt die **Akzeptanz** insbesondere für die *Erfolgsmessung und -prognose* **bei technologischen Innovationen** eine bedeutende Rolle. Der Grund hierfür ist auf die Tatsache zurückzuführen, daß die Einführung technologischer Innovationen durchaus nicht gleichbedeu-

---

[5] Vgl. Degenhardt, Werner (1986): Akzeptanzforschung zu Bildschirmtext: Methoden und Ergebnisse, München 1986, S. 1.
[6] Als Beispiele hierfür vergleiche stellvertretend z. B. Ronneberger, Franz (1982): Neue Medien - Vorteile und Risiken für die Struktur der demokratischen Gesellschaft und den Zusammenhalt der sozialen Gruppen, Konstanz 1982, S. 67. Saxer, Ulrich (1983): Probleme der Kabelpilotprojekte - Begleitforschung aus der Sicht der Kommunikationswissenschaft, in: Media Perspektiven, Heft 12 (1983), S. 832. Mettler-Meibom, Barbara (1983): Versuche zur Steuerung des technischen Fortschritts, in: Rundfunk und Fernsehen, Heft 1, 31 (1983), S. 24ff. Ronneberger, Franz (1986): Nutzung und Akzeptanz von Fernsehen und Hörfunk in München, in: Media Perspektiven, Heft 4 (1986), S. 223ff. Hermanns, Arnold/Püttmann, Michael (1987): Pay TV - Akzeptanz zu welchem Preis?, in: Absatzwirtschaft, Nr. 12, 30 (1987), S. 52ff. Hüttig, Cornelia (1992): Zur Akzeptanz moderner Telekommunikationstechnik in den neuen Bundesländern, in: Office Management, Heft 12, 40 (1992), S. 34f. Hanser, Peter (1995): Aufbruch in den Cyberspace, in: Absatzwirtschaft, Nr. 8, 38 (1995), S. 36f.
[7] Vgl. Topitsch, Ernst (1960): Über Leerformeln, in: Derselbe (Hrsg.): Probleme der Wissenschaftstheorie, Wien 1960, S. 233ff. Degenkolbe, Gert (1965): Überlogische Struktur und gesellschaftliche Funktionen von Leerformeln, in: Kölner Zeitschrift für Soziologie und Sozialpsychologie (KZfSS), 17 (1965), S. 327ff. und insbesondere Lucke, Doris (1995): Akzeptanz - Legitimität in der „Abstimmungsgesellschaft", Opladen 1995, S. 33ff.

tend mit deren Akzeptanz durch die Menschen ist, so daß nicht alles, was technisch möglich scheint, auch unmittelbaren ökonomischen Gewinn verspricht. Wird berücksichtigt, daß die **Akzeptanz einer Innovation allgemein auf deren Einsatz in der konkreten Anwendungssituation beim Käufer abstellt**[8], so wird deutlich, daß der Akzeptanz eine weitreichende Bedeutung für die Einführung technologischer Innovationen und deren Marketing beizumessen ist. Die zentrale Aufgabe des Marketing liegt bekanntlich in der Erforschung der (potentiellen) Absatzmärkte, um hierdurch mögliche Kundenanforderungen bereits in der Entwicklungsphase von Produkten zu berücksichtigen. Die **Akzeptanzforschung** ist dabei ein adäquates Werkzeug, um diese Aufgabe des Marketing erfüllen zu können. Die Begründung für die Erfassung von Akzeptanz innerhalb der *Marketingforschung* ist insbesondere aus der Gegebenheit herleitbar, daß die aktuelle Marktentwicklung spätestens seit Anfang der 90er Jahre dieses Jahrhunderts durch das Zusammenspiel von zwei elementaren Strömungen geprägt wird: Zum einen spielten und spielen technologische Innovationen für den Markterfolg der Unternehmen eine essentielle Rolle, zum anderen etabliert sich mit der **Innovation „Multimedia"** eine neue Produktkategorie am Markt, die mit ihren spezifischen Besonderheiten neue Überlegungen hinsichtlich des Phänomens „Akzeptanz" induziert. Auf beide Problemkreise wird im folgenden eingegangen, um auf dieser Basis eine problem- und themenadäquate Vorgehensweise für diese Arbeit abzuleiten.

1.1 Technologische Innovationen als kritischer Wettbewerbsfaktor

Innerhalb einer stetigen Intensivierung des **Wettbewerbs auf Technologiemärkten** wird für Unternehmen der Markterfolg ihrer technologischen Innovationen zum entscheidenden Überlebenskriterium. Bedingt durch die Globalisierung der Märkte und wirtschaftlich rezessive Zeiten kann eine allgemeine Verschärfung des Wettbewerbs auf nahezu allen Märkten beobachtet werden. Durch den ständigen „Wandel des Wissensstandes" aufgrund der **Schaffung neuer Erkenntnisse bei Wettbewerbern**[9] und der sich entwickelnden **Bedürfnisansprüche der Marktteilnehmer** sind die **Unternehmen gezwungen, Innovationen hervorzubringen**, um sich den Ver-

---

[8] Eine genaue Begriffsbestimmung der Akzeptanz bei technologischen Innovationen bzw. Multimedia-Systemen wird in *Kapitel 2 bzw. 2.4.* generiert.
[9] Vgl. Strebel, Heinz (1968): Unsicherheit und Risiko der industriellen Forschung und Entwicklung, in: Betriebswirtschaftliche Forschung und Praxis, Heft 4, 20 (1968), S. 193ff. Foster, Richard N. (1986): Innovation - Die technologische Offensive, Wiesbaden 1986, S. 25f.

änderungen anzupassen oder selbige mitgestalten zu können. In diesem Zusammenhang formulierte schon *Drucker* Mitte der 50er Jahre:

„*There is only one valid definition of business purpose: to create a customer. [...] It is the customer who determines what the business is. [...] Because it is its purpose to create a customer, any business enterprise has two - and only two - basic functions: marketing and innovation. They are the entrepreneurial functions.*"[10]

Durch die enormen finanziellen Investitionen in technologische Innovationen ergibt sich ein **hohes Risiko**, welches es durch Markt- und Akzeptanzforschung zu reduzieren gilt.[11] Untersuchungen zur Einführung von Produktinnovationen haben gezeigt, daß die „Flop-Rate", d. h. der Mißerfolg je nach Branche bei 50% bis 90% anzusiedeln ist, so daß mindestens fünf von zehn neueingeführten Produkten nie in die Gewinnzone gelangen und damit Investitionen wieder einspielen.[12] Die Gründe für diesen Mißerfolg bei Produktinnovationen spiegeln die Notwendigkeit für eine frühzeitige Markt- und Akzeptanzforschung wider. Schon Anfang der 60er Jahre stellten *Cochran* und *Thompson* fest, daß die **unzureichende Marktanalyse** (*Inadequate market analysis*) mit 32% noch vor Produktfehlern (23%) den größten Anteil bei der Suche nach Gründen für eine mißglückte Neuprodukteinführung ausmacht.[13] Dieses Problem wurde durch spätere Studien nicht nur bestätigt, sondern zusätzlich forciert, so daß eine unzureichende Marktanalyse **mit der Konsequenz, die Nachfragerbedürfnisse nicht exakt zu identifizieren** bzw. falsch einzuschätzen, als Hauptmangel bei der Einführung von Innovationen bezeichnet werden kann.[14] Zahlreiche Beispiele von technologischen (Fehl-)Innovationen beweisen entsprechend, daß diese gerade an der *Nicht-Akzeptanz* seitens der Nachfrager gescheitert sind.[15]

---

[10] Drucker, Peter F. (1955): The Practise of Management, London 1955, S. 35.
[11] Vgl. Degenhardt, Werner (1986), a.a.O., S. 39.
[12] Vgl. Lazo, Hector (1965): Finding a Key to Success in New Product Failures, in: Industrial Marketing, 11 (1965), S. 74f. Haller, Peter (1980): Spielregeln für erfolgreiche Produkte - Erfahrungen aus Marketing und Werbung, Wiesbaden 1980, S. 5. Einen zusammenfassenden Überblick liefert Kortmann, Walter (1995): Diffusion, Marktentwicklung und Wettbewerb, Frankfurt/M. 1995, S. 3.
[13] Vgl. Cochran, Betty/Thompson, Gill (1964): Why New Products Fail, in: The National Industrial Conference Board Record, Nr. 1, 10 (1964), S. 11ff.
[14] Die Werte reichen hierbei bis an die 50% für den Grund „Unzureichende Marktanalyse". Vgl. stellvertretend Hopkins, David S./Bailey, Earl L. (1971): New Product Pressures, in: The National Industrial Conference Board Record, Nr. 3, 17 (1971), S. 20ff. Altschul, Kurt (1978): Marketing um Mark und Dollar, in: Absatzwirtschaft, Sonderausgabe Nr. 10, 21 (1978), S. 38. Souder, William E. (1987): Managing new product innovations, Massachusetts/Toronto 1987, S. 68.
[15] Vgl. Reichwald, Ralf (1980): Vorwort, in: Schönecker, Horst G. (1980): Bedienerakzeptanz und technische Innovation - Akzeptanzrelevante Aspekte bei der Einführung neuer Bürotechniksysteme, München 1980, S. 5. Als Beispiele für die Nicht-Akzeptanz sind in diesem Zusammenhang z. B. zu nennen: BETAMAX-Videosystem, Video 2000 oder Bildtelefon.

Als Grund für einen Mißerfolg hinsichtlich der Einführung von Innovationen wird oftmals das Vorhandensein eines **„technology-push"-Effektes** angeführt.[16] Beim *technology-push* wird davon ausgegangen, daß sich der Erfolg einer Innovation aufgrund ihres technologischen Vorteils mehr oder weniger von allein einstellt.[17] Dies bedeutet, daß technologische Innovationen schon aufgrund eines potentiellen Selbstzwecks am Markt eingeführt werden, ohne jedoch konkrete Marktbedürfnisse zu befriedigen. Doch ausgehend von den Überlegungen von *Adam Smith*, welcher schon frühzeitig den Sinn der Produktion ausschließlich in der Konsumtion erkannte, erscheint gerade bei *technology-push*-Innovationen die Maxime der Kundenorientierung und die Frage nach der Marktadäquanz nur unzureichend berücksichtigt zu werden.[18] Dies bedeutet auch, daß der *technology-push* demnach grundsätzlich mit der Gefahr verbunden ist, „am Markt vorbei zu produzieren".[19]

Die Problematik des *technology-push* manifestiert sich in zwei Richtungen: Zum einen wird ein Versagen von Neuprodukten am Markt auf eine starke Orientierung der Innovation an den Vorstellungen der Produzenten zurückgeführt, zum anderen begründet sich ein Innovationsversagen ausschließlich auf eine mangelnde Nachfrage nach scheinbar vorteilhaften Neuprodukten.[20] Im ersten Fall bedeutet dies, daß Innovationen lediglich aufgrund einer *internen Unternehmenssicht* konzipiert werden, ohne daß *externe Bedürfnisse des Marktes* berücksichtigt werden. Analog wird im zweiten Fall die fehlende *externe Anpassungsfähigkeit der Nachfrager* an eine Innovation als Ursache für den Mißerfolg angeführt und nicht die *mangelnde interne Anpassung der Innovation an die Bedürfnisse des Marktes*. Insbesondere das Fehlen einer externen marktorientierten Sichtweise der Innovationsgestaltung hat seinen

---

[16] Vgl. zum Begriff des „technology-push" stellvertretend Brockhoff, Klaus (1969): Probleme und Methoden technologischer Vorhersagen, in: ZfB, Ergänzungsheft Nr. 2, 39 (1969), S. 1ff. Utterback, J. M. (1971): The process of Innovation - A Study of the Origination and Development of Ideas for New Scientific Instruments, in: IEEE-Transactions on Engineering Management, 18 (1971), S. 126ff.
[17] Vgl. Bleicher, Knut (1995): Technologiemanagement und organisationaler Wandel, in: Zahn, Erich (Hrsg.): Handbuch Technologiemanagement, Stuttgart 1995, S. 587.
[18] Vgl. Lichtenthal, J. David/Beik, Leland L. (1984): A History of the Definition of Marketing, in: Research in Marketing, 7 (1984), S. 136.
[19] Vgl. Hansen, Ursula/Stauss, Bernd (1983): Marketing als marktorientierte Unternehmenspolitik oder als deren integrativer Bestandteil, in: Marketing ZFP, Heft 2, 5 (1983), S. 80.
[20] Vgl. Degenhardt, Werner (1986), a.a.O., S. 41. Schubert, Frank (1986): Akzeptanz von Bildschirmtext in Unternehmungen und am Markt, Münster 1986, S. 40ff. Reichwald, Ralf (1978): Zur Notwendigkeit der Akzeptanzforschung bei der Entwicklung neuer Systeme der Bürotechnik, Arbeitsbericht 'Die Akzeptanz neuer Bürotechnologie', Band 1, Hochschule der Bundeswehr, München 1978, S. 26ff. Rogers, Everett M./Agarwala-Rogers, Rekha (1976): Communication in Organizations, New York 1976, S. 175ff.

Ursprung in der mangelnden Berücksichtigung von Akzeptanzüberlegungen. Die Folge ist, daß **eine akzeptanzorientierte Innovationsgestaltung** *weitestgehend unterbleibt.* Dies liegt auch an der mangelnden Tragfähigkeit der bisherigen Akzeptanztheorie, die sich in erster Linie mit bereits am Markt befindlichen Innovationen bzw. Produkten auseinandersetzt.[21] Da diese jedoch schon fest spezifizierte Produktdefinitionen beinhalten, beschränkt sich das Marketing lediglich auf das Finden von Durchsetzungsstrategien. Fehler, die aufgrund einer mangelnden Marktorientierung im Entwicklungsstadium der Innovation gemacht werden, werden später i. d. R. nicht mehr vom Marketing berücksichtigt. Die Problematik der hohen Mißerfolgsrate bei Neuprodukten und die Darstellungen zur Marktentwicklung bei technologischen Innovationen in dieser Arbeit werden jedoch zeigen, daß es zunehmend notwendig wird, die aufgezeigte Einseitigkeit einer Findung von *ex-post-Durchsetzungsstrategien* innerhalb der allgemeinen Vermarktung von Innovationen zu verlassen. An dieser Stelle kann als erste Grundproblematik dieser Arbeit daher festgehalten werden:

Grundproblematik 1:
Das Vorhandensein eines hohen Risikos bei der *Einführung technologischer Innovationen* und die entsprechend hohe Zahl an Mißerfolgen, u. a. als Folge eines „technology-push"-Effektes, induziert die **Forderung nach einer** nachfrageorientierten und damit **akzeptanzorientierten Innovationsgestaltung.**

Die angeführte Problematik des Faktors „Innovation" hat gezeigt, daß es gerade für den *Produktplanungs- und Markteinführungsprozeß* von innovativen Technologien zweckmäßig erscheint, Überlegungen zur Akzeptanz in die strategische Marketing-Planung zu integrieren.

> *„Das Auffinden technologischer Innovationsideen setzt somit nicht nur technologisches Gespür, sondern auch die Fähigkeit zur „Marktwitterung" voraus. Ziel muß es sein, zukünftige Probleme und unbefriedigte Bedürfnisse zu erkennen."*[22]

---

[21] Aufgrund der Betrachtung von bereits am Markt befindlichen Innovationen bzw. Produkten wird die bisherige Akzeptanztheorie auch als „Legitimations- oder Alibiforschung" bezeichnet, welche lediglich im nachhinein die Neueinführung rechtfertigen soll. Vgl. hierzu Fabris, Hans/Luger, Kurt (1981): Neue Medien - Stand der Begleitforschung, in: Medien Journal, Heft 1a, 5 (1981), S. 64.
[22] Weiber, Rolf/Pohl, Alexander (1995): Einführung technologischer Innovationen, Lehrbrief des weiterbildenden Studiums Technischer Vertrieb, hrsg. von M. Kleinaltenkamp, Berlin 1995, S. 39. Die Autoren weisen ferner auf die Möglichkeiten zur Findung/Prüfung von Innovationsideen hin.

Nicht nur hinsichtlich der Entdeckung, sondern auch bei der Erfüllung von aufgedeckten Bedürfnissen sollte es das **Ziel dieser Überlegungen** sein, eine wirkungsvolle **akzeptanzorientierte Innovationsgestaltung** zu generieren, um das Risiko von Fehlschlägen bei Innovationen aufgrund mangelnder Übereinstimmung zwischen Produkteigenschaft und Nachfragerbedürfnis minimieren zu können. Die hohe „Flop-Rate" bei Innovationen (s. o.) legt den Schluß nahe, daß dieser **frühzeitige Einbezug von Überlegungen zur Akzeptanz und damit zur Erfolgsmessung bzw. -prognose bereits im Produktplanungsstadium** jedoch weitgehend unterbleibt. Hieraus resultiert die Forderung nach einem zuverlässigen **Instrument für das Marketing**, welches schon frühzeitig Nachfragerbedürfnisse identifizieren und in den Produktgestaltungsprozeß integrieren kann.[23] Es ist gerade die **Akzeptanz der Nachfrager**, als Anhaltspunkt einer Befriedigung von Nachfragerbedürfnissen, welche zum Ausdruck bringt, ob eine Innovation bedürfnis- bzw. marktorientiert gestaltet wurde. Aus diesem Grund sollte ein Unternehmen Akzeptanzdeterminanten bei der Einführung und der Durchsetzung der technologischen Innovation berücksichtigen, damit die grundsätzliche Übernahme mit Hilfe einer positiven Akzeptanz gewährleistet wird. Ziel muß es daher sein, entgegen traditionellen Akzeptanzüberlegungen, mit Hilfe eines umfassenden Akzeptanzmodells einen *Lösungsansatz für das Betrachtungsdefizit einer ex-ante-orientierten Produktakzeptanz* bei Innovationen aufzuzeigen.

1.2 Die Nutzungsintensität als Erfolgsgröße bei Innovationen

Bei der Betrachtung der aktuellen Entwicklung von Informations- und Kommunikationstechnologien kann festgestellt werden, daß seit Beginn der 90er Jahre dieses Jahrhunderts insbesondere **Innovationen in den Bereichen Telekommunikation und Multimedia**[24] einen entsprechenden Marktaufschwung determinieren. Dieser Marktaufschwung bei Informations- und Kommunikationstechnologien wird auch durch die allgemeinen Eckwerte der tatsächlichen und prognostizierten Ausgaben für diesen Bereich gestützt. So sollen die weltweiten *Ausgaben für Medien und Kommunikation* schätzungsweise von 2.600 Mrd. US$ im Jahr 1993 auf über 3.100 Mrd. im

---

[23] Vgl. Hesslinger, Hermann (1993): Die wachsende Bedeutung von Frühwarnsystemen, in: IO Management Zeitschrift, Heft 11, 62 (1993), S. 83f. Schulte, Christof (1989): Betriebliche Früherkennungssysteme, in WISU, Nr. 3, 18 (1989), S. 149.
[24] Vgl. zum Verständnis und hinsichtlich einer genauen Definition des Begriffes „Multimedia" insbesondere *Kapitel 4.1.1*.

Jahr 2000 bzw. bis zu 4.000 Mrd. US$ im Jahr 2010 ansteigen.[25] Analog sollen auch die weltweiten *Ausgaben für die Informationswirtschaft* von 3.300 Mrd. DM 1993 pro Jahr um 7% bis 15% steigen, wobei speziell für die Bundesrepublik Deutschland jährlich ein Umsatzplus von 392 Mrd. DM prognostiziert wird.[26] Auch wenn es sich bei diesen und folgenden Zahlen lediglich um Schätzwerte handelt, so belegen sie doch die wachsende wirtschaftliche Bedeutung dieser „Schlüsselbereiche" für den Wettbewerb der Zukunft:

⇒ **Bereich Telekommunikation**[27]

- Für das Jahr 1995 schätzte man den weltweiten Telekommunikationsmarkt auf ein Volumen von 600 Mrd. US$ [Europa 204 Mrd. US$ (34%)]. Hierbei wird von einem durchschnittlichen Jahreswachstum des Weltmarktes von 7% bis 8%, bei einer Prognose für das Jahr 2010 mit 2,3 Billionen US$, ausgegangen.

- Für 2010 wird damit gerechnet, daß 25% bis 30% der europäischen Bevölkerung die Möglichkeit des Mobilfunks [Handtelefone („Handy")] nutzen. Das Marktvolumen für den Hardware-Bereich wird für diesen Sektor mit 95 Mrd. ECU beziffert.

- Dienstleistungen im Bereich Telekommunikation wie z. B. *Advanced Voice Services* (Anklopfen, Dreierkonferenz, Call Routing, Personal Numbering usw.) werden im Jahr 2010 europaweit schätzungsweise einen Anteil von etwa 30% am Gesamtumsatz des Mobilfunks besitzen (ca. 29 Mrd. ECU).

- 1994 wurden in Deutschland 900.000 Mobiltelefone (bei 2,3 Mio. Teilnehmern) und 850.000 Fax/Anrufbeantworter-Geräte verkauft, sowie 509.000 ISDN-Anschlüsse gelegt. Der Anstieg wird mit 20% (Fax) bis 35% (Mobilfunk) veranschlagt (schätzungsweise 10 Mio. Teilnehmer im Mobilfunk für das Jahr 2000).

---

[25] Vgl. Böndel, Burkhard (1995): Multimedia - Zahlen gegriffen, in: WirtschaftsWoche, Nr. 35 vom 24.08.1995, S. 81.
[26] Vgl. Biedenkopf, Kurt (1996): Multimedia-Zukunft - eine Skizze, in: Glowalla, Ulrich/Schoop, Eric (Hrsg.), a.a.O., S. 11.
[27] Vgl. Knetsch, Werner A./Arthur D. Little (1995): Der Telekommunikationsmarkt im Jahr 2010 - Wagnis einer spekulativen Prognose, in: telcom report, Heft 4, 18 (1995), S. 158ff. Burkert, Axel (1997): Kampf um König Kunde - Deutschlands Mobilfunk-Provider packen den Hammer aus, in: Connect, Nr. 1 (1997), S. 17f. Booz • Allen & Hamilton (1996a): Mobilfunk - Vom Statussymbol zum Wirtschaftsfaktor, hrsg. von Booz • Allen & Hamilton - Institut für Medienentwicklung und Kommunikation GmbH in der Verlagsgruppe FAZ GmbH, Frankfurt/M. 1996.

⇒ **Bereich Multimedia**[28]

- Das Gesamtvolumen des Multimedia-Marktes wird in Deutschland für 1996 auf 3.550 Mio. DM geschätzt bei einem Europäischen Gesamtmarktvolumen von 3,06 Mrd. US$.
- Es wird ein spürbares Wachstum bei Multimedia-Technologien ab 1997 erwartet, wobei parallel eine ansteigende positive Haltung von Wirtschaft und privaten Haushalten beobachtet werden kann.
- Im Jahre 1994 befanden sich 300.000 bis 500.000 CD-ROM-Laufwerke im Besitz privater Haushalte mit steigender Tendenz; 1995 wurden nahezu alle PCs mit CD-ROM-Laufwerken ausgestattet. Parallel dazu wurden 1994 zwei Millionen CD-ROM-Titel an private Haushalte abgesetzt.
- Im Jahre 1996 waren ca. 2,3 Mio. Teilnehmer in Deutschland bei Online-Diensten registriert (weltweit ca. 15 Mio.); das Potential des Internets wird derzeit auf bis zu 30 Mio. Teilnehmer geschätzt.

Bei der **Vermarktung einer Vielzahl von technologischen Innovationen im Bereich Telekommunikation und Multimedia** kommt ein entscheidender Unterschied im Gegensatz zum bisherigen traditionellen Produktmarketing zum Tragen. Der Markterfolg bei diesen technologischen Innovationen wird nicht allein von deren Verkauf determiniert, sondern primär durch die **tatsächliche Nutzung** des Nachfragers bzw. Nutzers impliziert. Erst mit dem permanenten Einsatz des Telekommunikations- bzw. Multimedia-Systems ergibt sich ein vom Anbieter beabsichtigtes ökonomisches Gewinnpotential oder der anvisierte Kommunikationserfolg, da gerade die variablen Nutzungskosten den Großteil der Einnahmen der Systemanbieter bestimmen oder nur bei einer stetigen Nutzung Kommunikationsinhalte effektiv vermittelt werden können.[29] Diese **besondere Bedeutung der Nutzungsebene** kann für folgende Anwendungen bzw. Produkte im Telekommunikations- bzw. Multimedia-Bereich normativ gemacht werden:

---

[28] Vgl. Prognos (1992): Multi Client Study - Multimedia 2000 - Systems and Services, hrsg. von Prognos AG, Basel 1992. Ovum (1993): Network Multimedia - The Business Opportunity, hrsg. von Ovum Ltd., London 1993. Frey, Ulrich D. (1994): Marketing im Aufbruch - Werbung, Verkaufsförderung, Trademarketing und Vertrieb, Landsberg/Lech 1994, S. 299ff. DM (1995): Multimedia-Studie, hrsg. von DM Wirtschaftsmagazin, Düsseldorf 1995. Booz • Allen & Hamilton (1996b): Zukunft Multimedia - Grundlagen, Märkte und Perspektiven in Deutschland, hrsg. von Booz • Allen & Hamilton - Institut für Medienentwicklung und Kommunikation GmbH in der Verlagsgruppe FAZ GmbH, Frankfurt/M. 1996. Schoop, Eric/Glowalla, Ulrich (1996): Internet und Online-Dienste - Eine *guided tour* durch den Dschungel der Multimedia-Kommunikation, in: Dieselben (Hrsg.), a.a.O., S. 51ff.

[29] Vgl. Weiber, Rolf/Kollmann, Tobias (1996a), a.a.O., S. 164.

- **Mobilfunk**[30]

  Neben den einmaligen Kosten für den Kauf des Mobiltelefons und der Anschlußgebühr (DM 49,- bis DM 99,- je nach Tarif) kommen neben einer tarifabhängigen fixen monatlichen Grundgebühr (DM 19,95 bis DM 69,95) tarif- und uhrzeitabhängige variable Nutzungsgebühren [DM 0,39 (Nebenzeit) bis DM 1,89 (Hauptzeit)] zum Tragen. Je nach Gesprächsfrequenz werden dabei von DM 39,95 [Kaum-Telefonierer (10 min pro Monat bei 50% Haupt- und 50% Nebenzeit)] bis DM 224,10 [Viel-Telefonierer (60 min pro Monat bei 75% Haupt- und 25% Nebenzeit)] umgesetzt, womit die fixen Grundgebühren teilweise um ein vielfaches überschritten werden. Hierdurch wird die Bedeutung einer tatsächlichen Nutzung für den Markterfolg im Mobilfunksektor deutlich. Anbieternetze in diesem Bereich sind derzeit D1 (T-Mobil), D2 (Mannesmann Mobilfunk) und E-Plus.

- **Online-Dienste**[31]

  Neben den einmaligen Kosten für den Kauf eines Modems oder entsprechender Hardware-Karten für den PC kommen neben einer fixen monatlichen Grundgebühr (DM 7,- bis DM 15.-) ebenfalls variable Nutzungsgebühren (3,60 DM/Stunde bis 7,50 DM/Stunde) zum Tragen. Darüber hinaus müssen noch tarif- und uhrzeitabhängige variable Telefongebühren für die Verbindung zum Online-Provider berücksichtigt werden. Ferner müssen für Zusatzleistungen im Online-Dienst teilweise extra Nutzungsentgelte entrichtet werden (z. B. Abruf eines Artikels aus Zeitschriftendatenbank). Schon ab der zweiten bis dritten Nutzungsstunde im Monat wird die Grundgebühr i. d. R. überschritten, wobei die durchschnittliche Nutzungszeit pro Sitzung mit ca. 46 Min ermittelt wurde. Auch hier wird die Bedeutung einer tatsächlichen Nutzung für den Markterfolg bei Online-Diensten deutlich. Anbieternetze in diesem Bereich sind z. B. America Online (AOL), CompuServe, T-Online und Microsoft Network.

- **CD-ROM**

  Im Fall eines multimedialen CD-ROM-Trägers stehen neben den einmaligen Anschaffungskosten nicht die variablen *Nutzungsgebühren* im Mittelpunkt der Betrachtung, sondern vielmehr die *konsequente Nutzung hinsichtlich einer effektiven Kommunikationssituation*. Werden beispielsweise auf einer CD-ROM

---

[30] Vgl. stellvertretend Burkert, Axel (1997), a.a.O., S. 17f.
[31] Vgl. MC Online (1996): Monitor I / 96 - Executive Edition, hrsg. von MC Informationssysteme Beratungs- GmbH, Bad Homburg v. d. H. 1996, S. 19. Eine Übersicht bieten Schoop, Eric/Glowalla, Ulrich (1996), a.a.O., S. 51ff.

Produktkataloge mit integriertem Online-Bestellservice multimedial dargestellt, so ist der Erfolg für den Anbieter dieser Präsentations- und Distributionsform, durch Einsparung bei Verwaltungs- und Logistikfunktionen aufgrund computergestützter Bestellvorgänge, abhängig von der gleichzeitigen konsequenten Nutzung durch den Anwender. Auch im Bildungsbereich, bei schulischen oder universitären Lernprogrammen, welche über einen CD-ROM-Träger angeboten werden, kann *der Inhalt nur über die stetige und intensive Nutzung dem Anwender adäquat vermittelt werden.* Daher wird auch hier die Bedeutung einer tatsächlichen Nutzung für den Markt- bzw. Einsatzerfolg deutlich.

- **Point-of-Information (POI) - / Point-of-Sale (POS) - Terminals**[32]

Bei sog. *„multimedialen Stand-alone-Stationen"* (bestehend aus Bildschirm mit Audio-Ausgang und Eingabemöglichkeit) kann der Anwender unterschiedlichste Informationen abrufen *(Point of Information - POI)* bzw. Käufe oder Buchungen tätigen *(Point of Sale - POS).* Auch hier wird *die Nutzung selbst* nicht mit Gebühren belastet, jedoch steht, wie schon bei den CD-ROM-Trägern, *der Präsentations- bzw. Kommunikationserfolg in enger Abhängigkeit von einer konsequenten Nutzung* durch den Anwender bzw. Betrachter. *POI-Systeme* dienen hierbei dem Abruf von Informationen (z. B. auf Messen und Ausstellungen) und können das Interesse des Nutzers an bestimmten Objekten wecken bzw. komplizierte Sachverhalte verdeutlichen. *POS-Systeme* können über das bloße Angebot von Informationen hinaus direkt Bestellungen aufnehmen und evtl. Belegobjekte (z. B. Eintrittskarten oder Flugscheine) direkt ausgeben. Auch bei den *Stand-alone-Stationen bzw. -Terminals* steht daher eine intensive Nutzung durch den Anwender im Mittelpunkt des Markterfolgs derartiger Systeme.

Die Problematik des von der kontinuierlichen Nutzung abhängigen Markt- bzw. Kommunikationserfolgs bei **Telekommunikations- und Multimedia-Systemen** induziert Überlegungen zu einem **neuartigen Gütertyp**, bei dem die *Nutzungsebene* zum konstituierenden Element einer Produktkategorisierung wird.

---

[32] Vgl. Heinemann, Christopher (1994): Computer Supported Cooperative Work im Marketing, in: Werbeforschung & Praxis, Nr. 6, 39 (1994), S. 213. Wenderoth, Axel (1995): Multi-Media am Point-of-Information - Messemarketing bei Hoechst, in: Hünerberg, Reinhard/Heise, Gilbert (Hrsg.), a.a.O., S. 347ff. Heimbach, Petra (1994): Multimedia im Musikmarketing, in: Werbeforschung & Praxis, Nr. 6, 39 (1994), S. 225. Schmidtborn, Michael/Mann, Andreas (1995): Servicequalität durch multi-mediale Kundenterminals am Beispiel des Lufthansa Ticket Terminal, in: Hünerberg, Reinhard/Heise, Gilbert (Hrsg.), a.a.O., S. 311ff. Peters, Rolf-Herbert (1995): Neuester Tratsch, in: Wirtschaftswoche, Nr. 35, 49 (1995), S. 88ff. Furrer, Gustav (1989): Medienwahl bei IES, in: Thexis, Nr. 5, 6 (1989), S. 17ff.

1.2.1 Die Produktkategorie „Nutzungsgüter und -systeme"

Innerhalb der bisherigen Gütertypologisierung der volkswirtschaftlichen Literatur kann bei den Konsumgütern in Abhängigkeit vom Nutzungszeitraum grundsätzlich zwischen *Verbrauchs- und Gebrauchsgütern* unterschieden werden.[33] Bei den sog. **Verbrauchsgütern** handelt es sich um Güter, deren Nutzung ihre Vernichtung bedeutet, d. h., sie erfüllen ein Bedürfnis lediglich in einem *einzigen Konsumakt.* Als klassisches Beispiel sind hier Lebensmittel oder Brennstoffe zu nennen. Demgegenüber handelt es sich bei den **Gebrauchsgütern** um Güter, welche dauerhaft sind und längerfristig zur Verfügung stehen (z. B. Fahrrad), d. h. sie erfüllen ein Bedürfnis in *mehreren Konsumakten* über eine längere Zeitspanne. Innerhalb der Gruppe der Gebrauchsgüter **erlangt durch die Entwicklungen auf dem Telekommunikations- bzw. Multimedia-Markt ein bisher als** *„Spezialfall"* **angesehener Gütertyp zunehmend an Bedeutung.** Diese Tatsache läßt eine tiefergehende Güterdifferenzierung notwendig erscheinen. Bei den traditionellen *„Gebrauchsgütern vom Typ A"* fallen entweder in der Grundintention i. d. R. keine fest determinierten zusätzlichen Nutzungskosten an (abgesehen von Betriebs- oder Energiekosten wie z. B. Strom oder evtl. Reparatur- bzw. Wartungsfälle), oder diese Nutzungskosten sind nur für den Nachfrager bedeutsam. Hierunter fallen z. B. Benzinverbrauch beim Auto oder Ölverbrauch bei Heizungssystemen. Mit Telekommunikations- und Multimedia-Systemen entsteht jedoch eine neue Produktkategorie, bei der von vornherein zusätzliche Nutzungskosten als *Kaufkriterium auf der Nachfrager- und als Erfolgskriterium auf der Anbieterseite* relevant werden. Gegenüber Produkten, bei denen Nutzungskosten lediglich als Kaufkriterium anfallen, liegt das Problem einer Nicht-Nutzung hier jedoch nicht nur auf der Seite der Nachfrager, sondern auch auf der Seite der Anbieter. Wird das Auto nicht genutzt, so beeinflußt dies dessen Hersteller zunächst nicht; im Fall von Telekommunikations- und Multimedia-Systemen bedeutet die Nicht-Nutzung jedoch einen Ausfall an variablen Nutzungsgebühren, welche für den Markterfolg elementar sind. Die Produkte dieser Kategorie können daher auch als **Nutzungsgüter bzw.** *„Gebrauchsgüter vom Typ B"* bezeichnet werden. Bei ihnen steht die Abwägung zwischen Nutzungsmöglichkeit bzw. Aufgabenerfüllung inklusive

---

[33] Vgl. stellvertretend zu diesem Bereich Altmann, Jörn (1990): Volkswirtschaftslehre - einführende Theorie mit praktischen Bezügen, Stuttgart 1990, S. 12. Fischbach, Rainer (1992): Volkswirtschaftslehre - Einführung und Grundlagen, 7. Auflage, München 1992, S. 13. Hardes, Heinz-Dieter/ Mertes, Jürgen (1994): Grundzüge der Volkswirtschaftslehre, 4. Auflage, München 1994, S. 16. Neben den Begriffen *Verbrauchsgut* und *Gebrauchsgut* werden teilweise im gleichen Kontext die Bezeichnungen „nicht-dauerhafte Güter" bzw. „dauerhafte Güter" verwendet.

des Anschaffungspreises *und* den hiermit verbundenen zusätzlichen Nutzungskosten im Mittelpunkt der Kaufentscheidung (Nachfragersicht) aber auch des Markterfolges (Anbietersicht). Damit wären Produkte bzw. Dienstleistungen aus den Bereichen **Online-Dienste, Mobilfunk oder Internet (WWW) aktuelle Beispiele für Nutzungsgüter bzw. Nutzungssysteme.**

Den Nutzungsgütern sind als Sonderfall auch die sog. **Systemgüter** zuzurechnen, die dadurch gekennzeichnet sind, daß sie „keinen *originären Produktnutzen,* sondern nur einen *Derivativnutzen,* der sich aus dem interaktiven Einsatz von Systemgütern im Rahmen einer Systemtechnologie bestimmt"[34], besitzen. Typische Beispiele für Systemgüter sind die Endgeräte von Telekommunikationssystemen wie z. B. Telefon-, Modem-, Telex-, Mailbox- oder Telefax-Endgeräte. Systemgüter zielen damit nur auf die Nutzungsebene ab und generieren einen Umsatz für die Anbieter der entsprechenden Telekommunikationsdienste erst bei *interaktivem Einsatz* zwischen den Nachfragern. Demgegenüber erfordern traditionelle Gebrauchsgüter beim Kauf primär die Betrachtung von Aufgabe und Aufgabenerfüllung im Vergleich zum Anschaffungspreis des Produktes, wobei die eventuellen *Nutzungskosten i. d. R.* nicht als primäres Markterfolgskriterium berücksichtigt werden. Vor diesem Hintergrund kann als **Definition der Begriffe „Nutzungsgut"** bzw. **„Nutzungssystem"** festgehalten werden:

Nutzungsgut/-system:
Unter einem *Nutzungsgut bzw. Nutzungssystem* wird ein Produkt verstanden, welches dauerhaft und **längerfristig zur Verfügung steht** und Nachfragerbedürfnisse in **mehreren Konsumakten** über eine längere Zeitspanne befriedigt, wobei mit der Nutzung **zusätzliche Gebrauchskosten als relevante Kaufentscheidungs-** (Nachfragersicht) *und* **Markterfolgsgröße** (Anbietersicht) anfallen.

Bei der Betrachtung von Nutzungsgütern hinsichtlich ihres wirtschaftlichen Erfolges wird deutlich, daß der Nutzungsebene die Funktion einer Schlüsselgröße zukommt. Da durch die kontinuierliche Nutzung der Markt- bzw. Kommunikationserfolg bei **Telekommunikations- und Multimedia-Systemen** induziert wird, fällt der Entscheidung über eine Nutzung bzw. Nicht-Nutzung auf der Anwenderseite eine besondere

---

[34] Weiber, Rolf (1992): Diffusion von Telekommunikation - Problem der kritischen Masse, Wiesbaden 1992, S. 18.

Bedeutung zu. Der Charakter der Nutzungsgüter spiegelt sich bei einer Nicht-Nutzung nicht nur auf ökonomischer Ebene wider, sondern betrifft auch den **Kommunikationserfolg**. Vor diesem Hintergrund können innerhalb dieser neuen Produktkategorie zwei Typen unterschieden werden: zum einen sog. „reine"-Nutzungsgüter, bei denen mit der Nutzung ein *ökonomischer Erfolg* verbunden ist (z. B. Online-Dienste oder Mobilfunk), zum anderen sog. „Quasi"-Nutzungsgüter, bei denen ein gebührenunabhängiger *Kommunikationserfolg* mit einer kontinuierlichen Nutzung verbunden ist (z. B. CD-ROM oder POI/POS-Terminals). Dies bedeutet, daß die **Entscheidung über Art und Ausmaß der Nutzung** bzw. die Entscheidung zur Nicht-Nutzung generell Konsequenzen in bezug auf den ökonomischen und kommunikativen Erfolg einer Innovation impliziert. Im Falle einer **Nicht-Nutzung** resultiert entsprechend eine **„Lücke" bezüglich der Ist- und Soll-Situation** bei ökonomischen und kommunikativen Zielen.

1.2.2 Die Problematik der anwendungsorientierten „Nutzungslücke"

Die **Nichtbeachtung der Nutzungsebene** führt bei Nutzungsgütern, bei denen der Markt- oder Kommunikationserfolg von Art und Ausmaß der Nutzung abhängig ist (idealtypisch als kontinuierlicher Einsatz), zu **erheblichen Fehleinschätzungen bezüglich ihrer Diffusion und** damit auch ihrer **Erfolgsprognose**. Unter der Diffusion wird die zeitliche Entwicklung der Übernahmen einer Innovation vom ersten bis zum letzten Käufer in einem sozialen System verstanden.[35] Da im Fall von *Telekommunikations- und Multimedia-Systemen* (Nutzungsgüter) der Markterfolg im wesentlichen idealtypisch durch die kontinuierliche Nutzung determiniert ist, muß für die genaue Erfassung der Diffusion (aggregierte Ebene der individuellen Übernahmeentscheidungen[36]) von *Nutzungsgütern* im allgemeinen und *Telekommunikations- und Multimedia-Systemen* im speziellen der *prozessualer Zusammenschluß der Kauf- und Nutzungsentscheidung* berücksichtigt werden.[37] So ist die *Hauptdeterminante* der **Diffusion bei Telekommunikations- und Multimedia-Systemen (Nutzungsgüter)** im *Nutzungsakt* zu sehen, wobei unter dem Nutzungsakt[38] eine kontinuierliche

---

[35] Vgl. zur ursprünglichen Auffassung bezügl. der Diffusion von Innovationen das Gesamtwerk von Rogers, Everett M. (1962): Diffusion of Innovations, 1. Auflage, New York 1962.
[36] Vgl. Weiber, Rolf (1992), a.a.O., S. 3.
[37] Vgl. ebenda, S. 80.
[38] Vgl. zum *Nutzungsakt* auch Späth, Georg-Michael (1995): Preisstrategien für innovative Telekommunikationsleistungen - Entwicklung eines DV-gestützten Simulationsansatzes, Wiesbaden 1995, S. 13ff.

bzw. wiederkehrende Verwendung der Innovation verstanden wird. Im Extremfall ist eine Mehrheit der Nachfrager an das Telekommunikations- bzw. Multimedia-System angeschlossen, aber nur eine Minderheit dieser Teilnehmer nutzt das System auch tatsächlich, woraus sich eine sog. **Nutzungslücke** ergibt (s. Abbildung 1).

Abbildung 1: *Die Nutzungslücke bei der Diffusion von Nutzungsgütern/-systemen*

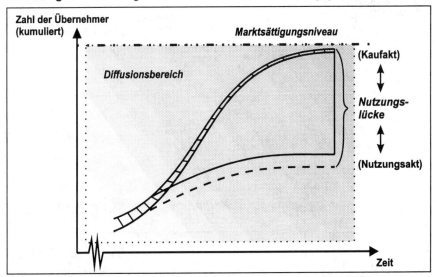

Die *Nutzungslücke* repräsentiert hierbei die Differenz zwischen Ist- und Soll-Funktion ökonomischer bzw. kommunikativer Ziele innerhalb der Produktkategorie der Nutzungsgüter und -systeme. Dies bedeutet, daß hinsichtlich der Soll-Funktion nicht mehr nur der Verkauf oder die Installation (Anschluß) einen Erfolg induziert, sondern hierfür erst auch eine anschließende Nutzung erforderlich ist. Kommt es innerhalb der Ist-Funktion *nicht* zu einer Nutzung, so entsteht eine „Lücke" zwischen *erwarteten* monetären bzw. kommunikativen Rückflüssen (Soll) und dem tatsächlichen Ergebnis (Ist). Damit tritt die **Nutzungslücke** zu der Problematik der **„Nachfragelücke"** bei Nutzungsgütern und -systemen hinzu, die bereits vor der Nutzungsentscheidung zum Tragen kommt. Die *Nachfragelücke* spiegelt die Differenz zwischen Ist- und Soll-Funktion hinsichtlich der Kaufentscheidung wider, wobei die Auswirkungen von einer Ablehnung der Innovation über eine Verschiebung bis zum Phänomen des

Leapfrogging reichen können.[39] Die Folge der Nachfragelücke ist eine Verschiebung der Nachfrage(-entscheidung) und damit auch eine „Verschiebung" des ökonomischen bzw. kommunikativen Erfolgs einer Innovation (s. Abbildung 2).

Abbildung 2: *Die Nachfragelücke bei der Diffusion von Nutzungsgütern/-systemen*

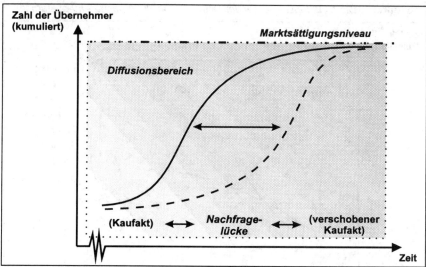

Zusammenfassend kann an dieser Stelle festgestellt werden, daß die *Nachfragelücke* die **Problematik der Kaufentscheidung**, die *Nutzungslücke* die **Problematik der Nutzungsentscheidung** repräsentiert. Beide Problemfelder spielen für den Erfolg von Nutzungsgütern und -systemen eine entscheidende Rolle, so daß abschließend eine zweistufige „**Erfolgsformel für Nutzungsgüter**" aufgestellt werden kann:

Erfolg eines Nutzungsgutes = Kaufakt (bzw. Anschlußakt) + Nutzungsakt

Ohne Berücksichtigung des Terms „*Nutzungsakt*" dieser Erfolgsformel müßten Markterfolgsprognosen zu Telekommunikations- und Multimedia-Systemen aufgrund

---

[39] Vgl. hierzu insbesondere Pohl, Alexander (1996): Leapfrogging bei technologischen Innovationen - Ein Erklärungsansatz auf Basis der Theorie des wahrgenommenen Risikos, Wiesbaden 1996, S. 82. Weiber, Rolf/Pohl, Alexander (1996a): Das Phänomen der Nachfrage-Verschiebung - Informationssucher, Kostenreagierer und Leapfrogger, in: ZfB, Heft 6, S. 675ff. Dieselben (1996b): Leapfrogging-Behavior - Ein adoptionstheoretischer Erklärungsansatz, in: ZfB, Heft 10, S. 1203ff.

eines nur mangelnden Rückflusses von Nutzungsentgelten korrigiert werden. Dies bedeutet auch, **daß die Nutzungslücke ein kontinuierliches Problem darstellt**, da die Entscheidung zur Nicht-Nutzung sowohl zu Beginn, aber auch zu jedem weiteren Zeitpunkt des Nutzungseinsatzes getroffen werden kann. Damit bleibt die *Gefahr der Nutzungslücke* im Gegensatz zur Nachfragelücke, welche mit dem Kaufzeitpunkt nicht mehr existent ist, während der gesamten „Produkt*nutzungs*zeit" präsent. Die akzeptanzorientierte Erfolgsmessung bzw. -prognose und damit auch die Marketingbemühungen müssen sich daher auf die Nutzungsbedingungen konzentrieren. Aus der Besonderheit der **Produktkategorie der Nutzungsgüter** heraus muß deshalb innerhalb des in dieser Arbeit generierten Akzeptanzansatzes **insbesondere die *freiwillige* Nutzungsebene betrachtet werden**, weil das Marktpotential von Nutzungsinnovationen, wie die Darstellungen zu den Bereichen Telekommunikation und Multimedia gezeigt haben, im Privatkundensektor konzentriert ist und dessen Nutzungsentscheidung nicht erzwungen werden kann. Weiterhin ist zu berücksichtigen, daß die für den Anbieter aus der Nutzung resultierenden Erlöspotentiale durch die Nutzungshäufigkeit bzw. -intensität bestimmt werden. Bei dem im folgenden zu generierenden Akzeptanzansatz kann deshalb Akzeptanz keine 0/1-Variable darstellen, sondern ist als kontinuierliche Variable zu verstehen, deren Ausprägungsquantität (Art und Ausmaß der Nutzung: hohe Akzeptanz = hohe Nutzungshäufigkeit = hohe Einnahmen durch Nutzungsgebühren) über den Markterfolg des Anbieters von innovativen Nutzungsgütern entscheidet.[40] Daher kann als zweite Grundproblematik dieser Arbeit festgehalten werden:

Grundproblematik 2:
Innerhalb der Produktkategorie der Nutzungsgüter bzw. Nutzungssysteme (Gebrauchsgut Typ B) kommt insbesondere die **Forderung nach einer Erfassung der freiwilligen Nutzungsebene mit ihren Nutzungsintensitäten für den ökonomischen [bzw. kommunikationsorientierten** (Gebrauchsgut Typ A)] **Markterfolg** hinsichtlich einer akzeptanzorientierten Innovationsgestaltung zum Tragen.

Die wissenschaftlichen Überlegungen zur Akzeptanz im Bereich *Absatzwirtschaft/ Marketing* allgemein und im Telekommunikations-/Multimediabereich lassen die **Be-**

---
[40] Vgl. Weiber, Rolf/Kollmann, Tobias (1996b): Interaktives Fernsehen - Information schlägt Unterhaltung, in: Absatzwirtschaft, Nr. 2, 39 (1996), S. 94f. Kollmann, Tobias (1996a): Interaktives Fernsehen - Im Aufwind der Kundenakzeptanz, in: Online Direct, Nr. 3, 1 (1996), S. 14 und in ähnlichem Zusammenhang Weiber, Rolf (1992), a.a.O., S. 80ff.

tonung einer *freiwilligen Nutzungsebene mit differenzierten Ausprägungsquantitäten* für das Resultat „Akzeptanz" aufgrund folgender Gründe oftmals vermissen:

- Die klassische Akzeptanzforschung interpretiert **Akzeptanz oftmals als Ja/ Nein-Entscheidung**.[41] Diese dichotome Betrachtungsweise greift aber gerade bei Nutzungsgütern zu kurz, da hier nicht allein die Grundsatzentscheidung zur Nutzung für den Markterfolg entscheidend ist, sondern vielmehr die resultierenden Hinweise auf die **Nutzungshäufigkeit/-intensität**. Eine Ja/Nein-Entscheidung sagt demnach noch nichts über die Höhe monetärer Rückflüsse anhand der Nutzungsgebühren aus. Daher muß die Akzeptanz im Fall von Nutzungsgütern/-systemen als **Akzeptanzkontinuum** (zwischen hoher Akzeptanz = tendenziell hohe Nutzungshäufigkeit und niedriger Akzeptanz = tendenziell geringe Nutzungshäufigkeit) interpretiert werden.[42]

- Bei bisherigen marketingorientierten Akzeptanzuntersuchungen stand vor allem der **„Abverkauf von Produkten"** im Vordergrund der Betrachtungen, da *Akzeptanz primär mit dem Verkauf nicht jedoch mit der Nutzung von Produkten* in Verbindung gebracht wurde (Akzeptanz = positive Kaufentscheidung).[43] Da das Ziel dieser Akzeptanzuntersuchungen lediglich in der Findung von Durchsetzungsstrategien, nicht aber in einer Bestimmung von akzeptablen und dauerhaften Nutzungsbedingungen lag, fand eine explizite Betrachtung der anschließenden Nutzungsebene auch nicht statt.

- Bisherige Akzeptanzuntersuchungen sind vielfach durch eine **ex-post-Orientierung** gekennzeichnet, d. h., die Überlegungen konzentrierten sich auf die Extraktion von Möglichkeiten zur Anpassung der Anwendernutzung an fest spezifizierte Technikbedingungen.[44] Eine akzeptanzorientierte Innovationsgestaltung für die Anpassung der Technikbedingungen an die Anwenderbedürfnisse der Nutzungsebene unterbleibt aber meist. Die **Freiwilligkeit der Nutzung** *konsumorientierter Nutzungsgüter* erfordert jedoch, im Gegensatz zur zwanghaften Nutzung z. B. bei Einführung von Nutzungsinnovationen im Unternehmensbereich (organisationspolitische, nicht nutzungsorientierte Entscheidung im Mittelpunkt), eine Analyse bei freiwilligen Nutzungsentscheidungen.

---

[41] Vgl. hierzu die tiefergehenden Ausführungen zum Akzeptanzbegriff in *Kapitel 2.3* und *2.4*.
[42] Zwar wird gerade im Hinblick auf Untersuchungen zum Medium „Fernsehen" die Ja/Nein-Dichotomie oftmals durchbrochen (Viel- versus Wenig-Seher), doch werden die einzelnen Abstufungen nicht mit Zahlungsintensitäten verbunden, da das Medium „Fernsehen" kein Nutzungsgut im Sinne dieser Arbeit darstellt (fixe Nutzungsgebühren).
[43] Vgl. hierzu im Detail die Ausführungen in *Kapitel 2.2.2.2*.
[44] Vgl. hierzu ausführlich die Überlegungen in *Kapitel 2.3* und *2.4*.

Der bislang vorherrschende klassische Produktverkauf muß bei Nutzungsgütern/ -systemen durch das sog. **Nutzungsgeschäft** erweitert werden, so daß auch der Akzeptanzansatz dieser Arbeit in diese Richtung gehen muß. Dies induziert einen **Einbezug von Überlegungen zu einem Akzeptanzkontinuum innerhalb der freiwilligen Nutzungsebene und damit zur** *umfassenden* **Erfolgsmessung bzw. -prognose für Nutzungsgüter und -systeme** (parallel auch für Multimedia-Anwendungen als „Quasi-Nutzungsgüter"[45]). Es ist demnach gerade die *quantitative Akzeptanzausprägung (Art und Ausmaß) der Nachfrager innerhalb der Nutzungsebene*, als Befriedigung der *kontinuierlichen* Nachfragerbedürfnisse, welche zum Ausdruck bringt, ob eine Innovation der Produktkategorie „Nutzungsgut/-system" bedürfnis- bzw. marktorientiert gestaltet wurde.

Während der Produktverkauf für die Verbreitung der Innovation am Markt verantwortlich zeichnet, drückt das **Nutzungsgeschäft** den individuellen Erfolg der Innovation beim einzelnen Übernehmer aus. Dies bedeutet, daß nun auch der Nutzungsprozeß in den Vordergrund rückt und somit zum originären „Kernprodukt" zu zählen ist.[46] Damit unterscheidet sich die Akzeptanzuntersuchung von Maßnahmen im Rahmen eines *Geschäftsbeziehungs- oder Servicemanagement*. Bei diesen Maßnahmen sollen *eigene, zusätzliche Erlöspotentiale* generiert werden, die nach *Kotler* zum „erweiterten Produkt" gehören. Damit liegt generell ein anderes Phänomen vor: Während Maßnahmen des Service- oder Beschwerdemanagements i. d. R. nur im konkreten Problemfall zur Anwendung kommen und sich auf des „erweiterte Produkt" beziehen, sollte das Nutzungsgeschäft als ständiges „Monitoring" der Nutzungsprozesse - die nun zum eigentlichen „Kernprodukt" gehören - interpretiert werden, welches das originäre und nicht das zusätzliche Erlöspotential in den Mittelpunkt stellt. Ziel muß es daher sein, einen Lösungsansatz für die konsequente Betrachtung der freiwilligen Nutzungsebene unter Berücksichtigung der quantitativen Ausprägung des Phänomens „Akzeptanz" (Kontinuumansatz versus bisheriger einstellungsbasierter Ja/Nein-Entscheidungen) für innovative Nutzungsgüter/-systeme zu generieren.

---

[45] Da die Bedeutung der *Nutzungsebene* nicht nur für gebührenabhängige, sondern auch für gebührenunabhängige Multimedia-Systeme gilt, da bei ihnen der vom Anbieter angestrebte Kommunikationserfolg auch von einer kontinuierlichen Nutzung durch den Anwender abhängt, können diese Art von „Systeme bzw. Anwendungen" im folgenden auch unter dem Begriff *„Nutzungsgüter/-systeme"* aufgenommen werden.

[46] Vgl. zum Begriff des „Kernproduktes" insbesondere Kotler, Philip/Bliemel, Friedhelm (1995): Marketing-Management, 8. Auflage, Stuttgart 1995, S. 659ff.

1.2.3 Vermarktungsprobleme bei „Nutzungsinnovationen"

Die Unternehmen sind eingebettet in einen kontinuierlichen Veränderungsprozeß von Umweltbedingungen, welcher sich aus gesellschaftlichen und politischen Entwicklungen einerseits und dem Wandel im Verhalten von Abnehmern, Konkurrenten und staatlicher Gewalt andererseits zusammensetzt.[47] Zusätzlich eingerahmt von dem ständigen Wandel des Wissensstandes durch die Schaffung neuer Erkenntnisse[48] sind die Unternehmen gezwungen, **Innovationen** zu entwickeln, um sich den Veränderungen anzupassen oder dieselbigen mitgestalten zu können. Der von *Schumpeter* in den wirtschaftswissenschaftlichen Kontext eingeführte Terminus „Innovation"[49] zeichnet sich innerhalb der *Betriebswirtschaftslehre* durch den Versuch aus, eine **zielgerechte Gestaltung einzelwirtschaftlicher Neuerungen** zu erreichen.[50] Eine allgemeingültige und alle Eventualitäten einschließende Definition von Innovationen erscheint in diesem Zusammenhang jedoch problematisch, weil in Abhängigkeit des Untersuchungsziels unterschiedliche Aspekte Relevanz erhalten können.[51] Allerdings kann die **Neuartigkeit** als grundlegendes konstituierendes Element des Begriffes „Innovation" herausgestellt werden.[52] Schon *Schumpeter* definierte 1947 Innovationen als „*[...] doing of new things or doing things that are already being done in a new way [...]*".[53] Auch *Rogers* versucht eine relativ weitgefaßte Erklärung des Begriffes zu geben, innerhalb dieser weitere (engere) Definitionsabgrenzungen untergeordnet werden können. Vor diesem Hintergrund definierte er Innovation wie folgt:

---

[47] Vgl. Pfeiffer, Werner/Staudt, Erich (1975): Innovation, in: Grochla, Erwin/Wittmann, Waldemar (Hrsg.): Handwörterbuch der Betriebswirtschaftslehre, Stuttgart 1975, Sp. 1943.
[48] Vgl. Strebel, Heinz (1968), a.a.O., S. 193ff.
[49] Vgl. Werner, Josua (1967): Das Verhältnis von Theorie und Geschichte bei Joseph A. Schumpeter, in: Montaner, Antonio (Hrsg.): Geschichte der Volkswirtschaftslehre, Köln 1967, S. 282. *Schumpeter* als Vertreter der sog. „österreichischen Schule" hat Innovationen als logische Konsequenz des dynamischen unternehmerischen Handelns in einer Wettbewerbswirtschaft beschrieben. Schumpeter, Joseph A. (1939): Business Cycles - a Theoretical, Historical and Statistical Analysis of the Capitalist Process, Band 1, New York 1939, S. 84ff.
[50] Vgl. zum Aspekt der interdisziplinären Innovationsforschung insbesondere Kupsch, Peter U./Marr, Rainer/Picot, Arnold (1991): Innovationswirtschaft, in: Heinen, Edmund (Hrsg.): Industriebetriebslehre - Entscheidungen im Industriebetrieb, Wiesbaden 1991, S. 1071ff.
[51] Vgl. Weiber, Rolf/Pohl, Alexander (1995), a.a.O., S. 5.
[52] Vgl. Brockhoff, Klaus (1986): Wettbewerbsfähigkeit und Innovation, in: Dichtl, Erwin (Hrsg.): Innovation und Wettbewerbsfähigkeit, Wiesbaden 1986, S. 55. Meissner, Wolfgang (1989): Innovation und Organisation, Stuttgart 1989, S. 16. Zahn, Erich (1991): Innovation und Wettbewerb, in: Müller-Böling, Detlef/Seibt, Dietrich/Winand, Udo (Hrsg.): Innovations- und Technologiemanagement, Stuttgart 1991, S. 120.
[53] Schumpeter, Joseph A. (1947): The Creative Response in Economic History, in: Journal of Economic History, Nr. 7, 7 (1947), S. 149.

"An innovation is an idea, practice, or object that is perceived as new by an individual or other unit of adoption."[54]

Dieser Definition folgend kann unter einer **technologischen Innovation** eine Idee, eine Methode oder ein Objekt verstanden werden, welche bzw. welches auf einer neuen Technologie basiert und von den Nachfragern als grundsätzlich neu *wahrgenommen* wird.[55] Bei einer Innovation ist es demnach entscheidend, daß sie auf einer als *neu wahrgenommenen Technologie* basiert.[56] Der Aspekt der „**Wahrnehmung**" unterstreicht hierbei die Nachfragersicht, d. h., es sind nicht die objektiven Leistungseigenschaften, sondern die durch die Individualität des (potentiellen) Konsumenten bestimmte Subjektivität, welche letztendlich für die Beurteilung einer Neuerung entscheidend ist.[57]

Im Zuge der Entwicklung auf dem Telekommunikations- und Multimedia-Sektor werden nun verstärkt Innovationen konzipiert, welche ihr „Innovationspotential" erst bei einer kontinuierlichen Nutzung entsprechend entfalten können. Da die Nutzung derartiger Innovationen als *Dauerereignis* interpretiert werden muß, kann davon ausgegangen werden, daß sich nicht nur die Nutzungsanforderungen des Anwenders im Zeitablauf ändern, sondern auch das Nutzungspotential erst *im Zeitablauf* vollständig aufgedeckt wird. Diese Art von Innovationen werden entsprechend der **Produktgruppe der „Nutzungsgüter bzw. -systeme"** zugeordnet, da hauptsächlich die Nutzungsebene für das ökonomische bzw. kommunikationsorientierte Ergebnis der Innovation verantwortlich ist.[58] Der Erfolg einer solchen Innovation ist demnach für Nachfrager *und* Anbieter hauptsächlich im Zeitverlauf der *konkreten Anwendungssituationen* identifizierbar, da die potentiellen Vorteile vom Nachfrager erst zu diesem Zeitpunkt umfassend wahrnehmbar und in ein konkretes Nutzungsverhalten umgesetzt werden. Zusätzlich kommen gegenüber traditionellen Gebrauchsgütern, die ebenfalls ein derartiges „Erfolgsmuster" aufweisen, noch die Nutzungskosten als

---

[54] Rogers, Everett M. (1983): Diffusion of Innovations, 3. Auflage, New York 1983, S. 11.
[55] Über den Aspekt der „Wahrnehmung" einer Neuerung als konstituierendes Element der Definition hinaus werden in der Literatur auch weitere Kriterien wie die „Tatsache und das Ausmaß der Neuartigkeit", die „Erstmaligkeit der Neuartigkeit", die „neuartige Kombination von Zweck und Mitteln", der „Verwendungsbezug" und der „Prozeßaspekt" herangezogen. Vgl. Hauschildt, Jürgen (1997): Innovationsmanagement, München 1997, 2. Auflage, S. 3f.
[56] Vgl. Pohl, Alexander (1994): Ausgewählte Theorieansätze zur Erklärung des Nachfragerverhaltens bei technologischen Innovationen, Arbeitspapier Nr. 4 zur Marketingtheorie des Lehrstuhls für Marketing der Universität Trier, hrsg. von R. Weiber, Trier 1994, S. 9.
[57] Vgl. Weiber, Rolf (1992), a.a.O., S. 2. Schulte, Dieter (1978): Die Bedeutung des F&E-Prozesses und dessen Beeinflußbarkeit hinsichtlich technologischer Innovationen, Bochum 1978, S. 8.
[58] Vgl. hierzu als Ausgangspunkt die Begriffsdefinition „Nutzungsgut/-system" im einführenden *Kapitel 1.2.1.*

differenzierendes Kriterium zum Tragen (s. o.). Voraussetzung hierfür ist jedoch, daß die Innovation nicht nur ergänzend bzw. unterstützend eingesetzt wird, sondern im Bereich des wahrgenommenen „Neuheitspotentials" aktiv substituierend verwendet wird. Hierdurch wird die Bedeutung der „Nachfragersicht" weiter unterstrichen, da dieser aktive Einsatz von dem Ermessen des Anwenders abhängt. Vor diesem Hintergrund kann der **Begriff** „*technologische Nutzungsinnovation*" in Weiterführung der klassischen Auffassung von „Innovationen" folgendermaßen definiert werden:[59]

Nutzungsinnovation:
Unter einer *technologischen Nutzungsinnovation* wird ein Neuerung innerhalb der Produktgruppe **„Nutzungsgut/-system"** verstanden, welche ihr Neuheits*potential* kontinuierlich bei einem konkreten Einsatz in den problemorientierten Anwendungssituationen unter Berücksichtigung der Nutzungskosten entfaltet.

Die aus den technologie- und marktbezogenen Charakteristika von technologischen Nutzungsinnovationen resultierenden Beurteilungsschwierigkeiten der Nachfrager führen zu einer starken Beeinträchtigung des Kaufentscheidungs- und Nutzungsprozesses. Die hohe **Unsicherheit** seitens der Nachfrager **führt zu tendenziell hohen Markt- und Nutzungswiderständen** bei der Einführung von technologischen Nutzungsinnovationen. Unter **Marktwiderständen** wird hierbei die Gesamtheit der Tatbestände gewertet, welche sich hemmend auf den Absatz bzw. Verkauf eines Produktes auswirken können.[60] Hierzu gehören beispielsweise Kaufpreis, negative Einstellung, schlechte Beratung, Informationsdefizite usw. Diese Marktwiderstände sind kennzeichnend für die Einführung technologischer Nutzungsinnovationen und erfordern besondere Ansprüche an das Marketing.[61] *Reichwald* bemerkt hierzu:

---

[59] Das in dieser Arbeit entwickelte Akzeptanzmodell bezieht sich speziell auf eine Analyse von Nutzungs*innovationen*. Dies bedeutet nicht, daß das Modell nicht auch für bereits am Markt befindliche Nutzungsgüter/-systeme Geltung findet.

[60] Vgl. Pfeiffer, Werner/Bischof, Peter (1974): Einflußgrößen von Produkt-Marktzyklen, Arbeitspapier Nr. 22 des Betriebswissenschaftlichen Instituts der Friedrich-Alexander-Universität Erlangen-Nürnberg, hrsg. von W. Pfeiffer, Nürnberg 1974, S. 107. Zu ähnlichen Abgrenzungen vgl. Remmerbach, Klaus-Ulrich (1987): Markteintrittsentscheidungen, Wiesbaden 1987, S. 118. Walters, Michael (1984): Marktwiderstände und Marketingplanung - strategische und taktische Lösungsansätze am Beispiel des Textverarbeitungsmarktes, Wiesbaden 1984, S. 8ff.

[61] Vgl. Kleinaltenkamp, Michael (1993): Standardisierung und Marktprozeß - Entwicklungen und Auswirkungen im CIM-Bereich, Wiesbaden 1993, S. 119ff. Kleinaltenkamp, Michael/Rohde, Harald H. (1993): Empirische Überprüfung des Einflusses der betrieblichen Standardisierung auf den Marktprozeß von CIM-Komponenten und -Systemen, Zwischenbericht des Teilprojekts K-2 im Sonderforschungsbereich 187 der DFG, Ruhr-Universität Bochum 1993, S. 4. Backhaus, Klaus/Voeth, Markus (1995): Innovations- und Technologiemarketing, in: Zahn, Erich (Hrsg.), a.a.O., S. 396f.

„*Eine Unternehmung kann heute nicht mehr aufgrund der steigenden extern induzierten Unsicherheiten - zu nennen sind beispielsweise die starke internationale Konkurrenz, die sich verkürzenden Innovationszyklen, Veränderungen im gesellschaftlichen Wertesystem - nach dem „trial and error"-Prinzip, also der Erfahrungsgewinnung durch zeit- und kapitalintensive „Experimente", die an sie gestellten Anforderungen erfüllen.*"[62]

Diese Marktwiderstände können vor obigem Hintergrund sowohl auf den *Markt* (Zusammenspiel von Nachfrager/Anbieter/Konkurrenz), die *Umwelt* bzw. *Organisation* als auch auf die *Technik* zurückgeführt werden (s. Abbildung 3). Wird der Fokus auf die Nachfragerseite gelegt, so ist es die Aufgabe des Marketing, Nachfragerwiderstände aufzudecken und hiermit zusammenhängende Vermarktungsprobleme konsequent zu beseitigen.

Demgegenüber wird unter **Nutzungswiderständen** die Gesamtheit der Tatbestände verstanden, welche sich hemmend auf die konkrete problembezogene Nutzung eines Produktes auswirken können. Hierzu gehören beispielsweise schlechte Bedienungsbedingungen, mangelnde Fehlerdokumentation, mangelnde Flexibilität des Systems, usw. Den Nutzungswiderständen zugehörig, aber als vorgelagert zu interpretieren, kann die *Problematik einer Installation von Nutzungssystemen* als weiterer Aspekt der nutzungsorientierten Vermarktungsproblematik angeführt werden. Zusammenfassend beziehen sich die Nutzungswiderstände auf den *Anwender*, die *Nutzungssituation* und das *zu bearbeitende Problem* (s. Abbildung 3). Diese Nutzungswiderstände sind kennzeichnend für die Einführung technologischer Nutzungsinnovationen und erfordern daher eine zweidimensionale Anspruchshaltung an das Marketing. Diese **Zweidimensionalität der Marketingbetrachtung** resultiert aus der gleichzeitigen Berücksichtigung von *Markt- und Nutzungswiderständen.*[63] Marktwiderstände wirken hierbei auf den **Kaufakt**, während Nutzungswiderstände (ein-

---

[62] Reichwald, Ralf (1982): Neue Systeme der Bürotechnik und Büroarbeitsgestaltung - Problemzusammenhänge, in: Derselbe (Hrsg.), a.a.O., S. 35.
[63] *Weiber* untergliedert die Nutzungswiderstände weiter in Applikations-, Substitutions- und Anbieterwiderstände. Unter *Applikationswiderständen* versteht der Autor die Möglichkeit, daß mit der Nutzung generell negative Konsequenzen verbunden sein können. *Substitutionswiderstände* betreffen dagegen Probleme bei dem Wechsel von einem etablierten zu einem neuen System. *Anbieterwiderstände* letztlich behandeln die mangelnde Kompatibilität zwischen den Systemen zweier Anbieter. Diese „Nutzungswiderstände" werden anhand der Betrachtung von Kritische-Masse-Systemen hergeleitet. Innerhalb der vorgestellten Thematik zu Innovationen im Bereich *Nutzungsgüter* würden sich Applikationswiderstände ebenfalls bei den Nutzungswiderständen einreihen, während Substitutions- und Anbieterwiderstände dagegen eher den Marktwiderständen zuzuordnen wären, da diese in erster Linie die Kaufentscheidung betreffen. Hinsichtlich einer Verdeutlichung der grundsätzlichen Problematik erscheint jedoch eine weitere Diskussion bzw. Unterteilung an dieser Stelle nicht notwendig. Vgl. Weiber, Rolf (1992), a.a.O., S. 85ff.

schließlich der Installationsproblematik) den **Nutzungsakt**, d. h. die Entscheidung zur konkreten problemorientierten Verwendung einer Nutzungsinnovation beeinflussen. Dabei ist eine **Verschiebung der relevanten Bedeutung** zwischen den Arten der Widerstände zu beobachten. *Vor dem Kauf bzw. der Übernahme* eines innovativen Nutzungsgutes bzw. -systemes dominieren die *Marktwiderstände*, während *nach diesem Zeitpunkt* ein „*trade-off*" stattfindet und die *Nutzungswiderstände* eine dominierende Rolle einnehmen (s. Abbildung 3).

Abbildung 3: *Vermarktungsprobleme bei Nutzungsgütern/-systemen*

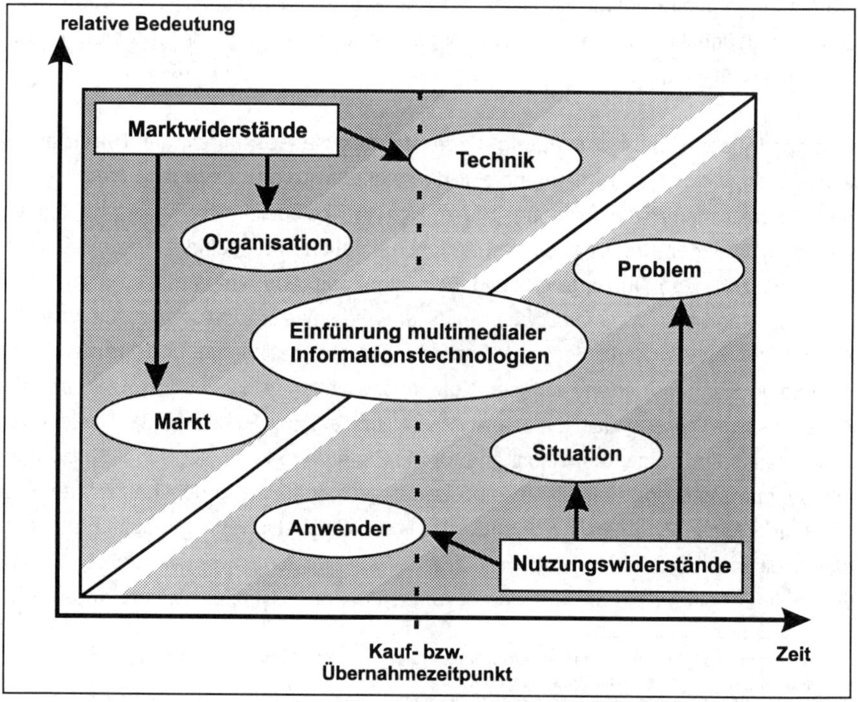

Die Markt- und Nutzungswiderstände spiegeln sich in den **Charakteristika technologischer Innovationen im Bereich Nutzungsgüter/-systeme** wider und lassen sich in den Kernaspekten wie folgt den Kategorien Marktwiderstände und Nutzungswiderstände zurechnen. Hinsichtlich der **ersten Kategorie (Marktwiderstände)** sind für eine *Akzeptanzbetrachtung im Konsumgüterbereich* folgende zentrale Punkte kurz anzuführen:

- **Kurze Produktlebenszyklen:** *Notwendigkeit einer frühzeitigen Akzeptanzbetrachtung*, da die Zeit für Modifikationen hinsichtlich Produktgestaltung und Nutzungsbedingungen immer kürzer wird.

- **Kurze Innovationszyklen:** Über die kürzer werdenden Zyklen, in denen Nutzungsinnovationen am Markt erscheinen, wird die *Notwendigkeit einer sofortigen Orientierung an Kundenbedürfnissen* unterstrichen.

- **Faktor „Preis/Gebühr":** Die reflektorische Funktion dieser Größen hinsichtlich der *Produkt- bzw. Innovationsleistung* spiegelt einen akzeptanzorientierten Vergleich zwischen der Zahlungsbereitschaft des Nachfragers und seines wahrgenommenen Nutzens hinsichtlich des Produktes wider.

- **Intensiver Verdrängungswettbewerb:** *Akzeptanz- und damit kundenbedürfnisorientierte Angebote* hinsichtlich Produktgestaltung und Nutzungsbedingungen behaupten die Marktstellung des Unternehmens.

- **Hohe Komplexität:** Bei Nutzungsinnovationen müssen nicht nur die Kaufbedingungen, sondern hauptsächlich auch die *Nutzungsbedingungen akzeptanzanalytisch beurteilt* werden (zusätzliches Kaufentscheidungskriterium).

- **Kompatibilität:** Die Nutzungsinnovation muß nicht nur technische Kompatibilität, sondern auch die *personelle* bzw. *nutzungsorientierte Kompatibilität anhand bisheriger Nutzungsgewohnheiten* berücksichtigen.

- **Kommunizierbarkeit:** Bei Nutzungsinnovationen müssen in erster Linie die *Nutzungsbedingungen* hinsichtlich der Akzeptanz bereits vor dem Kauf kommunizierbar sein.

Hinsichtlich der **zweiten Kategorie (Nutzungswiderstände)** können für die Notwendigkeit der Akzeptanzbetrachtung bei konsumorientierten Nutzungsinnovationen als zentrale Punkte kurz angeführt werden:[64]

---

[64] Eine tiefergehende Erläuterung der Einflußpunkte hinsichtlich der *Situation* und *Problem*stellung der Nutzung über eine schlagwortartige Anführung hinaus erfolgt in *Kapitel 3*.

- **Unsicherheit:** Durch die Hinzunahme einer konkreten und dauerhaften Nutzungsentscheidung, welche mit zusätzlichen Kosten verbunden ist, und einem fehlenden Beurteilungs-Know-How wächst die *akzeptanzorientierte Unsicherheit bezüglich einer Beurteilung der Nutzungsbedingungen.*

- **Erprobbarkeit:** Durch die *Besonderheit der Nutzungsebene* stellt sich verstärkt die Problematik einer Erprobung zukünftiger Nutzungsbedingungen.

- **Verhaltensänderung:** Die Problematik der Verhaltensänderung wird durch die Bedeutung der Nutzungsbedingungen tendenziell verstärkt, so daß eine *Akzeptanzbetrachtung unter Einschluß der Nutzungsebene* notwendig wird.

- **Bedienbarkeit:** Die Bedeutung des konfliktfreien Umgangs muß durch eine *akzeptanzorientierte Gestaltung* der Innovation berücksichtigt werden.

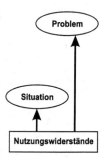

- **Flexibilität:** Durch eine *frühzeitige akzeptanzorientierte Innovationsgestaltung* wird die Flexibilität hinsichtlich zukünftiger Nutzungsanforderungen erhöht.

- **Nutzungsaufwand:** Durch eine *akzeptanzorientierte Gestaltung der Nutzungsbedingungen* wird der Aufwand zum Erlernen einer Bedienungsstruktur minimiert und in verbesserter Relation zum Nutzen der Innovation gesetzt.

- **Nutzungsgebühren:** Über die Erhebung von Nutzungsgebühren wird in jeder Nutzungssituation neu über einen Fortgang des Nutzungsaktes entschieden. Dies induziert die Notwendigkeit einer *dauerhaften Akzeptanzorientierung*.

Werden diese Charakteristika technologischer Nutzungsinnovationen und die hieraus resultierenden Vermarktungsprobleme in bezug auf die Problematik von **Nachfrage- und Nutzungslücke** verdichtet, so wird deutlich, daß die *Marktwiderstände* in erster Linie die *Nachfragelücke* determinieren, während die *Nutzungswiderstände* hauptsächlich die *Nutzungslücke* beeinflussen (s. Abbildung 4). Die **Markt- und Nutzungswiderstände** wiederum werden durch die verschiedenen **Charakteristika der Nutzungsinnovation** bestimmt (markt-, technologie- und nachfragerbezogene Faktoren). Ausgangspunkt einer Betrachtung dieser Charakteristika bleibt für Nutzungsinnovationen die **konkrete Nutzungssituation**, in der die Innovation eingesetzt werden soll. Diese *Einsatzsituation* ist für Nutzungsgüter aus Nachfragersicht von Anfang an ein entscheidendes Beurteilungskriterium, so daß sich die Charakteristika der Nutzungsinnovation in der **Nutzungsebene** widerspiegeln (s. Abbildung 4). Bei einer Gesamtbetrachtung von Grundproblematik, Charakteristika und Vermarktungsproblemen bei bzw. von Nutzungsinnovationen wird deutlich, daß sowohl eine Akzeptanzbetrachtung als auch Aktivitäten des Marketing nicht mit dem Verkauf eines innovativen Produktes enden dürfen, sondern vielmehr auch die Nutzungsebene einschließen und damit kontinuierlich stattfinden müssen. Dies beinhaltet auch und gerade für Nutzungsinnovationen die **Notwendigkeit einer frühzeitigen Akzeptanzorientierung**, bei der über eine Erfassung der Nutzungsebene in Zukunft die Gefahr minimiert wird, *„daß aus hundert Ideen letztlich zwei bis drei erfolgreiche Produkte entstehen."* [65]

Abbildung 4: *Die Bedeutung der Vermarktungsprobleme für Nachfrage- bzw. Nutzungslücke*

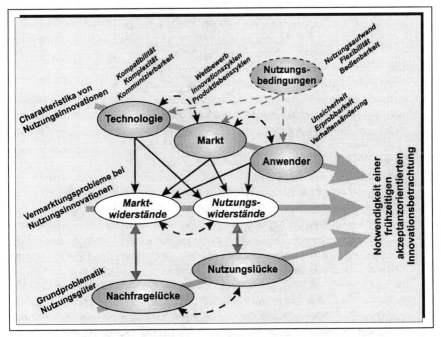

---
[65] Hofmeister, Ernst (1981): Innovationsbarrieren, in: Hofmeister, Ernst/Ulbricht, Mechthild (Hrsg.): Von der Bereitschaft zum technischen Wandel, Berlin 1981, S. 101.

Die in diesem Kapitel aufgezeigte Problematik der allgemeinen Marktbedingungen bei technologischen Nutzungsinnovationen begründet für die Unternehmen den **Zwang zur frühzeitigen Orientierung an Marktbedürfnissen**, um ihren Innovationen einen Markterfolg zu ermöglichen und damit ihre Überlebensfähigkeit zu sichern. Insbesondere eine wirkungsvolle **akzeptanzorientierte Innovationsgestaltung** erscheint für den *Produktplanungs- und Markteinführungsprozeß* von innovativen Technologien zweckmäßig. Das Risiko von Fehlschlägen bei Innovationen aufgrund mangelnder Übereinstimmung zwischen Produkteigenschaft und Nachfragerbedürfnis könnte hierdurch reduziert werden. Die *akzeptanzorientierte Innovationsgestaltung* muß sich daher an den aufgezeigten **Besonderheiten der Kauf- und Nutzungssituation bei technologischen Nutzungsinnovationen** festmachen, da nur hierdurch auf die Marktbesonderheiten bzw. Vermarktungsprobleme reagiert werden kann. Die Vermarktungsproblematik bei innovativen Nutzungsgütern bzw. -systemen soll abschließend anhand eines fiktiven Beispiels verdeutlicht werden:

Beispiel: Einführung einer Online-Datenbank

Bei der Vermarktung einer Online-Datenbank ist der Erfolg abhängig davon, ob sich ein Anwender für das jeweilige Datenbanksystem entscheidet und dieses auch entsprechend kontinuierlich einsetzt. Die entstehenden Kosten dieser Entscheidung beziehen sich aus Nachfragersicht einerseits auf die Hardware bzw. Software und deren Installation, um eine Nutzung grundsätzlich zu ermöglichen, andererseits jedoch besonders auf die variablen Nutzungsgebühren, die bei einer Suche (Kommunikationsgebühren) bzw. einem Abruf von Informationen (Artikelgebühren z. B. für Dokumente, Texte usw.) anfallen. Parallel spielen aus Anbietersicht gerade diese von einer kontinuierlichen Nutzung abhängigen variablen Artikelgebühren die entscheidende Rolle, da generelle zeitabhängige Datenbankgebühren (zeitabhängige Informationssuche) durch Offline-Suchprogramme weitestgehend reduziert werden können. Vor diesem Hintergrund kann eine Online-Datenbank als Nutzungssystem identifiziert werden, da der ökonomische Erfolg für den Anbieter über den primären Verkauf des Systems hinaus von der kontinuierlichen Nutzung des Nachfragers abhängig ist. Die resultierenden Vermarktungsprobleme beziehen sich daher auf die Ebenen eines Systemverkaufs (Kaufakt, inkl. Installation) und dessen Nutzung (Nutzungsakt) durch den Anwender (Zweidimensionalität der Vermarktung). Die resultierenden Marktwiderstände beziehen sich respektive z. B. auf die eingesetzte Online- bzw. Datenbanksoftware (Kompatibilitätsaspekt), auf den Datenbankinhalt (Informationsaspekt) aber auch auf die nutzungsorientierte Ausgabequalität der Informationen [Volltext (mit oder ohne Abbildungen) versus Abstract]. Die resultierenden Nutzungswiderstände beziehen sich z. B. auf die Suchmechanismen (Syntaxstruktur der Abfrage), die Such- bzw. Zugriffszeiten (z. B. Download-Prozedur) oder aber die Stabilität der Kommunikation (z. B. Absturz-

gefahr). Dabei spielen die Marktwiderstände i. d. R. vor dem Kauf bzw. der Übernahme eine dominante Rolle, während die Nutzungswiderstände erst mit dem konkreten Nutzungseinsatz dominieren (postulierte Verschiebung der relevanten Bedeutung; s. Abbildung 3). Aus Marketingsicht müssen daher frühzeitig relevante Einflußgrößen der Kaufentscheidung aber auch Einflußgrößen der anschließenden Nutzungsentscheidung berücksichtigt und in ein innovationsbezogenes Gesamtkonzept internalisiert werden.

Das Zeitproblem aufgrund der spezifischen Marktbedingungen einer Verkürzung der Innovations- und Produktlebenszyklen und der damit verbundenen Notwendigkeit einer bedürfnisorientierten Entwicklung sind demnach die Hauptprobleme für Unternehmen bei der Einführung von technologischen Nutzungsinnovationen. Kosten und Zeit könnten innerhalb des Innovationsprozesses bzw. bei der Produktplanung eingespart werden, wenn ein zuverlässiges **Instrument für das Marketing** existieren würde, welches schon **frühzeitig Nachfragerbedürfnisse identifizieren** und in den Produktgestaltungsprozeß integrieren könnte und **eine Prognose hinsichtlich Akzeptierern und Nicht-Akzeptierern** ermöglichen würde. Hierdurch würde insbesondere auch einem „*technology-push*" entgegengewirkt werden.[66] Die Nachfragerbedürfnisse und deren Befriedigung durch technologische (Nutzungs-)Innovationen determinieren deren Erfolg. Es ist demnach gerade die **Akzeptanz der Nachfrager**, welche als Spiegelbild der Nachfragerbedürfnisse die Übereinstimmung von Innovation und Marktanforderung bestimmt. Nur wenn es den Unternehmen gelingt, die Akzeptanz bei den Nachfragern anhand von **Kauf- und Nutzungsbedingungen** zu erfassen, ist eine wirkungsvolle Erfolgsmessung und -prognose für Nutzungsgüter und -systeme möglich. Benötigt wird daher ein **Akzeptanzansatz**, welcher aufgrund von Markt- und Nutzungswiderständen insbesondere *Kauf- und Nutzungsbedingungen* berücksichtigt und ferner zur frühzeitigen Erfolgsmessung und -prognose eine **ex-ante-orientierte Akzeptanz**, d. h. die Phase vor der Markteinführung einschließt, **um potentielle Akzeptierer bzw. Nicht-Akzeptierer zu identifizieren** und quantitativ zu schätzen.

---

[66] Vgl. hierzu *Kapitel 1.1*.

1.3 Der „Nutzungsgut"-Charakter bei Multimedia-Innovationen

Auf dem Weg zur *Informationsgesellschaft* des nächsten Jahrtausends werden **Innovationen im Bereich „Multimedia"** eine zentrale Rolle spielen. Unabhängig von definitorischen Problemen bei der Begriffsbestimmung wird derzeit mit *Multimedia* das (vermarktbare) Ergebnis einer Marktintegration bezeichnet, die sich auf die Bereiche „Telekommunikations-", „Computer-", „Unterhaltungselektronik-" und „Medienindustrie" bezieht.[67] Hierzu gehören Produkte und Dienstleistungen in den Bereichen *Online-Dienste, CD-ROM´s, Interaktives Fernsehen, WWW* und *IMM-Systeme* bzw. *IIS-Systeme* (s. Abbildung 5).

Abbildung 5: *Entwicklung von Anwendungsmöglichkeiten im Multimedia-Bereich*

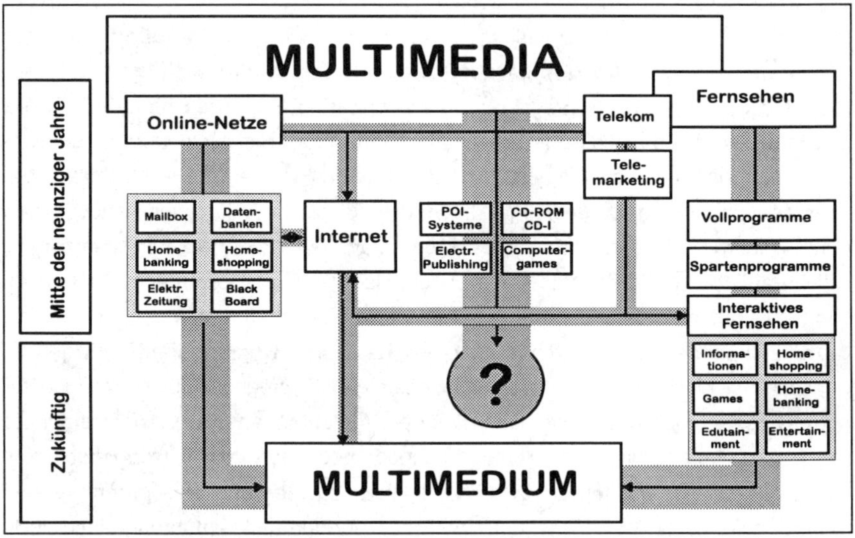

in Anlehnung an: Kinnebrock, Wolfgang (1994), S. 69.

---

[67] Vgl. hierzu stellvertretend Börner, Wolfgang/Schnellhardt, Günther (1992): Multimedia - Grundlagen, Standards, Beispielanwendungen, München 1992, S. 17f. Schwier, Richard/Misanchuk, Earl (1993): Interactive Multimedia Instruction, Englewood Cliffs 1993, S. 3. Kinnebrock, Wolfgang (1994): Marketing mit Multimedia - neue Wege zum Kunden, Landsberg/Lech 1994, S. 31. Heinemann, Christopher (1994), a.a.O., S. 212. Baan, Adri (1995): Elektronische Produkte und Märkte der Zukunft, in: Alfred Herrhausen Gesellschaft (Hrsg.): Multimedia - Eine revolutionäre Herausforderung, 3. Jahreskolloquium 16./17. Juni 1995, Frankfurt/M. 1995, S. 73f. Das Problem einer Begriffsbestimmung von „Multimedia" wird in *Kapitel 4* ausführlich behandelt.

Die multimediale Kommunikation wird aufgrund ihres erwarteten Marktpotentials innerhalb der nächsten 10 bis 20 Jahre ein fester Bestandteil des *"Media-Mix"* sein, auf den es sich schon heute vorzubereiten gilt.[68] Der als bedeutender Wirtschaftsfaktor identifizierte Bereich der multimedialen Medien induziert hierbei ein **weites Areal an neuen Produkten und Serviceleistungen**. In Anbetracht der bisherigen Überlegungen kann dabei festgestellt werden, daß in Folge der *weitreichenden Neuartigkeit* von multimedialen Technologien die Problematik einer *Einführung von Innovationen* hochgradig zum Tragen kommt. Weder Anbieter noch Nachfrager können derzeit die Auswirkungen von multimedialen Kommunikationstechnologien zuverlässig bzw. schätzungsweise prognostizieren, so daß eine **hohe Unsicherheit bezüglich der aktuellen Entwicklung im Vermarktungs- (Anbietersicht) und Anwendungsbereich (Anbieter-/Nachfragersicht) von Multimedia-Systemen** zu beobachten ist. Aus einem absatzpolitischen Fokus kann dabei die folgende zentrale Fragestellung angeführt werden:

Aufgrund welcher Anforderungen und Bedürfnisse der Marktteilnehmer versprechen welche multimedialen Produkte oder Dienstleistungen einen unternehmerischen Erfolg, und wie soll eine Konzeption bzw. Einführung entsprechender innovativer Güter bzw. Systeme gestaltet werden?

Bei der Beantwortung dieser komplexen Fragestellung müssen neben dem „*Innovationsproblem*" einer hohen „Mißerfolgsrate" durch eine nicht-bedürfnisorientierte Gestaltung neuer Produkte auch die **Besonderheiten von Multimedia-Systemen als Nutzungsgüter** Berücksichtigung finden. Dies bedeutet, daß der ökonomische bzw. kommunikationsorientierte Erfolg von Multimedia-Systemen in Art und Ausmaß der Nutzung durch den Anwender liegt. Durch die Notwendigkeit, die Nutzungsebene explizit zu erfassen, resultiert im Fall von Multimedia-Systemen ein mehrdimensionales Problem hinsichtlich einer frühzeitigen akzeptanzorientierten Erfolgsmessung bzw. -prognose, da der **potentielle Nutzungsakt durch adäquate Akzeptanzüberlegungen auch quantitativ antizipiert werden muß**. Respektive kann an dieser Stelle entsprechend eine abschließende Grundproblematik zusammengefaßt dargestellt werden:

---

[68] Vgl. Liebman, H. (1993): 2002 - Interactive adland ?, in: Mediaweek, Iss. 20, 3 (1993), S. 14. Noam, Eli M. (1995): Visionen des Medienzeitalters - Die Zähmung des Informationsmonsters, in: Alfred Herrhausen Gesellschaft (Hrsg.), a.a.O., S. 35f.

Grundproblematik 3:
Innerhalb der Produktkategorie der Nutzungsgüter bzw. Nutzungssysteme verbindet „Multimedia" die **Problematik einer Einführung von Innovationen *und* einer expliziten Erfassung der Nutzungsebene für den ökonomischen bzw. kommunikationsorientierten Markterfolg**, wodurch gerade hier die Frage der Akzeptanz hinsichtlich einer Innovationsgestaltung zur Reduktion der Unsicherheit bezüglich eines Markterfolges zum Tragen kommt.

Dieses mehrdimensionale Problemfeld bei der Einführung innovativer Multimedia-Systeme betrifft zum einen das hohe Risiko bei der Einführung innovativer Produkte durch Unsicherheiten hinsichtlich relevanter Marktbedürfnisse und zum anderen die Notwendigkeit, bei Nutzungsgütern bzw. -systemen im allgemeinen und Multimedia-Anwendungen im speziellen die Nutzungsebene explizit zu erfassen. Auch hier spiegelt sich der Markterfolg in der Nutzungsebene nicht in einer Ja/Nein-Entscheidung zur Akzeptanz wider, da dieser keine Auskunft über die Nutzungshäufigkeit/-intensität beinhaltet (z. B. gebührrelevante Einwahl bei Online-Dienst).

Bei der Lösung dieses mehrdimensionalen Problemfeldes **rückt die Frage nach der Akzeptanz und deren quantitativer Nutzungsresultate in den Mittelpunkt** der Betrachtung, wobei eine problemadäquate Begriffsbestimmung und die Entwicklung eines entsprechenden Akzeptanzansatzes für Nutzungsgüter und -systeme das zentrale Ziel dieser Arbeit darstellt. Um die teilweise enormen Investitionen in die Entwicklung multimedialer Produkte bzw. Dienstleistungen zu rechtfertigen und das Risiko eines Mißerfolgs zu reduzieren, ist es elementar, sich relevante Informationen über die Bedürfnisse und das Verhalten des anvisierten Nachfragerpotentials zu beschaffen. Dabei kann die genaue Kenntnis der Nutzungsbedingungen bei Multimedia-Anwendungen eine hinreichend hohe Erfolgswahrscheinlichkeit sicherstellen, um die gegenwärtigen Visionen auch in Realisationen zu transformieren. Ein in dieser Arbeit zu entwickelnder Akzeptanzansatz für Nutzungsgüter bzw. -systeme bzw. entsprechende Innovationen muß diesem mehrdimensionalen Problemfeld Rechnung tragen und anhand des Untersuchungsgegenstandes „Multimedia-Anwendung" empirisch überprüft werden.

1.4 Zielsetzung und Vorgehensweise der Arbeit

Bei der Beantwortung der aufgezeigten Grundprobleme, welche mit der **technologischen „Nutzungsinnovation Multimedia-System"** in den Mittelpunkt einer Betrachtung zum wissenschaftlichen Phänomen der „Akzeptanz" rücken, wird anhand einer ersten Literatursichtung deutlich, daß die bisherige Theorieentwicklung aufgrund der durchaus schwierigen Erfassung des Erklärungsphänomens unvollständig und teilweise lediglich von deskriptiver Natur erscheint.[69] Die **Akzeptanztheorie** ist indirekt ein fester Bestandteil zahlreicher organisations- und institutionssoziologischer Ansätze, welche quasi durch eine „*Legitimation qua Verfahren*" versuchten, den Begriff „Akzeptanz" handhabbar zu machen.[70] Diese Ansätze wurden aber oftmals nicht unter dem Begriff „*Akzeptanzforschung*" erfaßt, sondern sind vielmehr hinter anderen wissenschaftlichen Forschungssegmenten wie *Wirkungs-, Adoptions-, Diffusions- oder Einstellungsuntersuchungen* latent verborgen.[71] Eine eigenständige Theorie zur Akzeptanz ist in diesem Zusammenhang aber nur bedingt extrahierbar. Zwar ist eine Nähe zwischen diesen Theoriegebäuden feststellbar, eine subsumierte Gleichsetzung wäre aber theoretisch bedenklich und würde wichtige Aspekte der Akzeptanz innerhalb des Käuferverhaltens bzw. der Technologie*nutzung* unberücksichtigt lassen.[72] Den dargestellten Grundproblemen bei technologischen Nutzungsgütern/-systemen und speziell Multimedia-Systemen folgend, ist es Aufgabe dieser Arbeit, einen Akzeptanzansatz zu entwickeln, welcher die Lücken der bisherigen theoretisch- und produktorientierten Akzeptanzüberlegungen schließen hilft.

Vor diesem Hintergrund verfolgt die vorliegende Arbeit das Ziel aufzuzeigen, daß unter Akzeptanz bei Nutzungsgütern/-systemen mehr zu verstehen ist, als lediglich eine „*Ja oder Nein*"-Entscheidung zu einem bestimmten Sachverhalt. Ferner scheint

---

[69] Vgl. zu einer ausführlichen Auseinandersetzung mit den Ansätzen der „Akzeptanztheorie" insbesondere *Kapitel 2*.
[70] Vgl. Lucke, Doris (1995), a.a.O., S. 235.
[71] Der Akzeptanzbegriff wird in der Literatur oftmals mit dem Adoptionsbegriff gleichgesetzt bzw. mit der Diffusionsforschung identifiziert, da hier der Kaufakt mit „Akzeptanz" gleichgesetzt wurde. Vgl. zu dieser Erkenntnis z. B. Meffert, Heribert (1985): Marketing und neue Medien, Stuttgart 1985, S. 31ff. Derselbe (1983): Bildschirmtext als Kommunikationsinstrument, Stuttgart 1983, S. 52. Middelhoff, Thomas/Walters, Michael (1981): Akzeptanz neuer Medien - eine empirische Analyse aus Unternehmersicht, Arbeitspapier Nr. 27 des Instituts für Marketing der Universität Münster, Münster 1981, S. 2ff. Schönecker, Horst G. (1982): Akzeptanzforschung als Regulativ bei Entwicklung, Verbreitung und Anwendung technischer Innovationen, in: Reichwald, Ralf (Hrsg.): Neue Systeme der Bürotechnik - Beiträge zur Büroarbeitsgestaltung aus Anwendersicht, Berlin 1982, S. 51. Zum Aspekt sich ergänzender Forschungsgebiete vgl. insbesondere Schönecker, Horst G. (1980), a.a.O., S. 134ff. Schubert, Frank (1986), a.a.O., S. 43ff.
[72] Vgl. Weiber, Rolf/Kollmann, Tobias (1995), a.a.O., S. 20. Weiber, Rolf (1992), a.a.O., S. 84.

bei der Betrachtung zum Markterfolg von Nutzungsgütern/-systemen der Akzeptanz aufgrund der Problematik von Nachfrage- (Kaufakt) und Nutzungslücke (Nutzungsakt), ein *prozessualer und damit dynamischer Charakter* hinzuzukommen, da verschiedene Stufen (Kauf/Nutzung) bis zum Markterfolg durchlaufen werden müssen.[73] Dem Akzeptanzphänomen kann deshalb durch eine dichotome und zeitpunktbezogene Betrachtung nur bedingt Rechnung getragen werden und es ist zu fordern, daß das **Marketing bei technologischen Nutzungsgütern und -systemen** die Akzeptanz als exakt zu determinierendes *dynamisches Bestandteil* beinhaltet. Ein in dieser Arbeit zu generierender und den Grundproblemen Rechnung tragender **Akzeptanzansatz für technologische Nutzungsgüter und -systeme** muß daher folgende **zentrale Ziele** verfolgen:

- Der Akzeptanzansatz muß bei Nutzungsgütern/-systemen (Untersuchungsgegenstand *Multimedia*) **eine dynamisch-prozessuale Modellierung verfolgen**, da mehrere Ebenen und damit Ausprägungsdimensionen der Akzeptanz (Kauf-/Nutzungsakt) *im Zeitverlauf* zum Tragen kommen.

- Der Akzeptanzansatz muß zur Lösung des „Nutzungsgut-Problems" **explizit die freiwillige Nutzungsebene der Akzeptanzbildung betrachten**, um die Sichtweise einer Anpassung der Nutzungsbedingungen an die Bedürfnisse der Nachfrager zu berücksichtigen.

> **Entwicklung eines dynamischen Akzeptanzmodells für Nutzungsgüter und -systeme unter besonderer Berücksichtigung einer freiwilligen Nutzungsebene und einer resultierenden quantitativen Perspektive (Nutzungshäufigkeit/-intensität)**

- Die Akzeptanzansatz muß zur Lösung des „Innovationsproblems" neben einer bisherigen *ex-post-Betrachtung* insbesondere eine **frühzeitige bedürfnisorientierte ex-ante-Betrachtung** ermöglichen.

---

[73] Der **dynamische Charakter** spiegelt sich in einer *Analyse von Prozessen im Zeitablauf* wider, wobei der Übergang von einer Akzeptanzphase (Kauf) in eine anderen (Nutzung) untersucht werden soll. Ein entsprechend dynamischer Akzeptanzansatz muß daher gerade eine modelltheoretische Beschreibung der zeitlichen Veränderung des Akzeptanzphänomens beinhalten. Innerhalb eines dynamischen Prozeßmodells ist entsprechend die Relevanz der einzelnen Bestimmungsfaktoren der Akzeptanz und deren funktionale Verknüpfung im Zeitablauf aufzuzeigen. Vgl. zur Auffassung hinsichtlich einer dynamischen Analyse beispielsweise Fischbach, Rainer (1992), a.a.O., S. 68. Meffert, Heribert (1986): Marketing - Grundlagen der Absatzpolitik, 7. Auflage, Wiesbaden 1986, S. 164. Geigant, Friedrich (1987): Lexikon der Volkswirtschaft, Landsberg/Lech 1987, S. 36.

Einsatzmöglichkeit des dynamischen Akzeptanzmodells für die Erfolgsmessung und -prognose bei Nutzungsgütern und -systemen.

Durch die Umsetzung dieser Ziele wird aufgezeigt, daß der in dieser Arbeit zu generierende *Akzeptanzansatz* **ein neues Instrument für die frühzeitige Bedürfnisorientierung und damit für die Erfolgsmessung bzw. -prognose** bei allgemeinen technologischen Nutzungsgütern/-systemen sein kann, welcher insbesondere auch den Fall des innovativen Produktbereiches „Multimedia" einschließt. Er wird hierbei eine **explizite Betrachtung der freiwilligen Nutzungsebene als konstitutives Element** beinhalten und über einen **dynamischen Analyseansatz** die **ex-post und ex-ante-Orientierung** der Akzeptanzausprägung erfassen.

Respektive der Grundprobleme (einschl. Vermarktung) und den entsprechenden Zielen wird im folgenden in einem ersten Abschnitt der *Akzeptanzbegriff bei Nutzungsgütern und -systemen als Grundlage zur Entwicklung eines Akzeptanzmodells* bestimmt (Kapitel 2), wobei sowohl auf die soziologische als auch die ökonomische Begriffshistorie zurückgegriffen wird. Auf Basis der definitorischen Begriffsbestimmung wird ein entsprechendes *Akzeptanzmodell für technologische Nutzungsgüter und -systeme* generiert, welches dem dynamischen Aspekt der zeitraumbezogenen Akzeptanzentwicklung Rechnung tragen soll (Kapitel 3). Dieses *dynamische Akzeptanzmodell* wird des weiteren anhand seines Prozeßcharakters näher untersucht, um einzelne Phasen und ihre Zusammensetzung bzw. deren Einflußfaktoren zu bestimmen und so auch weitere **potentielle Akzeptanzeinflüsse (Argumentationsstrang 1)** zu identifizieren (Kapitel 3). Nach dieser allgemeinen Bestimmung der Akzeptanz bei technologischen Nutzungsgütern und -systemen wird der theoretisch hergeleitete Ansatz anhand des Untersuchungsgegenstandes „Multimedia-Anwendung" empirisch überprüft. Hierzu wird zunächst die technologische Nutzungsinnovation „Multimedia-System" vorgestellt und Vermarktungsprobleme als Ansatz für weitere **konkrete Akzeptanzeinflüsse (Argumentationsstrang 2)** im Hinblick auf die Nutzung des empirischen Untersuchungsfeldes „Multimedia" aufgezeigt (Kapitel 4), um hieran anschließend den generierten Akzeptanzansatz durch eine empirische Überprüfung am Beispiel des interaktiven Multimedia-Trägers „DIALKEKT-CD-ROM" zu fundieren (Kapitel 5). Hierzu werden die Inputfaktoren aus den Argumentationssträngen (technologische Innovation, Akzeptanztheorie und Multimedia-System) verdichtet und die im theoretischen Teil abgebildeten kausalen Zusammenhänge in konkrete auf den Anwendungsfall *Multimedia* bezogene Hypothesen transformiert. Diese werden anschließend mit Hilfe des LISREL-Ansatzes der Kausalanalyse überprüft. Die Ergebnisse münden sowohl in Implikationen für das Marketing bei technologischen Nutzungsgütern bzw. innovativen Multimedia-Anwendungen hinsichtlich deren akzeptanzorientierter Erfolgsmessung und -prognose als auch in Hinweisen für weitere wissenschaftliche Forschungsbemühungen (Kapitel 6). Die Vorgehensweise dieser Arbeit wird zusammenfassend durch Abbildung 6 dokumentiert.

Abbildung 6: *Schematische Darstellung der Vorgehensweise der Arbeit*

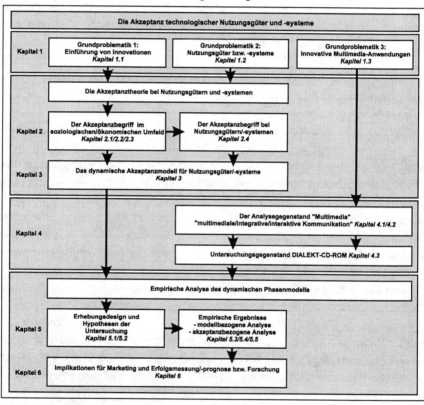

2 Der Akzeptanzbegriff bei Nutzungsgütern und -systemen als Grundlage zur Entwicklung eines Akzeptanzmodells

Der Begriff „**Akzeptanz**" ist zu einem Schlüsselbegriff innerhalb der gesellschaftlichen und sozialwissenschaftlichen Diskussion geworden. In der derzeitigen Sprachlandschaft gibt es kaum ein Thema, bei dem nicht mit Hilfe des *key term* "Akzeptanz" argumentiert wird. Wenn innovative Produkte kurz nach der Einführung wieder vom Markt genommen werden, städtebauliche Fehlplanungen zu Ablehnung innerhalb der Bevölkerung führen, politische Ankündigungen aufgrund öffentlichen „Gegenwinds" wieder zurückgenommen oder Fernsehsendungen abgesetzt werden, dann wird dies aus den jeweiligen Blickwinkeln der Akteure anhand der Variablen „akzeptiert" oder „inakzeptabel" erklärt bzw. entschuldigt.[74] Je nach Interessenslage ist hierbei die Akzeptanz das, was man erhofft oder befürchtet.[75] Der Begriff der „Akzeptanz" hat vor diesem Hintergrund inzwischen in allen gesellschaftlichen Bereichen einen usuellen Charakter, ohne jedoch in einer einheitlichen Art und Weise verwendet zu werden.[76] Um nun einen Akzeptanzbegriff für den Kontext der *Einführung technologischer Nutzungsinnovationen* zu generieren, wird im folgenden auf die bisherige Verwendung der Akzeptanz im gesellschaftlichen und ökonomischen Umfeld (Hauptströmungen einer organisations- und absatztheoretischen Begriffsauffassung) eingegangen. Die Fusion beider Begriffsrichtungen wird hier als „**klassischer**" **Akzeptanzforschungsansatz** bezeichnet, welche als Ausgangspunkt für eine Akzeptanzdefinition im Kontext von innovativen Nutzungsgütern bzw. -systemen fungiert.

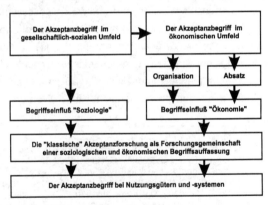

---

[74] Vgl. Lucke, Doris (1995), a.a.O., S. 33.
[75] Vgl. Degenhardt, Werner (1986), a.a.O., S. 1.
[76] *Pressmar* konnte anhand seiner Untersuchung von mehr als fünfzig Nachschlagewerken und Wörterbüchern feststellen, daß sich die Definitionen zum Stichwort „Akzeptanz" in Abhängigkeit von der Verwendung dieses Begriffes stark unterscheiden. Vgl. Pressmar, Dieter B. (1982): Zur Akzeptanz von computergestützten Planungssystemen, in: Krallmann, Hermann (Hrsg.): Unternehmensplanung und -steuerung in den 80er Jahren - eine Herausforderung an die Informatik, Berlin 1982, S. 324ff.

2.1 Der Akzeptanzbegriff im gesellschaftlich-sozialen Umfeld

Wenn der Grad der Durchsetzung im gesellschaftlichen Alltag, quasi die „Akzeptanz des Akzeptanzbegriffes" beschrieben bzw. gemessen werden soll, dann kann festgestellt werden, daß der Terminus „Akzeptanz" über die Verwendung in speziellen Fachgemeinschaften hinaus auch in breiten Schichten der Bevölkerung als „akzeptiert" angesehen werden kann.[77] Innerhalb des gesellschaftlichen Sprachgebrauchs können hierbei zwei Richtungen identifiziert werden: der *gesamt-gesellschaftliche* und der *einzel-gesellschaftliche* Kontext.

Im **gesamt-gesellschaftlichen Kontext** bezeichnet das Akzeptanzproblem die Annahme bzw. die Verweigerungsstrategien sozialer Gruppen in bezug auf politische, gesellschaftliche und andere öffentliche Thematiken.[78] Hierbei werden gesellschaftliche Themen von der „Öffentlichkeit" angenommen oder abgelehnt, für positiv oder negativ befunden oder als „in" bzw. „out" tituliert. *Müller/Schienstock* sprechen in diesem Zusammenhang auch von einer „**sozialen Akzeptanz**".[79] Die *soziale Akzeptanz* spiegelt das gesellschaftliche Meinungsbild, respektive die dynamische Dimension von Werten bzw. Zielen und Interessen gesellschaftlicher Gruppen und Schichten wider.[80] So verweigert das „Kollektiv der Betroffenen" die *soziale Akzeptanz* i. d. R. dann, wenn die zu erwartenden Handlungsänderungen (z. B. durch technologische Nutzungsinnovationen) höhere Belastungen befürchten lassen.[81] Dies induziert für entsprechende „Akzeptanzkrisen", daß die gegenwärtige gesellschaftliche Situation hierfür mitverantwortlich gemacht wird.[82] Wenn sich z. B. *Online-Dienste* nicht oder

---

[77] Vgl. Lucke, Doris (1995), a.a.O., S. 40.
[78] Vgl. Döhl, Wolfgang (1983): Akzeptanz innovativer Technologien in Büro und Verwaltung - Grundlagen, Analyse und Gestaltung, Göttingen 1983, S. 17.
[79] Vgl. zum Begriff der „sozialen Akzeptanz" insbesondere Müller, Verena/Schienstock, Gerd (1979): Machbarkeit und soziale Akzeptanz, in: Wirtschaftsdienst, 59 (1979), S. 295ff. Meyer-Abich, Klaus M. (1979): Ausgerechnet Kernkraftwerke - Zum Problem der Sozialverträglichkeit verschiedener Energieversorgungssysteme, in: Süddeutsche Zeitung vom 27.09.1979, S. 8f. Witte, Eberhard (1981): Telekommunikation zwischen Euphorie und Fortschrittsangst, in: Siemens Zeitschrift, Heft 2, 55 (1981), S. 2ff. Gellner, Berthold/Croonenbroeck, Hans (1981): Technischer Fortschritt - Wichtig: Akzeptanz und produktive Nutzung, in: der arbeitgeber, Nr. 6, 33 (1981), S. 300ff. Eberle, Rudolf (1980): Wissenschaft und politische Entscheidungsfindung, in: Bierfelder, Wilhelm H./Höcker, Karl-H. (Hrsg.): Systemforschung und Neuerungsmanagement, München 1980, S. 49ff.
[80] Vgl. Meyer-Abich, Klaus M. (1979), a.a.O., S. 9. Müller, Verena/Schienstock, Gerd (1978): Der Innovationsprozeß in westeuropäischen Industrieländern, Band 1, München 1978, S. 28.
[81] Vgl. Döhl, Wolfgang (1983), a.a.O., S. 17.
[82] Vgl. Lübbe, Hermann (1971): Zur politischen Theorie der Technokratie, in: Derselbe (Hrsg.): Theorie und Entscheidung - Studien zum Primat der praktischen Vernunft, Freiburg 1971, S. 32ff. Hirsch, Joachim (1975): Wissenschaftlich-technischer Fortschritt und politisches System, Frankfurt/M. 1975, S. 2ff.

nur schleppend am Markt durchsetzen sollten, so wird nicht die Innovation selbst, sondern vielmehr die „Medienuntauglichkeit" der Gesellschaft verantwortlich gemacht. Hierzu geben *Gellner* und *Croonenbroeck* die Empfehlung:

„Die Aufgabe lautet: Verstärkte Aufklärung, um zu verhindern, daß fehlende soziale Akzeptanz in der Zukunft zum Engpaßfaktor wird."[83]

Dies bedeutet für die Thematik „technologische Nutzungsinnovationen", daß neben der primären Ausgestaltung des Produktes, insbesondere auch die sozial-gesellschaftliche Akzeptanzebene in die Einführungsstrategien internalisiert werden muß.

Im **einzel-gesellschaftlichen Kontext** bezieht sich die „Akzeptanz", zumeist als vage bleibendes Synonym, auf „Anerkennung", „Zustimmung", „Befürwortung" und „Bestätigung" vorrangig in bezug zu Einstellungen oder Meinungsäußerungen jeweiliger Mitmenschen.[84] Im gegenteiligen Kontext wird die „Nicht-Akzeptanz" als „inakzeptabel" und hiermit subjektiv und objektiv „unannehmbar" tituliert. Der Wortgebrauch durchzieht in diesem Zusammenhang nahezu jeden Teilbereich individueller Argumentationsfunktionen. In der Gesamtbetrachtung der gesellschaftlichen Verwendung des Terminus „Akzeptanz" zeichnet sich die Begriffsverwendung, bedingt durch eine Vermischung von alltäglichem und wissenschaftlichem Sprachgebrauch, durch eine gewisse Unklarheit aus. War der Gebrauch des Begriffes „Akzeptanz" ursprünglich innerhalb der Alltagssprache eher ungewöhnlich, so ist dieser inzwischen zu einem festen Bestandteil des allgemeinen Sprachrepertoires geworden und damit auch zu einer oft gebrauchten **rhetorischen Figur**. Die Entwicklung des Begriffes begann hierbei gegen Ende der *80er Jahre*, als Akzeptanz zum Modewort u. a. in der Sprache der Werbung wurde und setzte sich als Redefloskel und „Sprechblase" im Wortschatz von Politikern, Wissenschaftlern und Journalisten fort.[85] Hierbei erzeugte der Begriff eine Mischung aus wissenschaftlicher Seriosität, journalistischer Eleganz und potentieller Werbewirksamkeit. *Lucke* stellt in diesem Kontext fest:

„Da ist von faktischer „Akzeptanz" die Rede, wo eigentlich nur eine prinzipielle „Akzeptierbarkeit", eine potentielle „Akzeptabilität" nach Maßgabe eines objektivierbaren Kriterienkatalogs, gemeint sein kann oder wo es sich, genau genommen, um eine latente „Akzeptanzbereitschaft" in auch sach- und themenspezifisch noch näher einzugrenzenden Kreisen der Bevölkerung handelt."[86]

---

[83] Gellner, Berthold/Croonenbroeck, Hans (1981), a.a.O., S. 300.
[84] Vgl. Lucke, Doris (1995), a.a.O., S. 35.
[85] Vgl. ebenda, S. 33.
[86] Ebenda, S. 35.

Dieser Unschärfe folgend „*steigt*" und „*fällt*" die Akzeptanz in der Betonung ihres Benutzers, wobei „*Akzeptanzgewinne*" erfreulich bzw. „*Akzeptanzverluste*" zu bedauern sind. Der rhetorischen Beweglichkeit scheinen hierbei keine Grenzen gesetzt. Mit der steigenden Popularitätskurve bewegt sich der Akzeptanzbegriff zusehends auf der terminologischen Höhe modewörtlicher Trends und mutiert hierbei zum **zeitdiagnostischen Schlüsselbegriff**. Der zunehmende Gebrauch spiegelt auch den aktuellen gesellschaftlichen Wandel wider; denn insbesondere Modewörter weisen auf die besonderen Kennzeichen einer Gesellschaft hin und markieren so die zeitgebundenen Stärken und Schwächen.[87] Über den Gebrauch als Schlagwort hinaus, bei einer starken und oft sicher nicht unbeabsichtigten Selektivität der Darstellung, wird durch Schlüsselbegriffe hervorgehoben, was in der jeweiligen Zeitperiode bemerkenswert war oder ist.[88] *Lucke* resümiert in diesem Zusammenhang:

„Modewörter erfüllen mithin Thematisierungs- und Indikatorfunktionen zugleich. Sie fokussieren die Aufmerksamkeit einer ohne solche Reizworte und Schlüsselbegriffe eher orientierungslosen öffentlichen Meinung."[89]

Ob die Befürchtungen der zukünftigen Entwicklung, die Erfolgsaussichten technologischer Nutzungsinnovationen oder die Begründung für Fehleinschätzungen im politischen oder gesellschaftlichen Bereich - der Begriff „Akzeptanz" bzw. „Nicht-Akzeptanz" bringt die Argumentationen auf ein verständliches und damit zugängliches Niveau. Aus dieser Tatsache heraus darf die Berücksichtigung der sozialen Akzeptanz auch bei Überlegungen zur Einführung technologischer Nutzungsinnovationen nicht fehlen. Die **„soziale Akzeptanz"** definiert sich aus der Anerkennung, Zustimmung bzw. Befürwortung von bestimmten Sachverhalten vor dem Hintergrund des sozio-kulturellen Umfeldes (Wert-/Zielsystem) der Gesellschaft. Es wird im folgenden zu klären sein, ob eine, aus dem gesellschaftlichen Umfeld resultierende, soziologische Begriffsbestimmung weitere bzw. exaktere Elemente für die Erfassung der Akzeptanz bei technologischen Nutzungsinnovationen bereitstellen kann.

---

[87] Vgl. Lucke, Doris (1995), a.a.O., S. 38.
[88] Vgl. Esser, Hartmut (1988): Gesellschaft ohne Personen - Individualismus ohne Individuen, in: SR, Nr. 11 (1988), S. 264. Ickler, Theodor (1989): Funktion und Bedeutung des politischen Schlagwortes, in: Forum für interdisziplinäre Forschung, Heft 2 (1989), S. 39ff. Kepplinger, Hans M. (1977): Probleme der Begriffsbildung in den Sozialwissenschaften - Begriff und Gegenstand Öffentliche Meinung, in: Kölner Zeitschrift für Soziologie und Sozialpsychologie (KZfSS), Nr. 29 (1977), S. 233ff.
[89] Lucke, Doris (1995), a.a.O., S. 39.

Die festgestellte Mehrdeutigkeit der Begriffsbestimmung im gesellschaftlichen Umfeld (s. o.) beweist einerseits sowohl die Vielfalt, andererseits den Klärungsbedarf bei der Interpretation von „Akzeptanz". Die **Soziologie** kann hierfür einen wertvollen Erklärungsbeitrag leisten. Aus soziologischer Sicht sind an dieser Stelle eine *handlungstheoretische*, eine *konformitätstheoretische* und eine *rollentheoretische* Perspektive wählbar, welche im weiteren näher betrachtet werden.[90]

2.1.1 Die handlungstheoretische Perspektive

Innerhalb der handlungstheoretischen Perspektive können fünf Ansatzpunkte zur Begriffsbestimmung der „Akzeptanz" angeführt werden. **Akzeptanz** kann sich dabei wie folgt darstellen:[91]

- **Handlungsvoraussetzung** im Sinne einer Möglichkeitsbedingung von Interaktion, Kommunikation, Koordination und Kooperation. *Akzeptanz* beinhaltet dabei sowohl die Kenntnis und Achtung von Interaktionsregeln als auch die Anerkennung des Interaktionspartners als einen in der Anwendung und Befolgung dieser Regeln Erfahrenen und dementsprechend Handelnden.
- **Handlungsstrategie** im Sinne eines Mittels der Zielerreichung. *Akzeptanz* wird strategisch eingesetzt bzw. „gesammelt" (Akzeptanz-Bonus/Vertrauenskapital), um etwas erreichen zu können.
- Intendiertes **Handlungsziel** im Sinne eines Selbstzwecks. *Akzeptanz* wird zur Anerkennung der eigenen Leistung im Sichtfeld Außenstehender.
- Faktisches **Handlungsergebnis** im Sinne einer nicht intendierten, aber real vorhandenen Wirkung. *Akzeptanz* ist in diesem Fall dann gegeben, wenn trotz einer möglicherweise in eine ganz andere Richtung als der Akzeptanzgewinnung intendierten Handlung, die nachfolgende Akzeptanz im sozialen Umfeld vorhanden ist.
- Unbeabsichtigte **Handlungsfolge** im Sinne einer in keinem unmittelbaren Zusammenhang zu der betreffenden Handlung mehr stehenden Auswirkung. Hierzu zählen Fälle, in denen *Akzeptanz* als - möglicherweise erst sehr viel später erkennbare - Auswirkung einer Handlung dem Handelnden erst im nach

---

[90] Vgl. ebenda, S. 80ff.
[91] Vgl. ebenda, S. 80f.

hinein zugerechnet wird. Diese, ihm nachträglich zugerechnete Handlungsfolge, ist hierbei von ihm ursprünglich weder intendiert noch seinerzeit antizipiert worden.

In bezug auf die Kauf- bzw. Übernahmeentscheidung bei einer technologischen Nutzungsinnovation kann die Interpretation von **Akzeptanz als Handlungsvoraussetzung** als sinnvoll angesehen werden, da gerade hier die Übernahme ein konkretes *Ergebnis vorausgehender (Akzeptanz-)Überlegungen* darstellt. Ist die positive Akzeptanz als Handlungsvoraussetzung nicht gegeben, so findet demnach auch keine Handlungsdurchsetzung (Übernahme) statt. Akzeptanz ist aber auch **Handlungsergebnis**, da die Akzeptanz*bildung* ein konkretes Ergebnis von Akzeptanz*überlegungen* ist, unabhängig ob eine Intendierung vorliegt oder nicht. Dementsprechend ist die Akzeptanzbildung ein abschließendes Konstrukt der Innovationsbeurteilung.

Bei einer weiteren handlungstheoretischen Perspektive kann zwischen einer *kognitiven*, *normativ-evaluativen* und einer *konativen* (antriebs- und verhaltensmäßigen) Komponente unterschieden werden: die **kognitive Dimension** beinhaltet das verfügbare und/oder notwendige Orientierungswissen über das entsprechende Zielobjekt; die **normativ-evaluative Dimension** ordnet den kognitiv gebildeten Akzeptanzerwartungen unterschiedliche Grade der subjektiven Verbindlichkeit - quasi als interne Bewertung (mit Hilfe des vorhandenen Realisierungswissens) - zu; die **konative Dimension** schließlich bezeichnet die daraufhin gebildete Sozialverhaltens*tendenz*, welche sich in Akzeptanz bzw. Nicht-Akzeptanz manifestiert.[92] Die drei Dimensionen müssen hierbei logischerweise nicht übereinstimmen. So ist es möglich, von einem Sachverhalt Kenntnis zu haben (kognitiver Aspekt), diesen aber nicht auch für richtig zu halten (normativer Aspekt) bzw. selbst wenn zusätzlich diese innere Zustimmung vorliegt, den Sachverhalt auch tatsächlich in konformes Verhalten umzusetzen (konativer Aspekt).[93] Dies bedeutet aber auch, daß für die Übernahme einer Nutzungsinnovation im Sinne einer Handlungsvoraussetzung bzw. eines -ergebnisses alle drei Dimensionen i. d. R. in positiver Ausprägung vorhanden sein müssen.

---

[92] Vgl. Popitz, Heinrich (1980): Die normative Konstruktion von Gesellschaft, Tübingen 1980, S. 5ff. Geiger, Theodor (1970): Vorstudien zu einer Soziologie des Rechts, Neuwied 1970, S. 3ff. Diese Komponenten stellen die Verbindung zur Einstellungsbetrachtung im ökonomischen Umfeld des Akzeptanzbegriffes dar. Vgl. auch *Kapitel 2.2.3*.
[93] Vgl. Lucke, Doris (1995), a.a.O., S. 82.

2.1.2 Die konformitätstheoretische Perspektive

Innerhalb der konformitätstheoretischen Perspektive kann nach den unterschiedlichen Graden der erfolgten *Verinnerlichung* der Akzeptanz zwischen einer **"private compliance"** und einer **"public compliance"** unterschieden werden.[94] Unter der "public compliance" wird der externe Anpassungsdruck oder die *äußere Konformität* (Außengeleitetheit) verstanden, während die "private compliance" die Einstellungs- und *innere Konformität* (Innengeleitetheit) bezeichnet. Aus diesem Grund kann die "public compliance" mit dem *sozio-kulturellen Umfeld* des Individuums gleichgesetzt werden. Es kann dabei angenommen werden, daß die Akzeptanzschwelle der äußeren Konformität niedriger ist als die der "Innengeleitetheit". Dementsprechend kommt zum Ausdruck, daß externe Vorgaben wie Ratschläge, Weisungen oder Informationen einen niedrigeren Stellenwert besitzen als **interne Interpretationsauffassungen**. Die interne Reaktions- und Sanktionsfähigkeit überlagert somit die entsprechenden Mechanismen im externen Umfeld.[95] Dies bedeutet auch, daß bei der Einführung von technologischen Nutzungsinnovationen der individuellen Sichtweise zunächst ein höherer Stellenwert zuzuordnen ist als z. B. der organisationellen Ebene (z. B. innere Abneigung gegen eine betrieblich angeordnete Umstellung der Bürokommunikation[96]). Dieser höhere Stellenwert bedeutet aber nicht, daß nicht im Einzelfall für das Individuum auch die *"public compliance"*, z. B. durch einen Sanktionsmechanismus (Entlassung), überwiegen kann. Das Hauptaugenmerk in der Betrachtung liegt aber eindeutig auf der "private compliance", da diese gegenüber der "public compliance" in nahezu allen Fällen entscheidend ist. Die resultierende **individuelle Einstellungsebene** wird demnach zu einem Schlüsselfaktor für die Akzeptanz.

2.1.3 Die rollentheoretische Perspektive

Bei der rollentheoretischen Perspektive ist das **sozio-kulturelle Umfeld** eines Individuums von Bedeutung, welches zur Bildung der normativen Wert-/Zielebene und damit auch in einer Hintergrundfunktion zur Bildung der Akzeptanz erheblich bei-

---

[94] Vgl. Festinger, Leon (1957): A theory of cognitive dissonance, Evanstone 1957, S. 177ff. Riesman, David (1956): Die einsame Masse, Darmstadt 1956, S. 5ff. Frey, Dieter (1978): Die Theorie der kognitiven Dissonanz, in: Derselbe (Hrsg.): Kognitive Theorien der Sozialpsychologie, Bern 1978, S. 243ff.
[95] Vgl. Weber, Max (1967): Rechtssoziologie, Neuwied 1967, S. 5ff.
[96] Vgl. hierzu die Beschreibung des Begriffes „Akzeptanz" im ökonomischen Umfeld in *Kapitel 2.2*.

trägt.[97] Demnach definiert sich die Akzeptanz bei der rollentheoretischen Perspektive über eine Übereinstimmung mit den Vorgaben des sozio-kulturellen Umfeldes. Die Akzeptanz wird dadurch zum **sozialen Phänomen**, da jedes Individuum als Teil der Gesellschaft diese beeinflußt und *vice versa*. So kann die individuelle Akzeptanz eines Zielobjektes zwar vorhanden sein, die Zustimmung aber durch einen sozialen Druck entscheidungswirksam überlagert werden. Wenn z. B. einzelne Mitglieder eines Entscheidungsgremiums im Unternehmen durch individuelle Akzeptanzpräferenzen ihre Wahl bezüglich einer einzuführenden Innovation getroffen haben, so können sie sich dennoch in der Abstimmung der Auffassung des Meinungsführers (z. B. Vorgesetzter) aufgrund eines sozialen Gruppendrucks anschließen. Hierdurch würden sich die Gremiumsmitglieder dem äußeren Konformitätsanspruch beugen. Der Akzeptanzbegriff wird so zum Spielball verschiedener Handlungsstränge des zwischenmenschlichen Zusammenlebens. Dadurch manifestiert sich ein Spiegelbild einer zeit- und subjektbezogenen Legitimitätsgrundlage der jeweiligen Gesellschaft, in der bei bestimmten Situationen auf allgemein verbreitete bzw. gültige Akzeptanzmaßstäbe und -kriterien zurückgegriffen wird.[98] Die Ausführungen zeigen, daß dem *sozio-kulturellen Umfeld* durch seine **rollen- und statusbezogenen Spielregeln** i. d. R. eine hohe Bedeutung bezüglich der Akzeptanz zukommt.

2.2 Der Akzeptanzbegriff im ökonomischen Umfeld

In der *Marketingtheorie* wurde der Begriff der „Akzeptanz" schon in den *60er Jahren* als bedeutender **Erklärungsansatz des sozialen und technologischen Wandels** angesehen, welcher insbesondere bei der Betrachtung von Innovationen am Markt verwendet wurde.[99] Im ökonomischen Umfeld tritt der Begriff der „Akzeptanz" jedoch verstärkt erst im Zusammenhang mit Studien zu personellen Widerständen gegenüber der Markt- bzw. Unternehmenseinführung von Videotextsystemen, Computern und anderen Kommunikationstechniken seit Beginn der *80er Jahre* in Erscheinung.[100] Innerhalb des **ökonomischen Umfeldes** der Untersuchung über eine posi-

---

[97] Vgl. Schenk, Michael/Donnerstag, Joachim/Höflich, Joachim R. (1990): Wirkungen der Werbekommunikation, Köln 1990, S. 127. Höflich, Joachim R. (1988): Kommunikationsregeln und interpersonale Kommunikation, in: Communications, Heft 2, 14 (1988), S. 61ff.
[98] Vgl. Lucke, Doris (1995), a.a.O., S. 86.
[99] Vgl. Pfeiffer, Simone (1981): Die Akzeptanz von Neuprodukten im Handel, Schriftenreihe Unternehmensführung und Marketing, Band 14, hrsg. von H. Meffert/H. Steffenhagen/H. Freter, Wiesbaden 1981, S. 31.
[100] Vgl. Lucke, Doris (1995), a.a.O., S. 238.

tive Aufnahme und Nutzung technologischer Nutzungsinnovationen kommen verschiedene Teildisziplinen der Wissenschaft - u. a. die *Betriebswirtschaftslehre* bzw. *Arbeitswissenschaft* sowie die *Organisationssoziologie* und *-psychologie* - zum Tragen.[101] Die einzelnen Untersuchungsrichtungen bilden zwar ein aufeinander bezogenes Forschungsprogramm, dennoch wurden die Ergebnisse der jeweils anderen Perspektiven oftmals ignoriert, so daß ein fachübergreifendes Forschungsergebnis nicht formuliert werden konnte.[102] Im weiteren werden die arbeitswissenschaftlichen und betriebswirtschaftlichen Ansätze zur Akzeptanz näher dargestellt, um weitere Elemente für den Akzeptanzbegriff bei Nutzungsinnovationen zu identifizieren.

2.2.1 Arbeitswissenschaftliche Ansätze

Die arbeitswissenschaftlichen Ansätze der Akzeptanzforschung sind primär von **technisch-ergonomischen Untersuchungen** geprägt.[103] Im Mittelpunkt steht die Gestaltung von Techniksystemen mit dem Ziel, möglichst bediengerechte und bedienerfreundliche Technik-Eigenschaften herauszufinden.[104] Es wird versucht, meist mit naturwissenschaftlichen Untersuchungsverfahren, die Zusammenhänge zwischen Technikelementen, Technikeffekten (z. B. Umweltfaktoren) und dem menschlichen Arbeitsverhalten aufzuzeigen und zu erklären.[105] Hierbei dient das Untersuchungsprogramm durch die Umsetzung einer menschengerechten Technik- und

---

[101] Die Organisationssoziologie hat besonders im Fertigungstechnologie-Bereich die Folgen einer Mechanisierung und Automatisierung auf Arbeitsstrukturen und Qualifikationsprofile untersucht. Vgl. stellvertretend Kern, Horst/Schumann, Michael (1970): Industriearbeit und Arbeiterbewußtsein - Eine empirische Untersuchung über den Einfluß der aktuellen technischen Entwicklung auf die industrielle Arbeit und das Arbeiterbewußtsein, Teil 1, Frankfurt/M. 1970, S. 3ff. Ulich, Eberhard/Großkurth, Peter/Bruggemann, Agnes (1973): Neue Formen der Arbeitsgestaltung, Frankfurt/M. 1973, S. 5ff. Neuberger, Oswald (1974): Theorien der Arbeitszufriedenheit, Stuttgart 1974, S. 3ff.

[102] Vgl. Reichwald, Ralf (1978), a.a.O., S. 25.

[103] Vgl. insbesondere Rohmert, Walter/Rutenfranz, Joseph/Luczak, Holger (1975): Arbeitswissenschaftliche Beurteilung der Belastung und Beanspruchung an unterschiedlichen industriellen Arbeitsplätzen, hrsg. vom Bundesminister für Arbeit und Sozialforschung, Bonn 1975, S. 5ff.

[104] Vgl. allgemein Müller, H.W./Adler, A./Strasser, H. (1975): Arbeitsphysiologische Untersuchungen in Mensch-Maschine Systemen zur Ermittlung der mentalen Beanspruchung, Bonn 1975. Cakir, Ahmet/Reuter, Hans-Jürgen/Schmude, Lothar v./Armbruster, Albert (1978): Anpassung von Bildschirmarbeitsplätzen an die physische und psychische Funktionsweise des Menschen, hrsg. vom Bundesminister für Arbeit und Sozialordnung, Bonn 1978. Einen bibliographischen Überblick bietet Thienen, Volker v. (1983): Technikfolgenabschätzung und sozialwissenschaftliche Technikforschung - eine Bibliographie, Berlin 1983.

[105] Vgl. Reichwald, Ralf (1978), a.a.O., S. 25. Hackstein, Rolf (1977): Ein Analyse-Instrumentarium zur Erfassung und zum Vergleich von Arbeitsplatz-Anforderungs- und Personal-Fähigkeitsdaten, Aachen 1977, S. 3ff.

Umweltgestaltung (z. B. Anpassung der Geräteabmessungen bzw. -funktionen an Körpermaße und Bewegungsabläufe) der Verminderung von physischer und psychisch-mentaler Belastung am Arbeitsplatz.[106] Die Ansätze zur arbeitswissenschaftlichen Erfassung des Begriffes „Akzeptanz" weisen jedoch eine eindeutige Ausrichtung auf Fragen der Technikbedienung auf, wobei sie die operative Ebene kaum verlassen und damit organisationale und ökonomische Effekte i. d. R. außer acht lassen.[107]

2.2.2 Betriebswirtschaftliche Ansätze

Die betriebswirtschaftlichen Ansätze beschäftigen sich in erster Linie mit *Fragen in bezüglich der Einführung neuer Produkte bzw. deren Implementierung* (Absatztheorie) und nicht mit der Anpassung des Menschen an die „Maschine" bzw. Innovation. Aspekte des Verhältnisses von Produkten und Marktbedürfnissen sowie die Implementierung neuer, meist computergestützter Informationssysteme in bestehende Organisationsstrukturen (Organisationstheorie) stehen hier im Vordergrund.[108] Im folgenden werden daher organisations- und absatztheoretische Ansätze behandelt.

2.2.2.1 Organisationstheoretische Ansätze

In der *betriebswirtschaftlichen Organisationstheorie* werden Fragen der Akzeptanz fast ausschließlich in Verbindung mit der Einführung und Nutzung von Informationssystemen für die mittlere und obere Entscheidungsebene diskutiert.[109] Die **organisa-**

---

[106] Vgl. Bullinger, Hans-Jörg/Solf, Johannes (1978): Produktergonomie hilft Berufskrankheiten vermeiden, in: REFA-Nachrichten, Heft 1, 31 (1978), S. 17ff.
[107] Vgl. Reichwald, Ralf (1978), a.a.O., S. 26.
[108] Die betriebswirtschaftlichen Ansätze behandeln auch Aspekte der Akzeptanz in der Produktionstheorie. Da hier aber lediglich die Beziehung zwischen menschlichen Verhaltensweisen und Technikeinsatz bei der Produkterstellung behandelt wird, wird dieser Ansatz nicht betrachtet werden.
[109] Dieser Problemkomplex wurde insbesondere in den 70er Jahren analysiert. Vgl. hierzu stellvertretend Berg, J. u. a. (1974): Analyse der Entwicklung und Anwendungsmöglichkeiten von Computer-Display-Systemen, Studiengruppe für Systemforschung e.V., Heidelberg 1974, S. 3ff. Guggenbühl, Henry/Mund, Hannsk (1975): Die Kommunikations-Analyse, in: Die Unternehmung, Nr. 2, 29 (1975), S. 121ff. Porter, Lyman W./Roberts, Karlene H. (1976): Communication in Organizations, in: Dunnette, Marvin D. (Hrsg.): Handbook of Industrial and Organizational Psychology, Chicago 1976, Sp. 1553ff. Baird, John E. (1977): The Dynamics of Organizational Communication, London 1977, S. 3ff. Witte, Eberhard (1977): Organisatorische Wirkungen neuer Kommunikationssysteme, in: Zeitschrift für Organisation, Nr. 7, 46 (1977), S. 361ff.

torische **Akzeptanzforschung** beschäftigt sich vor diesem Hintergrund mit der Fragestellung, wie menschliche (Management-)Entscheidungsprozesse durch den Einsatz von computerbasierten Technologien bestmöglich unterstützt werden können.[110] Die zentrale Thematik bezieht sich auf die **Anpassung der potentiellen Nutzer an innovative Organisationsprozesse**, während Fragen der Gestaltung von Mensch-Maschine-Schnittstellen hinsichtlich einer bestmöglichen Bedienbarkeit (arbeitswissenschaftlicher Ansatz) tendenziell unberücksichtigt bleiben.[111]

„Akzeptanz soll besagen, daß Personen, Personengruppen und Institutionen unter bestimmten Umständen die Entscheidungen dominierender Interessengruppen bei Zielsetzung und Zielerreichung in verschiedener Weise tolerieren." [112]

Akzeptanzprobleme finden ihren Ausdruck beim Einsatz von organisatorischen Instrumenten und Techniken, die von den potentiellen Benutzern nur in beschränktem Maße angewendet werden.[113] Die eingeschränkte Nutzung als Synonym für eine mangelnde Akzeptanz der Benutzer kann hierbei aus der Gegebenheit deduziert werden, daß solche Instrumente entweder nicht benötigt werden oder daß sie zwar gebraucht werden, nicht aber *gebrauchsfähig* sind.[114] Es ist daher zu prüfen, welche Eigenschaften z. B. ein computergestütztes Dialogsystem aufweisen muß, um in konkreten (unprogrammierten) Entscheidungssituationen die gerade benötigten (relevanten) Informationen bereitstellen zu können.[115] Neben den Eigenschaften des Systems ist gerade die **mangelnde Gebrauchsfähigkeit** aufgrund enormer Anpassungen der potentiellen Nutzer von entscheidender Bedeutung. Die Aufgabe der betriebswirtschaftlichen Organisationstheorie in bezug auf die Akzeptanz der Mitarbeiter[116] ist es demnach, innerbetriebliche Anpassungsprozesse an innovativen Technologien zu ermöglichen, um ein Scheitern der Umstrukturierung zu verhindern.

---

[110] Vgl. Reichwald, Ralf (1978), a.a.O., S. 25.
[111] Vgl. Kirsch, Werner/Kieser, Heinz-Peter (1974): Perspektiven der Benutzeradäquanz von Management-Informationssystemen, in: ZfB, Heft 6, 44 (1974), S. 383ff. Kieser, Alfred/Kubicek, Herbert (1974): Organisationsstruktur und individuelles Verhalten als Einflußfaktoren der Gestaltung von Management-Informationssystemen, in: ZfB, Heft 6, 44 (1974), S. 449ff. Kirsch, Werner/Klein, Heinz K. (1977): Management-Informationssysteme II - Auf dem Wege zu einem neuen Taylorismus, Stuttgart 1977, S. 78f.
[112] Schmidt, Ralf-Bodo (1969): Wirtschaftslehre der Unternehmung - Grundlagen, Band 1, Stuttgart 1969, S. 166.
[113] Vgl. zum Verhältnis von Promotoren und Opponenten insbesondere Witte, Eberhard (1973): Organisation für Innovationsentscheidungen - Das Promotoren-Modell, Göttingen 1973, S. 5ff.
[114] Vgl. Müller-Böling, Detlef/Müller, Michael (1986): Akzeptanzfaktoren der Bürokommunikation, München 1986, S. 19. Sachsenberg, Marion (1980): Akzeptanz organisatorischer Methoden und Techniken, in: Zeitschrift für Organisation, Nr. 1, 49 (1980), S. 37.
[115] Vgl. Reichwald, Ralf (1978), a.a.O., S. 26.
[116] Vgl. Döhl, Wolfgang (1983), a.a.O., S. 112f. Reichwald, Ralf (1982), a.a.O., S. 36ff.

2.2.2.2 Absatztheoretische Ansätze

Die absatztheoretischen Ansätze einer Erfassung des Begriffes „Akzeptanz" beziehen sich primär auf Fragen der **Beziehung zwischen technologischen Innovationen und dem Nachfrager**.[117] Der Begriff „Akzeptanz" wird in diesem Zusammenhang als subjektive Bewertung unterschiedlicher Produktkonzeptionen verstanden.[118] Im Mittelpunkt der Betrachtungen stehen Erklärungsversuche, warum erfolgversprechende Produkte nicht vom Markt angenommen werden. Der Begriff „Akzeptanz" wird daher aus absatztheoretischer Sicht als Annahme von Produkten durch den Käufer (Markt) definiert. Aus den Erkenntnissen dieser Annahme, quasi als primäre Zielsetzung absatzwirtschaftlicher Akzeptanzforschung, sollen **Konzepte zur Durchsetzung technologischer Nutzungsinnovationen** am Markt entwickelt werden.[119] Bei diesen Konzepten werden sowohl die organisatorische Verträglichkeit[120] als auch die *produktspezifischen, abnehmerspezifischen* sowie *umweltspezifischen* Determinanten der Akzeptanz berücksichtigt.[121] Problematisch ist jedoch, daß bei den resultierenden Marketingstrategien keine Verbesserung der Produkte selbst, sondern vielmehr die Entwicklung geeigneter Durchsetzungsstrategien verfolgt wird.[122] Insbesondere Überlegungen zur Integration von Akzeptanzaspekten innerhalb des Produktplanungs- bzw. Produktgestaltungsprozesses, um von vornherein marktadäquate Produkte anbieten zu können, *unterbleiben* nahezu vollständig. Ein weiteres Problem liegt in der Tatsache begründet, daß weder die betriebswirtschaftliche Organisationstheorie noch die Absatztheorie die Akzeptanzproblematik im operativen Bereich diskutieren. Respektive Aspekte der Bedienbarkeit und sonstige Merkmale der praktischen Handhabung (Elemente der Nutzungsakzeptanz) bleiben unberücksichtigt. Einen Gesamtüberblick über die traditionellen Ansätze im ökonomischen Umfeld, welche sich auch in aktuelleren Studien finden lassen, bietet Abbildung 7.

---

[117] Vgl. Haseloff, Otto W. (1970): Kommunikationstheoretische Probleme der Werbung, in: Behrens, Karl C. (Hrsg.): Handbuch der Werbung, Wiesbaden 1970, S. 157ff. Penzkofer, Peter/Kölblinger, Mario (1973): Kommunikative und soziale Aspekte der Diffusionsforschung, in: Zeitschrift für Betriebswirtschaft, Heft 1, 43 (1973), S. 1ff. Meffert, Heribert (1976): Die Durchsetzung von Innovationen in der Unternehmung und im Markt, in: ZfB, Heft 2, 46 (1976), S. 77ff. Vor diesem Hintergrund ist auch die vorliegende Untersuchung zur Akzeptanz von „Nutzungsgütern und -systemen" als absatz- bzw. marketingtheoretischer Ansatz zu werten.

[118] Vgl. Stachelsky, Friedrich v. (1983): Typologie und Methodik von Akzeptanzforschungen zu neuen Medien, in: Publizistik, Nr. 1, 28 (1983), S. 47.

[119] Vgl. Reichwald, Ralf (1978), a.a.O., S. 27.

[120] Vgl. *Kapitel 2.2.1* und *2.2.2.1*.

[121] Vgl. Meffert, Heribert (1976), a.a.O., S. 96.

[122] Vgl. Bebié, André (1978): Käuferverhalten und Marketing-Entscheidung - Konsumgüter-Marketing aus der Sicht der behavioral sciences, Wiesbaden 1978, S. 3ff.

Abbildung 7: *Forschungstraditionen im ökonomischen Umfeld*

Wissenschafts-bereiche	Arbeits-wissenschaft	Betriebswirtschaftslehre		
		Organisations-theorie	Absatztheorie	Produktions-theorie
akzeptanz-relevantes Problemfeld	Bedingungen bedienungs-freundlicher Technikgestaltung	Bedingungen benutzeradäquater Gestaltung EDV-gestützter Informations- und Entscheidungssysteme	Bedingungen der Annahme von Produkten durch den/die Käufer (Markt)	Bedingungen der Input-Output-Zusammenhänge bei der einzelwirtschaftlichen Leistungserstellung
akzeptanz-relevante Fragestellungen	Zusammenhänge zwischen Technikelementen und -effekten sowie menschlichem Arbeitsverhalten offenbaren	Zusammenhänge zwischen menschlichem Problemlösungsverhalten und problemadäquater Gestaltung der Software von Informationssystemen	Zusammenhänge zwischen organisatorischer Verträglichkeit, produkt-, abnehmer- und umweltspezifischen Determinanten und Adaption neuer Produkte	Zusammenhänge zwischen menschlichem Arbeitsverhalten und Technikeinsatz in soziotechnischen Systemen hinsichtlich Regelmäßigkeiten
akzeptanz-relevante Zielsetzung	Abbau negativer Umwelteinflüsse durch menschengerechte Gestaltung von Technik und Umwelt	Aufzeigen von Anforderungen an Techniksysteme zur Bereitstellung von relevanten Informationen in unprogrammierbaren Entscheidungssituationen	Entwicklung von Strategien zur Durchsetzung und Verwertung technischer Innovationen	Integration menschlichen Verhaltens in Modelle der Produktionstheorie
Schwachstellen bzw. Lücken unter Akzeptanzaspekten	Priorität im Bereich der Technikbedienung auf der motorisch-operationalen Ebene unter Vernachlässigung organisationaler bzw. ökonomischer Effekte	Priorität der Nutzerorientierung unter weitgehendem Ausschluß der technisch-operativen Ebene	Priorität der Durchsetzungsstrategien, Vernachlässigung der Produktanpassung	Priorität der Technikorientierung auf Basis der Annahme, daß Technik alle Merkmale enthält, welche Leistungsfähigkeit und -bereitschaft des arbeitenden Menschen entsprechen
		Nutzerorientierung Technikgestaltung entsprechend den Bedürfnissen bzw. Anforderungen der Entscheidungsträger		
		Trennung von Bedienungs- und Nutzungsaspekten der Technik bzw. der Technikanwendungen		

Quelle: Döhl, Wolfgang (1983), S. 111.

Zusammenfassend kann festgestellt werden, daß sich die Akzeptanzforschung im ökonomischen Umfeld ausschließlich mit bereits fest spezifizierten Produkten bzw. Innovationen beschäftigt. Die Akzeptanz betrifft lediglich die Findung von geeigneten Durchsetzungsstrategien, während der Blickwinkel einer **akzeptanzorientierten Innovationsgestaltung** anhand vorliegender Marktbedürfnisse unterbleibt. Ferner wird die Nutzungskomponente bestenfalls rudimentär behandelt, obwohl gerade in der **Gebrauchsfähigkeit** beim individuellen Arbeitseinsatz ein Hauptmerkmal der Akzeptanz liegt. Aufgrund dieser Tatsache reicht die Umsetzung einer *Technikidee* in eine *technologische Nutzungsinnovation* für den Markterfolg nicht aus, da in dem offerierten Nutzungspotential der entscheidende Erfolgsfaktor zu sehen ist. Diese Aspekte müssen in einer Definition zur Akzeptanz bei technologischen Nutzungsinnovationen Berücksichtigung finden. Es wird im weiteren zu klären sein, ob vor dem Hintergrund der bisherigen Ausführungen die resultierenden ökonomischen Ansätze der Akzeptanzforschung weitere Elemente der Akzeptanz bei technologischen Nutzungsinnovationen bereitstellen können.

2.2.3 Die ökonomische Begriffsbestimmung

Innerhalb der ökonomischen Ansätze wurde die Begriffsbestimmung entweder durch das zu untersuchende Objekt oder durch die jeweilige Forschungsausrichtung geprägt. Hierdurch wurde auch eine Vielzahl von unterschiedlichen Begriffsdefinitionen impliziert. So wird z. B. in der Organisationstheorie der Begriff „Akzeptanz" im Zusammenhang mit Anpassungswiderständen der Stelleninhaber gegenüber der Einführung betrieblicher Innovationen verwendet.[123] Im Kontext einer objektbezogenen Begriffsbestimmung weist *Degenhardt* darauf hin, daß „Akzeptanz" gleichzeitig als einstelliger und als zweistelliger Prädikator verwendet wird, wobei im ersten Fall die Akzeptanz als Merkmal der Innovation, im zweiten Fall die Beziehung zwischen Innovation und Innovator beschrieben wird.[124] *Oppermann* sieht hierbei in der Akzeptanz jedoch *kein Gütekriterium*, da nicht jedes System, das akzeptiert wird, auch tatsächlich akzeptabel ist - und nicht jede akzeptable Innovation von den Benutzern angenommen wird.[125] Trotzdem wird Akzeptanz im wirtschaftswissenschaftlichen Umfeld als ein allgemeines Maß für die Fähigkeit des Marktes interpretiert, Innovationen aufnehmen zu können.[126] Daher wird oftmals versucht, die Akzeptanz über **Indikatoren** zu definieren, wie z. B. das *Interesse*, das *Bedürfnis*, die *Meinung* oder den *Bekanntheitsgrad*.[127] Der Ansatz einer **indirekten Annäherung** an den Begriff

---

[123] Vgl. Witte, Eberhard (1973), a.a.O., S. 5ff. Schönecker, Horst G. (1985): Kommunikationstechnik und Bedienerakzeptanz, Forschungsprojekt Bürokommunikation, Band 6, hrsg. von A. Picot/R. Reichwald, München 1985, S. 27. Zur organisationstheoretischen Bedeutung vgl. auch *Kapitel 2.2.2.1.*
[124] Vgl. Degenhardt, Werner (1986), a.a.O., S. 55.
[125] Vgl. Oppermann, Reinhard (1984): Aktive Akzeptanzunterstützung durch Betroffenenbeteiligung, in: Office Management, Heft 11, 32 (1984), S. 1084.
[126] Vgl. Meffert, Heribert (1976), a.a.O., S. 97.
[127] Zum Akzeptanzindikator „*Interessensbekundung"* vgl. Prognos (1981): Szenarien zur Entwicklung der Kabelkommunikation - die privaten Haushalte, hrsg. von Prognos AG, Basel 1981, S. 3ff. Zum Indikator „*Bedürfnis"* vgl. Ives, Blake/Olson, Margrethe H./Baroudi, Jack J. (1983): The Measurement of User Information Satisfaction, in: Communications of the acm, 26 (1983), S. 785ff. Zum Akzeptanzindikator „*Meinung"* vgl. Renckstorf, Karsten (1981): Zur Akzeptanz regionaler/lokaler Programmangebote von Hörfunk und Fernsehen, in: Rundfunk und Fernsehen, Heft 4, 29 (1981), S. 437ff. Zum Akzeptanzindikator *„Bekanntheitsgrad"* vgl. Hummel, R./Eichinger, M./Haberl, G. (1982): Begleitstudie zur Einführung von Bildschirmtext in Österreich, Wien 1982, S. 5ff.

„Akzeptanz" durch Indikatorvariablen kann jedoch kein Ersatz für die direkte Bestimmung von Akzeptanz sein.

In der **direkten Begriffsbestimmung** bezeichnet *Kredel* Akzeptanz als „subjektive Bewertung der Annehmbarkeit von Geräten, Systemen, Dienstleistungen etc. durch den Benutzer"[128], während schon *Stachelsky* neben der subjektiven Bewertung der Eigenschaften auch die Bereitschaft zur Nutzung des Zielobjektes berücksichtigt.[129] *Hilbig* beschreibt die positive Akzeptanz mit Hilfe eines *sozialpsychologischen Attitüdenkonzeptes*[130], indem er, wie auch andere Autoren, auf den positiven Zusammenhang zwischen der Akzeptanz und der **Einstellung** bei der Einführung technologischer Innovationen hinweist.[131]

„Akzeptanz bezeichnet eine mehr oder weniger zustimmende Einstellung eines Individuums oder einer Gruppe gegenüber einem Objekt, Subjekt oder sonstigem Sachverhalt."[132]

Dies bedeutet, daß Akzeptanz als Ausprägung der Einstellung verstanden wird. Die *Einstellung* setzt sich dabei in der Literatur aus drei Komponenten zusammen:[133]

- **Affektive (gefühlsmäßige) Komponente**: Sie bedingt einen dauerhaft bestehenden, *motivational-emotionalen* Zustand und enthält die gefühlsmäßige Einschätzung eines Objektes.[134]
- **Kognitive (verstandsmäßige) Komponente**: Sie bedingt die Abwägung von Vor- und Nachteilen der technologischen Innovation aufgrund persönlicher Ideen, Vorstellungen oder Überzeugungen und enthält das subjektive Wissen über ein Objekt.[135]

---

[128] Vgl. Kredel, Lutz (1988): Wirtschaftlichkeit von Bürokommunikationssystemen - eine vergleichende Darstellung, Berlin 1988, S. 232.
[129] Vgl. Stachelsky, Friedrich v. (1981): Laborakzeptanz von abrufbaren Bildschirm-Verbraucherinformationen, Berlin 1981, S. 25.
[130] Unter *Attitüde* wird allgemein ein Synonym für „Einstellung" verstanden. Vgl. Müller-Böling, Detlef (1978): Arbeitszufriedenheit bei automatisierter Datenverarbeitung, München 1978, S. 40.
[131] Vgl. Hilbig, Winfried (1984): Akzeptanzforschung neuer Bürotechnologien - Ergebnisse einer empirischen Fallstudie, in: Office Management, Heft 4, 32 (1984), S. 320. Nink, Hermann (1991): Informationsvermittlung - Aufgaben, Möglichkeiten und Probleme, Wiesbaden 1991, S. 105.
[132] Hilbig, Winfried (1983): Akzeptanzermittlung und Akzeptanzförderung, Diplomarbeit an der Universität Bremen 1983, S. 120.
[133] Vgl. Triandis, H.C. (1971): Attitude and Attitude Change, New York 1971, S. 3ff. Kroeber-Riel, Werner (1972): Marketingtheorie - Verhaltensorientierte Erklärungen von Marktreaktionen, Köln 1972, S. 5ff. Döhl, Wolfgang (1983), a.a.O., S. 182. Meffert, Heribert (1986), a.a.O., S. 152.
[134] Vgl. Müller-Böling, Detlef/Müller, Michael (1986), a.a.O., S. 25. Frese, Michael (1987): Partizipation - Schlüssel zur Akzeptanz, in: IBM Nachrichten, Nr. 288, 37 (1987), S. 13.
[135] Vgl. Kroeber-Riel, Werner (1971): Konsumentenverhalten und kognitives Gleichgewicht - verhaltensorientierte Grundlagen der Absatzprognose, in: Zeitschrift für betriebswirtschaftliche Forschung, Nr. 5, 23 (1971), S. 395ff.

- **Konative (handlungsorientierte) Komponente**: Sie bedingt die Handlungstendenzen aufgrund der inneren Bereitschaft, ohne daß jedoch konkrete Aktionen folgen müssen und enthält die Verhaltensabsicht in bezug auf ein Objekt.[136]

Das Konstrukt der Einstellungen ist in den Untersuchungen zur Akzeptanz als zentrales Merkmal zu beobachten, so daß *Stachelsky* meint:

„Geht man von der Verwendung des Begriffs Akzeptanz in der sozial- und wirtschaftswissenschaftlichen Literatur aus, so ist nahezu jede Akzeptanzforschung auch Einstellungsforschung."[137]

Es kann vermutet werden, daß ein *positiver trade-off* zwischen der *Einstellung* und der *Akzeptanz* vorhanden ist, d. h., wenn von einer positiven Einstellung ausgegangen werden kann, dann ist auch die Voraussetzung für eine positive Akzeptanz geschaffen. Vor diesem Hintergrund kann von dem Konstrukt der **Einstellungsebene der Akzeptanz** in Abhängigkeit der positiven Erfüllung der Einstellungskomponenten (s.o.) gesprochen werden.[138] Doch ist die Akzeptanz über die Einstellungsbildung hinaus auch mit **tatsächlichen Handlungen** verbunden, die sich in der konkreten Übernahme und der Nutzung manifestieren. So muß die, aus der individuellen Einstellung zur technologischen Nutzungsinnovation resultierende, **rationale Bereitschaft** des Anwenders zur Übernahme auch in konkretes Verhalten umgesetzt werden. Aus diesem Grund muß ein umfassender Akzeptanzbegriff sowohl die konative Komponente der Einstellungsforschung als auch die tatsächliche Handlungsebene berücksichtigen.[139] Das tatsächlich beobachtbare Verhalten kann daher auch als **Handlungsebene der Akzeptanz** beschrieben werden. Die Handlungsebene kann jedoch nicht in jedem Fall mit der Einstellungsebene gleichgesetzt werden, wie die Überlegungen zur rollentheoretischen Perspektive gezeigt haben.[140] *Döhl* meint in diesem Zusammenhang kritisch:

---

[136] Vgl. Müller-Böling, Detlef/Müller, Michael (1986), a.a.O., S. 26. Insbesondere die konative Komponente wird in den klassischen Einstellungsmodellen oftmals nicht erfaßt. Lediglich im erweiterten Fishbein-Modell kommt diese Komponente in Form einer Unterscheidung zwischen Kaufabsicht und tatsächlichem Kauf zum Tragen. Vgl. Fishbein, Martin/Ajzen, Icek (1975): Belief, Attitude, Intention and Behavior - An Introduction to Theory and Research, Reading (Mass.) 1975, S. 301ff. Innerhalb der Betrachtung zur Einstellung wird die Verbindung zu einer Akzeptanz als Handlungs*voraussetzung* deutlich, da erst mit einer positiven inneren Begutachtung eine entsprechende äußere Handlung verbunden werden kann. Vgl. auch *Kapitel 2.1.2.*

[137] Stachelsky, Friedrich v. (1983), a.a.O., S. 50.

[138] Vgl. Müller-Böling, Detlef/Müller, Michael (1986), a.a.O., S. 25f.

[139] Vgl. für eine kritische Auseinandersetzung *Kapitel 3.4.2.2.1.*

[140] Vgl. Schmidt-Prestin, Barbara (1987): Neue Technik in Büro und Verwaltung rationell einsetzen - sozial gestalten, München 1987, S. 63 und die Ausführungen in *Kapitel 2.1.3.*

„*Über das Nutzungsverhalten die Akzeptanz zu messen, wäre infolgedessen der falsche Ansatz. Vielmehr geht es darum, die [...] dem Nutzungsverhalten widersprechenden Einstellungen von Individuen als Träger der Akzeptanz zu messen.*"[141]

Diese Überlegung erscheint jedoch nicht immer plausibel, wenn man die Annahme trifft, daß kein externer Druck zur Nutzung vorhanden ist. Lediglich bei einem externen Konformitätszwang können sich die Einstellungen vom tätsächlichen Nutzungsverhalten unterscheiden. Im **Fall einer freiwilligen Übernahme- und Nutzungsentscheidung** kann dagegen von einer Übereinstimmung von innerer Einstellung und dem tatsächlichen Nutzungsverhalten ausgegangen werden. Ferner wird an dieser Problematik nochmals deutlich, daß mit den Einstellungen lediglich konative Elemente erfaßt werden, während sich die Akzeptanz auch mit dem tatsächlichen Verhalten auseinandersetzt. Aus diesem Grund ist festzuhalten, daß ein Produkt erst dann akzeptiert ist, wenn ein gekauftes Produkt oder eine eingeführte technologische Nutzungsinnovation durch den Nachfrager auch tatsächlich verwendet wird. In diesem Zusammenhang kann daher von einer *Nutzungsebene der Akzeptanz*[142] gesprochen werden. Das Konstrukt der **Nutzungsebene der Akzeptanz** wird neben der *Handlungsebene* zum entscheidenden Faktor. Diese Auffassung wurde von *Schönecker* um die technikbezogenen Bedingungen „aufgabenbezogenes Verhalten" (Nutzung) *und* „positive Einstellung" ergänzt, so daß von Akzeptanz erst dann gesprochen werden darf, wenn „diese beiden 'und-verknüpften' Bedingungen erfüllt"[143] sind. Auch *Döhl* greift diesen Aspekt auf und definiert Akzeptanz als das gleichzeitige Vorhandensein einer positiven Einstellung gegenüber dem angebotenen Technikpotential *und* der tatsächlichen aufgabenbezogenen Nutzung dieses Technikangebotes in einer konkreten Anwendungssituation.[144] Der Nutzungsaspekt ist hierbei unabhängig von dem Vorliegen eines direkten oder indirekten Nutzungszwangs (Nutzungsvorschriften, Nutzungserwartung der Umwelt usw.). Der *Position einer freiwilligen Nutzung* und den ökonomischen Konsequenzen einer Nicht-Nutzung innerhalb des *Konsumgüterbereiches* wurde jedoch in den bisherigen ökonomischen Betrachtungen zur Akzeptanz wenig Beachtung geschenkt.

---

[141] Döhl, Wolfgang (1983), a.a.O., S. 174.
[142] Die Nutzungsakzeptanz wird in der Literatur mitunter auch als „Verhaltensakzeptanz" bezeichnet. Vgl. hierzu insbesondere Müller-Böling, Detlef/Müller, Michael (1986), a.a.O., S. 26f.
[143] Schönecker, Horst G. (1982), a.a.O., S. 52.
[144] Vgl. Döhl, Wolfgang (1983), a.a.O., S. 125. Auch *Allerbeck/Helmreich* vertreten diese Verknüpfung von positiver Einstellung und aufgabenbezogener Nutzung. Vgl. Allerbeck, Mechthild/Helmreich, Reinhard (1991): Akzeptanz planen - Wie man die Weichen richtig stellt, in: Helmreich, Reinhard (Hrsg.): Bürokommunikation und Akzeptanz - Benutzeroberflächen ergonomisch gestalten, Technik richtig einführen, Folgen beherrschen, Heidelberg 1991, S. 3.

2.3 Der Akzeptanzbegriff der „klassischen Akzeptanzforschung"

Im Mittelpunkt der bisherigen Ausführungen stand die Herleitung eines Akzeptanzbegriffes aus gesellschaftlichem und ökonomischem Blickwinkel, wobei sich letztere Auffassung aus einer Fusion der organisations- und absatztheoretischen Auffassung ergab. Diese Blickwinkel *bisheriger* Akzeptanzbetrachtungen sollen nun, vor dem Hintergrund einer Etablierung der Akzeptanzforschung als Begleitforschungsansatz, als **„klassische" Akzeptanzforschung** verstanden werden. Schon in den *60er Jahren* wurde das Konstrukt der „Akzeptanz" als **Erklärungsansatz des sozialen und technologischen Wandels** betrachtet.[145] In den *70er Jahren* finden sich die Wurzeln der Begriffsbestimmung in der sozialwissenschaftlichen Diskussion, die auf die *Kommission für den Ausbau des technischen Kommunikationssystems (KtK)*[146] zurückgeht. Hier spielt die Verbindung „Akzeptanz und Auswirkung" im Zusammenhang mit „Neuen Medien" eine Schlüsselrolle.[147] Seit den *70er und 80er Jahren* steht die Untersuchung von Kriterien der Übernahme bzw. Ablehnung von Produkten bzw. Innovationen im Mittelpunkt der Akzeptanzforschung. Dieser Untersuchungsfokus findet seit der Einführung neuer *Systeme der Bürotechnik* besonderes Forschungsinteresse.[148] Durch die Unsicherheit in bezug auf die Folgen des Einsatzes neuer Technologien im Büro- und Verwaltungsbereich hat sich die Akzeptanzforschung seit dieser Zeit als ein sozialwissenschaftliches Werkzeug der **Begleitforschung** etabliert.[149] Die *Begleitforschung* hat zum Ziel, Auswirkungen von aktuellen Technologien auf das gesellschaftliche und wirtschaftliche Leben zu analysieren.[150]

---

[145] Vgl. *Kapitel 2.2.*
[146] Vgl. Kommission für den Ausbau des technischen Kommunikationssystems (KtK) (1976): Telekommunikationsbericht - Bedürfnisse und Bedarf für Telekommunikation, Anlagenband 1, hrsg. vom Bundesministerium für das Post- und Fernmeldewesen, Bonn 1976, S. 123.
[147] Vgl. Tonnemacher, Jan (1983): Kabelpilotprojekt Berlin - Thesen zu einer wissenschaftlichen Begleitforschung, in: Media Perspektiven, Heft 12 (1983), S. 881ff.
[148] Vgl. Helmreich, Reinhard (1980): Was ist Akzeptanzforschung?, in: Elektronische Rechenanlagen, Nr. 1, 22 (1980), S. 21ff. Reichwald, Ralf (1979): Neue Systeme der Bürotechnik und das Problem der Akzeptanz, in: telecom report, 2 (1979), S. 309ff. Schönecker, Horst G. (1980), a.a.O., S. 3ff. sowie die Übersicht bei Musiol, Achim (1981a): Einheit der Büroarbeit und Vielfalt der Büromaschinen - Eine Analyse der heutigen und eine Prognose der künftigen Bürosituation, Teil 1, in: Zeitschrift für Organisation, Nr. 2, 50 (1981), S. 75ff. Derselbe (1981b): Einheit der Büroarbeit und Vielfalt der Büromaschinen - Eine Analyse der heutigen und eine Prognose der künftigen Bürosituation, Teil 2, in: Zeitschrift für Organisation, Nr. 3, 50 (1981), S. 163ff.
[149] Vgl. Grösser, Heinz-Dieter (1981): Test der Akzeptanz im „Prüffeld Büro" - Feldversuch Bürokommunikation, in: Handelsblatt Nr. 200 vom 19.10.1981, S. 29. Reichwald, Ralf/Picot, Arnold (1980): Teletext - Forschungsprojekt Bürokommunikation, Hannover 1980, S. 3ff.
[150] Vgl. Manz, Ulrich (1983): Zur Einordnung der Akzeptanzforschung in das Programm sozialwissenschaftlicher Begleitforschung, München 1983, S. 6ff.

Der Begriff der „**Begleitforschung**" ist im deutschen Sprachraum die am häufigsten gebrauchte Bezeichnung für *Sozialforschung* im Bereich der **Neuen Medien**. Im akademischen Bereich ist der Begriff mit eher negativen Konnotationen behaftet, denn trotz eines gestiegenen Bedarfs an sozialwissenschaftlicher Forschung bezüglich neuer Kommunikationstechniken „stoßen die Ziele und Ergebnisse sozialwissenschaftlicher Forschung [in diesem Bereich; Anm. d. Verf.] zunehmend auf Mißtrauen und Unverständnis"[151]. Grund hierfür ist die **Kritik**, daß sich die Begleitforschung - und damit auch die klassische Akzeptanzforschung - merklich zur *„Legitimations- und Alibiforschung"* für Ökonomie und Gesellschaft entwickelte.[152] Hierdurch wird die wissenschaftliche Begleitung (Akzeptanzforschung) mehr oder minder zu einer **Optimierungsmethode der Marktdurchsetzung.**[153] Zu den traditionellen Begleitforschungsansätzen gehören - neben der klassischen Akzeptanzforschung - auch die Ansätze der *Evaluationsforschung*[154], der *Wirkungsforschung*[155] und die *Technologiefolgenabschätzung*[156].

---

[151] Bechmann, Gotthart/Wingert, Bernd (1981): Sozialwissenschaftliche Begleitforschung und Technologieplanung - Theoretische, methodische und organisatorische Probleme, in: Janshen, Doris/ Keck, Otto/Webler, Wolff-Dietrich (Hrsg.): Technischer und sozialer Wandel, Königstein/Ts. 1981, S. 121.
[152] Vgl. Fabris, Hans/Luger, Kurt (1981), a.a.O., S. 64 sowie *Kapitel 2.1.*
[153] Vgl. hierzu insbesondere Engholm, Björn (1981): Die Problematik der Neuen Medien unter gesellschafts- und bildungspolitischen Gesichtspunkten, in: Media Perspektiven, Heft 11 (1981), S. 799.
[154] Die *Evaluationsforschung* beschäftigt sich mit der Bewertung von sozialen bzw. politischen Programmen. Sie ist ein Prozeß der Beurteilung des Wertes eines Produktes, Prozesses oder Programms, wobei nicht notwendigerweise auf systematische Verfahren oder datengestützte Beweise zur Untermauerung einer Beurteilung zurückgegriffen wird. Vgl. Rossi, Peter H./Freeman, Howard E. (1982): Evaluation - A systematic approach, Beverly Hills 1982. Wittmann, Werner W. (1985): Evaluationsforschung - Aufgaben, Probleme und Anwendungen, Berlin 1985, S. 6. Suchman, Edward A. (1967): Evaluative research - Principle and practice in public service and social action programs, New York 1967.
[155] Die *Wirkungsforschung* beschäftigt sich mit den Auswirkungen einer Nutzung von Massenmedien auf Individuum und Gesellschaft. Es kommt hierbei zu einer Verknüpfung von technologischen und sozialwissenschaftlichen Erkenntnissen, um die Wirkung neuer Medien und Kommunikationstechniken auf die Gesellschaft zu analysieren. Die Wirkungsforschung soll ferner Hinweise auf die mögliche und/oder erwünschte bzw. unerwünschte zukünftige Strukturierung des Mediensystems geben. Vgl. Schenk, Michael (1987): Medienwirkungsforschung, Tübingen 1987, S. 6. Dröge, Franz W./Lerg Winfried B. (1965): Kritik der Kommunikationswissenschaft, in: Publizistik, Nr. 3, 10 (1965), S. 251ff. Haacke, Wilmont (1964): Wege und Umwege zur Kommunikationsforschung, in: Publizistik, Nr. 3, 9 (1964), S. 195ff. Joußen, Wolfgang (1990): Massen und Kommunikation - zur soziologischen Kritik der Wirkungsforschung, Weinheim 1990, S. 91.
[156] Die *Technologiefolgenabschätzung* beschäftigt sich mit der Vorhersage bzw. Prognose der breiten Konsequenzen des technologischen Wandels für Individuum und Gesellschaft. Sie soll mögliche Folgen identifizieren und bewerten und Prognosen zur Entwicklung und Verbreitung der Technologie herleiten. Vgl. Short, John/Williams, Ederyn/Christie, Bruce (1976): The Social Psychology of Telecommunications, New York 1976, S. 9. Naschold, Frieder (1987): Technologiekontrolle durch Technologiefolgeabschätzung? - Entwicklungen, Kontroversen, Perspektiven der Technologiefolgabschätzung und -bewertung, Köln 1987, S. 14f.

Die klassische Akzeptanzforschung ist ein empirisches Forschungsprogramm, welches auf der **Anwenderseite** (Schnittstelle Mensch-Maschine) der technologischen Nutzungsinnovation ansetzt, um insbesondere die Gründe für eine Annahme bzw. eine Ablehnung im Anwendungsbereich zu erforschen und um Fehlentwicklungen möglichst frühzeitig erkennen zu können:[157]

- Akzeptanzforschung hat somit eine *empirisch-analytische Zielsetzung*, die die Wechselbeziehung zwischen Technologieanwendung und Technologiefolgen erklären will;

- Akzeptanzforschung hat ferner eine *pragmatisch-gestaltende Zielsetzung*, die auf eine Beeinflussung der Technologieentwicklung und der Technologienutzung im Sinne individueller und organisatorischer Anwenderziele ausgerichtet ist.[158]

Die klassische Akzeptanzforschung erweist sich in *diesem Kontext* nicht als ein Forschungsgebiet, das es *quasi ex ovo* von der Wissenschaft pionierhaft zu bearbeiten gilt, sondern vielmehr als eine - nicht weniger intensive Forschungsarbeit verlangende - Fusion aus Arbeitswissenschaft und betriebswirtschaftlicher Organisations- und Absatztheorie.[159] Durch die Bezugnahme auf verhaltenswissenschaftliche Erkenntnisse und kognitive Ansätze der Informationsverarbeitung kann ein umfassendes **Akzeptanzprogramm** gebildet werden. Dieses Programm der klassischen Akzeptanzforschung stellt dabei eine Synthese aus verschiedenen soziologischen *und* ökonomischen Ansätzen dar. Die klassische Akzeptanzforschung internalisiert sowohl die implizierte Harmonievorstellung von Mensch und Technik der Produktionstheorie[160] als auch die den organisationstheoretischen Ansätzen zugrunde liegende Vorstellung einer generellen Vorteilhaftigkeit innovativer Veränderungen. Sie substituiert hierbei ferner einen „geplanten organisatorischen Wandel" und relativiert die Forderung nach einer mehr oder weniger kritisch-distanzierten Grundeinstellung gegenüber einer fehlenden Berücksichtigung der *Anwender- und Marktbedürfnisse* bei

---

[157] Vgl. Reichwald, Ralf (1982), a.a.O., S. 36f. Derselbe (1978), a.a.O., S. 23.
[158] Vgl. Heinen, Edmund/Dietel, Bernhard (1976): Zur "Wertfreiheit" in der Betriebswirtschaftslehre, in: Zeitschrift für Betriebswirtschaft, Heft 2, 46 (1976), S. 101ff.
[159] Vgl. Döhl, Wolfgang (1983), a.a.O., S. 110.
[160] Die Prämisse von der Technik, welche bereits alle Merkmale enthält, die die Leistungsfähigkeit und -bereitschaft der mit ihr arbeitenden Menschen bestimmen, findet sich in nahezu allen Ansätzen der betriebswirtschaftlichen Produktionstheorie. Vgl. stellvertretend Heinen, Edmund (1978): Betriebswirtschaftliche Kostenlehre, Wiesbaden 1978. Kistner, Klaus-Peter (1981): Produktions- und Kostentheorie, Würzburg 1981.

der Einführung technologischer Nutzungsinnovationen.[161] Die im Mittelpunkt der klassischen Akzeptanzforschung stehende **Anwenderebene** kann in drei Teilbereiche differenziert werden (vgl. Abbildung 8):[162]

- Auf der **Individualebene** (Schnittstelle Mensch - Maschine) geht es um die Wechselbeziehung zwischen Technologiebedienung und Technologieanwendung bzw. die Veränderungen der Arbeitsbedingungen durch die Einführung technologischer Nutzungsinnovationen auf Nutzer- bzw. Bedienerseite.[163]

- Auf der **Organisationsebene** (Anwenderorganisation) geht es um positive und negative Aspekte des Technologieeinsatzes im Hinblick auf organisatorische Rahmenbedingungen und organisatorische Effektivität sowie deren ökonomische Bewertung (z. B. Implementierungsfragen).

- Auf der **Gesellschaftsebene** geht es um die Wechselwirkungen zwischen Technologieanwendung und Realisierung sozialpolitischer Programme; es werden hierbei bestimmte Meinungs- und Verhaltensformen sich äußernder Einstellungen von gesellschaftlichen Gruppen widergespiegelt.

Die *klassische Akzeptanzforschung* bildet durch ihr übergreifendes Programm das Kernstück der **Begleitforschungsansätze**. Aus diesem Grund werden oftmals die anderen Begleitforschungsansätze fälschlicherweise dem Begriff „Akzeptanzforschung" gleichgesetzt. **Unterscheidungsmerkmale** zeigen sich aber in

- der *Zielobjektbetrachtung*: ein festgelegter Untersuchungsgegenstand durch Auftragsforschung im Gegensatz zu z. B. allgemeinen Betrachtungen der vermittelten Inhalte durch die *Wirkungsforschung*;

- im *Zeithorizont*: Gegenwartsorientierung im Gegensatz zu z. B. der Zukunftsorientierung der *Technologiefolgenabschätzung*

- sowie innerhalb der *Forschungsumgebung*: ökonomisch orientierte Produktbetrachtung im Gegensatz zu z. B. der politisch orientierten Programmbetrachtung der *Evaluationsforschung*.

---

[161] Vgl. Schönecker, Horst G. (1980), a.a.O., S. 88ff. Sanders, Andriens F. (1977): Psychologie der Informationsverarbeitung, Bern 1977, S. 3ff. Reichwald, Ralf/Bodem, Helmut/Schönecker Horst G./Sorg, Stefan (1979): Bedingungen der Akzeptanz - Erhebungsmethoden, München 1979, S. 15f.
[162] Vgl. Reichwald, Ralf (1982), a.a.O., S. 36ff.
[163] Vgl. Wiedemann, Herbert (1982): Organisationspsychologische Fragen der Akzeptanz bei der Implementierung neuer Bürotechnik am Beispiel eines EDV-Kommunikations- und Entwicklungssystems, in: Reichwald, Ralf (Hrsg.), a.a.O., S. 133. Schmidt-Prestin, Barbara (1987), a.a.O., S. 65.

Abbildung 8: *Das Programm der klassischen Akzeptanzforschung*

Bewertungsansätze für Technikeffekte	(Gesellschaftsebene) Auswirkungen des Technikeinsatzes auf die Arbeitsmarktsituation, Bildungs- und Ausbildungsprogramme, Gesundheitswesen, Versorgungsniveau etc.	
	(Organisationsebene) Auswirkungen des Technikeinsatzes auf die organisatorischen (quanititativen und qualitativen) Leistungsmerkmale, z.B. Produktivität, Funktionstüchtigkeit, Anpassungsfähigkeit	
	(Nutzerebene) Auswirkungen des Technikeinsatzes auf die Arbeitsabläufe, Aufgabenstruktur, Kommunikationsstruktur, Kommunikationsaufkommen und Kommunikationsinhalte des Techniknutzers	
	(Bedienerebene) Auswirkungen des Technikeinsatzes auf die Aufgabenstruktur, Aufgabeninhalte und Arbeitsabläufe des Technikbedieners	

Untersuchungsebene "gesellschaftliche Akzeptanz" | Untersuchungsebene "organisatorische Akzeptanz" | Untersuchungsebene "Individuelle Akzeptanz" (Bediener-/Nutzerakzeptanz)

Merkmale der Anwendungssituation

Merkmale des organisatorischen Umfeldes	Merkmale der Technik	Merkmale des Bediener-Nutzer-Kreises
Organisationsstruktur	Leistungsmerkmale	Physiologische Faktoren
Soziales Umfeld	Gestaltungsmerkmale	Psychologische Faktoren
Ausstattung		Sonstige Individualfaktoren

Untersuchungsschwerpunkte der Akzeptanzforschung

⇩

Gestaltungsempfehlungen aus Anwendersicht

Quelle: Reichwald, Ralf (1982), S. 39.

Diese Abgrenzung bedeutet jedoch nicht, daß nicht Ergebnisse der Nachbardisziplinen in die klassische Akzeptanzforschung einfließen und *vice versa*. Einen Gesamtüberblick des Zusammenhangs der traditionellen Begleitforschungsansätze bietet Abbildung 9. Bei der Betrachtung des Phasenbezugs der Begleitforschung wird deutlich, daß alle Ansätze für eine tatsächlich bedürfnisorientierte Innovationsgestaltung *viel zu spät im Innovationsprozeß einsetzen*. Wenn die Begleitforschung beginnt, sind die wesentlichen Entscheidungen in bezug auf die Innovation bereits getroffen; wenn sie ihre Ergebnisse präsentiert, kann über die Konsequenzen bestenfalls spekuliert werden.[164] Wie in Abbildung 9 deutlich wird, setzt *kein* Begleitforschungskonzept vor dem *Zeitpunkt t1* (Technologieeinführung) ein. Gerade in der Phase der Innovationsgestaltung und -entwicklung werden aber die Weichen für den späteren Markterfolg gestellt. Diese Phase wird jedoch durch die grundsätzliche **ex-post-Orientierung** der traditionellen Begleitforschung und damit auch der *klassischen Akzeptanzforschung* nicht betrachtet. Daher sollte besonders hier ein **Begleitforschungsinstrument** für die frühzeitige Bedürfniserkennung der potentiellen Anwender bzw. zur rechtzeitigen Identifikation von Marktanforderungen integriert werden. Es ist daher zu prüfen, ob und inwieweit eine *Erweiterung der klassischen Akzeptanzforschung* dieses Instrument bereitstellen kann, welches die dargestellte Lücke zu schließen vermag.

Abbildung 9: *Der Phasenbezug der Begleitforschungsansätze*

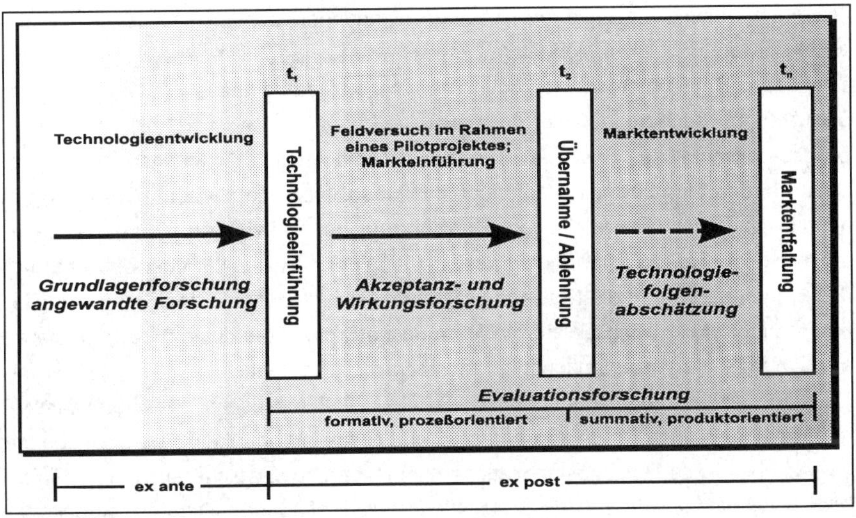

in Anlehnung an: Rogers, Everett M. (1986), S. 218.

Anhand der Ausführungen zur *klassischen Akzeptanzforschung* kann nun eine Konkretisierung einer Begriffsbestimmung der Akzeptanz bei technologischen Nutzungsinnovationen extrahiert werden. Die Begriffsbestimmung sollte **unabhängig vom jeweiligen Zielobjekt** oder vom durchführenden Akteur sein; des weiteren müssen die Akzeptanzelemente allgemein gültig und nicht spezifisch auf den Untersuchungs-

---

[164] Vgl. Degenhardt, Werner (1986), a.a.O., S. 44.

gegenstand konstruiert werden. Diese Ungebundenheit vom jeweiligen Zielobjekt vermeidet die Gefahr einer Auftragsforschung bzw. Legitimationsforschung zur Optimierung der produktspezifischen Marktdurchsetzung. Ferner muß die grundsätzliche ex-post-Orientierung der bisherigen Begleitforschungsansätze um eine **ex-ante-Sichtweise** erweitert werden, da nur hierdurch einer tatsächlichen *akzeptanzorientierten Innovationsgestaltung* Rechnung getragen werden kann. Durch eine **akzeptanzorientierte Innovationsgestaltung** könnten dann auch wirkungsvolle *Frühwarnsysteme* innerhalb der Entwicklung einer Nutzungsinnovation hin zur Marktreife installiert werden. Durch das Wechselspiel zwischen den durch technologische Nutzungsinnovationen postulierten Veränderungen der Verhaltensweisen und den Änderungen von Einstellungen gegenüber den Nutzungsbedingungen wird ein weiteres Element des Akzeptanzbegriffes bei technologischen Nutzungsinnovationen determiniert. Bei der konkreten Übernahmeentscheidung sind nicht nur die vom potentiellen Übernehmer antizipierten Nutzungsbedingungen, sondern vielmehr die Flexibilität der Innovation auf sich kontinuierlich verändernde *Nutzungserwartungen* entscheidend. Dementsprechend kommt es nicht auf das Anpassungsvermögen der Benutzer an, sondern auf die *Anpassungsfähigkeit des Systems* (i. S. einer Nutzungsbereitschaft des Systems[165]) in bezug auf potentielle Nutzungsbedingungen. Dies erfordert eine über eine Verknüpfung von sozialen und ökonomischen Komponenten hinausgehende intensivere **Betrachtung der freiwilligen Nutzungsebene**, als dies bei der klassischen Akzeptanzforschung der Fall war. Nur über das **Postulat der Freiwilligkeit** wird die Notwendigkeit einer akzeptanzorientierten Betrachtung für den Markterfolg im Hinblick auf die Nutzungsbedingungen induziert, da im Falle eines Zwangs die Akzeptanzorientierung aufgrund des fehlenden Resultats „Nicht-Nutzung" *ad absurdum* geführt wird. Darüber hinaus müssen sowohl *empirisch-analytische* als auch *pragmatisch-gestaltende Elemente* bei einem Akzeptanzbegriff für technologische Nutzungsinnovationen vorhanden sein, welche auch die *individuellen, organisatorischen* und *gesellschaftlichen* Einflußdeterminanten berücksichtigen. Anhand der bisher aufgezeigten Elemente aus dem gesellschaftlichen und ökonomischen Kontext der klassischen Akzeptanzforschung kann nun eine Begriffsdefinition der „Akzeptanz bei technologischen Nutzungsinnovationen" im Bereich von *Nutzungsgütern und -systemen* generiert werden.

---

[165] Die Akzeptanzdeterminante „Nutzungsbereitschaft" wird ausführlich in *Kapitel 3* behandelt.

2.4 Der Begriff „Akzeptanz" bei Nutzungsgütern und -systemen

Die bisherigen Begriffsbestimmungen zur „Akzeptanz" zeichnen sich durch eine besondere Vielfältigkeit aus. *Pressmar* konnte in seinen Untersuchungen von mehr als fünfzig Nachschlagewerken und Wörterbüchern fast ebenso viele unterschiedliche Definitionsauffassungen vom Konstrukt „Akzeptanz" identifizieren.[166] Die Vielfältigkeit bezieht sich zum einen auf die **konkrete Wortbestimmung** von „Akzeptanz" und zum anderen auf die Ausformulierung der **Begriffsinterpretation** in soziologischem oder ökonomischem Sinne. Die Ausführungen zu den Begriffsverständnissen der einzelnen Untersuchungsrichtungen der „klassischen Akzeptanzforschung" unterstreichen diese Vielfältigkeit und offenbaren eine **Notwendigkeit für eine kritische Strukturierung im Hinblick auf innovative Nutzungsgüter/-systeme**. Dabei wird deutlich, daß die Begriffsauffassungen der klassischen Untersuchungsrichtungen nicht ohne Probleme zur Erklärung der Akzeptanz bei innovativen Nutzungsgütern/ -systemen übernommen werden können. Vor diesem Hintergrund stehen folgende **Problemfelder** im Mittelpunkt:

- Der wirtschaftliche bzw. kommunikative Erfolg von Nutzungsinnovationen entscheidet sich primär durch *Art und Ausmaß der Akzeptanz* innerhalb einer *freiwilligen Nutzungsebene*. Hierdurch kann Akzeptanz nicht mehr als Ja/ Nein-Entscheidung (0/1-Variable) interpretiert werden, da über die eigentliche Grundsatzentscheidung hinaus, gerade das quantitative Ausmaß in Verbindung mit einer entsprechenden Zahlungsbereitschaft von Interesse ist.

    ⇒ **Wechsel von einer dichotomen Ausprägung der Akzeptanz zu einem Akzeptanzkontinuum unter Berücksichtigung der Relevanz einer freiwilligen Entscheidung im Bereich konsumorientierter Nutzungsgüter/ -systeme**

- Bis zur differenzierten Nutzungsentscheidung sind Markt- und Nutzungswiderstände zu „überwinden", welche sich an einer *zeitlichen Abfolge von Kauf- und Nutzungsakt* festmachen lassen. Hierdurch wird eine zeitliche Verbundwirkung zwischen einzelnen Stufen von Akzeptanzausprägungen induziert.

    ⇒ **Wechsel von einer zeitpunktorientierten zu einer prozessualen Begriffsinterpretation der Akzeptanz bei Nutzungsgütern/-systemen**

---

[166] Vgl. Pressmar, Dieter B. (1982), a.a.O., S. 324.

- Bei aller Notwendigkeit, neue Märkte mit innovativen Produkten und Diensten zu erschließen, muß das Risiko der Akzeptanz ferner im Rahmen einer *frühzeitigen Erfolgsmessung bzw. -prognose* möglichst zuverlässig kalkuliert werden. Dies ist nur möglich, wenn eine akzeptanzorientierte Untersuchung frühzeitig im Akzeptanzpozeß initiiert wird.

⇒ **Wechsel von einer Findung von geeigneten Durchsetzungsstrategien zu einer akzeptantorientierten Innovationsgestaltung**

In seinem *lexikalischen Sinne* wird der **Akzeptanzbegriff** als „etwas [ein Produkt, Anm. d. Verf.] anzunehmen"[167] tituliert, wodurch oberflächlich zur definitorischen Füllung der Leerformel „Akzeptanz" beigetragen wird. Diese Definition ist für die wissenschaftliche Handhabung jedoch unzureichend, so daß für die Forschung der unangenehme Effekt entsteht, daß die mangelnde Interpretierbarkeit des Begriffes im diametralen Gegensatz zu seiner Wichtigkeit steht.[168] Durch die Wortbestimmung „übernehmen" ist nämlich noch nichts über **Art und Ausmaß der Übernahme** ausgesagt, welche für die Akzeptanzentscheidung von besonderer Bedeutung sein kann (s. o.). Das mittlerweile in den deutschen Sprachraum übernommene Verbum *„akzeptieren"* enthält hierbei sowohl Momente des englischen „to adopt" als auch des „to adapt", wobei aber, in Erweiterung dieser Überlegungen von *Lucke*[169], beide Übersetzungen unterschiedliche Wortbestimmungen der „Akzeptanz" zulassen.

Die **Adoptionsakzeptanz** kann als Übernahme bzw. Annahme eines Objektes in ein vorhandenes Werte-/Zielsystem interpretiert werden, wobei keinerlei Konflikte entstehen. Es kommt zu einer *uneingeschränkten Akzeptanz*, bei der kein individueller Wandel (Mensch) und keine technologische Anpassung (Maschine/Produkt) nötig ist. Es ist demnach möglich, *„etwas so anzunehmen"*, wie es existiert, um es in ein *vorhandenes System* einzubinden, ohne daß es zu einem externen Druck (z. B. soziales Umfeld, betriebliche Organisation) kommt. Dagegen beschreibt die **Adaptionsakzeptanz** die Situation, in der die Objektfunktionen nicht in das vorhandene Werte-/Zielsystem passen. Es kommt daher zu einer *eingeschränkten Grundakzeptanz*, bei der eine individuelle Anpassung (Mensch) an die technologischen Erfordernisse (Maschine/Produkt) nötig ist. Es wird *„etwas so angenommen"*, wie es vorhanden ist,

---

[167] Drosdowski, Günther u. a. (1991): Der Duden in 10 Bänden - das Standardwerk zur deutschen Sprache, Band 1, hrsg. von Drosdowski, Günther u. a., Mannheim 1991, S. 97.
[168] Vgl. Degenhardt, Werner (1986), a.a.O., S. 37.
[169] Vgl. Lucke, Doris (1995), a.a.O., S. 74.

um es in ein *angepaßtes System* einzubinden, wobei jedoch ein externer Druck eine Rolle spielt (vgl. Abbildung 10).

Abbildung 10: *Adoptionsakzeptanz versus Adaptionsakzeptanz*

Adoptionsakzeptanz	Adaptionsakzeptanz
- Objektfunktionen passen in vorhandenes Werte-/Zielsystem	- Objektfunktionen passen nicht in vorhandenes Werte-/Zielsystem
- uneingeschränkte Grundakzeptanz	- eingeschränkte Grundakzeptanz
- keine individuelle Anpassung nötig	- individuelle Anpassung nötig
- keine technologische Anpassung nötig	- keine technologische Anpassung nötig
- "Etwas-so-annehmen, wie es vorhanden ist und in *vorhandenes* System einbinden"	- "Etwas-so-annehmen, wie es vorhanden ist und in *angepaßtes* System einbinden"
- kein externer Druck (Freiwilligkeit)	- externer Druck (Zwang)

↓ ↓

Übernahme des Objektes

Letztendlich kommt es aber in beiden Fällen (Adoption/Adaption), z. B. beim Kauf einer technologischen Nutzungsinnovation, zu einer Übernahme des Objektes, wenn auch unter verschiedenen Grundbedingungen. Diese Grundbedingungen wirken jedoch intensiv auf das Ausmaß der Verwendung in der anschließende Nutzungsphase der Innovation. So kann davon ausgegangen werden, daß im Fall einer Adaption eine wesentlich geringere Nutzungshäufigkeit resultiert, als dies bei einer „freiwilligen" Adoption der Fall ist. Bei der **Nichtakzeptanz** kommt es dagegen nicht zu einer Übernahme, weil entweder das Objekt grundsätzlich nicht mit dem Werte-/Zielsystem harmoniert oder das System nicht bereit ist, sich durch externen Druck dem Objekt anzupassen oder beides. Die Konsequenz wäre eine Anpassung der technologischen Nutzungsinnovation an die Erfordernisse des übernehmenden Subjektes. Diese Konklusion einer Interpretation von Akzeptanz als Kontinuum (Art und Ausmaß) wird von der traditionellen Akzeptanzforschung jedoch nicht berücksichtigt.[170]

---

[170] Vgl. insbesondere *Kapitel 2.2.2* und *2.3*.

Auch wenn am Ende bei beiden Akzeptanzvarianten die Übernahme des Objektes steht, so ist es doch für die Einführung von technologischen Innovationen vorteilhafter, auf eine *Adoptionsakzeptanz* zu treffen, da hier mit weniger Akzeptanzproblemen bzw. -barrieren sowohl bei der Übernahmeentscheidung als auch bei der anschließenden Nutzung zu rechnen sein dürfte (Markt- und Nutzungswiderstände). Ausgehend von der grundlegenden Bedeutungsdifferenzierung des Wortes „Akzeptanz" wird im weiteren Verlauf dieser Arbeit unter „Akzeptanz" die **freiwillige Übernahme eines Objektes** verstanden.[171]

Ausgehend von einer *Übernahme eines Objektes* kann das Postulat einer **Freiwilligkeit auch für die Nutzung eines Objektes** unterstellt werden. Diese Freiwilligkeit spiegelt sich in einer **zwanglosen Entscheidung über Art und Umfang der Nutzungshäufigkeit/-intensität** wider. So kann zwar im Sinne einer Ja/Nein-Entscheidung eine grundsätzliche Akzeptanz hinsichtlich der Nutzung vorliegen, diese dichotome Sichtweise wird sich aber in einer höchst unterschiedlichen Nutzungshäufigkeit/-intensität widerspiegeln:

Ein Teilnehmer des Mobilfunks würde nach der Auffassung einer Akzeptanz als 0/1-Variable (liegt vor/liegt nicht vor) der klassischen Akzeptanzforschung bei 10 Nutzungsminuten im Monat ebenso als „Akzeptierer" identifiziert wie ein Teilnehmer mit 60 Nutzungsminuten pro Monat. Dies bedeutet aber für den Rückfluß an Nutzungsgebühren einen Unterschied zwischen DM 39,95 [Kaum-Telefonierer (10 min pro Monat bei 50% Haupt- und 50% Nebenzeit)] zu DM 224,10 [Viel-Telefonierer (60 min pro Monat bei 75% Haupt- und 25% Nebenzeit)].[172]

Obiges Beispiel zeigt auf, daß eine dichotome Betrachtung der Akzeptanz für den Markterfolg bei Nutzungsgütern/-systemen zu kurz greift und vielmehr die *Mehrschichtigkeit der quantitativen Akzeptanzausprägung in Verbindung mit einer Zahlungsbereitschaft* im Mittelpunkt stehen muß. Daher **setzt sich der Akzeptanzbegriff bei Nutzungsgütern/-systemen** nicht aus *einer* erklärenden Variable (z. B. Nutzung: Ja/Nein), sondern respektive **aus vielschichtigen Erklärungsebenen zusammen**.

Die bisherige grundsätzliche Wortbestimmung und Ausprägungsinterpretation allein wird den vielschichtigen Erklärungsebenen der Akzeptanz jedoch nicht gerecht, wie

---

[171] Da die grundsätzlichen Probleme und Betrachtungen zur *Akzeptanz* bei beiden Übernahmevarianten gleich sind, werden bei den folgenden Betrachtungen, wenn nicht explizit auf eine Unterscheidung verwiesen wird, beide Varianten unter dem Begriff „Akzeptanz" synonym verwendet.
[172] Vgl. auch *Kapitel 1.2.*

die Ausführungen zum gesellschaftlichen und ökonomischen Umfeld gezeigt haben.[173] Aus diesem Grund muß die letztendlich entscheidende Begriffsbestimmung der „Akzeptanz" über die eigentliche Wortbestimmung hinaus gehen und insbesondere **einzelne Erklärungsebenen identifizieren.** Dementsprechend wird im folgen-

Tabelle 1: *Elemente der Akzeptanz aus dem soziologischen Umfeld*

Trenndimension	Untergruppen	Akzeptanzelemente
Soziologische Begriffsbestimmung	• gesamt-gesellschaftliche Ausprägung	• soziale Akzeptanz • Akzeptanz als Übereinstimmung mit Werten/Zielen von gesellschaftlichen Gruppen
	• einzel-gesellschaftliche Ausprägung	• Akzeptanz als Anerkennung, Zustimmung, Befürwortung usw. von bestimmten Sachverhalten • rhetorische Figur • zeit-diagnostischer Begriff
	• handlungstheoretische Ausprägung	• Akzeptanz als **Handlungsvoraussetzung** • Akzeptanz als **Handlungsergebnis**
	• konformitätstheoretische Ausprägung	• Akzeptanz als Übereinstimmung mit innerem Anspruchsniveau → **private compliance** (einzel-gesellschaftliche Akzeptanzebene) • Akzeptanz als Übereinstimmung mit äußerem Anspruchsniveau → **public compliance** (gesamt-gesellschaftliche Akzeptanzebene)
	• rollentheoretische Ausprägung	• Akzeptanz als Übereinstimmung mit dem **sozio-kulturellen Umfeld** (gruppenbezogene Akzeptanzebene)

---

[173] Vgl. *Kapitel 2.1* und *2.2*.

den auf die Einflußgrößen der Begriffsinterpretation im Rahmen der *soziologischen* und *ökonomischen Bereiche* eingegangen, um daran anknüpfend eine Begriffsbestimmung der Akzeptanz bei technologischen Nutzungsinnovationen zu ermöglichen.

Tabelle 2: *Elemente der Akzeptanz aus dem ökonomischen Umfeld*

Trenddimension	Untergruppen	Akzeptanzelemente
Ökonomische Begriffsbestimmung	• arbeitswissenschaftliche Ausprägung	• Akzeptanz als bediengerechte und bedienerfreundliche Technik-Eigenschaft → **anwenderbezogene Nutzungsebene**
	• organisationswissenschaftliche Ausprägung	• Akzeptanz als Anpassung der potentiellen Nutzer an innovative Organisationsprozesse • Akzeptanz ist die Tolerierung von Entscheidungen organisatorisch dominierender Interessensgruppen • Akzeptanz als uneingeschränkte Nutzung von organisatorischen Instrumenten und Techniken → **organisatorische Nutzungsebene**
	• absatzwissenschaftliche Ausprägung	• Akzeptanz als Indikator für Interesse, Bedürfnis, Meinung • Akzeptanz ist die positive Einstellung gegenüber einem Produkt → **Einstellungsebene** • Akzeptanz ist die Annahme eines Produktes durch den Käufer (Markt) → **kauforientierte Handlungsebene** • Akzeptanz ist die tatsächliche aufgabenbezogene Nutzung von Produkten → **Nutzungsebene**

Anhand der bisherigen Darstellungen sowohl zum *gesellschaftlichen und ökonomischen Umfeld* sowie den *traditionellen Begleitforschungsansätzen* als auch zu *bereits vorhandenen Begriffsauffassungen der soziologischen und ökonomischen Literatur* konnten zentrale Elemente des Begriffes „Akzeptanz" identifiziert werden. Die wesentlichen Elemente der **gesellschaftlichen bzw. soziologischen Begriffsinterpretation** sind in Tabelle 1 zusammenfassend dargestellt, wobei die Elemente, welche auch für die Betrachtung von konsumorientierten technologischen Nutzungsinnovationen Bedeutung erlangen, besonders hervorgehoben wurden. Analog können auch die wesentlichen Elemente der **ökonomischen Begriffsinterpretation** zusammenfassend dargestellt werden, wobei auch hier in Tabelle 2 die Elemente, welche für die Betrachtung von technologischen Nutzungsinnovationen von Bedeutung sind, besonders kenntlich gemacht wurden. Respektive der Darstellungen zum soziologischen bzw. gesellschaftlichen Umfeld und den als wichtig extrahierten Akzeptanzelementen können nun die Erklärungsebenen einer Begriffsbestimmung der **Akzeptanz bei technologischen Nutzungsinnovationen im Bereich Nutzungsgüter/-systeme** generiert werden. Der Begriff der „Akzeptanz" ist gemäß den bisherigen Überlegungen von *drei Akzeptanz- bzw. Erklärungsebenen* abhängig:

1. Die **Einstellungsebene** bildet eine Verknüpfung von Wert- und Zielvorstellungen mit einer *rationalen Handlungsbereitschaft* hinsichtlich Kauf- und Nutzungsentscheidung. Dabei werden die **Wert- und Zielvorstellungen** durch den grundsätzlichen Bedarf und die konformitätsbedingten Rahmenbedingungen des *sozio-kulturelle Umfeldes* (Individuum versus Gesellschaft) des Anwenders beeinflußt. Durch die *normativ-evaluative Dimension* der Wert-/Zielvorstellungen werden die auf der Einstellungsebene gebildeten Vorstellungen mit Hilfe der subjektiven Verbindlichkeit (z. B. durch Rollenverbindlichkeiten) gewichtet und damit die *konative Handlungstendenz* bestimmt. Auf dieser Basis formt sich die **rationale Handlungsbereitschaft** anhand einer Abwägung von Vor- und Nachteilen aus *kognitivem Wissen* heraus (Akzeptanz als Handlungsvoraussetzung und Motivation zum Handeln). Diese Bereitschaft ist abhängig von rationalen Erwartungen mit widerspruchsfreien und vollständigen Zielsystemen unter Berücksichtigung *affektiver bzw. emotionaler Komponenten*.

2. Bei der **Handlungsebene** erfolgt die *aktive Umsetzung* der rationalen Bereitschaft und der vorgegebenen Handlungstendenzen eine freiwillige Übernahme (konkrete Handlung) des Produktes. Diese Handlungsebene beinhaltet auch

einen, nach dem *Kaufakt* eventuell nötig werdenden *Anschlußakt*, um eine Innovation *nutzbar* zu machen.

3. Bei der **Nutzungsebene** transformiert sich die durchgeführte Handlung des Kaufes bzw. der Übernahme einer technologischen Innovation auch in die *freiwillige, konkrete und aufgabenbezogene bzw. problemorientierte Nutzung* (Verhalten) des Produktes.

Die hergeleiteten Akzeptanzebenen geben einen Hinweis auf den **prozessualen und damit dynamischen Charakter der Akzeptanzbildung bei Nutzungsgütern/ -systemen**. In ihrer *unterschiedlichen zeitlichen Ausprägung* begleiten sie den *Akzeptanzprozeß*, der drei **zentrale zeitliche Eckpunkte** umspannt (s. Abbildung 11):

1. Eine Phase vor dem Kauf (Übernahme) einer Innovation (**Einstellungsphase**).
2. Den Kauf- bzw. Übernahmezeitpunkt mit seiner spezifischen Übernahmesituation (**Handlungsphase**).
3. Die Phase nach dem Kauf bzw. der Übernahme, in der die Innovation zum Einsatz kommt, d. h. genutzt wird (**Nutzungsphase**).

Abbildung 11: *Die Phasen im dynamischen Akzeptanzmodell*

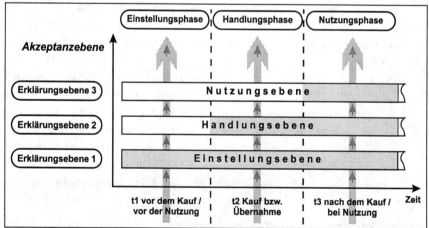

Durch eine Verbindung dieser drei Phasen im Zeitablauf wird der **dynamische Phasencharakter der Akzeptanzbildung** bestimmt. Eine Besonderheit des resultierenden Akzeptanzprozesses ist darin zu sehen, daß innerhalb der durchlaufenden Phasen jeweils **Zwischenakzeptanzen** gebildet werden können, welche aus einer Verknüpfung der im Zeitablauf mit unterschiedlicher Zeitausprägung vorhandenen Akzeptanz- bzw. Erklärungsebenen resultieren. Die Zwischenakzeptanzen signalisieren entsprechende **Bereitschaften** des Nachfragers im Hinblick auf den weiteren Verlauf des Prozesses und letztendlich eine Gesamtakzeptanz. Diese Bereitschaften beziehen sich in der Einstellungsphase auf den Kauf- und Nutzungsakt, in der Handlungsphase nur auf den Nutzungsakt und in der Nutzungsphase auf die konkrete Weiternutzung eines Nutzungsgutes. Durch Akzeptanzmessungen in den einzelnen Phasen kann damit immer nur auf eine positive Fortsetzung bzw. einen negativen Abbruch des Akzeptanzprozesses geschlossen werden. Eine endgültige Feststellung von Akzeptanz im Sinne einer **Gesamtakzeptanz** ist deshalb erst dann möglich, wenn eine Nutzungsinnovation wieder vom Markt genommen wurde und bis dahin auch eine Nutzung durch den Nachfrager erfolgte. Jedoch kann in der **Nutzungsphase ein erstes tatsächliches Akzeptanzergebnis** festgestellt werden, so daß bezüglich eines ersten Hinweises auf den Markterfolg bei Nutzungsgütern/ -systemen die Nutzungsphase als Ergebnisorientierung bzw. als eine zu prognostizierende Größe interpretiert werden kann. Trotz des Erkenntniswertes der Nutzungsphase als erster Angelpunkt für die Erfolgsmessung und damit der Identifikation als Prognoseziel muß festgestellt werden, daß diese auch weiterhin „nur" als Bereitschaft zur Fortführung des Prozesses interpretiert werden kann. Unter Berücksichtigung der bisher dargestellten Zusammenhänge müssen die Begriffe „Akzeptanz" und „Zwischenakzeptanzen" getrennt voneinander definiert werden.

Begriff der „Gesamtakzeptanz":
Akzeptanz ist die Verknüpfung einer **inneren rationalen Begutachtung und Erwartungsbildung (Einstellungsebene)**, einer **Übernahme der Nutzungsinnovation (Handlungsebene)** *und* einer **freiwilligen problemorientierten Nutzung (Nutzungsebene) bis zum Ende des gesamten Nutzungsprozesses** (Nutzungsinnovation wird vom Markt genommen).

Begriff der „Zwischenakzeptanz":
Zwischenakzeptanzen bilden sich in den einzelnen **Phasen des Akzeptanzprozesses** und unterscheiden sich im Charakter durch eine **Verknüpfung der im Zeitverlauf unterschiedlichen Ausprägungen der Akzeptanz- bzw. Erklärungsebenen** (erwartete/tatsächliche Größen), wobei sich die Ausprägung der Zwischenakzeptanzen **im Rahmen eines Akzeptanzkontinuums** widerspiegeln.

Vor dem Hintergrund dieser Definitionen wird deutlich, daß die **Gesamtakzeptanz einen endpunktbezogenen Charakter** aufweist, während die **Zwischenakzeptanzen** über **einen prozeßbezogenen Charakter** verfügen. Schließlich sind die Zwischenakzeptanzen aufgrund ihres Bereitschaftscharakters nicht mehr als 0/1-Variable zu interpretieren, sondern vielmehr als *kontinuierliche Größen*.[174] Das Akzeptanzkontinuum ist dabei für alle Zwischenakzeptanzen gleich definiert, da die Erklärungsebenen der Zwischenakzeptanzen unverändert bleiben und sich die verschiedenen Erklärungsebenen bei den einzelnen Zwischenakzeptanzen nur im Hinblick auf ihre Festschreibung als erwartete oder tatsächliche Größen unterscheiden. Die Auswirkung einer Akzeptanzebene auf die Zwischenakzeptanzen ist von der individuellen Gewichtung (Wichtigkeit) und der kausalen Zusammenhänge zwischen den Prozeßphasen abhängig.[175] Bei einer Ermittlung von kausalen Zusammenhängen ist zu erhoffen, daß durch eine frühe Feststellung der Akzeptanz in der Einstellungsphase auch auf die Akzeptanz der Nutzungsphase geschlossen und somit die Prognosegüte hinsichtlich eines ersten Akzeptanzergebnisses im Vergleich zu bisherigen Ansätzen deutlich verbessert werden kann. Darüber hinaus können die unterschiedlichen *Akzeptanzlevel (Art und Ausmaß der quantitativen Akzeptanz)* aber auch wertvolle Hinweise für Situationsanalysen liefern.

Die vorgestellte Akzeptanzauffassung unterscheidet sich von bisherigen Definitionsansätzen in mehreren Punkten:

- Es kommt zu einer Erweiterung der lexikalisch dichotomen Akzeptanzauffassung einer „Ja/Nein-Entscheidung" bei der Übernahme eines Objektes (klassische Akzeptanzforschung).
- Soziologische *und* ökonomische Begriffsauffassungen werden berücksichtigt.
- Die Akzeptanzdefinition ist unabhängig von einer konkreten wissenschaftlichen Untersuchungsrichtung.
- Die Akzeptanzdefinition beinhaltet sowohl den Charakter einer Handlungsvoraussetzung als auch den eines Handlungsergebnisses.

---

[174] Die konkrete und numerisch exakte Ausprägung des jeweiligen Akzeptanzkontinuums kann nur vor dem Hintergrund der jeweiligen Anwendungssituation und dem gewählten Meßansatz spezifiziert werden. Vgl. zu einem solchen Meßansatz die empirische Untersuchung für das Beispiel Multimedia-Innovationen in *Kapitel 5*.

[175] Vgl. Kollmann, Tobias (1996b): Die Akzeptanz technologischer Innovationen - eine absatztheoretische Fundierung am Beispiel von Multimedia-Systemen, Arbeitspapier Nr. 7 zur Marketingtheorie des Lehrstuhls für Marketing der Universität Trier, hrsg. von R. Weiber, Trier 1996, S. 69.

- Es wird sowohl das Element der internen Interpretationsauffassung (Einstellungsebene) als auch der externe Einfluß des sozialen Umfeldes über die Wert-/Zielebene berücksichtigt.
- Die Akzeptanzdefinition fügt der konativen Ebene der Einstellungsforschung, die auf die Handlungs*absicht* abzielt, die Nutzungsebene mit tatsächlich feststellbaren Handlungs*ergebnissen* hinzu.
- Es kommt zu einer expliziten Betrachtung der *freiwilligen* Nutzungsebene und damit zu einer Berücksichtigung unterschiedlicher Akzeptanzausprägungen hinsichtlich Art und Ausmaß der individuellen Akzeptanz.

Durch eine frühzeitige Akzeptanzüberprüfung zu Beginn des Prozesses kommt es zu einer Auffassung der Akzeptanz sowohl als Kriterium der Produktanpassung als auch als Indiz für die Entwicklung von Durchsetzungsstrategien bereits eingeführter und fest spezifizierter Innovationen. Hierdurch werden empirisch-analytische und pragmatisch-gestaltende Aspekte innerhalb der Akzeptanzforschung möglich. Aufgrund dieser Besonderheiten bzw. Unterscheidungsmerkmale wird die vorgeschlagene Begriffsbestimmung der Akzeptanz einer durch die einzelnen Auffassungsrichtungen und den Besonderheiten technologischer Nutzungsgüter/-systeme implizierten Gesamtanforderung gerecht. Bezüglich einer frühzeitigen Prognose kann über diese prozessuale Verbindung eine höhere Exaktheit bei der Erfolgsmessung bzw -prognose erwartet werden. Hierdurch wird eine exaktere und differenziertere Analyse der Akzeptanz von technologischen Nutzungsinnovationen möglich. Gerade im Fall neuer oder noch nicht am Markt verfügbarer Produkte bzw. technologischer Nutzungsinnovationen können über eine frühzeitige Erfassung von Einstellungs-, Handlungs- und Nutzungsebene, z. B. durch Vorgabe von Informationen und/oder potentiellen Einsatzbeispielen, die erwarteten Marktchancen besser prognostiziert bzw. gesteuert werden.

Die vorgenommene Herleitung der Begriffe „Gesamtakzeptanz" und „Zwischenakzeptanz" ist die Basis eines im Umfeld der wissenschaftlichen Begleitforschungsansätze eingebetteten umfassenden **Akzeptanzansatzes für technologische Nutzungsgüter und -systeme**, welcher die Akzeptanzebenen in bezug auf ein konkretes Zielobjekt untersucht. Ziel dieses angewandten Akzeptanzansatzes ist es, Marktchancen technologischer Nutzungsinnovationen frühzeitig bei erhöhter Validität abschätzen zu können. Der Akzeptanzansatz könnte hierdurch ein Prüfkonstrukt bereitstellen, welches als Vorstufe für die aktive Produktanpassung in Form einer akzeptanzorientierten Innovationsgestaltung zu interpretieren ist. Die **akzeptanzorientierte Innovationsgestaltung** wird durch die *inversen Rückschlüsse* aus „negativen" Akzeptanzwerten vollzogen. Es wird im folgenden zu prüfen sein, ob der Akzeptanzansatz, vor dem Hintergrund der *Begriffsbestimmung der Akzeptanz bei technologischen Nutzungsinnovationen*, die Anforderungen dieses *Begleitforschungsinstruments* für die frühzeitige und exaktere Angebotsbewertung seitens der potentiellen Anwender bzw. für die rechtzeitige Identifikation von Marktanforderungen erfüllen kann. Hierzu muß ein entsprechendes **Akzeptanzmodell bei innovativen Nutzungsgütern bzw. -systemen** generiert werden, welches die hergeleitete Begriffsbestimmung berücksichtigt und eine wirkungsvolle **Prognose hinsichtlich Akzeptierern, Indifferenten und Nicht-Akzeptierern mit einem Hinweis auf deren quantitative Akzeptanz (Nutzungshäufigkeit/-intensität)** ermöglicht. Eine empirische Überprüfung dieses Akzeptanzmodells liefert ein erstes Indiz für die praktische Anwendbarkeit des im weiteren zu entwickelnden dynamischen Akzeptanzmodells.

3 Das dynamische Phasenmodell zur Akzeptanz bei technologischen Nutzungsgütern und -systemen

Ausgehend von der Grundproblematik einer Nachfrager- und Nutzungslücke als Resultat von Markt- bzw. Nutzungswiderständen wurde eine erste Forderung an ein Akzeptanzmodell im Bereich Nutzungsgüter/-systeme formuliert, aufgrund dessen eine **akzeptanzorientierte Innovationsgestaltung zu einem möglichst frühen Zeitpunkt** vollzogen werden sollte.[176] Aufgrund der anschließenden Definition des Begriffes „Akzeptanz" für Nutzungsinnovationen trat eine zweite Forderung in Form einer **expliziten Betrachtung einer freiwilligen Nutzungsebene** hinzu.[177] Bei der Generierung eines resultierenden dynamischen Phasenmodells der Akzeptanz bei Nutzungsgütern und -systemen soll nun diesen Anforderungen Rechnung getragen werden. Dabei muß zunächst geklärt werden, welche Ansatzpunkte *bisherige Akzeptanzmodelle* der Literatur bereitstellen, um diese auf ihre Eignung für die Bestimmung der Akzeptanz bei Nutzungsinnovationen zu prüfen. Im Anschluß an eine kritische Auseinandersetzung und nach einer Identifikation von Defiziten der bisherigen Modellansätze wird dann ein modifiziertes Akzeptanzmodell speziell für Nutzungsinnovationen sukzessiv aufgebaut. Eine Herleitung von entsprechenden Einflußdeterminanten dieses Modells rundet die theoretischen Ausführungen ab.

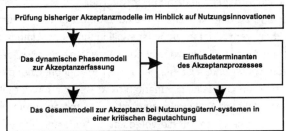

3.1 Entwicklung eines Akzeptanzmodells bei Nutzungsgütern und -systemen

In der Literatur zur Akzeptanzforschung findet sich neben einer ganzen Reihe von unterschiedlichen Begriffsauffassungen bzw. -definitionen zur „Akzeptanz"[178] ein entsprechend umfangreiches Spektrum an Modellen, welche die mehr oder weniger dominierenden Einflußfaktoren einer Akzeptanzbildung strukturanalytisch abzubilden

---

[176] Vgl. hierzu *Kapitel 1.2.3*.
[177] Vgl. *Kapitel 2.4*.
[178] Vgl. *Kapitel 2*.

versuchen.[179] Dabei können diese Modelle grundsätzlich nach drei Darstellungsvarianten klassifiziert werden:[180]

- **Input-Modelle**
  Bei sog. Input-Modellen wird die Akzeptanz einzig durch *bestimmte Einflußgrößen* festgesetzt.
- **Input/Output-Modelle**
  Bei sog. Input/Output-Modellen wird die Akzeptanz über *bestimmte Einflußgrößen* beschrieben, wobei zusätzlich ein *entsprechendes Verhalten* impliziert wird.
- **Rückkopplungsmodelle**
  Bei sog. Rückkopplungsmodellen wird die Akzeptanz nicht nur über *bestimmte Einflußgrößen* beschrieben, welche ein *entsprechendes Verhalten* implizieren, sondern dieses resultierende Verhalten *wirkt zurück (Rückkopplung) auf die ursprünglichen Einflußfaktoren*.

Im folgenden soll auf diese drei Darstellungsvarianten anhand entsprechender Beispiele von Akzeptanzmodellen aus der Literatur eingegangen werden, um im Anschluß an eine kritische Würdigung bzw. Eignungsprüfung hinsichtlich der in dieser Arbeit verwendeten Begriffsdefinition und des Untersuchungsgegenstandes „Nutzungsinnovation" ein geeignetes Akzeptanzmodell speziell für technologische Nutzungsgüter und -systeme generieren zu können. Über die dargestellten Beispiele der einzelnen Darstellungsvarianten hinaus existiert in der Literatur zwar noch eine Vielzahl weiterer Akzeptanzuntersuchungen mit entsprechenden Modellansätzen, doch lassen sich diese auf die vorgestellten Varianten und deren repräsentative Vertreter im Kern zurückführen. Einen Überblick der Akzeptanzbetrachtungen der bisherigen Literatur liefert Tabelle 3. Da bei einer großen Anzahl von Studien scheinbar akzeptanzorientierte Untersuchungen durchgeführt wurden, wurden im Hinblick auf das Erkenntnisziel dieser Arbeit nur die Literaturarbeiten aufgenommen, bei denen *Modellansätze* Verwendung fanden.

---

[179] Vgl. Joseph, Jürgen (1990): Arbeitswissenschaftliche Aspekte der betrieblichen Einführung neuer Technologien am Beispiel von Computer Aided Design (CAD), Frankfurt/M. 1990, S. 64. Joseph, Jürgen/Knauth, Peter/Gemünden, Hans-Georg (1992): Determinanten der individuellen Akzeptanz neuer Technologien, in: DBW, Heft 1, 52 (1992), S. 59ff. Bei den nachfolgenden Ausführungen werden daher lediglich zentrale Akzeptanzmodelle behandelt, welche stellvertretend Größen anderer Modelle beinhalten.

[180] Vgl. Filipp, Helmut (1996): Akzeptanz von Netzdiensten und Netzanwendungen - Entwicklung eines Instruments zur permanenten Akzeptanzkontrolle, Sinsheim 1996, S. 26.

Tabelle 3: Überblick zu den bisherigen Akzeptanzansätzen der Literatur

Autor[181]	Jahr	Objekt	Akzeptanzelemente	Input-Modell	Input/Output-Modell	Rückkopplungsmodell
Allerbeck/Helmreich	1984	Büro-T.	Einstellung Verhalten	x		
Anstadt	1994	CNC	Einstellung	x		
Anstötz	1991	BTX	Einstellung Verhalten		x	
Backhaus, Hagen	1993	Terminal	Einstellung Nutzen	x		
Backhaus/Voeth/ Bendix	1995	MM	Einstellung Verhalten	x		
Böck Bachfischer	1996	CD-Rom	Einstellung Verhalten		x	
Döhl	1983	Büro-T.	Einstellung Verhalten			x
Eidenmüller	1986	CAD	Einstellung	x		
Filipp	1996	Netz-T.	Einstellung Folgewirkung			x
Florek	1982	I-Systeme	Einstellung Anforderungen			x

Fortsetzung nächste Seite

---

[181] Vgl. Allerbeck, Mechthild/Helmreich, Reinhard (1984): Akzeptanz planen - aber wie?, in: Office Management, Heft 11, 32 (1984), S. 1080-1082. Anstadt, Ulrich (1994): Determinanten der individuellen Akzeptanz bei Einführung neuer Technologien, Frankfurt/M. 1994. Anstötz, Karin (1991): Akzeptanzorientierte Systemgestaltung - Möglichkeiten und Grenzen von Prototyping mit Benutzerbeteiligung am Beispiel eines Informations- und Kommunikationssystems im Rechnerverbund, Bergisch Gladbach 1991. Backhaus, Hagen (1993): Karstadt-Music-Master - Akzeptanztest, Forschungsstelle für Interaktive Absatzsysteme an der Bergischen Universität Wuppertal, Wuppertal 1993. Backhaus, Klaus/Voeth, Markus/Bendix, Kai B. (1995): Die Akzeptanz von Multimedia-Diensten - Konzeptionelle Anmerkungen und empirische Ergebnisse, Arbeitspapier Nr. 19 des Betriebswirtschaftlichen Instituts für Anlagen und Systemtechnologie, hrsg. von K. Backhaus, Münster 1995. Böck Bachfischer, Nikola M. (1996): Interaktive Medien im elektronischen Medienmarkt - eine theoretische und empirische Analyse, München 1996. Döhl, Wolfgang (1983), a.a.O. Eidenmüller, Bodo (1986): Schwerpunkte der technologischen Entwicklung bei Siemens, in: Siemens AG (Hrsg.): Soziale Bewältigung der technologischen Entwicklung, Berlin 1986, S. 9-18. Filipp, Helmut (1996), a.a.O. Florek, Siegfried (1982): Zur Dynamik von Informationsanforderungen, in: Krallmann, Hermann (Hrsg.): Sozioökonomische Anwendungen der Kybernetik und Systemtheorie, Berlin 1982, S. 411-426.

Autor[182]	Jahr	Objekt	Akzeptanz-elemente	Input-Modell	Input/Output-Modell	Rückkopplungs-modell
Helmreich	1980	Büro-T.	Einstellung Zufriedenheit Verhalten		x	
Hilbig	1984	Büro-T.	Einstellung Zufriedenheit		x	
Jarzina	1995	MM	Einstellung Aktivierung			x
Joseph	1990	CAD	Einstellung	x		
Klee	1989	Büro-T.	Einstellung Verhalten	x		
Kredel	1988	CIM	Einstellung Nutzen			x
Kuhlmann et al.	1992	BTX	Einstellung Zufriedenheit		x	
Mesina	1990	CAM	Einstellung	x		
Müller-Böling/Müller	1986	IuK	Einstellung Zufriedenheit		x	
Müller-Hagedorn/Heidel	1988	Terminal	Einstellung Markenbekanntheit	x		
Oehler	1990	Terminal	Einstellung Verhalten		x	

Fortsetzung nächste Seite

---

[182] Vgl. Helmreich, Reinhard (1980), a.a.O. Hilbig, Winfried (1984), a.a.O. Jarzina, Klaus Rüdiger (1995): Wirkungs- und Akzeptanzforschung zu interaktiven Multi-Media-Anwendungen im Marketing, in: Hünerberg, Reinhard/Heise, Gilbert (Hrsg.), a.a.O., S. 39-56. Joseph, Jürgen (1990), a.a.O. Klee, Hans Werner (1989): Zur Akzeptanz von Expertensystemen - Eine empirische Analyse der Relevanz und Angemessenheit der Erklärungskomponente, München 1989. Kredel, Lutz (1988), a.a.O. Kuhlmann, Eberhard/Brünne, Michael/Sowarka, Bernhard (1992): Interaktive Informationssysteme in der Marktkommunikation, Heidelberg 1992. Mesina, M./Bartz, W./Wippler, E. (1990): CIM - Einführung - Rationalisierungschancen durch die Anschaffung und Integration von CA-Komponenten, Ehningen 1990. Müller-Böling, Detlef/Müller, Michael (1986), a.a.O. Müller-Hagedorn, Lothar/Heidel, Brigitte (1988): Interaktive Medien am Point of Sale - dargestellt am Beispiel einer Informationssäule von Minolta, Projektbericht des Lehrstuhls für Marketing der Universität Trier, Trier 1988. Oehler, Andreas (1990): Die Akzeptanz der Technikgestützten Selbstbedienung im Privatkunden-Geschäft von Universalbanken, Stuttgart 1990.

Autor[183]	Jahr	Objekt	Akzeptanzelemente	Input-Modell	Input/Output-Modell	Rückkopplungsmodell
Reichwald	1978	Büro-T.	Einstellung Verhalten Folgewirkung			x
Schmitz	1990	Terminal	Einstellung Zufriedenheit		x	
Schönecker	1980	CAD	Einstellung Verhalten Folgewirkung			x
Schönecker	1985	CAD	Einstellung	x		
Steiger	1995	Terminal	Einstellung Zufriedenheit		x	
Swoboda	1996	Terminal	Einstellung Zufriedenheit Verhaltensabsicht		x	
Wallau	1990	CIM	Einstellung Zufriedenheit Verhalten		x	

3.1.1 Input-Modelle zur Akzeptanzerfassung

Die **Darstellungsvariante der Input-Modelle** berücksichtigt als *Basisform* mit ausschließlich konstituierenden Elementen die einfachste Art der Akzeptanzbildung bzw. -zusammensetzung. Die Modelle verfügen dabei über einen vergleichbaren Aufbau,

---

[183] Vgl. Reichwald, Ralf (1978), a.a.O. Schmitz, Heinz (1990): Die Bedeutung von interaktiven Kommunikationssystemen am POS, in: Gruber, Hansjörg (Hrsg.): Der Handel für die Märkte von Morgen, Frankfurt/M. 1990, S. 172-181. Schönecker, Horst G. (1980), a.a.O. Derselbe (1985), a.a.O. Steiger, Patrick (1995): Die Akzeptanzprüfung bei Multimedia-Anwendungen, in: Silberer, Günter (Hrsg.): Marketing mit Multimedia - Grundlagen, Anwendungen und Management einer neuen Technologie im Marketing, Stuttgart 1995, S. 269-308. Swoboda, Bernhard (1996a): Die Bedeutung der Akzeptanzmessung bei modernen Informations- und Kommunikationstechnologien - theoretische und empirische Ergebnisse am Beispiel multimedialer Kundeninformationssysteme, St. Gallen 1996. Wallau, Siegfried (1990): Akzeptanz betrieblicher Informationssysteme - eine empirische Untersuchung, Arbeitsberichte des Lehrstuhls für Wirtschaftsinformatik der Universität Tübingen, Tübingen 1990.

da ein grundsätzlicher Überblick über die nach der jeweiligen Auffassung der Autoren relevanten Einflußfaktoren der Akzeptanz hinsichtlich eines Untersuchungsobjektes gegeben wird. Hierbei steht eine einfache Darstellung des Sachverhaltes d. h. der Akzeptanzbildung im Mittelpunkt. Beispiele für Input-Modelle liefern die Akzeptanzmodelle von *Allerbeck/Helmreich* (1984), *Schönecker* (1985) und *Eidenmüller* (1986).[184]

Allerbeck/Helmreich bedienen sich innerhalb ihres Bezugsrahmens „Organisatorisches Umfeld" der drei Einflußgrößen *Technik*, *Mensch* und *Aufgabe*, wobei eine wechselseitige Abhängigkeit dieser drei Größen unterstellt wird.[185] Ihrer Meinung nach sind „die Technik selbst - ihre konstruktive und funktionale Gestaltung - die *Aufgabe*, die mit Hilfe der Technik zu erledigen ist und der *Mensch* als Benutzer"[186] die zentralen Einflußgrößen der Akzeptanz. Das Input-Modell von ***Schönecker*** basiert zwar auf den gleichen Größen, es unterteilt jedoch die personelle Komponente zusätzlich in „*Schulung und Betreuung*" sowie „*soziales Umfeld*" und die aufgabenbezogene Komponente in „*Einführung*" und „*Einsatzbedingungen*".[187] Unter Einsatzbedingungen versteht *Schönecker* die situativen Rahmenbedingungen des Technikeinsatzes, während bei der Einflußgröße „*Technikgestaltung*" die Handhabungsbedingungen Anwendung finden. Unter dem „*sozialen Umfeld*" versteht der Autor lediglich das Verhalten der Vorgesetzten.[188] ***Eidenmüller*** reduziert demgegenüber die Einflußgößen wiederum auf *Benutzer*, *Technik* und *Arbeitsorganisation* und stellt damit die ursprüngliche Auffassung von Akzeptanz als Konklusion von Mensch, Technik und Umfeld wieder her.[189] Auch neuere Modelle, wie z. B. ***Joseph*** (1990) zur Akzeptanz von CAD-Systemen, berücksichtigen diesen Ansatz der Input-Darstellung hinsichtlich der Akzeptanzbildung.[190] Hier finden Einflußgrößen aus den Bereichen „*Betreuung der Mitarbeiter*", „*Technik/Ergonomie*", „*Arbeitsorganisation*" und

---

[184] Vgl. Allerbeck, Mechthild/Helmreich, Reinhard (1984), a.a.O., S. 1080. Schönecker, Horst G. (1985), a.a.O., S. 23. Eidenmüller, Bodo (1986), a.a.O., S. 18. Eine modifizierte Verwendung des Modells von *Eidenmüller* findet sich auch bei Mesina, M./Bartz, W./Wippler, E. (1990), a.a.O., S. 360.
[185] Vgl. Allerbeck, Mechthild/Helmreich, Reinhard (1984), a.a.O., S. 1080ff. Dabei spezifizieren die Autoren das „Organisatorische Umfeld" nicht näher, sondern fassen hierunter vielmehr die Arbeitsaufgabe, die Technik und den Menschen global zusammen.
[186] Ebenda, S. 1080.
[187] Vgl. Schönecker, Horst G. (1985), a.a.O., S. 23.
[188] Die Ausführungen von *Schönecker* stützen sich dabei lediglich auf theoretische Überlegungen, nicht aber auf Feldstudienergebnisse.
[189] Vgl. Eidenmüller, Bodo (1986), a.a.O., S. 9ff. Das Modell von Eidenmüller wurde jedoch nicht empirisch überprüft.
[190] Vgl. Joseph, Jürgen (1990), a.a.O., S. 62.

„personale Merkmale" für die individuelle Akzeptanz von CAD-Systemen Berücksichtigung. Dabei grenzt der Autor in seinem Modell verhaltensresultierende Effekte von Akzeptanz explizit aus. Eine zusammenfassende Darstellung der Input-Modelle liefert Abbildung 12.

Abbildung 12: *Input-Modelle zur Akzeptanzerfassung*

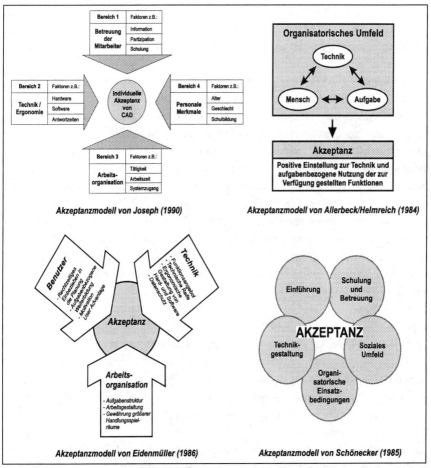

Quelle: Allerbeck, Mechthild/Helmreich, Reinhard (1984), S. 1080. Schönecker, Horst G. (1985), S. 23. Eidenmüller, Bodo (1986), S. 18. Joseph, Jürgen (1990), S. 62.

Bei der **Betrachtung von Input-Modellen zur Akzeptanz** kann kritisch angemerkt werden, daß diese „Basisdarstellungen" der Vielschichtigkeit des Konstruktes „Akzeptanz" und den entsprechenden Auswirkungen *nur bedingt gerecht* werden können. Dieser Mangel bezieht sich nicht primär auf die Möglichkeit, die Einflußgrößen unterschiedlich zu gruppieren und mit differenzierenden Bezeichnungen analog zu betiteln, sondern vielmehr auf die **fehlende Berücksichtigung von unbestimmten Folgen und die unterschiedliche Stärke eines Vorhandenseins von Akzeptanz** hinsichtlich der Aufgabenstellung und eventueller Nutzungsprobleme. Hinsichtlich des Untersuchungsgegenstandes dieser Arbeit „Innovationen im Bereich Nutzungsgüter/-systeme" greift die reine Darstellung von Einflußgrößen zu kurz, da gerade die **Auswirkung der Akzeptanz auf die Verhaltens- bzw. Nutzungsebene von besonderer Relevanz** ist. Dementsprechend muß über die Erfassung von umfeldbedingten Einsatz- bzw. Nutzungsbedingungen (externe Sichtweise) als Einflußgröße hinaus auch die *qualitative und quantitative Nutzung* selbst (interne Sichtweise) akzeptanzanalytisch zum Tragen kommen. Die dargestellte Beschränkung der reinen Input-Modelle resultiert aus dem Einsatzfeld dieser Modelle im Rahmen der Akzeptanzuntersuchung zur Bürokommunikation bzw. später der CAD-Systeme, wobei lediglich die Einflußgrößen der Akzeptanz, nicht aber ein differenziertes Resultat von Akzeptanzformen im Mittelpunkt stand. Der Grund hierfür lag in der Tatsache, daß diese betrieblichen Systeme von den Mitgliedern der nutzenden Organisation eingesetzt werden mußten (Zwang zur Nutzung) und lediglich diese „zwanghafte Nutzung" durch Erkenntnisse der Akzeptanzeinflüsse entsprechend positiv angepaßt werden sollte.

3.1.2 Input/Output-Modelle zur Akzeptanzerfassung

Neben der Basisdarstellung der Akzeptanzbildung in Form von reinen Input-Modellen versuchen **Darstellungsvarianten der Input/Output-Modelle** den Mangel einer Nicht-Berücksichtigung von Auswirkungen des Konstruktes „Akzeptanz" auf das Verhalten des Anwenders bzw. Nutzers zu vermeiden. Daher finden sich bei dieser Art von Akzeptanzmodellen neben den Einflußgrößen auch entsprechende Ergebnisgrößen einer Akzeptanzbildung, so daß ein hypothetischer Zusammenhang zwischen Akzeptanz und Leistungsmerkmalen vorgesehen ist.[191] Stellvertretende Bei-

---

[191] Vgl. Filipp, Helmut (1996), a.a.O., S. 27.

spiele für Input/Output-Modelle liefern die Akzeptanzmodelle von *Helmreich* (1980), *Hilbig* (1984) und *Wallau* (1990).[192]

Abbildung 13: *Input/Output-Modell von Hilbig zur Akzeptanzerfassung*

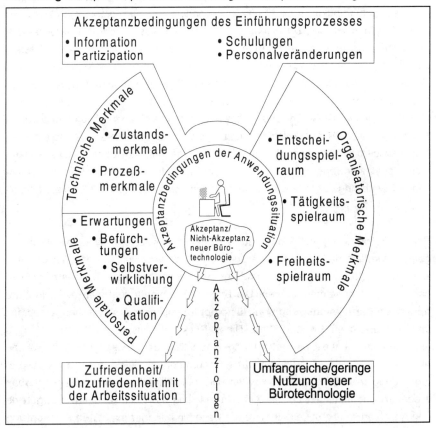

Quelle: Hilbig, Winfried (1984), S. 322.

Helmreich unterschied schon 1980 in seinem einfach strukturierten Modell zwischen *Inputgrößen* (Ergonomie, Arbeitsstruktur, Übung usw.), welche auf die *Akzeptanz* wirken und resultierenden *Outputgrößen* (Leistung, Arbeitszufriedenheit, Ökonomie usw.). Hierbei wird vom Autor eine linear positive Beziehung zwischen diesen drei

---

[192] Vgl. Helmreich, Reinhard (1980), a.a.O., S. 22. Hilbig, Winfried (1984), a.a.O., S. 322. Wallau, Siegfried (1990), a.a.O., S. 16.

Teilkonstrukten seines Modells postuliert.[193] **Hilbig** stützt seine Untersuchungen dagegen auf die zentralen Einflußgrößen der reinen Input-Modelle „*Technische Merkmale*", „*Personale Merkmale*" und „*Organisatorische Merkmale*". Eine Erweiterung ist jedoch ersichtlich durch die zusätzliche Berücksichtigung von „Akzeptanzbedingungen des Einführungsprozesses" und insbesondere den *Akzeptanzfolgen bezüglich einer Zufriedenheit bzw. Unzufriedenheit* mit der Arbeitssituation. Die Akzeptanzfolgen wirken analog auch auf eine umfangreiche bzw. geringe Nutzung des Untersuchungsgegenstandes (s. Abbildung 13).[194] Auch in einem neueren Modellansatz von **Wallau** spielt die *Zufriedenheit* eine bedeutende Rolle als Outputgröße. Darüber hinaus kommt bei ihm sowohl eine *qualitative als auch quantitative Leistungskomponente im Verhalten* des Anwenders bzw. Nutzers zum Tragen. Auch hier wird ein positiver Zusammenhang zwischen Input- und Outputgrößen unterstellt, da eine Leistungssteigerung und eine höhere Arbeitszufriedenheit ein reibungsloses Zusammenspiel von *Anwender, Technik* und *Organisation* fundiert.[195] Eine zusammenfassende Darstellung der Input/Output-Modelle von *Helmreich* und *Wallau* liefert Abbildung 14.

Bei der **Betrachtung von Input/Output-Modellen zur Akzeptanz** kann kritisch angemerkt werden, daß auch diese erweiterten „Basisdarstellungen" der Vielschichtigkeit des Konstruktes „Akzeptanz" und der entsprechenden Auswirkungen *nur eingeschränkt gerecht* werden können. Die Begründung hierfür liegt zum einen in einer **fehlenden Berücksichtigung von Rückkopplungsprozessen** zwischen Akzeptanz und ursprünglichen Einflußgrößen. Diese Rückkopplungsprozesse führen hin zu einer tendenziell flexiblen Betrachtung hinsichtlich der Ausgangsgrößen, welche nicht mehr als „quasi fix" interpretiert werden, sondern vielmehr durch die Akzeptanzbildung rekursiv beeinflußt werden. Die resultierenden Veränderungen haben wiederum Auswirkungen auf die Akzeptanzbildung usw. Zum anderen **mangelt es** den Ansätzen von Input/Output-Modellen weiterhin **an einer expliziten Betrachtung der freiwilligen Nutzungsebene**. Akzeptanzüberprüfungen beziehen sich **lediglich auf eine ex-post-Betrachtung** von geeigneten Durchsetzungsstrategien bereits fest determinierter Produkte oder Systeme. Eine Prognosefähigkeit dieser Art von Akzeptanzmodellen kann daher nur bedingt erwartet werden, da **lediglich ein statischer Messungsansatz** verfolgt wird. Darüber hinaus wird Akzeptanz oftmals **nur als ein-**

---

[193] Vgl. Helmreich, Reinhard (1980), a.a.O., S. 21ff.
[194] Vgl. Hilbig, Winfried (1984), a.a.O., S. 320ff.
[195] Vgl. Wallau, Siegfried (1990), a.a.O., S. 15ff.

dimensionales Konstrukt verstanden, welches in einer zweifelhaften „Ja/Nein-Dichotomie" mündet und eine vorhandene Vielschichtigkeit von Akzeptanz im Sinne eines Akzeptanzkontinuums bezüglich verschiedener Ebenen (Einstellungs-, Handlungs- und Nutzungsebene)[196] unberücksichtigt läßt.

Abbildung 14: *Input/Output-Modelle zur Akzeptanzerfassung*

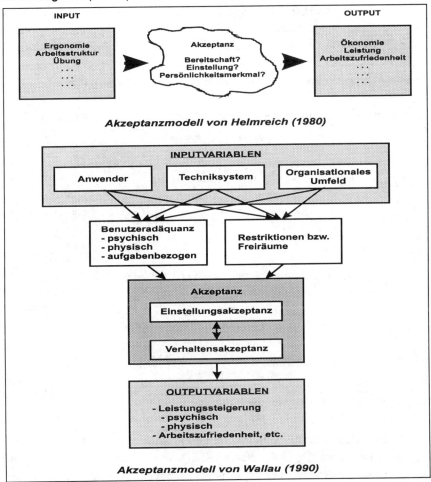

Quelle: Helmreich, Reinhard (1980), S. 22. Wallau, Siegfried (1990), S. 16.

---

[196] Vgl. hierzu insbesondere *Kapitel 2.4*.

3.1.3 Rückkopplungsmodelle zur Akzeptanzerfassung

Neben der Darstellung der Akzeptanzbildung in Form von reinen Input-Modellen und erweiterten Input/-Output-Modellen versuchen **Darstellungsvarianten der Rückkopplungsmodelle**, den Mangel einer Nicht-Berücksichtigung von Auswirkungen des Konstruktes „Akzeptanz" zurück auf die ursprünglichen Inputgrößen zu vermeiden. Daher finden sich bei dieser Art von Akzeptanzmodellen neben den Einflußgrößen und entsprechenden Ergebnisgrößen einer Akzeptanzbildung auch sog. Feed-Back-Effekte, so daß ein rekursiver Zusammenhang zwischen Akzeptanz und Inputgrößen vorgesehen ist.[197] Stellvertretende Beispiele für Rückkopplungsmodelle liefern die Akzeptanzmodelle von *Reichwald* (1978) und *Schönecker* (1980).[198]

Abbildung 15: *Rückkopplungsmodell von Reichwald zur Akzeptanzerfassung*

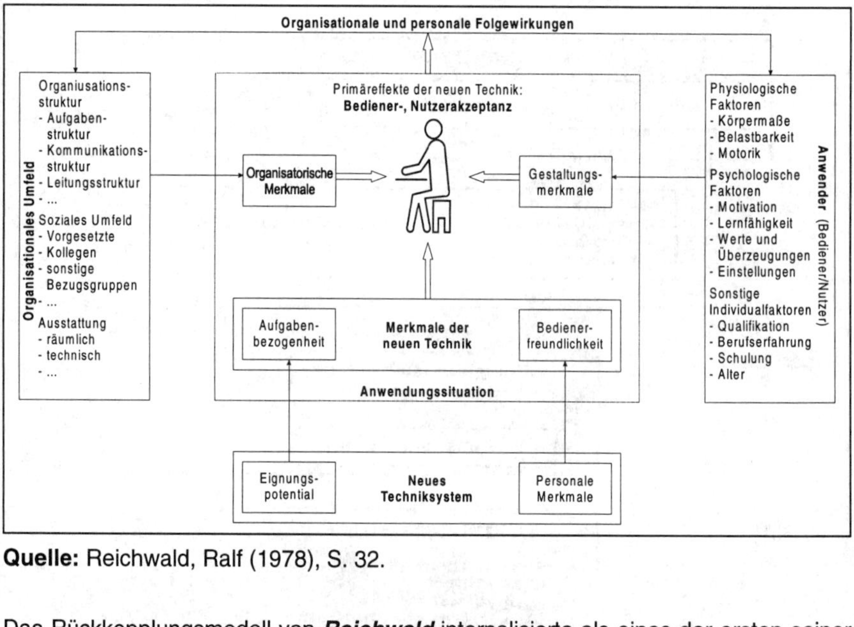

Quelle: Reichwald, Ralf (1978), S. 32.

Das Rückkopplungsmodell von *Reichwald* internalisierte als eines der ersten seiner Art einen Feed-Back-Effekt als organisatorische und personale Folgewirkung der Akzeptanzbildung. Neben den bekannten *Inputgrößen* „Technik", „Mensch" und

---

[197] Vgl. Nowak, R. (1981): Computerunterstützung am Arbeitsplatz - ein Akzeptanzproblem, in: Betriebswirtschaftliche Blätter, Nr. 6 (1981), S. 301. Filipp, Helmut (1996), a.a.O., S. 30.
[198] Vgl. Reichwald, Ralf (1978), a.a.O., S. 32. Schönecker, Horst G. (1980), a.a.O., S. 237.

„Organisation", welche auf die *(Bediener- bzw. Nutzer-)Akzeptanz* wirken, resultieren entsprechende *Outputgrößen* im Anwenderbereich (z. B. physiologische und psychologische Faktoren) und im Umfeld der Organisation (z. B. Struktur und Ausstattung). Zusätzlich wirken diese Veränderungen der Outputgrößen als neue Inputgrößen der Bereiche „Mensch" und „Organisation" der Akzeptanzbildung, wodurch der Kreis geschlossen wird und ein Rückkopplungsmodell entsteht (s. Abbildung 15).[199] An dieser Stelle wird wiederum deutlich, daß durch den fehlenden Rückkopplungsprozeß zur Inputgröße „Technik" lediglich Durchsetzungsstrategien für bereits fest determinierte Produkte bzw. Systeme gefunden werden sollen. Eine akzeptanzorientierte Innovationsgestaltung unterbleibt jedoch an dieser Stelle wie auch bei allen bisher vorgestellten Akzeptanzmodellen.

Abbildung 16: *Rückkopplungsmodell von Schönecker zur Akzeptanzerfassung*

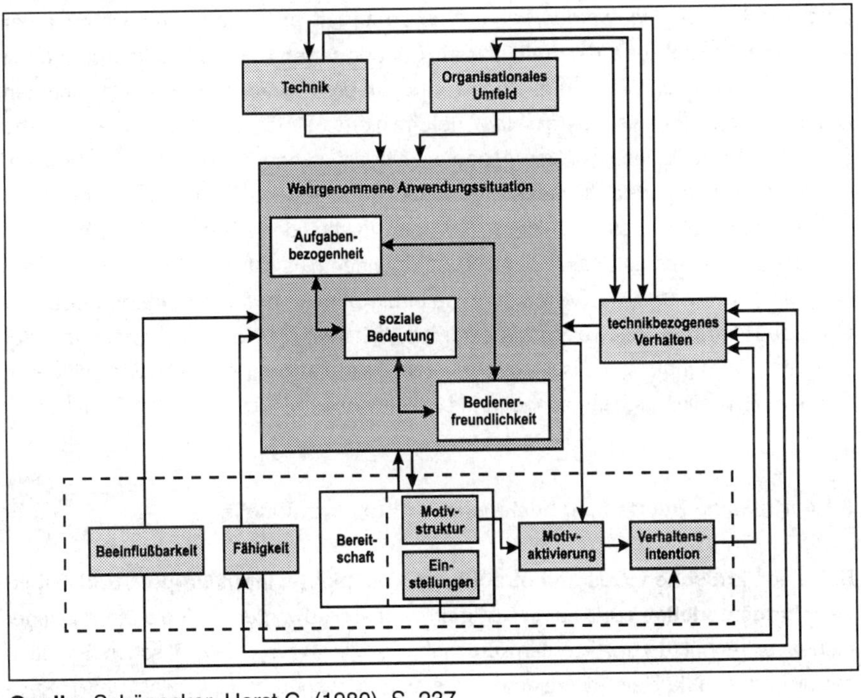

Quelle: Schönecker, Horst G. (1980), S. 237.

---

[199] Vgl. Reichwald, Ralf (1978), a.a.O., S. 31ff.

Das Rückkopplungsmodell von *Schönecker* geht davon aus, daß revidierende Einstellungen veränderte Verhaltensdimensionen auslösen, welche sich wiederum innerhalb veränderter Verhaltensmöglichkeiten in ein entsprechend *modifiziertes Verhalten* umsetzen lassen (Feed-Back). In einem umfangreichen Beziehungsgeflecht stellt der Autor seine zahlreichen Einflußgrößen bzw. -faktoren dar, welche die Einstellungen des Individuums und das technikbezogene Verhalten kanalisieren und begrenzen (s. Abbildung 16). Dabei entsteht ein umfangreiches Rückkopplungsmodell, welches die „wahrgenommene Anwendungssituation" des Nutzers in den Mittelpunkt stellt (Nutzungsebene).[200]

Bei der **Betrachtung von Rückkopplungsmodellen zur Akzeptanz** kann kritisch angemerkt werden, daß auch diese Darstellungsvariante der Vielschichtigkeit des Begriffes „Akzeptanz" (Art und Ausmaß) und der entsprechenden Auswirkungen *nur eingeschränkt gerecht* werden kann. Ihnen **mangelt es** weiterhin primär **an einer expliziten Betrachtung der freiwilligen Nutzungsebene**. Akzeptanzüberprüfungen beziehen sich auch hier **lediglich auf eine ex-post-Betrachtung** von geeigneten Durchsetzungsstrategien bereits fest determinierter Produkte oder Systeme. Eine Prognosefähigkeit dieser Art von Akzeptanzmodellen kann daher bezweifelt werden, da **lediglich ein statischer Messungsansatz** verfolgt wird. Damit wird nicht berücksichtigt, daß das Konstrukt „Akzeptanz" über verschiedene Phasen des Kauf- und Nutzungsprozesses unterschiedliche Ausprägungen hinsichtlich Art und Umfang annehmen kann. Daher wird Akzeptanz weiterhin oftmals **nur als eindimensionales Konstrukt verstanden**, welches in einer zweifelhaften „Ja/Nein-Dichotomie" mündet und eine vorhandene Vielschichtigkeit von Akzeptanz hinsichtlich verschiedener Ebenen (Einstellungs-, Handlungs- und Nutzungsebene)[201] unberücksichtigt läßt.

3.1.4 Kritische Beurteilung bestehender Akzeptanzmodelle

Bei einer **kritischen Gesamtbetrachtung von Input-, Input/Output- und Rückkopplungsmodellen zur Akzeptanz** kann beobachtet werden, daß die Mehrzahl der bisherigen Ansätze zur Akzeptanzforschung lediglich von einer statischen Situation mit dichotomen Ja/Nein-Akzeptanzausprägungen ausgehen. *Reichwald* und *Degenhardt* sprechen in diesem Zusammenhang auch von der **Akzeptanz als „situations-**

---

[200] Vgl. Schönecker, Horst G. (1980), a.a.O., S. 230ff.
[201] Vgl. hierzu insbesondere *Kapitel 3.4*.

bezogenem Phänomen", welche in der Regel nur zu einem bestimmten Zeitpunkt festzustellen ist.[202] Damit liegt der Schwerpunkt der bisherigen Akzeptanzforschung auf der **kurzfristigen und dichotomen Dimension**, auch wenn teilweise der Versuch unternommen wurde, eine dynamische Betrachtungsweise anzustreben. So erkannte schon *Hilbig* zu Beginn der 80er Jahre, daß *Akzeptanz* bzw. *Nicht-Akzeptanz* keine Zustände „konstanter Werthaltungen" sind, dennoch unterblieb eine Umsetzung dieser Überlegungen in ein entsprechendes Akzeptanzmodell.[203] Traditionelle und auch aktuelle Versuche, die Akzeptanz als eine dynamische Größe zu erfassen, enden jedoch in einem empirisch leichter zu prüfenden Modell der *statischen Momentaufnahme*. Aktuelles Beispiel für diese Versuche bietet das Modell von *Filipp* (1996).[204] Ausgehend von den klassischen Einflußgrößen der Inputmodelle *Organisation*, *Technik* und *Anwender* versucht der Autor die Akzeptanz lediglich über eine Einstellungsmessung zu erfassen (s. Abbildung 17). Diese Einstellung impliziert eine *rückkoppelnde* Folgewirkung auf die Einflußgrößen. Eine weitere Rückkopplung vollzieht sich hinsichtlich des Einflusses der Entwickler des entsprechenden Systems auf die Einflußgröße *Technik* (s. Abbildung 17). Zwar bezeichnet *Filipp* sein Modell als ein „dynamisches Akzeptanzmodell", bei einer genaueren Analyse der Modellstrukturen kann diese Bezeichnung jedoch nicht aufrechterhalten werden, da eine Zeitkomponente fehlt und lediglich eine statische empirische Untersuchung durchgeführt wurde. Bei ihm fehlt, wie auch bei anderen Modellansätzen, ein prozessualer Ansatz der „Akzeptanz" selbst, d. h., eine Veränderung der Akzeptanz ist nicht Folge einer zeitbezogenen Veränderung von inhärenten Teilebenen der Akzeptanz, sondern lediglich eine Auswirkung externer Rückflußgrößen (z. B. Entwickler). Sinn einer dynamischen Betrachtung kann nicht die Hintereinanderschaltung von statischen Modellen sein, sondern muß auf einem modellinhärenten Prozeßansatz des Konstruktes „Akzeptanz" selbst basieren. Hierzu stellt die Betrachtung der integrierten Zeitkomponente eine unausweichliche Forderung für *dynamische Akzeptanzmodelle* dar. Daher muß der Modellansatz von *Filipp* auf die Ebene der Rückkopplungsmodelle „zurückgestuft" werden.

---

[202] Vgl. Reichwald, Ralf (1978), a.a.O., S. 31. Degenhardt, Werner (1986), a.a.O., S. 54. Zum zeitpunktbezogenen Kontext vgl. Dierkes, Meinolf (1982): Akzeptanz und Akzeptabilität der Informationstechnologie, in: Wissenschaftsmagazin, Heft 1 (1982), S. 12.
[203] *Hilbig* spricht in diesem Zusammenhang von „Art und Ausmaß wahrgenommener Erfahrungen", welche sich i. d. R. ändern. Vgl. Hilbig, Winfried (1984), a.a.O., S. 84. In einem ähnlichen Zusammenhang äußern sich auch *Reichwald/Manz*, die Akzeptanz ebenfalls nicht als statische Größe ansehen. Vgl. Reichwald, Ralf/Manz, Ulrich (1982): Akzeptanzchancen neuer Systeme der Bürokommunikation aus Anwendersicht, in: Krallmann, Hermann (Hrsg.), a.a.O., S. 232.
[204] Vgl. zu den folgenden Ausführungen Filipp, Helmut (1996), a.a.O., S. 37ff.

Abbildung 17: *Rückkopplungsmodell von Filipp zur Akzeptanzerfassung*

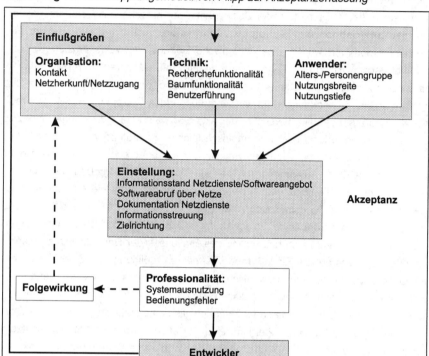

Um die Akzeptanz technologischer Nutzungsinnovationen wirksam prognostizieren zu können, ist die Lösung des **Problems einer prozessualen Akzeptanzbetrachtung** unausweichlich. Dabei muß es möglich sein, von einer Akzeptanzerfassung zu einem möglichst *frühen Zeitpunkt* der Innovationsentwicklung auf die Akzeptanz eines *späteren Zeitpunktes* schließen zu können. Die Prognosefähigkeit hängt demnach verstärkt davon ab, ob die Rahmenbedingungen der Akzeptanz (Einstellungs-, Handlungs- und Nutzungsebene) zu allen Zeitpunkten exakt beschrieben und Veränderungen untersucht werden können. Stachelsky argumentiert vor diesem Hintergrund, daß zwei Bedingungen erfüllt sein müssen, damit Akzeptanzuntersuchungen einen *prognostischen Wert* besitzen: Erstens sind Wirkungszusammenhänge zwischen Antecedensbedingungen, Akzeptanz- und Verhaltensreaktion aufzudecken sowie nachzuweisen, und zweitens sind Annahmen bezüglich der raum- und zeitübergreifenden Übertragbarkeit der Antecedensbedingungen, der Akzeptanzwerte und der Verhaltensvariable sowie einer Konstanz der Wirkungszusammenhänge zu treffen und zu überprüfen.[205] Zur empirischen Überprüfung von dynamischen Modellansätzen werden in der Literatur iterativ angelegte Forschungskonzepte, kybernetische Konzepte oder insbesondere *Längsschnittanalysen zu mehreren Zeitpunkten* vorgeschlagen.[206] Festzuhalten bleibt aber als **Hauptmangel bisheriger Modellansätze zur Akzeptanz**, daß die Relevanz der Dynamik zwar erkannt wurde, **geeignete Konzepte zur Berücksichtigung des prozessualen Akzeptanzphänomens** jedoch **nicht vorliegen** und Vorschläge zu einem empirischen Überprüfungsansatz sogar gänzlich fehlen.

Ausgehend von dem Hauptmangel der bisherigen Akzeptanzbetrachtungen - einer fehlenden Berücksichtigung der prozessualen Vielschichtigkeit des Konstruktes „Akzeptanz" - können noch weitere Kritikpunkte der klassischen Akzeptanzforschung geltend gemacht werden. Bisherige **Akzeptanzuntersuchungen wurden** oftmals **erst mit dem Erscheinen einer Innovation am Markt initiiert oder** teilweise **mit der Übernahme bzw. Implementierung einer Innovation durch den Adopter wieder abgebrochen.** Dieser Betrachtungsraum erscheint im Angesicht der Anforderungen einer Akzeptanzbetrachtung von technologischen Innovationen allgemein und bei Nutzungsgütern im speziellen zu eng abgesteckt.[207] Akzeptanzuntersuchungen sollten vielmehr schon vor dem Erscheinen einer Innovation eingesetzt werden (Einstellungsphase) und mit der expliziten Betrachtung der Nutzungsphase über den eigentlichen Übernahmezeitpunkt hinaus gehen. Aus diesem Grund wird die Forderung nach einem Akzeptanzkonzept laut, welches frühzeitig im Innovationsentstehungsprozeß einsetzt, um eine *akzeptanzorientierte Innovationsgestaltung* tatsächlich zu gewährleisten. Damit würde entgegen **bisheriger Bemühungen einer Findung von Durchsetzungsstrategien** für technologische Innovationen insbesondere eine Innovationsanpassung bzw. -verbesserung oder annäherungsweise eine *bedarfsgerechte Entwicklung* möglich werden.[208] Diese bedarfsgerechte Entwicklung von Innovationen kann nur durch die frühzeitige Verinnerlichung von akzeptanzorientierten Markt und Nutzungsbedürfnissen in den Innovationsprozeß erfolgen. Durch eine bedarfsgerechte Entwicklung bzw. akzeptanzorientierte Innovationsgestaltung könnte auch einem „*technology-push*" entgegengewirkt werden. Die einseitige Aus-

---

[205] Vgl. Stachelsky, Friedrich v. (1983), a.a.O., S. 51ff.
[206] Vgl. Schönecker, Horst G. (1980), a.a.O., S. 135ff. Florek, Siegfried (1982), a.a.O., S. 411. Hilbig, Winfried (1984), a.a.O., S. 321.
[207] Vgl. zur Problematik „Nutzungsgut" insbesondere *Kapitel 1.2.1* und *1.2.3*.
[208] Vgl. Oehler, Andreas (1990), a.a.O., S. 53. Bebié, André (1978), a.a.O., S. 3ff.

richtung einer **ex-post-orientierten Akzeptanzforschung** hinsichtlich einer Findung von Durchsetzungsstrategien für bereits eingeführte Produkte wird mit der Tatsache erklärt, daß diese Forschungsrichtung schwerpunktmäßig von Auftraggebern gefördert wird, die an einer Verbreitung der jeweils eingeführten Produkte existentiell interessiert sind.

Als weiterer *Mangel traditioneller Akzeptanzuntersuchungen* kann weiterhin angeführt werden, daß oftmals **keine freiwillige Nutzungsphase unterstellt** werden konnte. Hierdurch wird eine Betrachtung *aller* Markterfolgsdeterminanten nicht ermöglicht, da der mögliche Abbruch der freiwilligen Nutzung für Nutzungsgüter/ -systeme den ökonomischen bzw. kommunikationsorientierten Mißerfolg zur Folge hätte. Klassische Akzeptanzuntersuchungen stellen dagegen innerbetriebliche Computer- und Bürokommunikationssysteme unter der Bedingung einer unvermeidlichen Nutzung durch die Mitarbeiter in den Mittelpunkt der Betrachtung. Daher lag der Fokus auf einer Anpassung von Anwendungssituation und Nutzer an die technologische Innovation und nicht auf der Anpassung der Innovation an die Bedürfnisse potentieller Marktteilnehmer. Daher sollte bei entsprechenden Modifikationen nicht nur eine nachträgliche Bewertung originärer Produkteigenschaften möglich sein, sondern vielmehr die Eigenschaften des individuellen Nutzungseinsatzes zum Tragen kommen. Dies gilt besonders für Innovationen im Bereich Nutzungsgüter/ -systeme bzw. Multimedia-Anwendungen, welche vollkommen frei von äußeren Restriktionen zum Einsatz kommen sollen und bei denen daher die Problematik der „Nutzungslücke" präsent bleibt.[209]

Respektive der vorgestellten traditionellen Ansätze zur Akzeptanzforschung mit den Modellkategorien „Input-" und „Input/Output"-Modellen sowie „Rückkopplungsmodellen" und deren Akzeptanzinterpretation einer dichotomen Ja/Nein-Entscheidung sowie der angeführten Kritik soll im weiteren Verlauf der Arbeit ein *dynamisches Akzeptanzmodell* für Innovationen im Bereich „Nutzungsgüter und -systeme" generiert werden.

---

[209] Vgl. zur Problematik „Nutzungslücke" insbesondere *Kapitel 1.2.2* und *1.3*.

3.2 Das dynamische Phasenmodell zur Akzeptanzerfassung

Auf Basis der bisherigen Überlegungen zum *Akzeptanzbegriff bei Nutzungsgütern und -systemen* sowie der *Kritik an bisherigen Akzeptanzmodellen der wirtschaftswissenschaftlichen Literatur* hinsichtlich einer entsprechenden Akzeptanzmessung bzw. -prognose wird im folgenden eine modelltheoretische Erweiterung in Form eines **dynamischen Akzeptanzmodells für technologische Nutzungsinnovationen** generiert. Basierend auf der entwickelten Akzeptanzdefinition[210] werden in einem ersten Schritt die *verschiedenen Phasen der zeitbezogenen Akzeptanzbildung* beschrieben, aus welchen entsprechende *Zwischenakzeptanzen* resultieren. Im Anschluß hieran wird der *zeitliche Durchlauf* durch die Modellphasen bzw. die Zwischenakzeptanzen, d. h. der *Akzeptanzprozeß* analysiert. In einem finalen Schritt werden ferner die möglichen Einflußdeterminanten der Akzeptanzbildung und damit des Akzeptanzprozesses beleuchtet. Ziel der Darstellungen ist es, ein umfassendes Gesamtmodell zur Akzeptanz bei Nutzungsgütern/-systemen wissenschaftlich i. S. eines Partialmodells[211] zu fundieren und aufgrund des Prozeßcharakters bereits in der Phase der Innovationsentwicklung Aussagen zur Akzeptanz zu ermöglichen.

---

[210] Vgl. *Kapitel 2.4.*
[211] Vgl. zur Struktur von Partialmodellen Bänsch, Axel (1993): Käuferverhalten, 5. Auflage, München 1993, S. 5. Demgegenüber versuchen *Totalmodelle*, mit einer hohen Zahl von Variablen, das Käuferverhalten insgesamt zu analysieren, um damit einen generellen Rahmen für Kaufverhaltensweisen zu entwickeln. Vgl. Berndt, Ralph (1996): Marketing, Band 1 - Käuferverhalten, Marktforschung und Marketing-Prognosen, 3. Auflage, Berlin 1996, S. 60ff. Topritzhofer, Edgar (1974a): Absatzwirtschaftliche Modelle des Kaufentscheidungsprozesses, Wien 1974, S. 16ff. Nicosia, Francesco M. (1968): Consumer Decision Process, Englewood Cliffs 1968, S. 118ff. Howard, John A./Sheth, Jagdish N. (1969): The Theory of Buyer Behavior, New York 1969, S. 30. Engel, James F./Blackwell, Roger D. (1982): Consumer Behavior, Chicago 1982, S. 500. Topritzhofer, Edgar (1974b): Modelle des Kaufverhaltens - Ein kritischer Überblick, in: Hansen, Hans R. (Hrsg.): Computergestützte Marketing-Planung, München 1974, S. 44. Der Partialmodellcharakter des in dieser Arbeit generierten Akzeptanzmodells bezieht sich hierbei auf unmittelbar zentrale akzeptanzrelevante Größen. Dabei werden zwar auch periphere Umweltgrößen berücksichtigt, aber nicht explizit betrachtet. Es wird hierbei gleichzeitig ein *strukturtheoretischer Erklärungsansatz* verfolgt, welcher versucht, die intern ablaufenden Vorgänge eines Zustandekommens von Akzeptanz zu erklären. *Strukturmodelle* analysieren detailliert die Abläufe innerhalb der sog. *Black-Box* bei Stimulus-Organismus-Response-Modellen (SOR) unter Zuhilfenahme von hypothetischen Konstrukten und/oder internierenden Variablen. Vgl. Müller-Hagedorn, Lothar (1986): Das Konsumentenverhalten, Wiesbaden 1986, S. 73ff. Gegenüber der deterministischen Detaillierung der Zusammenhänge in Strukturmodellen versuchen *Stochastische Modelle* sich auf die wesentlichen Zusammenhänge zwischen Input und Output zu konzentrieren. Vernachlässigbare Zusammenhänge werden hierbei durch Zufallskomponenten berücksichtigt. Der *Simulationsansatz* wiederum erfaßt das Kaufverhalten nicht mittels analytischer Methoden, sondern mittels Simulationen der Kaufentscheidung. Hierbei werden computerunterstützte Modelle entworfen, die sowohl probabilistische Elemente (z. B. Kontaktwahrscheinlichkeiten) und Strukturelemente (z. B. Einstellungen) verwenden, als auch die Person des Konsumenten (z. B. Einkaufsgewohnheiten) und seine Umwelt (z. B. soziale Gruppe) erfassen. Vgl. hierzu Topritzhofer, Edgar (1974b), a.a.O., S. 38ff.

3.2.1 Die Phasen und Konstrukte der Akzeptanzbildung

Die in dieser Arbeit hergeleitete **Akzeptanzdefinition für Nutzungsgüter/-systeme** unterstellt, daß die Ausprägung innerhalb eines Akzeptanzkontinuums von den drei sich beeinflussenden Teilebenen der *Einstellungs-, Handlungs-* und *Nutzungsebene* abhängig ist.[212] In ihrer *unterschiedlichen zeitlichen Ausprägung* begleiten sie über **resultierende Zwischenakzeptanzen** den Akzeptanzprozeß, welcher drei zentrale zeitliche Eckpunkte umspannt (s. Abbildung 11): eine Phase vor dem Kauf bzw. der Übernahme einer Innovation (**Einstellungsphase**), den Kauf- bzw. Übernahmezeitpunkt selbst (**Handlungsphase**) und die Phase nach Kauf bzw. Übernahme, in der die Innovation zum Einsatz kommt (**Nutzungsphase**). Die einzelnen Phasen mit den resultierenden Zwischenakzeptanz werden im folgenden näher beleuchtet.

3.2.1.1 Die Einstellungsphase (Einstellungsakzeptanz)

Die **Einstellungsphase** kann prozeßtechnisch in verschiedene Entwicklungsstufen eingeteilt werden, die vom potentiellen Nachfrager (Akzeptierer) auf dem Weg zur Bildung der **Einstellungsakzeptanz**, als erstem Teil*konstrukt* des Akzeptanzprozesses, durchlaufen werden. Die *Einstellungsakzeptanz* steht stellvertretend für eine prozeßbedingte *Zwischenakzeptanz* zum Zeitpunkt t1 (vor dem Kauf- bzw. Übernahmezeitpunkt). Beim individuellen Akzeptanzprozeß können, analog zum Adoptionsprozeß, idealtypisch drei zentrale Teilstufen postuliert werden, die durch generalisierbare Verhaltensmuster identifizierbar sind.[213]

---

[212] Vgl. *Kapitel 2.4.*
[213] Die *klassische Adoptionstheorie* analysiert den individuellen Verlauf einer Produkt- bzw. Innovationsübernahme. Es werden hierbei in Anlehnung an *Rogers* verschiedene Stufen unterstellt: *Bewußtsein/Erkenntnis, Interesse, Bewertung, Versuch* und *Übernahme/Ablehnung*. Über diese idealtypische Unterscheidung nach *Rogers* herrscht in der Literatur zur Adoptionstheorie ein allgemeiner Konsens. Die Adoptionstheorie versucht dementsprechend primär die Faktoren zu analysieren, welche den Verlauf des Adoptionsprozesses durch die verschiedenen Stufen beeinflussen. Die in diesem Abschnitt vorgestellte *Einstellungsakzeptanz* umfaßt dabei die ersten drei Phasen des klassischen Adoptionsprozesses. Die grundlegenden Überlegungen von *Rogers* finden sich in der ersten Auflage seiner Monographie „Diffusion of Innovations" aus dem Jahre 1962 und in der dritten Auflage 1983. Vgl. Rogers, Everett M. (1962), a.a.O., S. 81ff. Derselbe (1983), a.a.O., S. 163ff. Rogers, Everett M./Shoemaker, F. Floyd (1971): Communication of Innovations - A Cross-Cultural Approach, New York 1971, S. 100ff. Für einen umfassenden Überblick zur Adoptionstheorie vgl. Meffert, Heribert (1976), a.a.O., S. 78 und 93f. Böcker, Franz/Gierl, Heribert (1988): Die Diffusion neuer Produkte - Eine kritische Bestandsaufnahme, in: ZfbF, Nr. 1, 40 (1988), S. 32. Da der Akzeptanzprozeß bis zum Übernahmezeitpunkt analog zum Adoptionsprozeß verläuft, kann auf dessen Phasen zurückgegriffen werden.

- **Bewußtsein** (awareness):
  Ein potentieller Nachfrager erfährt zum ersten Mal von der Existenz eines neuen Produktes bzw. einer neuen Nutzungs-(Innovation), ohne daß er sich um entsprechende Informationen bemüht hat.
- **Interesse** (interest):
  Eine eventuelle Verwendungs- bzw. Nutzungsmöglichkeit rückt in das Bewußtsein des Nachfragers, was ihn dazu veranlaßt, nach näheren Informationen zu suchen.
- **Erwartung/Bewertung** (expectation/evaluation):
  Vor- und Nachteile der Neuerung werden abgewogen und der potentielle Nachfrager (Akzeptierer) bildet individuelle Erwartungen (Anspruchsniveaus) gegenüber der technologischen Nutzungsinnovation. Anhand dieser Erwartungen wird eine entsprechende Bewertung vorgenommen.

Die erste Teilstufe „*Bewußtsein*" ist primär durch den *kognitiven Prozeß* der Einstellungsbildung gekennzeichnet, in dem erste Informationen zur Nutzungsinnovation wahrgenommen und verarbeitet bzw. gespeichert werden. Mit der anschließenden Teilstufe des „*Interesses*" tritt nun eine *affektive Komponente* hinzu, welche es dem potentiellen Akzeptierer eröffnet, Verwendungs- bzw. Nutzungsmöglichkeiten der Nutzungsinnovation zu realisieren und gegebenenfalls mit der Informationssuche zu beginnen.[214] In der anschließenden Teilstufe der „*Erwartung/Bewertung*" werden potentielle Vor- und Nachteile der Nutzungsinnovation aus der subjektiven Sichtweise gegeneinander abgewogen. Diese potentiellen Vor- und Nachteile beinhalten hierbei sowohl Aspekte, die den eigentlichen Kaufakt betreffen (z. B. Preis/Leistungsverhältnis) als auch Aspekte des anschließenden Nutzungseinsatzes (z. B. problemgerechte Bedienbarkeit).[215] Der potentielle Nachfrager (Akzeptierer) bildet entsprechende **Erwartungen** (Anspruchsniveaus) gegenüber der technologischen Nutzungsinnovation, die von dieser erfüllt werden müssen, um erfolgreich zu sei bzw. um für eine Übernahme bzw. einen Kauf in Frage zu kommen. Anhand der Erwartungen wird die technologische Nutzungsinnovation einer **Bewertung** unterzogen. Durch die Erwartungen werden individuelle Maßstäbe entwickelt, anhand derer die Nutzungsinnovation „gemessen" wird.

---

[214] Vgl. Pohl, Alexander (1994), a.a.O., S. 36.
[215] Aspekte der bedarfs- und problemorientierten Nutzung der Innovation werden als produktbezogene Einflußdeterminanten bei der klassischen Adoptionstheorie vernachlässigt. Auf diesen Mangel wird im *Kapitel 3.3.1* näher eingegangen.

Entscheidend bei einer akzeptanztheoretischen Beschreibung der ersten Phase des Akzeptanzprozesses ist, daß **bereits zu diesem Zeitpunkt alle drei Erklärungsebenen der Akzeptanz zum Tragen kommen müssen**, damit eine sinnvolle Akzeptanzmessung bzw. -prognose hinsichtlich des Gesamtprozesses möglich wird (s. Abbildung 11).[216] Da der Akzeptanzprozeß letztendlich alle drei Phasen (*Einstellungs-, Handlungs- und Nutzungsphase*) umfaßt, erscheint es notwendig, entsprechend alle Erklärungs- bzw. Akzeptanzebenen in Abhängigkeit ihres zeitlichen Vorhandenseins bzw. ihrer Beurteilbarkeit frühzeitig zu verinnerlichen. Dies macht in den verschiedenen „Zeitphasen des Akzeptanzprozesses" eine Unterteilung in *tatsächliche* und *erwartete* **Komponenten der Erklärungs- bzw. Akzeptanzebenen** unerläßlich, so daß die *Einstellungsphase* (vor Kauf und Nutzung) letztlich durch folgende Ausprägungen der definitorischen Akzeptanzebenen gekennzeichnet ist:

- *tatsächliche Einstellungsebene*:
  Abwägen von kauf- und nutzungsrelevanten Einstellungsmerkmalen aus *kognitivem Wissen* heraus (Rationalität der Entscheidung) unter Berücksichtigung von *affektiven (bzw. emotionalen) Komponenten*.

- *erwartete Handlungsebene*:
  In Verknüpfung zu der gebildeten Einstellung treten **Überlegungen zum erwarteten Kauf- bzw. Übernahmeverhalten** hinzu.

- *erwartete Nutzungsebene*:
  In Verknüpfung zu der gebildeten Einstellung und dem erwarteten Kauf- bzw. Übernahmeverhalten treten die **erwarteten Nutzungsbedingungen** hinzu.

Dies bedeutet, daß schon zu diesem frühen Zeitpunkt nicht nur kognitive und affektive (bzw. emotionale) Einstellungskomponenten berücksichtigt werden, sondern auch **Aspekte der Handlungsebene sowie der qualitativen und quantitativen Nutzungsebene einbezogen werden**. In bezug auf ein Vorliegen *affektiver Komponenten* bei der Einstellungsbildung kann festgestellt werden, daß die *Einstellungsphase* bei technologischen Nutzungsinnovationen hauptsächlich durch *kognitive Komponenten* beeinflußt wird. Der Grund hierfür wird durch die Annahme impliziert, daß die (Akzeptanz-)Entscheidungen aufgrund der Besonderheiten der Technologiekomponente (z. B. hohe Wertdimension) i. d. R. *eher emotionsfrei* getroffen werden.[217] Daher kann in bezug auf die Akzeptanzentscheidung bei technologischen

---

[216] Vgl. Akzeptanzdefinition in *Kapitel 2.4*.
[217] Vgl. hierzu *Kapitel 1.2.3*.

(Nutzungs-)Innovationen von einer, auch in der Akzeptanzdefinition verwendeten, *rationalen Bereitschaftstendenz* gesprochen werden. Vor diesem Hintergrund spiegeln innerhalb der Einstellungsphase die Komponenten **Einstellungsebene**, die **erwartete Handlungsebene** und die **erwartete Nutzungsebene** die prozeßbedingte Zwischenakzeptanz der *Einstellungsakzeptanz* wider, wobei der Begriff aus einer Dominanz der tatsächlichen Beurteilbarkeit der Einstellungsebene resultiert.

Einstellungsakzeptanz:

Die *Einstellungsakzeptanz* umfaßt die Komponenten einer **Abwägung von kauf- und nutzungsrelevanten Einstellungsmerkmalen** (Einstellungsebene) mit einer hiermit verknüpften **Handlungsabsicht** (erwartete Handlungsebene) sowie einer **Nutzungsabsicht** (erwartete Nutzungsebene).

Ein prozeßrelevanter Punkt ist nun in der Möglichkeit zu sehen, daß sich die **Einstellungsakzeptanz** sowohl an einer *konkreten Nutzungsinnovation* orientieren als auch auf eine *noch nicht am Markt befindliche Nutzungsinnovation* beziehen kann, deren Markteinführung lediglich angekündigt wurde (pre-announcement). Eine Beurteilbarkeit, d. h. eine realistische Einschätzung der Nutzungssituation bzw. Nutzungsbedingungen von *noch nicht am Markt befindlichen Nutzungsinnovationen*, kann dabei über folgende Möglichkeiten erreicht werden:

- **Testprodukte/Prototyp**
  Über die Vorlage von Testprodukten oder einem ersten Prototyp werden Akzeptanzanalysen vor der eigentlichen Markteinführung möglich.

- **virtuelle Produkte**
  Eine Darstellung noch nicht realer Produkte über komplexe Simulationen im Computer und damit über Datennetze hinweg (z. B. mit Hilfe von Konstruktionszeichnungen oder animierten Einsatzmöglichkeiten) können die Basis einer Akzeptanzanalyse bilden.

- **Produktbeschreibungen/-präsentationen**
  Anhand einer konkreten und detaillierten Produktdokumentation oder einer entsprechenden Produktpräsentation können Akzeptanzanalysen durchgeführt werden.

Die Bedeutung der *Einstellungsakzeptanz* bei nicht-existenten Innovationen liegt in der Tatsache begründet, daß eine erste positive Akzeptanzmessung hinsichtlich der **Einstellungsphase als Prognosehinweis** für ein weiteres Interesse an der Fortführung des Innovationsprozesses gewertet werden kann. Durch die *Einstellungsakzeptanz* und den hiermit verbundenen flexiblen Beginn des Akzeptanzprozesses wird eine tatsächliche **akzeptanzorientierte Innovationsgestaltung i. S. einer ex-ante-Betrachtung der *erwarteten Akzeptanz*** möglich. Die akzeptanzorientierte Innovationsgestaltung wird hierbei durch die *inversen Rückschlüsse* aus negativen Werten bzw. durch Anhaltspunkte aus positiven Werten der erwarteten Akzeptanz unterstützt, wobei die Prämisse eines in dieser Arbeit empirisch nachzuweisenden Zusammenhangs zwischen den Zwischenakzeptanzen der einzelnen Prozeßphasen überprüft werden muß.

Die Unabhängigkeit von einem Vorhandensein bzw. Nicht-Vorhandensein einer Nutzungsinnovation ist für den *Innovationsprozeß* von entscheidender Bedeutung. Der potentielle Nachfrager (Akzeptierer) kann bei einem „*Nicht-Vorhandensein*" vollkommen unabhängig von feststehenden produktrealen Eigenschaften seine Bedürfnisse einschlägig pronóncieren, da seine Wünsche und Vorstellungen noch nicht durch fest determinierte Produkte außer Kraft gesetzt werden. Hierdurch gewinnen *individuelle Ausgestaltungs- und Nutzungsmöglichkeiten* besonders an Gewicht, da unabhängig von vorgegebenen realen Produkteigenschaften Akzeptanzprüfungen durchgeführt werden. Der Anbieter kann hierdurch sowohl positive als auch negative Informationen über die *noch irrealen* Nutzungsinnovation erzielen, ohne befürchten zu müssen, insbesondere die negativen Vorstellungen der Kunden als Änderungsaspekte nicht mehr im tatsächlichen Produkt umsetzen zu können. Für das **Marketing bei technologischen Nutzungsinnovationen** induziert dies die Möglichkeit, Kundenbedürfnisse in Form von Werten der erwarteten Akzeptanz in den *Innovationsentstehungsprozeß* zu integrieren. Es kann angenommen werden, daß Akzeptanzanalysen unter der Berücksichtigung von Einstellungs-, Handlungs- und Nutzungsebene bei Nutzungsgütern und -systemen gegenüber traditionellen Einstellungsanalysen eine signifikant höhere Genauigkeit aufweisen können.

Das dynamische Akzeptanzmodell beinhaltet demnach auch Hinweise auf die **akzeptanzorientierte Innovationsanpassung** an bestehende Marktbedürfnisse und zielt nicht einzig und allein auf die Ermittlung von geeigneten Durchsetzungsstrategien für bereits eingeführte und fest spezifizierte Produkte ab.[218] So kann über die Erfassung der *Einstellungsakzeptanz* ein **Frühwarnsystem** etabliert werden, welches insbesondere bei negativen Werten eine Überarbeitung der technologischen Nutzungsinnovation zur Folge haben sollte. Ein abschließender Überblick zur *Einstellungsphase* bzw. *Einstellungsakzeptanz* ermöglicht Abbildung 18. Hierbei soll verdeutlicht werden, daß der Akzeptanzprozeß sowohl mit der konkreten Markteinführung der Nutzungsinnovation als auch mit einer Ankündigung zu deren Markteinführung beginnen kann.[219] Eine **formale Spezifikation der Einstellungsakzeptanz** kann auch ausgedrückt werden durch die Beziehung:[220]

$$EA = EE + erw. HE + erw. NE \quad (I)$$

Abbildung 18: *Die Einstellungsphase im Akzeptanzmodell (Einstellungsakzeptanz)*

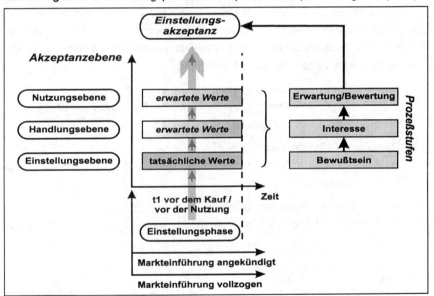

---

[218] Vgl. hierzu auch Kritik an bisheriger Akzeptanzforschung in *Kapitel 2.3* und *2.4*.
[219] Dabei ist es unerheblich, ob der Einführungszeitpunkt fest determiniert oder nur vage angegeben wurde. Entscheidend ist, daß die Innovation im *irrealen* bzw. *virtuellen Zustand* oder als Testprodukt vorhanden ist.
[220] Mit Einstellungsakzeptanz (EA), Einstellungsebene (EE), erwarteter Handlungsebene (erw. HE) und erwarteter Nutzungsebene (erw. NE).

3.2.1.2 Die Handlungsphase (Handlungsakzeptanz)

Nach Abschluß der *Einstellungsphase* und einer Bildung der *Einstellungsakzeptanz* schließt sich die **Handlungsphase** an.[221] In der *Handlungsphase* treten Informationen hinzu, welche die physischen Gegebenheiten der Innovation betreffen. Die technologische Nutzungsinnovation ist nun, je nach Ausgangspunkt des Akzeptanzprozesses, endgültig am Markt vorhanden und kann von den potentiellen Akzeptierern *real* in einer entsprechenden Kauf- bzw. Übernahmesituation begutachtet werden. Von besonderer Bedeutung sind zunächst auch hier die *Elemente dieser Phase*, d. h. die Teilstufen des Prozesses und die Ausprägungen der Erklärungs- bzw. Akzeptanzebenen. Die *Handlungsphase* kann prozeßtechnisch ebenfalls in verschiedene Entwicklungsstufen eingeteilt werden, die vom potentiellen Nachfrager (Akzeptierer) auf dem Weg zur Bildung der **Handlungsakzeptanz** durchlaufen werden. Die *Handlungsakzeptanz* steht hierbei stellvertretend für eine prozeßbedingte Zwischenakzeptanz zum Kauf- bzw. Übernahmezeitpunkt. In der Handlungsphase des individuellen Akzeptanzprozesses können, analog bzw. in Erweiterung zum Adoptionsprozeß, idealtypisch drei zentrale Teilstufen postuliert werden, die durch generalisierbare Verhaltensmuster identifizierbar sind:[222]

- **Versuch/Erfahrung** (trial/experience):
  Die technologische Nutzungsinnovation wird vom Nachfrager (potentiellen Akzeptierer) ausprobiert bzw. getestet.

- **Übernahme** (adoption/adaption):
  Die technologische Nutzungsinnovation wird vom Nachfrager übernommen. Es findet ein Kauf statt.

- **Implementierung** (implementation):
  Die Einsatzbereitschaft der übernommenen Nutzungsinnovation wird hergestellt.[223]

---

[221] Vgl. *Kapitel 3.2.1.*
[222] Vgl. Rogers, Everett M. (1962): a.a.O., S. 163ff. Rogers, Everett M./Shoemaker, F. Floyd (1971), a.a.O., S. 100ff. Weiber, Rolf (1992), a.a.O., S. 3. Die Teilstufen der Handlungsphase stellen die Fortführung des klassischen Adoptionsprozesses dar, der hierdurch abgeschlossen wird. Vgl. *Kapitel 3.2.1* und *3.2.1.1*.
[223] Vgl. zur *Implementierungsstufe*: Tornatzky, Louis G./Klein, Katherine J. (1982): Innovation Characteristics and Innovation Adoption-Implementation - A Meta-Analysis of Findings, in: IEEE Transactions on Engineering Management, Nr. 1, 29 (1982), S. 29. Schmalen, Helmut/Pechtl, Hans (1989): Erweiterung des dichotomen Adoptionsbegriffes in der Diffusionsforschung - Ein Fallbeispiel aus dem Bereich der kommerziellen PC-Software-Anwendung, in: Jahrbuch der Absatz- und Verbrauchsforschung, Heft 1, 35 (1989), S. 94.

In der ersten Teilstufe können hierbei über einen „*Versuch*" direkte „*Erfahrungen*" mit der Nutzungsinnovation gemacht werden. Die Nutzungsinnovation kann oder könnte von den potentiellen Nachfragern (Akzeptierern) *getestet* (Selbsttest bzw. Vorführung) werden. Die resultierenden Erfahrungen beeinflussen demzufolge den vorhandenen Einstellungshorizont und determinieren die neue individuelle Erwartungshaltung (Rückkopplungseffekt).[224] Hinzu treten kurzfristig eingeholte Informationen in der dazugehörigen Kauf- bzw. Übernahmesituation (z. B. Beratungsgespräch). Die Ergebnisse des „*Versuchs*" bzw. der „*Erfahrung*" bilden somit den **zweiten Teil der konativen Handlungstendenz**.[225] Hiermit wird der bei der Begriffsbestimmung der Akzeptanz bei technologischen Nutzungsinnovationen festgestellte Tatbestand der Akzeptanz als *Handlungsvoraussetzung* vollständig erfüllt.[226] Durch den Abschluß der *Erfahrungs- bzw. Informationsaufnahme* kommt es zu einer **abschließenden Beurteilung der technologischen Nutzungsinnovation hinsichtlich der Kaufentscheidung** anhand *physisch-* und *psychischorientierter* Produktinformationen und Einflußfaktoren der Kaufsituation. Diese Beurteilung beeinflußt das relativierte individuelle Erwartungs- bzw. Anspruchsniveau anhand dessen die Nutzungsinnovation vor dem Hintergrund der jeweiligen Persönlichkeit des Nachfragers beurteilt wird. Auf der Basis einer Relativierung der Erwartungen spiegelt sich die Entscheidung zur Übernahme bzw. zum Kauf oder zur Ablehnung der Nutzungsinnovation wider. Wenn der potentielle Nachfrager (Akzeptierer) glaubt, daß die Innovation seine Erwartungen auch in der eigentlichen Kaufsituation noch erfüllt, dann wird die Übernahme bzw. der Kauf erfolgen; bleibt die Innovation in der subjektiven Betrachtung hinter den Erwartungen zurück, erfolgt keine Übernahme.

Im engeren Sinne ist mit der Übernahme- bzw. Kaufentscheidung die *Handlungsphase* abgeschlossen. Bezugnehmend auf die Handlungsebene **wird aber oftmals neben dem *Kaufakt* auch ein *Anschlußakt*** notwendig, um eine Nutzungsinnovation *nutzbar* zu machen.[227] Dies bedeutet, daß Nutzungsgüter bzw. -systeme i. d. R. mit einem **Installations- bzw. Implementierungsvorgang** verbunden sind, welcher einem *Nutzungsakt* vorausgeht. Daher kann die eigentliche **Implementierung als eine Verlängerung der *Handlungsphase*** interpretiert werden. Erst jetzt wird die

---

[224] Es wird hierbei davon ausgegangen, daß die vom Nachfrager benötigten Informationen auch tatsächlich erhältlich sind, damit sein individuelles Anspruchsniveau befriedigt ist und eine Übernahme stattfinden kann.
[225] Vgl. zum ersten Teil der konativen Handlungstendenz *Kapitel 2.1.1*.
[226] Vgl. *Kapitel 2.1.1* und *2.3*.
[227] Vgl. zur Akzeptanzdefinition bei Nutzungsgütern/-systemen *Kapitel 2.4*.

technologische Nutzungsinnovation uneingeschränkt „nutzbar" und somit die Nutzungs*möglichkeiten* bereitgestellt. Analog zur *Einstellungsphase* müssen auch bei der *Handlungsphase* mit ihren drei Teilstufen **alle drei definitorischen Erklärungsebenen der Akzeptanz zum Tragen kommen**, damit eine fortgeführte Akzeptanzmessung bzw. -prognose hinsichtlich des Gesamtprozesses möglich wird. Da der Akzeptanzprozeß alle drei Phasen (*Einstellungs-, Handlungs- und Nutzungsphase*) umfaßt, erscheint es auch zu diesem Zeitpunkt notwendig, entsprechend alle Erklärungs- bzw. Akzeptanzebenen in Abhängigkeit ihres zeitlichen Vorhandenseins bzw. ihrer Beurteilbarkeit zu verinnerlichen. Dies macht wiederum eine Unterteilung in **tatsächliche und erwartete Komponenten der Erklärungs- bzw. Akzeptanzebenen** unerläßlich, so daß die *Handlungsphase* (Kauf- bzw. Übernahmezeitpunkt) letztendlich durch die folgenden Ausprägungen der definitorischen Akzeptanzebenen gekennzeichnet ist:

- *tatsächliche Einstellungsebene*:
  Abwägen von kauf und nutzungsrelevanten Einstellungsmerkmalen aus *kognitivem Wissen* heraus (Rationalität der Entscheidung) unter Berücksichtigung von *affektiven (bzw. emotionalen) Komponenten*.

- *tatsächliche Handlungsebene*:
  In Verknüpfung zu der gebildeten Einstellung treten **Überlegungen zum tatsächlichen Kauf- bzw. Übernahmeverhalten** anhand der jeweiligen Kauf- bzw. Übernahmesituation hinzu.

- *erwartete Nutzungsebene*:
  In Verknüpfung zur gebildeten Einstellung und des tatsächlichen Kaufverhaltens treten noch die **erwarteten Nutzungsbedingungen** hinzu.

Im Gegensatz zur *Einstellungsakzeptanz* spielen bei der *Handlungsakzeptanz* auch noch ganz konkrete Gegebenheiten der **jeweiligen Kaufsituation** eine Rolle. Diese konkreten Gegebenheiten können z. B. in der Person des Verkäufers liegen (Reputation, Kompetenz usw.) oder in sonstigen Rahmenbedingungen der Kaufsituation (neue Informationen, Zeitdruck, Budgetrestriktionen usw.). Vor diesem Hintergrund spiegeln die Komponenten **Einstellungsebene, Handlungsebene** und **erwartete Nutzungsebene** die prozeßbedingte Zwischenakzeptanz der *Handlungsakzeptanz* wider.

Handlungsakzeptanz:
Die *Handlungsakzeptanz* umfaßt die Komponenten einer **Abwägung von kauf- und nutzungsrelevanten Einstellungsmerkmalen** (Einstellungsebene), mit einer hiermit verknüpften **Handlung eines Kaufs bzw. einer Übernahme** (Handlungsebene, inkl. Implementierung) sowie einer **Nutzungsabsicht** (erwartete Nutzungsebene).

Durch die Definition wird deutlich, daß eine Übernahme erst dann erfolgen kann, wenn auch unmittelbar vor der Kaufentscheidung die subjektiven Erwartungen positiv erfüllt sind.[228] Die *Handlungsakzeptanz* setzt die rationale Bereitschaft und vorgegebene Handlungstendenzen in eine aktive Übernahme- bzw. Ablehnungsentscheidung (konkrete Handlung) um. Mögliche Einflußdeterminanten beziehen sich dabei sowohl auf die *Einstellungs-* als auch auf die *Handlungsebene*, während zur *Nutzungsebene* weiterhin lediglich Absichtsbekundungen getroffen werden. Die Hand-

Abbildung 19: *Die Handlungsphase im Akzeptanzmodell (Handlungsakzeptanz)*

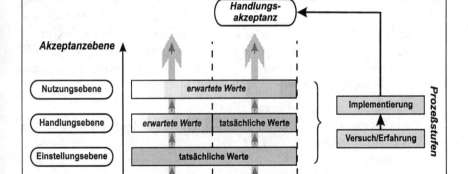

---

[228] Die beschriebene Situation steht unter der Annahme, daß kein opportunistisches Verhalten (z. B. gezielte Fehlinformationen) seitens des Verkäufers vorliegt und die vom Nachfrager gewünschten relevanten Informationen vermittelt werden.

lungsphase mit dem Konstrukt der *Handlungsakzeptanz* wird im Überblick in Abbildung 19 dargestellt. Eine resultierende **formale Spezifikation der Handlungsakzeptanz** kann ausgedrückt werden durch die Beziehung:[229]

$$HA = EE + HE + erw. NE \quad (II)$$

3.2.1.3 Die Nutzungsphase (Nutzungsakzeptanz)

Mit Abschluß der *Handlungsphase* und der Bildung der *Handlungsakzeptanz* schließt sich die **Nutzungsphase** des Akzeptanzprozesses an. Die *Nutzungsphase* beinhaltet die Erkennung der Anwendungsproblematik bzw. -situation und eine entsprechende kontinuierliche Nutzung der übernommenen Nutzungsinnovation. Von besonderer Bedeutung sind auch hier die *Elemente dieser Phase*, d. h. die Teilstufen des Prozesses und die Ausprägungen der Erklärungs- bzw. Akzeptanzebenen. Die *Nutzungsphase* kann prozeßtechnisch ebenfalls in verschiedene Entwicklungsstufen eingeteilt werden, die vom potentiellen Nachfrager (Akzeptierer) auf dem Weg zur Bildung der **Nutzungsakzeptanz**, als drittem Teil*konstrukt* des Akzeptanzprozesses, durchlaufen werden. Die *Nutzungsakzeptanz* steht hierbei stellvertretend für eine prozeßbedingte „Zwischenakzeptanz" während des permanenten Nutzungseinsatzes (nach Kauf bzw. Übernahme). Beim individuellen Akzeptanzprozeß können idealtypisch zwei zentrale Teilstufen postuliert werden, die durch generalisierbare Verhaltensmuster identifizierbar sind:

- **Einsatzbestimmung** (operation):
  Die konkrete problembezogene Anwendungssituation (Nutzungsumfeld) wird abschließend spezifiziert.

- **Nutzung** (use):
  Die übernommene und einsatzbereite Nutzungsinnovation wird kontinuierlich in konkreten Anwendungssituationen problemorientiert eingesetzt (genutzt).

Nach der Implementierung der übernommenen Nutzungsinnovation wird in einer ersten Teilstufe die **konkrete problembezogene Anwendungssituation**, für deren Lösung die Nutzungsinnovation letztendlich angeschafft wurde, abschließend spezi-

---

[229] Mit Einstellungsakzeptanz (EA), Einstellungsebene (EE), Handlungsebene (HE) und erwarteter Nutzungsebene (erw. NE).

fiziert. Durch diese „*Einsatzbestimmung*" werden die Rahmenbedingungen des eigentlichen Nutzungseinsatzes abgesteckt. Im Anschluß hieran steht die eigentliche **Nutzung** im Mittelpunkt der Betrachtung bei technologischen Nutzungsinnovationen. Diese Teilstufe der „*Nutzung*" darf dabei nicht mit der sog. Bestätigungsphase[230] als Erweiterung des klassischen Adoptionprozesses verwechselt werden.

Die Bestätigungsphase im Sinne der Adoptionstheorie bezieht sich auf die abschließende Bewertung nach der Implementierung, d. h., es wird die endgültige Einsatzfähigkeit der Innovation analysiert und nicht die tatsächliche Nutzung betrachtet. Mit der Bestätigung werden die Einflußfaktoren der eigentlichen Kauf- bzw. Übernahmeentscheidung rekursiv bewertet und eventuelle kognitive Dissonanzen abgebaut.[231] Es kommen bei dieser nachträglichen Bewertung jedoch nur Nutzungserfahrungen hinsichtlich der originäre Produkteigenschaften und nicht Erfahrungseigenschaften hinsichtlich des individuellen Nutzungseinsatzes zum Tragen. Dies bedeutet, daß anhand der Nutzungserfahrungen die Produkteigenschaften als eine Bestätigung der zurückliegenden Kaufentscheidung bewertet werden. Damit erfolgt jedoch **keine** Bestätigung im Sinne einer *Bewertung der Nutzungsbedingungen in neuen Nutzungssituationen* unter Berücksichtigung des tatsächlichen Innovationseinsatzes. Mit der Implementierungs- und Bestätigungsphase wird lediglich der Beginn der *Nutzungsphase* angedeutet, diese aber nicht explizit in den Adoptionsprozeß integriert. Der Betrachtungsfokus der Bestätigungsphase im Sinne des Akzeptanzprozesses liegt demnach eindeutig auf der Bestärkung der *zurückliegenden* Kauf- bzw. Übernahmeentscheidung und **nicht** auf dem hiervon unabhängigen Element einer eigenständigen Beurteilung der durch Nutzungsakte festgestellten Eigenschaften der Nutzungsinnovation. Daher stellt die Adoptionstheorie mit der Bestätigungsphase auch die Frage nach einem möglichen Wiederkauf[232], während bei der Akzeptanzbetrachtung die Frage nach einer kontinuierlichen Nutzung bzw. Nicht-Nutzung der technologischen Nutzungsinnovation im Anwendungsfeld des Nachfragers für den Markt- bzw. Kommunikationserfolg im Vordergrund steht.[233]

Vor diesem Hintergrund kann festgehalten werden, daß sich insbesondere **durch die Nutzungsphase der Akzeptanzprozeß vom Adoptionsprozeß differenzieren**

---

[230] Vgl. zur *Bestätigungsphase* insbesondere Rogers, Everett M. (1983), a.a.O., S. 184ff.
[231] Vgl. Weiber, Rolf (1992), a.a.O., S. 7. Zum Auftreten von kognitiven Dissonanzen vgl. insbesondere Festinger, Leon (1978): Theorie der kognitiven Dissonanz, Bern 1978, S. 22ff.
[232] Vgl. Weiber, Rolf (1992), a.a.O., S. 7.
[233] Vgl. *Kapitel 1.2.1* und *1.2.2*.

läßt. Der klassische Adoptionsprozeß endet mit der Übernahmeentscheidung[234] bezüglich einer Innovation und richtet seinen Fokus lediglich auf die Findung von marketingorientierten Maßnahmen zum „Abverkauf" von innovativen Produkten. Diese Betrachtungsweise greift für die besondere **zweidimensionale Vermarktungsproblematik bei Nutzungsgütern bzw. -systemen** allerdings zu kurz.[235] Bei dieser Güterkategorie müssen für den Markt- bzw. Kommunikationserfolg die marketingorientierten Überlegungen besonders den konkreten Nutzungseinsatz berücksichtigen, so daß **für eine umfassende Erfolgsanalyse von Nutzungsinnovationen das dynamische Phasenmodell zum Einsatz kommen sollte.**

Analog zur *Einstellungs- bzw. Handlungsphase* müssen auch bei der *Nutzungsphase* mit ihrem zwei Teilstufen **alle drei Teilebenen der Akzeptanz zum Tragen kommen**, damit eine fortgeführte bzw. abschließende Akzeptanzmessung möglich wird. Da der Akzeptanzprozeß, wie bereits dargestellt, alle drei Phasen (*Einstellungs-, Handlungs- und Nutzungsphase*) umfaßt, erscheint es letztendlich auch zu diesem Zeitpunkt notwendig, entsprechend alle Teilebenen in Abhängigkeit ihres zeitlichen Vorhandenseins bzw. ihrer Beurteilbarkeit zu erfassen. Da zu dem Zeitpunkt der *Nutzungsphase* (nach Kauf- bzw. Übernahmezeitpunkt) **alle drei Akzeptanzebenen durch tatsächliche Größen beschrieben werden können**, ist die *Nutzungsphase* durch die folgenden Ausprägungen gekennzeichnet:

- *tatsächliche Einstellungsebene*:
  Abwägen von nutzungsrelevanten Einstellungsmerkmalen aus *kognitivem Wissen* heraus (Rationalität der Entscheidung) unter Berücksichtigung von *affektiven (bzw. emotionalen) Komponenten*.

- *tatsächliche Handlungsebene*:
  In Verknüpfung zu der gebildeten Einstellung treten **ex-post-Überlegungen zum tatsächlichen Kauf- bzw. Übernahmeverhalten** anhand von respektiv wirkenden Möglichkeiten einer Abmeldung oder Deinstallation des übernommenen Nutzungssystems bzw. eines Systemwechsels hinzu.

- *tatsächliche Nutzungsebene*:
  In Verknüpfung zu der gebildeten Einstellung und des ex-post-orientierten Kauf- bzw. Übernahmeverhaltens tritt aufgrund gewonnener Nutzungserfahrungen die Bewertung der **tatsächlichen Nutzungsbedingungen** hinzu.

---

[234] Vgl. hierzu Rogers, Everett M. (1983), a.a.O., S. 184ff.
[235] Vgl. zu der Vermarktungsproblematik bei Nutzungsgütern/-systemen *Kapitel 1.2.3.*

Vor diesem Hintergrund spiegeln die Komponenten **Einstellungsebene, Handlungsebene** und **Nutzungsebene** die prozeßbedingte Zwischenakzeptanz der *Nutzungsakzeptanz* wider.

> **Nutzungsakzeptanz:**
> Die *Nutzungsakzeptanz* umfaßt die Komponenten einer **Abwägung von nutzungsrelevanten Einstellungsmerkmalen** (Einstellungsebene), mit einer hiermit verknüpften **ex-post-Betrachtung der Handlung eines Kaufs bzw. einer Übernahme** (Handlungsebene, inkl. Implementierung) sowie einer **Bewertung der tatsächlichen Nutzungsbedingungen** (Nutzungsebene).

Innerhalb der „*Nutzung*" wird das zuvor übernommene innovative Nutzungsgut/ -system konkret und aufgabenbezogen bzw. problemorientiert eingesetzt. Der Einsatz ist hierbei abhängig vom individuellen „*Verhalten*" des Anwenders. Hierdurch resultiert aus der **Nutzungsakzeptanz ein erstes Akzeptanz***ergebnis*. Erst jetzt wird deutlich, ob die Nutzungsinnovation den Erwartungen des Nachfragers (Akzeptieres) entspricht und entsprechend fähig ist, die problemorientierten Nutzungsanforderungen zu erfüllen. Respektive hierzu kann prozeßbedingt erst zu diesem Zeitpunkt der *Nutzungsphase* die **Nutzungsabsicht in ein tatsächliches Nutzungsverhalten transformiert** werden, da die *Erfahrungseigenschaften* aus vorgelagerten Prozeßstufen endgültig beurteilt werden können. In diesem Zusammenhang können erst bei der tatsächlichen Nutzung zum Teil verborgene Problemfelder aufgedeckt werden. So kann z. B. die Innovation „Online-Dienst" von den Innovationseigenschaften her überzeugen, die Nutzungsbedingungen der Online-Kommunikationsverbindung wie Kommunikationskosten, Zahl und Lage der Einwahlknoten, kontinuierliche Weiterentwicklung von Serviceleistungen oder die Einfachheit einer Bereitstellung der benötigten Informationen aber erhebliche Mängel aufweisen.

Die *Nutzungsakzeptanz* beinhaltet demnach alle Vorgänge beim Nachfrager (Akzeptierer) zur Bildung des individuellen Erwartungsniveaus, die sich auf eine *psychisch- und physischorientierte Begutachtung in der Nutzungssituation* der Nutzungsinnovation beziehen. Diese Vorgänge bestimmen die Abschlußbeurteilung für eine weitere Verwendung der technologischen Nutzungsinnovation. Hierzu gehören sowohl kognitive wie weniger ausgeprägte affektive Komponenten der *Einstellungsebene*, als Bewertungsanhaltspunkte die Erfahrungen der physischen Begutachtung

Abbildung 20: *Die Nutzungsphase im Akzeptanzmodell (Nutzungsakzeptanz)*

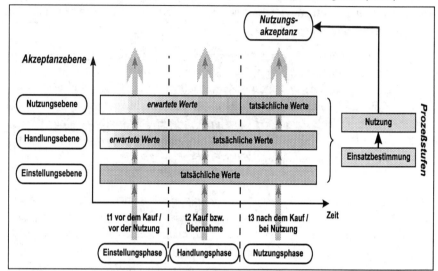

und die situationsspezifischen Komponenten der *Handlungsebene* sowie die Determinanten des konkreten Nutzungseinsatzes der Nutzungsinnovation (*Nutzungsebene*). Die *Nutzungsphase* mit dem Konstrukt der *Nutzungsakzeptanz* wird im Überblick in Abbildung 20 zusammenfassend dargestellt. Eine entsprechende **formale Spezifikation der Nutzungsakzeptanz**, welche als prozessuale Zwischenakzeptanz nicht mit der abschließenden Gesamtakzeptanz gleichgesetzt werden darf, kann auch ausgedrückt werden durch die Beziehung:[236]

$$NA = EE + HE + NE \qquad (III)$$

3.2.2 Die Prozeßebene der Akzeptanzbildung

Werden die drei Teilphasen (*Einstellungs-, Handlungs- und Nutzungsphase*) in einen Gesamtprozeß integriert, so wird deutlich, daß **Hinweise auf die abschließende Gesamtakzeptanz** potentieller Nachfrager (Akzeptierer) bei technologischen Nut-

---

[236] Mit Einstellungsakzeptanz (EA), Einstellungsebene (EE), Handlungsebene (HE) und Nutzungsebene (NE). Zur Unterscheidung von Zwischenakzeptanz und Gesamtakzeptanz vgl. *Kapitel 2.4*.

zungsinnovationen durch ein **Durchlaufen der drei Teilphasen** mit den entsprechenden Zwischenakzeptanzen *Einstellungsakzeptanz, Handlungsakzeptanz* und *Nutzungsakzeptanz* gebildet wird. Der Start dieses Akzeptanz*prozesses* kann, wie bereits festgestellt wurde, sowohl mit einer irrealen bzw. virtuellen Nutzungsinnovation beginnen als auch bei der eigentlichen Markteinführung initiiert werden. Die drei Teilkonstrukte der Akzeptanzbildung, mit den ihnen zugrunde liegenden akzeptanzdefinitorischen Erklärungsebenen in den entsprechenden zeitabhängigen Ausprägungen, werden dabei zu unterschiedlichen Zeitpunkten dominant.

Zu Beginn des Akzeptanzprozesses „vor Kauf/Nutzung" (*Einstellungsphase*) wird der Prozeß durch die Teilstufen *„Bewußtsein", „Interesse"* und *„Erwartung/Bewußtsein"* bestimmt, bei denen im Zusammenhang mit den definitorischen Teilebenen *„Einstellungsebene", „erwartete Handlungsebene"* und *„erwartete Nutzungsebene"* das erste **Teilkonstrukt in Form der Einstellungsakzeptanz** gebildet wird. Anhand dieses ersten Teilkonstruktes einer umfassenden Akzeptanzbildung soll eine **Prognose auf die weiteren Zwischenakzeptanzen** ermöglicht werden. Nach diesem ersten Eckpunkt des Akzeptanzprozesses kommen in der anschließenden *Handlungsphase* (Kauf-/Übernahmezeitpunkt) die Teilstufen *„Versuch/Erfahrung"* (mit einer resultierenden Stufe des *Kaufes bzw. der Übernahme* selbst) und *„Implementierung"*. Im Zusammenhang mit den definitorischen Teilebenen *„Einstellungsebene", „Handlungsebene"* und *„erwartete Nutzungsebene"* wird infolgedessen das zweite **Teilkonstrukt in Form der Handlungsakzeptanz** gebildet. Auch hier soll eine Bestätigung bzw. verbesserte **Prognose** im Hinblick **auf weitere Zwischenakzeptanzen** gewährleistet werden. Nach diesem zweiten Eckpunkt des Akzeptanzprozesses wird die *Handlungsakzeptanz* in der anschließenden *Nutzungsphase* durch das dritte **Teilkonstrukt in Form der Nutzungsakzeptanz** abgelöst. Hierbei treten die Teilstufen *„Einsatzbestimmung"* und *„Nutzung"* in den Vordergrund, welche in Zusammenhang mit den definitorischen Teilebenen *„Einstellungsebene", „Handlungsebene"* und *„erwartete Nutzungsebene"* den vorläufigen Abschluß des Akzeptanzprozesses bilden. Zwar wird auch zu diesem Zeitpunkt noch **keine Gesamtakzeptanz** ermittelt, da diese erst mit dem Ende des gesamten Nutzungsprozesses feststellbar ist, doch als erster Ankerpunkt innerhalb der für Nutzungsgüter/-systeme bedeutenden Nutzungsphase **wird ein erstes zuverlässiges „Akzeptanz*ergebnis*" hinsichtlich Art und Ausmaß der Nutzung** feststellbar. Dabei muß jedoch festgehalten werden, daß die *Nutzungsphase* letztendlich nicht abgeschlossen werden kann, da die innovative Nutzungsinnovation kontinuierlich zum Einsatz kommen soll und dabei neue Problemfelder aufgedeckt werden können. Das könnte eine negative Änderung der *Nutzungsakzeptanz* zur Folge haben. Hierdurch wird die Forderung nach kontinuierlichen Marketingaktivitäten auch nach dem Verkauf einer Nutzungsinnovation nochmals unterstrichen. Dennoch können über eine Erfassung der *Nutzungsphase* im Anschluß an eine erste Einarbeitung durch den Nachfrager (Akzeptierer) in das innovative Nutzungssystem bzw. über eine Erlernung der Bedienung eines Nutzungsgutes zuverlässige Aussagen bezüglich eines akzeptanzorientierten Nutzungsergebnisses und damit des weiteren Verlaufs des Nutzungsprozesses gewonnen werden. Dies bedeutet nicht, daß nicht auch Messungen zu einem späteren Zeitpunkt erforderlich sind, um die Marketing-Aktivitäten ständig anpassen zu können. Einen Überblick über den gesamten Akzeptanzprozeß mit seinen unterschiedlichen Teilphasen, Teilkonstrukten und Teilebenen wird in Abbildung 21 zusammenfassend dargestellt.

Abbildung 21: *Die Prozeßebene des dynamischen Akzeptanzmodells*

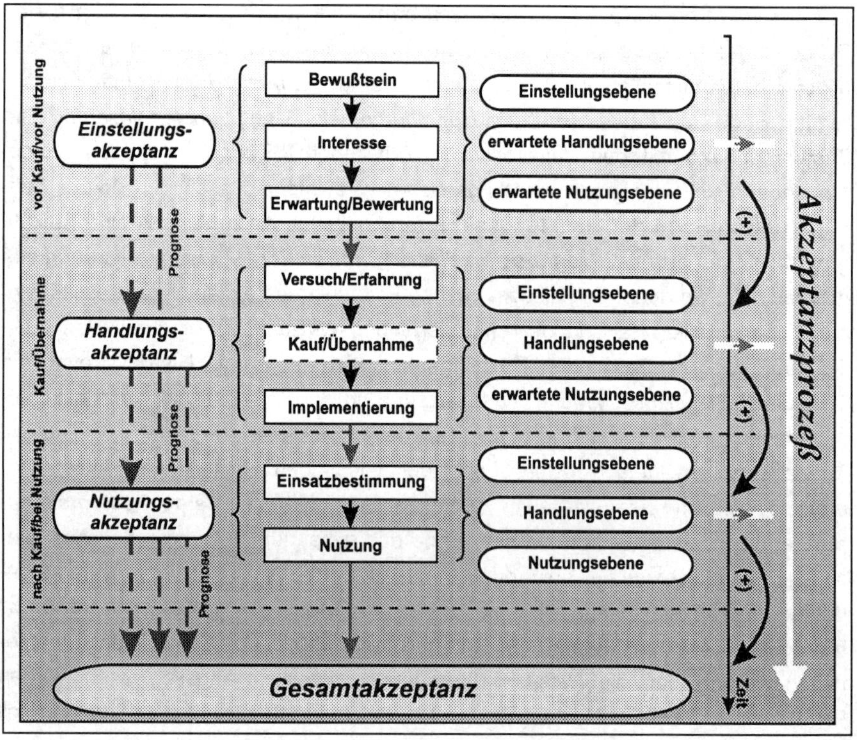

Die Darstellungen zum phasenorientierten Prozeß der Akzeptanzbildung zeigen, daß es sich **beim Phänomen „Akzeptanz" um ein prozessuales Konstrukt handelt**, welches ständigen Veränderungen in seinen Teilebenen ausgesetzt sein kann. Die Besonderheiten der Dynamik spiegeln sich hierbei in den *kausalen Zusammenhängen* innerhalb des Akzeptanzprozesses und damit bezüglich der Zwischenakzeptanzen wider. Durch den Prozeßcharakter der Akzeptanzbildung rückt die Frage nach dessen zeitlichen Durchlauf anhand **kausaler Zusammenhänge** zwischen den Teilkonstrukten der Akzeptanz in den Mittelpunkt der Betrachtung. Die Annahmen zum kausalen Zusammenhang zwischen den drei Teilkonstrukten der Akzeptanz sind insofern bedeutend, als daß über deren Verknüpfung anhand einer verhaltensorientierten Analyse zu jeder Phase eine wirkungsvolle und zuverlässige Prognose hinsichtlich einzelner Zwischenakzeptanzen antizipiert werden soll. Durch die kausalen Zusammenhänge könnten die möglichen Veränderungen bzw. wahrscheinlichen Entwicklungen der Zwischenakzeptanzen und hier insbesondere der Nutzungsakzeptanz prognostiziert werden. Die vor dem Hintergrund der bisherigen Aussagen zum Prozeßcharakter der Akzeptanzbildung notwendig werdende Interpretation der **„Akzeptanz als prozessuales Phänomen"** steht damit im diametralen Gegensatz zu den bisher entwickelten Akzeptanzmodellen der wirtschaftswissenschaftlichen Literatur.[237]

Einer *Begründung der kausalen Zusammenhänge* vorgelagert sind die grundsätzlich möglichen **allgemeinen Verlaufsformen des Akzeptanzprozesses**, welche in Abbildung 22 im Überblick dargestellt werden.[238] Der Durchlauf durch die verschiedenen Teilstufen des Akzeptanzprozesses spiegelt sich besonders in den drei **Teilkonstrukten** *„Einstellungsakzeptanz"*, *„Handlungsakzeptanz"* und *„Nutzungsakzeptanz"* wider, welche die **neuralgischen Eckpunkte des Prozesses** als Abschluß der verschiedenen Prozeßphasen markieren. An diesen Eckpunkten entscheidet sich der weitere Durchlauf hinsichtlich eines Abbruchs bzw. einer Weiterführung des Akzeptanzprozesses. Selbstverständlich besteht grundsätzlich zu jedem Zeitpunkt des Akzeptanzprozesses, d. h. in jeder seiner Teilstufen die *Möglichkeit zum Abbruch*. So könnte z. B. in der Teilstufe *„Bewußtsein"* erkannt werden, daß generell kein Bedarf oder kein Interesse an den neuen Möglichkeiten vorhanden ist. Des weiteren könnten bei der Teilstufe „Versuch/Erfahrung" negative Erfahrungen im

---

[237] Vgl. zur Kritik an den bisherigen Modellansätzen der Akzeptanzforschung *Kapitel 2.4* und *3.1.4*.
[238] Zum Zwecke der Einfachheit der Darstellung wurde nur von einer positiven oder negativen Akzeptanzausprägung ausgegangen.

(Test-)Versuch gemacht werden, so daß die weiteren Teilstufen aufgrund eines Abbruchs nicht mehr erreicht werden. Ferner kann es auf der Stufe der „*Implementierung*" zu Abbruchmöglichkeiten aufgrund einer zu komplizierten oder mangelbehafteten Installationsanforderung an den Anwender kommen. Es wird aber davon ausgegangen, daß sich „negative Teilstufe" entsprechend negativ auf das jeweilige Teilkonstrukt auswirken und daher der Abbruch *konstrukttechnisch* hauptsächlich an den neuralgischen Zeitpunkten „*vor Kauf/Nutzung*", „*Kauf-/Übernahmezeitpunkt*" und „*nach Kauf/Nutzung*" zum Tragen kommt. Respektive dieser Annahmen können diese **kritischen Zeitpunkte bzw. konstruktbedingten Eckpunkte** des Akzeptanzprozesses **als Akzeptanzschranken** interpretiert werden. Diese Akzeptanzschranken manifestieren sich in ihrer Funktion als „*Sollbruchstellen*" in den grundsätzlichen Möglichkeiten einer **positiven oder negativen Ausprägung der Zwischenakzeptanzen**. Dabei kann davon ausgegangen werden, daß lediglich im Falle eines Vorliegens von positiven Zwischenakzeptanzen die „Akzeptanzschranke" übersprungen und der Akzeptanzprozeß fortgesetzt wird (s. Abbildung 23). Entsprechend würde im Falle einer negativen Zwischenakzeptanz der Akzeptanzprozeß abgebrochen. Diese Überlegungen erscheinen verhaltenstheoretisch sinnvoll, da nicht davon auszugehen ist, daß eine negative *Einstellungsakzeptanz* zu einem freiwilligen Kauf der Nutzungsinnovation führt bzw. einer negativen Kauf- bzw. Übernahmeentscheidung (*Handlungsakzeptanz*) eine Nutzung folgt.

Werden die vorhandenen Akzeptanzschranken nicht „übersprungen", sind folgende Verhaltenspositionen hinsichtlich einer unterbrochenen bzw. abgebrochenen Akzeptanzentscheidung denkbar:[239]

- **fortgesetzte Ablehnung**: Der Akzeptanzprozeß wird bewußt abgebrochen und es wird *keine spätere Wiederaufnahme* in Erwägung gezogen.

- **vorläufige Zurückweisung**: Verschiebung der Akzeptanzentscheidung (z. B. über ein Warten auf neue externe Informationen) in die Zukunft mit der Intention, die gegenwärtig betrachtete technologische Nutzungsinnovation eventuell zu einem späteren Zeitpunkt zu akzeptieren.

- **Leapfrogging-Behavior**: Verschiebung der Akzeptanzentscheidung aufgrund eines bewußten Überspringens der gegenwärtig am Markt verfügbaren neue-

---

[239] Vgl. analog zu den Überlegungen bei Adoptions- oder allgemein bei Kaufentscheidungen Pohl, Alexander (1996), a.a.O., S. 81ff. Weiber, Rolf/Pohl, Alexander (1996), a.a.O., S. 675ff. Dieselben (1996), a.a.O., S. 1203ff.

sten (Nutzungs-)Technologie auf eine in der Zukunft erwartete Technologiegeneration.[240]

Aus diesen Überlegungen heraus kann grundsätzlich zum einen ein **negativer Zusammenhang** (negative Ausprägung der Zwischenakzeptanz = Abbruch = negative Gesamtakzeptanz) angenommen werden. Dies bedeutet, daß bei einer negativen Zwischenakzeptanz auch mit negativen Werten bei den darauffolgenden Zwischenakzeptanzen bzw. der Gesamtakzeptanz gerechnet werden kann. Die Verläufe mit einem tendenziell negativen kausalen Zusammenhang sind durch die Fälle I, VI und VIII in Abbildung 22 dargestellt. Zum anderen kann bei einer wirkungsvollen Abbildung aller definitorischen Teilebenen (insbesondere der Nutzungsebene) analog ein **positiver Zusammenhang** (positive Zwischenakzeptanz = Fortsetzung = positive Prognose für Gesamtakzeptanz) vermutet werden. Hier wird aufgrund einer positiven Zwischenakzeptanz auch ein positiver Wert für die nachfolgenden Zwischenakzeptanzen bzw. die Gesamtakzeptanz prognostiziert. Der Fall eines tendenziell positiven Zusammenhanges wird durch die Verläufe II, V und VII in Abbildung 22 abgebildet. *Je besser dabei der Nachweis eines positiven kausalen Zusammenhangs gelingt, desto besser ermöglicht das dynamische Akzeptanzmodell eine wirkungsvolle Akzeptanzprognose.* Daneben könnten aber auch theoriekonträre **Mischformen** des negativen bzw. positiven Zusammenhangs auftreten, welche beispielhaft durch die Verlaufsfälle III und IV angedeutet werden (s. Abbildung 22). Negative Verlaufsformen und Mischformen können anhand des Sonderfalls eines *Nutzungszwanges* auftreten, z. B. durch organisationelle Umstände[241], durch fehlende Alternativen oder durch das Vorliegen existentieller Grundbedürfnisse, da hier auch eine Nutzung bei einer negativen *Einstellungsakzeptanz* bzw. *Handlungsakzeptanz* möglich wäre.[242] Aufgrund des Ausschlusses eines Nutzungszwangs in dieser Arbeit für das Untersuchungsobjekt werden im folgenden Mischformen nicht weiter betrachtet.

---

[240] Vgl. zum Phänomen „*Leapfrogging-Behavior*" insbesondere Weiss, Allen M./John, George (1989): Leapfrogging Behavior and the Purchase of Industrial Innovations, Technical Working Paper des Marketing Science Institute, Report Nr. 89-110, Cambridge/Massachusetts 1989, S. 1ff. Weiber, Rolf/Pohl, Alexander (1994): Leapfrogging bei der Adoption neuer Technologien - Theoretische Fundierung und empirische Prüfung, Arbeitspapier Nr. 2 zur Marketingtheorie des Lehrstuhls für Marketing der Universität Trier, hrsg. von R. Weiber, Trier 1994, S. 12ff. Pohl, Alexander (1996), a.a.O., S. 5ff.

[241] Vgl. *Kapitel 2.1.3* und *2.2.2.1*.

[242] Dieser „Sonderfall" soll innerhalb der folgenden Überlegungen nicht berücksichtigt werden, da im Zuge der hier durchgeführten Betrachtungen zum Zielobjekt der i. d. R. privat genutzten *Nutzungsgüter/-systeme* keine organisatorischen Zwänge vorliegen. Auch ist die Entscheidung zur Übernahme bzw. Nutzung in der Anfangsphase der Diffusion i. d. R. unabhängig vom Vorliegen alternativer Systeme, da zunächst eine grundsätzliche Entscheidung zur Nutzung vorliegt.

Abbildung 22: *Die generell möglichen Verläufe des Akzeptanzprozesses*

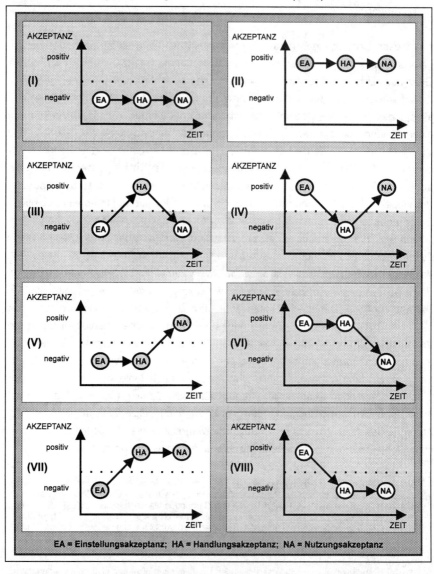

Eine weiteres Problem stellen **rekursive Heilungsprozesse** dar. Unter einem *rekursiven Heilungsprozeß* wird hier das Phänomen verstanden, daß eine negative Zwischenakzeptanz nachträglich positiv ausgelegt wird, da neue externe Informationen zu einer veränderten Grundposition geführt haben. Prozeßtechnisch wird dieser Fall berücksichtigt, indem neue **externe Informationen als Sprungvariable** interpretiert werden, die an eine frühere Stufe bzw. an den Anfang des Akzeptanzprozesses führen und diesen neu in Gang setzen. Hierdurch werden in Abhängigkeit von der Wichtigkeit der Information „angepaßte Zwischenakzeptanz" erreicht, so daß wieder von einer theoriekonformen „Geradlinigkeit" des kausalen Zusammenhangs gesprochen werden kann. Dies gilt allerdings nicht für einen rekursiven Heilungsprozeß in der Nutzungsphase, da der Kaufakt irreversibel ist. Ein Eingeständnis einer Fehlentscheidung bei der *Handlungsakzeptanz* führt daher, aufgrund der Nicht-Beachtung jeglicher Nutzungszwänge (s. o.), zu einer Ablehnung der Nutzung bzw. zu einer Umkehr des Einrichtungsaktes in Form einer Abmeldung bzw. Deinstallation. Aus diesem Grund müssen neue externe Informationen von Seiten des Anbieters der Nutzungsinnovation während des Akzeptanzprozesses möglichst ausgeschlossen werden, um Veränderungen der Zwischenakzeptanzen zu vermeiden. Damit reduzie-

Abbildung 23: *Die zentralen kausalen Zusammenhänge im Akzeptanzprozeß*

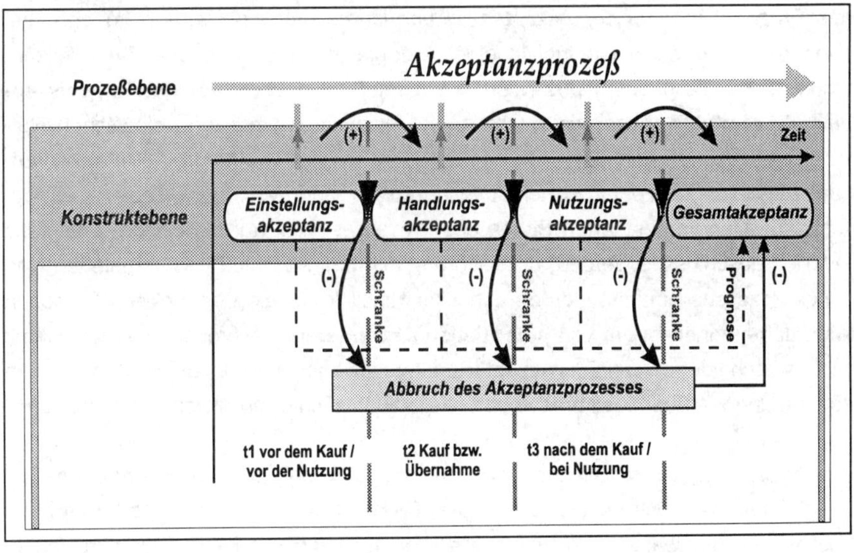

ren sich neue Informationen auf konkrete Erfahrungswerte innerhalb der Nutzungssituation. Die Stabilität der Prognosen anhand der Zwischenakzeptanzen ist demnach davon abhängig, wie umfangreich der Anbieter den Nachfrager mit Informationen zum Kauf und zur Nutzung zu Beginn des Akzeptanzprozesses versorgt. Damit wäre die Dynamik einzig durch Verschiebungen der phasenbezogenen Zwischenakzeptanzen als Folge von Änderungen der inneren Anspruchshaltung bzw. Erfahrungen begründet. In Folge der Ausführungen zu den allgemeinen und speziellen kausalen Zusammenhängen zwischen den drei Teilkonstrukten der Akzeptanz bzw. Zwischenakzeptanzen (Einstellungs-, Handlungs- und Nutzungsakzeptanz) innerhalb des Akzeptanzprozesses bietet die Abbildung 23 eine Zusammenfassung der zentralen Aussagen.

3.2.3 Die Prognoseebene der Akzeptanzbildung

Die **Prognosekraft** des *dynamischen Phasenmodells bei technologischen Nutzungsgütern und -systemen* **ist im Kern davon abhängig, wie exakt die Vorhersage von Akzeptanz bzw. Nicht-Akzeptanz** und damit eine entsprechende Klassifizierung der potentiellen Nachfrager (Akzeptierer) in Verbindung mit Art und Ausmaß deren Akzeptanz schon **zu einem möglichst frühen Zeitpunkt gelingt**. Aufgrund des *Prozeßcharakters der Akzeptanzbildung* ist ein erstes Akzeptanzergebnis erst dann gegeben, wenn die individuellen Akzeptanzbedingungen aller drei Teilkonstrukte (bzw. Teilphasen) positiv erfüllt werden.[243] Ein **zuverlässiger Hinweis auf eine Gesamtakzeptanz** von Nachfragern (Akzeptierern) bei technologischen Nutzungsinnovationen wird demnach erst durch ein **Erreichen aller drei Teilakzeptanzen** *Einstellungsakzeptanz, Handlungsakzeptanz* und *Nutzungsakzeptanz* ermöglicht. Auf allen vorgelagerten Stufen des Prozesses kann auf die Gesamtakzeptanz lediglich geschlossen werden, da diese erst mit dem Abschluß des kompletten Nutzungsprozesses ermittelt werden kann. Im Hinblick auf die betrachteten Personen kann daher zunächst nur von **potentiellen Akzeptierern** gesprochen werden. Damit wird entscheidend, welche Akzeptanzkategorien generell unterschieden werden können und wie übereinstimmend potentielle zu tatsächlichen Akzeptierern werden.

Potentielle Akzeptierer zeichnen sich dadurch aus, daß eine *technologische Nutzungsinnovation* noch nicht über alle drei Teilkonstrukte der Akzeptanz **tatsächlich** positiv bewertet wurde. Erst wenn alle drei Akzeptanzphasen positiv durchlaufen wurden, d. h. die Nutzungsinnovation über tatsächliche Werte positiv bewertet, übernommen bzw. gekauft, implementiert und konkret genutzt wird, kann demnach von

---

[243] Vgl. hierzu *Kapitel 3.2.2.*

Akzeptierern gesprochen werden. Für eine **wirkungsvolle Prognose** hinsichtlich einer Akzeptanz bei technologischen Nutzungsinnovationen sollte es über den Einsatz des dynamischen Phasenmodells gelingen, eine **möglichst hohe Übereinstimmung von *potentiellen* und *tatsächlichen Akzeptierern*** zu erreichen. Vor dem Hintergrund, daß der Markterfolg von Nutzungsinnovationen in besonderer Weise durch die Nutzungsphase bestimmt wird, sollte eine Prognose bereits frühzeitig, d. h. in der Innovationsphase, greifen und eine möglichst gute Identifikation von potentiellen Akzeptierern im Zusammenhang mit deren quantitativem Ausmaß (Nutzungshäufigkeit/-intensität) einer positiven Akzeptanz ermöglichen. Da das Akzeptanzkonstrukt und auch die Teilkonstrukte in dieser Arbeit als **Variable mit kontinuierlicher Ausprägung (bzw. Ausprägungsintervall)** definiert wurden, ist im folgenden keine Punkt-, sondern eine Intervallprognose sinnvoll.[244] Die konkreten Ausprägungswerte lassen sich jedoch erst in der spezifischen Anwendungssituation vor dem Hintergrund des empirischen Meßansatzes[245] bestimmen, so daß hier vorgeschlagen wird, folgende Akzeptanzkategorien nach dem Ausmaß der Erfüllung von Anforderungen der Nutzungsakzeptanz zu unterscheiden:

- (potentielle/tatsächliche) **Akzeptierer**
  Akzeptierer beurteilen alle drei Teilakzeptanzen und insbesondere auch die *Nutzungsakzeptanz* positiv. Es kommt zu uneingeschränkten Zwischenakzeptanzen hinsichtlich der technologischen Nutzungsinnovation, welche **mit hoher Nutzungshäufigkeit/-intensität** genutzt wird.

- (potentielle/tatsächliche) **Indifferente**
  Indifferente beurteilen lediglich Teilakzeptanzen positiv, besonders über die *Nutzungsakzeptanz* sind Unsicherheiten vorhanden, so daß die technologische Nutzungsinnovation mit nur **mittlerer bis geringer Nutzungshäufigkeit/-intensität** genutzt wird.[246]

- (potentielle/tatsächliche) **Nicht-Akzeptierer**
  Nicht-Akzeptierer beurteilen alle Teilakzeptanzen und insbesondere auch die *Nutzungsakzeptanz* als negativ. Die technologische Nutzungsinnovation wird nicht genutzt bzw. überhaupt nicht angeschafft.

---

[244] Vgl. zu Definition insbesondere *Kapitel 2.4*.
[245] Vgl. hierzu *Kapitel 5*.
[246] Der Fall, daß bei der Gruppe der *Indifferenten* Teilakzeptanzen positiv beurteilt werden, die *Nutzungsakzeptanz* jedoch unbestimmt ist, kann z. B. dadurch auftreten, daß die Übernahmebedingungen derart günstig waren (z. B. durch einen niedrigen Preis oder Schenkung), daß die negativen Nutzungsbedingungen als weniger wichtig bewertet werden. Von der eigentlichen Nutzungsentscheidung wird aber dennoch abgesehen.

Um eine Prognose zu ermöglichen, wird die Gültigkeit obiger Klassifikation *ex-ante* als auch *ex-post* unterstellt. Unterschiede kommen nur bei der zeitlichen Ausprägung zum Tragen, da ex-ante nur eine potentielle, ex-post eine tatsächliche Klassifikation in die drei Gruppen möglich ist. **Ziel der Klassifizierung in Akzeptanzkategorien** ist es, möglichst **homogene Akzeptanzgruppen** aus heterogenen potentiellen Akzeptierern zu bilden, die durch ein gleiches Ausmaß bezüglich eines Nutzungsverhaltens gekennzeichnet sind. Hierdurch sollen idealtypische Akzeptiererbilder entworfen werden, an denen sich die Marketingbemühungen orientieren können. Durch die Analyse der positiven bzw. negativen Akzeptanzdeterminanten der einzelnen Kategorien lassen sich allgemeine Hinweise für Marketingaktivitäten extrahieren, welche zu einer positiven Beeinflussung aller Akzeptanzebenen führen können.

Abbildung 24: *Die Prognoseebene der Akzeptanzbildung*

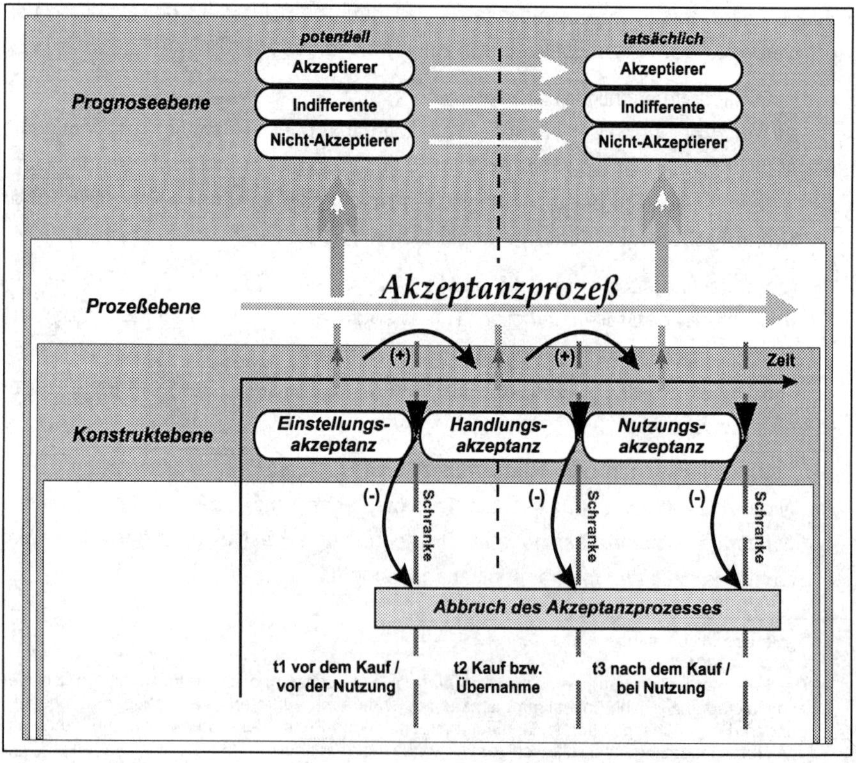

3.3 Die Einflußdeterminanten des Akzeptanzprozesses

Die **Einflußdeterminanten des Akzeptanzprozesses** beziehen sich vor dem Hintergrund der bisherigen Ausführungen als **Inputgrößen auf alle Teilphasen und alle Teilebenen des Akzeptanzprozesses**. Diese Einflußdeterminanten wirken dabei simultan, wobei in einer empirischen Untersuchung mögliche unterschiedliche Dominanzwerte von Einflußdeterminanten in bezug auf einzelne Teilbereiche untersucht werden müßten. Unter diesem Vorbehalt werden daher im folgenden generell mögliche Einflußdeterminanten des Akzeptanzprozesses und seiner einzelnen Teilebenen bzw. -phasen erfaßt. Im Sinne eines grundsätzlich gültigen Akzeptanzmodells werden an dieser Stelle **Grunddeterminanten** dargestellt, d. h., daß die vorgestellten Einflußgrößen **hinsichtlich des Untersuchungsobjektes angepaßt und eventuell sogar erweitert werden müssen**. Aus diesem Grund kann an dieser Stelle nicht auf die Operationalisierung der Einflußgrößen eingegangen werden, da diese bezüglich des Untersuchungsobjektes dieser Arbeit zu einem späteren Zeitpunkt konkretisiert werden.[247] Die allgemeinen Grunddeterminanten können zum einen anhand der Charakteristika technologischer Nutzungsinnovationen, welche durch die Bereiche *Technologie*, *Nachfrager* und *Markt* beschrieben werden konnten[248], zum anderen durch die allgemeine Unterteilung in *produkt-*, *adopter-* bzw. *akzeptierer-* und *umweltbezogene Einflußgrößen* der klassischen Adoptionstheorie extrahiert werden.[249] Die Zuordnung der einzelnen Einflußgrößen erfolgt dabei anhand einer dominanten Zugehörigkeit der verschiedenen Determinanten zu den einzelnen Einflußbereichen.

3.3.1 Produktbezogene Determinanten

In bezug auf die **produktbezogenen Determinanten** handelt es sich um Einflußgrößen, deren Wahrnehmung primär durch das Zielobjekt „Produkt" bzw. „Innovation" beeinflußt wird. Sollte der Akzeptanzprozeß zum Zeitpunkt eines Nicht-Vorhandenseins der Nutzungsinnovation starten, sind die Determinanten dementsprechend lediglich antizipierbar. In der Literatur zum Adoptionsprozeß werden zahlreiche

---

[247] Vgl. für eine Auswahl und Operationalisierung der Einflußdeterminanten hinsichtlich des Untersuchungsgegenstandes dieser Arbeit *Kapitel 5.2*.
[248] Vgl. hierzu *Kapitel 1.2.3*.
[249] Vgl. stellvertretend Weiber, Rolf (1992), a.a.O., S. 4ff.

Determinanten angeführt und diskutiert.[250] Dabei stehen die Größen „*Relativer Vorteil*", „*Kompatibilität*", „*Komplexität*", „*Erprobbarkeit*" und „*Kommunizierbarkeit*" im Mittelpunkt:[251]

- Der **relative Vorteil** spiegelt den Grad wider, mit dem eine Nutzungsinnovation zur individuellen Bedürfnisbefriedigung im Vergleich zu bisher verwendeten Technologien oder anderen innovativen Produktalternativen als besser wahrgenommen wird. Es kommt demnach nicht auf die objektive Beurteilung an, sondern vielmehr auf die subjektive Wahrnehmung von Vorteilen der technologischen Nutzungsinnovation. Auch wenn die Subjektivität akzeptiererspezifisch verschieden ist und man somit den Standpunkt vertreten könnte, die Determinante „*relativer Vorteil*" zu dem adopter- bzw. akzeptiererbezogenen Bereich zu zählen, so bezieht sich diese Komponente doch in erster Linie auf das Zielobjekt „Produkt" selbst, so daß die Anführung unter dem produktbezogenen Bereich vertretbar erscheint.

- Die **Kompatibilität** spiegelt den Grad wider, mit dem eine Nutzungsinnovation als vereinbar mit bestehenden Werten, Normen, Erfahrungen und Bedürfnissen des Nachfragers wahrgenommen wird.

- Die **Komplexität** spiegelt den Grad wider, mit dem eine (Nutzung-)Innovation als schwer faßbar wahrgenommen wird. Es ist davon auszugehen, daß die Komplexität tendenziell umso höher erscheint, je höher auch die technische Neuartigkeit des Produktes subjektiv empfunden wird, je dynamischer die Neuerungsprozesse verlaufen, je schwieriger sich die Antizipation der Konsequenzen einer Adoption gestaltet und je höher das Investitionsvolumen ausfällt. Das wahrgenommene Ausmaß des Produktattributs „*Komplexität*" hängt in besonderem Maße von der individuellen Faßbarkeit ab, d. h. dem Beurteilungsvermögen des potentiellen Akzeptierers. Vor diesem Hintergrund wird ein Nachfrager mit einem relativ hohen Kenntnisstand bezüglich der (Nutzungs-)

---

[250] Vgl. Tornatzky, Louis G./Klein, Katherine J. (1982), a.a.O., S. 28ff. Labay, Duncan G./Kinnear, Thomas C. (1981): Exploring the Consumer Decision Process in the Adoption of Solar Energy Systems, in: Journal of Consumer Research, Heft 4, 8 (1981), S. 271f. Ostlund, Lyman E. (1974): Perceived Innovation Attributes as Predictors of Innovativeness, in: Journal of Consumer Research, Heft 9, 1 (1974), S. 24. Rogers, Everett M. (1983), a.a.O., S. 210ff. Steffenhagen, Hartwig (1975): Industrielle Adoptionsprozesse als Problem der Marketingforschung, in: Meffert, Heribert (Hrsg.): Marketing heute und morgen, Wiesbaden 1975, S. 113ff. Weiber, Rolf (1992), a.a.O., S. 5f.

[251] Vgl. zu den folgenden Aspekten stellvertretend Rogers, Everett M. (1983), a.a.O., S. 210ff. Weiber, Rolf (1992), a.a.O., S. 5f. Die Determinanten sind nicht als unabhängige Größen zu betrachten, sondern als Kristallisationsgrößen der produktbezogenen Determinanten.

Innovation eine tendenziell geringere Komplexität wahrnehmen als ein Nachfrager, dem der Kenntnisstand weitestgehend fehlt, da letzterer hierdurch auch die Antizipation der Konsequenzen nur eingeschränkt vornehmen kann.

- Die **Erprobbarkeit** spiegelt den Grad wider, mit dem sich eine Nutzungsinnovation durch den Akzeptierer vorab testen läßt. Mit der Durchführung von Tests zur Eignung der Innovation kann die mit der Adoption verbundene Unsicherheit reduziert werden. Ebenso wird eine verbesserte Antizipation der Konsequenzen möglich, da durch Tests weiteres Informationsmaterial unverbindlich gesammelt werden kann.

- Die **Kommunizierbarkeit** spiegelt den Grad wider, mit dem sich die *Neuprodukteigenschaften* potentiellen Akzeptierern bekannt machen lassen. Hierbei ist davon auszugehen, daß sich bei einer relativ einfachen Kommunizierbarkeit eine tendenziell höhere Akzeptanzausprägung für die Nutzungsinnovation ergibt, da hierdurch der Kenntnisstand potentieller Akzeptierer erhöht wird.

Durch die hohe Bedeutung der *Nutzungsebene* für die Akzeptanz bei technologischen Nutzungsinnovationen (z. B. Multimedia-Systeme) müssen neben den bis zur Übernahme (Kauf) wirksamen Determinanten insbesondere auch produktbezogene **Determinanten der Innovationsnutzung** berücksichtigt werden. Hierzu gehört insbesondere die *Nutzungsbereitschaft der technologischen Nutzungsinnovation*:

- Die **Nutzungsbereitschaft** spiegelt den Grad wider, mit der eine technologische Nutzungsinnovation den individuellen Nutzungsanforderungen gerecht wird (Problemlösungsbeitrag). Die Determinante „*Nutzungsbereitschaft*" steht für den *Erfüllungsgrad* der Nutzungsinnovation in bezug auf den konkreten und individuellen problemorientierten Einsatz beim potentiellen Akzeptierer. Der Erfüllungsgrad ist dabei abhängig vom flexiblen Problemlösungspotential einer Nutzungsinnovation.

Die Abgrenzung zwischen der **Nutzungsbereitschaft** und dem *„relativen Vorteil"* wird hier dahingehend vollzogen, als daß sich der **relative Vorteil** auf die *Handlungsebene* bezieht und von der Grundintention *nicht* die *Nutzungsebene* umschließt. Dies wird dadurch deutlich, daß selbst wenn Nutzungsinnovationen aufgrund eines hohen *relativen Vorteils* gegenüber anderen Alternativen gekauft werden, dennoch der konkrete Nutzungseinsatz über die Akzeptanz entscheidet. Ausschlaggebend ist daher nicht der *relative Vorteil* zum Zeitpunkt der Kaufentscheidung, sondern vielmehr der konkrete Nutzenvorteil beim kontinuierlichen Einsatz der Nutzungsinnovation. Die *Nutzungsbereitschaft* der Nutzungsinnovation kann also als übergeordnete bzw. substituierende Größe interpretiert werden, die auf den „*relativen Vorteil*" vor dem Kauf zurückwirkt. Ferner kommt es bei dem „*relativen Vorteil*" auf einen Vergleich mit anderen verfügbaren Innovationsalternativen bzw. mit früheren Technologien an. Dieser Vergleich entfällt in der *Nutzungsphase*, da der potentielle Akzeptierer lediglich die tatsächlich übernommene Nutzungsinnovation mit seinen Nutzungsanforderungen vergleicht und durch die bereits durchgeführte Übernahme *nicht* an einem Vergleich mit anderen Alternativen interessiert ist.

Die Abgrenzung zwischen der **Nutzungsbereitschaft** und der „*Kompatibilität*" ist in erster Linie in dem Betrachtungsfokus beider Konstrukte zu sehen. Während sich die **Kompatibilität** auf Variablen des eigentlichen Kaufentscheidungszeitpunktes bezieht, betrachtet die Nutzungsbereitschaft das flexible Anpassungspotential der Nutzungsinnovation auf sich ständig verändernde Nutzungsanforderungen. Natürlich können beide Argumente auch als Kompatibilitätsdeterminanten interpretiert werden; dennoch ergeben sich anhand des Ausgangspunktes der Kompatibilitätsprobleme eindeutige Unterschiede. Im Fall der *klassischen Kompatibilität* (Adoptionsprozeß) resultieren die Anpassungsprobleme aus dem Produkt; die *Nutzungsbereitschaft* hat ihren Ausgangspunkt demgegenüber beim Anwender, welcher selbst durch die eigene Weiterentwicklung der Nutzungsansprüche neue Anforderungsgrundlagen formuliert und damit Anpassungsprobleme hervorruft.

Insgesamt kann festgestellt werden, daß die Determinanten „*relativer Vorteil*", „*Kompatibilität*", „*Erprobbarkeit*", „*Kommunizierbarkeit*" und „*Nutzungsbereitschaft*" tendenziell mit der Akzeptanzausprägung in einem *positiven Zusammenhang* stehen. Der positive Zusammenhang bedeutet an dieser Stelle, daß je höher die Determinantenausprägung ist, desto höher auch die Akzeptanzausprägung erwartet werden kann. Demgegenüber steht die Komponente „*Komplexität*" tendenziell in einem *negativen Zusammenhang* mit der Akzeptanzausprägung. Je höher die Komplexität ist, desto geringer fällt die Akzeptanzausprägung aus. Neben den aufgeführten Determinanten, welche von **grundlegender Bedeutung** für die Akzeptanz von Nutzungsinnovationen sind, existieren jedoch auch weitere produktbezogene Einflußgrößen, die in einer Übersicht in Tabelle 4 dargestellt sind.

Tabelle 4: *Die produktbezogenen Determinanten des Akzeptanzprozesses*

Determinanten	Definition	Relevanz für technologische Innovationen
1. Relativer Vorteil	Ausmaß, mit dem eine Nutzungsinnovation zur individuellen Bedürfnisbefriedigung im Vergleich zu bisher verwendeten oder anderen innovativen Produktalternativen als besser wahrgenommen wird	Die Vorteilhaftigkeit einer technologischen Nutzungsinnovation stellt oftmals ein zentrales Akzeptanzkriterium dar. => **bedeutendes Kriterium**
2. Kompatibilität	Ausmaß, mit dem eine Nutzungsinnovation als vereinbar mit bestehenden Werten, Normen, Erfahrungen und Bedürfnissen des Nachfragers wahrgenommen wird	Die Kompatibilität einer technologischen Nutzungsinnovation kann ein K.o.-Kriterium bei der Akzeptanzentscheidung darstellen. => **bedeutendes Kriterium**
3. Komplexität	Ausmaß, mit dem eine Nutzungsinnovation als schwer faßbar wahrgenommen wird	Technologische Nutzungsinnovationen werden als hoch komplex wahrgenommen. => **bedeutendes Kriterium**
4. Erprobbarkeit	Ausmaß, mit dem sich eine Nutzungsinnovation durch den Akzeptierer vorab testen läßt	Bei technologischen Nutzungsinnovationen geht von der Möglichkeit der Erprobbarkeit vor der eigentlichen Kaufentscheidung eine hohe akquisitorische Wirkung aus. => **bedeutendes Kriterium**
5. Kommunizierbarkeit	Ausmaß, mit dem sich die Neuprodukteigenschaften potentiellen Akzeptierern bekanntmachen lassen	Durch eine hohe Kommunizierbarkeit können Unsicherheitspositionen der Nachfragerseite abgebaut oder zumindest reduziert werden. => **bedeutendes Kriterium**
6. Nutzungsbereitschaft	Ausmaß, mit dem eine Nutzungsinnovation den individuellen Nutzungsanforderungen gerecht wird	Durch eine hohe Nutzungsbereitschaft erhöht sich die *Flexibilität* bzw. der *Erfüllungsgrad* der Nutzungsinnovation in bezug auf den kontinuierlichen problemorientierten Einsatz. => **bedeutendes Kriterium**
7. Unsicherheit	Ausmaß, mit dem ein potentieller Akzeptierer die Nichterreichung seiner Kaufziele befürchtet	Die Unsicherheit ist hochgradig dafür verantwortlich, ob es zur Übernahme oder zur Ablehnung einer technologischen Nutzungsinnovation kommt. => **bedeutendes Kriterium**
8. Kosten	Ausmaß, mit dem der Einkaufspreis, die Umstellungskosten und die Folgekosten als der Nutzungsinnovation angemessen angesehen werden	Aufgrund der meist hohen Wertdimension spielen die mit der technologischen Nutzungsinnovation verbundenen Kosten eine bedeutende Rolle. => gehen in die Größe der *Rentabilität* ein
9. Teilbarkeit	Ausmaß, mit dem eine Nutzungsinnovation zu einer bestimmten Stückzahl vor der Übernahme getestet werden kann	Technologische Nutzungsinnovationen werden oft in nur geringen Stückzahlen gekauft. => gehen in die Größe der *Erprobbarkeit* ein
10. Rentabilität	Verhältnis von Ertrag bzw. Nutzen und Kosten, welches durch eine Nutzungsinnovation bestimmt wird	Die Bewertung technologischer Nutzungsinnovationen erfolgt i. d. R. auf Basis von Kosten/Nutzen-Kalkulationen. => geht in die Größe des *relativen Vorteils* ein
11. Beobachtbarkeit	Ausmaß, mit dem die Neuprodukt- und Nutzungseigenschaften für potentielle Akzeptierer überhaupt wahrnehmbar sind	Zahlreiche Neuprodukt- oder Nutzungseigenschaften sind für den Nachfrager bei technologischen Nutzungsinnovationen nicht beobachtbar. Diese werden jedoch durch den Anbieter entsprechend kommuniziert. => geht in die Größe *Kommunizierbarkeit* ein

in Weiterführung von: Pohl, Alexander (1994), S. 44.

3.3.2 Akzeptiererbezogene Determinanten

Bei den **akzeptiererspezifischen Determinanten** kann zwischen *konsumenten-* und *unternehmensbezogenen* Einflußgrößen unterschieden werden, die für technologische Nutzungsinnovationen gleichermaßen relevant sein können und daher im folgenden behandelt werden.[252]

3.3.2.1 Konsumentenbezogene Determinanten

Innerhalb der **konsumentenbezogenen Determinanten** können insbesondere allgemeine Akzeptierermerkmale wie *sozio-ökonomische* und *psychographische* Merkmale sowie Kriterien des *beobachtbaren Kaufverhaltens* und des *tatsächlichen Nutzungsverhaltens* als Einflußgrößen der Akzeptanz analysiert werden.[253] Diese Einflußgrößen spielen als *externe Modelleinflüsse* auch hinsichtlich einer Übereinstimmung der vorgenommenen Kategorisierungen eine Rolle.[254] Zu den **sozio-ökonomischen Variablen** gehören hierbei Angaben über das Individuum sowie das Alter und Geschlecht, über den sozialen Status und den Familienlebenszyklus ebenso wie geographische Kriterien (vgl. Tabelle 5). Diese Variablen sollen Voraussetzungen aufzeigen, die eine ökonomische Akzeptanz beim Individuum grundsätzlich erst möglich machen.[255] So können beispielsweise das Alter oder die Berufsgruppe eines potentiellen Nachfragers Prämissen für eine Akzeptanz sein (sozio-ökonomische Kriterien) oder Innovationen werden von Anfang an für bestimmte Regionen entwickelt, wie z. B. Schneekanonen für die Alpenregionen (geographisches Kriterium).[256]

Zu den **psychographischen Variablen** gehören individuelle Bestimmungsfaktoren, die für die Verhaltensweisen und -ursprünge eines Menschen verantwortlich sind,

---

[252] Vgl. Weiber, Rolf (1992), a.a.O., S. 6f.
[253] Diese Größen werden vielfach auch als Kriterien zur Marktsegmentierung herangezogen. Vgl. Freter, Hermann (1983): Marktsegmentierung, Stuttgart 1983, S. 43ff. Kotler, Philip/Bliemel, Friedhelm (1995), a.a.O., S. 418ff. Müller-Hagedorn, Lothar (1990): Einführung in das Marketing, Darmstadt 1990, S. 27f. Meffert, Heribert (1986), a.a.O., S. 245ff. Nieschlag, Robert/Dichtl, Erwin/Hörschgen, Hans (1994): Marketing, 17. Auflage, Berlin 1994, S. 82ff.
[254] Vgl. hierzu *Kapitel 3.2.3*.
[255] Die sozio-ökonomischen Variablen stellen hierbei keine feststehenden Größen dar, sondern können sich im Zeitverlauf des Akzeptanzprozesses ändern. Im Rahmen der Marktsegmentierung führt dies zu Segmentverschiebungen und -wanderungen. Vgl. hierzu insbesondere Günter, Bernd (1990): Markt- und Kundensegmentierung in dynamischer Betrachtungsweise, in: Kliche, Mario (Hrsg.): Investitionsgütermarketing - Positionsbestimmung und Perspektiven, Wiesbaden 1990, S. 120ff.
[256] Vgl. ähnlich Freter, Hermann (1983), a.a.O., S. 56.

wie z. B. der Lebensstil und die Persönlichkeit (allgemeine Persönlichkeitsmerkmale) sowie Wahrnehmung, Motive, Einstellungen, Erwartungen, Präferenzen und Kaufabsichten (Merkmale mit Bezug auf die Nutzungsinnovation).[257] Neben den Konstrukten der Einstellung und der Kaufabsicht spielen beim Akzeptanzprozeß besonders die **Erwartungen** der potentiellen Akzeptierer gegenüber dem Produkt und seinen Eigenschaften eine wichtige Rolle.[258] Gerade die Nutzungsebene der Akzeptanz kann durch 2/3 des Akzeptanzprozesses lediglich über Erwartungen erfaßt werden. Durch die Erwartungen werden individuelle Maßstäbe entwickelt, anhand derer die Nutzungsinnovation gemessen wird. Diese Erwartungen orientieren sich am jeweiligen Wissensstand des potentiellen Akzeptierers. Erwartungen unterliegen demnach einem ständigen Wandel in Abhängigkeit der aufgenommenen Informationen. Die Erwartungen können daher als **Akzeptanzschranke**[259] interpretiert werden: Wenn der Akzeptierer glaubt, daß die Nutzungsinnovation seine Erwartungen erfüllen wird, dann erfolgt die Übernahme; bleibt sie in der subjektiven Betrachtung vermeintlich hinter den Erwartungen zurück, erfolgt dementsprechend keine Akzeptanz.[260]

Zu den **Kriterien des beobachtbaren Kaufverhaltens** zählen - neben der Mediennutzung bei der Informationsaufnahme und der Wahl der Einkaufsstätte - insbesondere die Variablen „Preisverhalten" und „Produktwahl". Bei der **Produktwahl** spielt das bisherige Ausstattungsniveau eine bedeutende Rolle. Personen, die schon über eine bestimmte Ausstattung im Hinblick auf die zu akzeptierende Nutzungsinnovation verfügen, können auf einen gewissen Erfahrungshorizont zurückgreifen. Durch diesen Erfahrungshorizont können diese Personen schon vorhandene Maßstäbe bzw. Beurteilungskriterien als Individuen anwenden, für welche die Nutzungsinnovation in keinem Zusammenhang mit bisherigen Anschaffungen steht. Die Produktwahl spiegelt sich dabei z. B. in der Markentreue, der Kaufhäufigkeit oder dem Verwenderstatus wider. Darüber hinaus ist das Ausstattungsniveau verantwortlich für die Dringlichkeit der Neuanschaffung.[261] Bei dem **Preisverhalten** potentieller Akzeptierer lassen sich Gruppen mit einer relativ hohen bzw. niedrigen Preiselastizität unterscheiden.[262] Personen mit einer eher preiselastischen Nachfrage reagieren auf die

---

[257] Vgl. Müller-Hagedorn, Lothar (1986), a.a.O., S. 28.
[258] Vgl. *Kapitel 3.2.1.1.*
[259] Vgl. zur Prozeßbedeutung von Akzeptanzschranken insbesondere *Kapitel 3.2.2.*
[260] Die klassische Adoptionstheorie trägt diesen Umständen nur bedingt Rechnung, da das Konstrukt der „Erwartungen" lediglich unter anderen adopterspezifischen Variablen aufgeführt wird, ohne im Adoptionsprozeß als eigenständige Größe berücksichtigt zu werden. Vgl. *Kapitel 3.2.1.1.*
[261] Vgl. zum Aspekt „Produktwahl" insbesondere Pohl, Alexander (1994), a.a.O., S. 52.
[262] Vgl. zur Preiselastizität z. B. Varian, Hal R. (1989), a.a.O., S. 99ff. und *Kapitel 3.5.*

Tabelle 5: *Konsumentenbezogene Einflußgrößen des Akzeptanzprozesses bei Nutzungsinnovationen*

Trenddimensionen	Untergruppen	Beispiele
Sozio-ökonomische Kriterien	• Individualspezifische Größen	• Geschlecht • Alter • Nationalität
	• Soziale Schicht	• Einkommen/Kaufkraft • Ausbildung • Berufsgruppe
	• Familienlebenszyklus	• Familienstand • Alter der Ehepartner • Zahl und Alter der Kinder
	• Geographische Kriterien	• Wohnortgröße • Region/Gebiet • Bevölkerungsdichte
Psychographische Kriterien	• Allgemeine Persönlichkeitsmerkmale	• Lebensstil • Persönlichkeit
	• Merkmale mit Bezug auf die Nutzungsinnovation	• Wahrnehmung • Motive • Einstellungen/Präferenzen • Erwartungen • Kaufabsichten
Kriterien des beobachtbaren Kaufverhaltens	• Preisverhalten	• Preiselastizität der Nachfrage/ Inflationsberücksichtigung • Preisklasse
	• Produktwahl	• Erfahrungen mit der Produktkategorie • Markentreue • Kaufhäufigkeit • Verwenderstatus • Verwendungsrate
	• Mediennutzung	• Umfang und Art der Nutzung • Nutzungsintensität
	• Einkaufsstättenwahl	• Art der Betriebsform • Geschäftstreue
Kriterien des tatsächlichen Nutzungsverhaltens	• Nutzungsverhalten	• Nutzungszufriedenheit • Problembewußtsein • Nutzungssituation • Nutzungshäufigkeit • Nutzungswichtigkeit • Nutzungswirksamkeit

in Anlehnung an: Freter, Hermann (1983), S. 46.

mit relativ hohem Preis am Markt offerierte Nutzungsinnovation eher reservierter als Personen mit einer preisunelastischen Nachfrage (z. B. durch Dringlichkeit der Anschaffung).

Neben diesen Determinanten, welche aus der klassischen Adoptionstheorie übernommen werden können, treten nun innerhalb des Akzeptanzprozesses im Zuge der *Nutzungsphase (Nutungsakzeptanz)* Kriterien des **tatsächlichen Nutzungsverhaltens** hinzu. Das beobachtbare Nutzungsverhalten ist dabei abhängig von der **Nutzungshäufigkeit**, d. h. mit welcher **Nutzungsintensität** das Nutzungssystem tatsächlich genutzt wird. Je höher die Nutzungshäufigkeit bzw. -intensität, desto positiver ist tendenziell auch das Nutzungsverhalten und damit die *Nutzungsakzeptanz*. Ferner ist der *Zufriedenheitsanspruch* eine wesentliche Determinante des Nutzungsverhaltens. Je höher der **Zufriedenheitsgrad bei der Nutzung (konkreter Erfahrungswert)** der Nutzungsinnovation, desto positiver ist auch das Nutzungsverhalten bzw. die *Nutzungsakzeptanz*. Als Einflußfaktoren einer Bildung des tatsächlichen Nutzungsverhaltens kann das *Beurteilungs-Know-how* des potentiellen Akzeptierers angeführt werden, welche mit der produktbezogenen Kompliziertheit und der Komplexität des Systems (z. B. von Bedienungselementen) korreliert. Ein weiterer Einflußfaktor kann in dem *Problembewußtsein* des potentiellen Akzeptierers identifiziert werden. Erst wenn Probleme auftreten, identifiziert und bewußt werden, kann eine Begutachtung des Problemlösungspotentials der Nutzungsinnovation als Akzeptanzkriterium erfolgen. Von diesem Problembewußtsein ist auch die **Nutzungswirksamkeit** abhängig, die eine Relation zwischen dem subjektiv wahrgenommenen Lernaufwand für die Bedienung und der Problemlösungsfähigkeit des Systems widerspiegelt (Ziel/Mittel-Relation). Die Nutzungswirksamkeit wird hierbei auch vor dem Hintergrund der **Nutzungswichtigkeit** betrachtet, d. h. der Notwendigkeit einer Systemnutzung zur Bewältigung einer konkreten Problemsituation.

Während der *Einstellungsphase (Einstellungsakzeptanz) und der Handlungsphase (Handlungsakzeptanz)* kann aufgrund einer Erwartungsbildung bzw. Nutzungs*absicht* nur das **potentielle Nutzungsverhalten** erfaßt werden.[263] Hierzu gehören Angaben zur *potentiellen Nutzungshäufigkeit* bzw. *potentiellen Zufriedenheit* bei einer Erfüllung der individuellen Nutzungserwartungen. Ferner kann von der Zahl der geäußerten Ausbauwünsche bzw. Verbesserungsvorschläge auf das tatsächliche Nut-

---

[263] Vgl. zum Vorliegen einer *erwarteten Nutzungsebene* in den ersten beiden Teilphasen des Akzeptanzprozesses insbesondere *Kapitel 3.2.1.1* und *3.2.1.2*.

zungsverhalten geschlossen werden. Das potentielle Nutzungsverhalten bleibt hierbei jedoch unter dem Vorbehalt der tatsächlichen Nutzungssituation. Einflußfaktoren des potentiellen Nutzungsverhaltens wären ferner das *Bewußtsein von Nutzungsbedingungen* als Erkennung eindeutiger Anwendungsmöglichkeiten. Diese Nutzungsbedingungen können vorgegeben oder durch individuelle Vorstellungen des potentiellen Akzeptierers gebildet werden. Potentielle Akzeptierer können demnach vorgegebene Nutzungsmöglichkeiten bewerten oder eigene Vorstellungen von Nutzungsmöglichkeiten angeben (Ausbauwünsche/Verbesserungsvorschläge).

3.3.2.2 Unternehmensbezogene Determinanten

Bei den **unternehmensbezogenen Determinanten** lassen sich generell drei Gruppen von Merkmalen unterscheiden, von denen ein bedeutsamer Einfluß auf das Akzeptanzverhalten bei Nutzungsinnovationen ausgeht (s. Tabelle 6). Hierzu gehören die *organisationsspezifischen*, *Buying-Center-spezifischen* und *entscheidungsträgerspezifischen* Größen, welche im folgenden näher zu beschreiben sind.[264]

Die grundlegende unternehmensbezogene Akzeptanzneigung ergibt sich anhand **organisationsspezifischrn Größen**. Hierzu gehören Daten über die Unternehmensgröße, die Organisationsstruktur, die Branche, den Standort, die wirtschaftliche Lage des Unternehmens und die Nationalität.[265] Insbesondere die Organisationsstruktur hat einen wesentlichen Einfluß auf die *Handlungs- und Nutzungsakzeptanz* technologischer Nutzungsinnovationen. So wirkt eine *bürokratische Organisation* eher akzeptanzhemmend, während eine *innovative Organisation*, welche durch hohe fachliche Kompetenz und Aufgabenkomplexität, Gruppenverantwortung, einen offenen Informationsaustausch, starke Eigenkontrolle und ein geringes Niveau an Formalisierung der Arbeitsabläufe gekennzeichnet ist, eher als akzeptanzfördernd bezeichnet werden kann.[266] Hier spielt jedoch auch die Problematik eines Nutzungszwangs eine bedeutende Rolle, da dieser in erster Linie von der Organisations-

---

[264] Vgl. Rogers, Everett M. (1983), a.a.O., S. 347ff. Schubert, Frank (1986), a.a.O., S. 81ff. Kennedy, Anita M. (1983): The Adoption and Diffusion of New Industrial Products - A Literature Review, in: European Journal of Marketing, Nr. 3, 17 (1983), S. 31ff. Weiber, Rolf (1992), a.a.O., S. 7.
[265] Vgl. Pohl, Alexander (1994), a.a.O., S. 53.
[266] Vgl. Hill, Wilhelm/Fehlbaum, Raymond/Ulrich, Peter (1981): Organisationslehre 2, Bern 1981, S. 170ff. Johne, Frederick A. (1984): Segmenting High Technology Adopters, in: Industrial Marketing Management, 13 (1984), S. 60f. Brose, Peter (1982): Planung, Bewertung und Kontrolle technologischer Innovationen, Berlin 1982, S. 98f.

struktur bestimmt bzw. hervorgerufen wird.[267] Dennoch sind auch Fälle denkbar, bei denen organisationale Entscheidungen aufgrund akzeptanzorientierter Überlegungen vollzogen werden. So könnte bei einer Anschaffungsentscheidung von CIM-Komponenten die Nutzungswünsche der Anwender und nicht die Kostenkalkulation des Managements im Mittelpunkt stehen, so daß auch hier von einer freiwilligen Nutzung bei den entsprechenden Mitgliedern des Unternehmens ausgegangen werden könnte. Die vorhandene Organisationsstruktur steht dabei in Abhängigkeit von der jeweiligen Umweltdynamik.[268]

Als weitere Einflußgruppe spielen die **Buying-Center-spezifischen Größen** eine bedeutende Rolle für die Akzeptanzentscheidung im Unternehmen, da diese meist kollektiv in Form des Entscheidungsgremiums (Buying-Center)[269] getroffen werden. Von entscheidender Bedeutung sind hierbei die Größe und Zusammensetzung des Buying-Centers sowie der Informationsfluß zwischen den einzelnen Mitgliedern.[270] *Webster/Wind* entwickelten in diesem Zusammenhang ein Erklärungsmodell[271], welches die (Macht-)Beziehungen zwischen den Mitgliedern des Buying-Center abbildet und wonach fünf zentrale Gruppen von Rollenträgern unterschieden werden können: *Entscheider, Beeinflusser, Verwender, Einkäufer* und *Informationsselektierer*. Aufgrund der hohen Kaufunsicherheit bei der Akzeptanzentscheidung von technologischen Nutzungsinnovationen ist die Gruppe der „Entscheider" maßgeblich auf die inhaltliche Unterstützung derjenigen Personen angewiesen, die ein hohes technologiebezogenes Know-how aufweisen. Aus diesem Grund kann der Gruppe der „Verwender" innerhalb des Buying-Centers ein vergleichsweise hoher Stellenwert bei der Akzeptanz technologischer Nutzungsinnovationen zugewiesen werden.

Als letzte Einflußgruppe können **entscheidungsträgerspezifische Größen** angeführt werden. Diese Gruppe deckt sich weitestgehend mit den bereits angeführten Darstellungen der akzeptiererbezogenen Determinanten, also den sozio-ökonomi-

---

[267] Vgl. zur Problematik des Nutzungszwangs *Kapitel 2.4, 3.1.4* und *3.2.2*.
[268] Vgl. Schanz, Günther (1982): Organisationsgestaltung - Struktur und Verhalten, München 1982, S. 303ff.
[269] Vgl. Backhaus, Klaus (1995): Investitionsgütermarketing, 4. Auflage, München 1995., S. 32f.
[270] Vgl. Meffert, Heribert (1986), a.a.O., S. 174f.
[271] Vgl. Webster, Frederick E. jr./Wind, Yoram (1972): Organizational Buying Behavior, Englewood Cliffs 1972, S. 77ff. und entsprechende Darstellungen von Engelhardt, Werner H./Backhaus, Klaus/Günter, Bernd (1977): Investitionsgüter-Marketing - Eine kritische Bestandsaufnahme und Ansatzpunkte zur Weiterentwicklung, in: Zeitschrift für Betriebswirtschaft, Nr. 3, 47 (1977), S. 155. Kuß, Alfred (1990): Entscheider-Typologien und das Buying Center-Konzept, in: Kliche, Mario (Hrsg.), a.a.O., S. 26f.

schen, psychographischen und kaufverhaltens- bzw. nutzungsbezogenen Variablen der Entscheidungsträger.[272] Diese allgemeinen Größen werden in bezug auf die unternehmensbezogenen Daten noch erweitert, z. B. durch die Position im Unternehmen, die berufliche Motivation und die Risikobereitschaft des Entscheidungsträgers.[273] Die unternehmensbezogenen Determinanten können dazu führen, daß die einzelne Akzeptanzentscheidung gegenüber einer Nutzungsinnovation negativ ausfällt und diese Entscheidung durch eine organisationsbezogene Entscheidung überlagert werden kann (Sonderfall „Zwang zur Akzeptanz"). Das Individuum als Teil der sozialen Gruppe „Unternehmen" hat sich an die übergeordneten Richtlinien zu halten und muß, um am weiteren Arbeitsprozeß teilnehmen zu können, die Nutzungsinnovation in Form einer *Adaption* übernehmen.[274] Die Entscheidungen und Beurteilungen der Nutzungsebene sind hierdurch dementsprechend beeinflußt.

Tabelle 6: *Unternehmensbezogene Einflußgrößen auf den Akzeptanzprozeß bei Nutzungsinnovationen*

Einflußgruppen	Systematisierung für technologische Innovationen
Organisationsspezifische Größen	• Unternehmensgröße • Organisationsstruktur • Branche • Standort • Wirtschaftliche Lage
Buying-Center-spezifische Größen	• Entscheider • Beeinflusser • Verwender • Einkäufer • Informationsselektierer
Entscheidungsträgerspezifische Größen	• Sozio-ökonomische Variable • Psychographische Variable • Kaufverhaltensbezogene/ Nutzungsbezogene Variable • Position im Unternehmen • Berufliche Motivation • Risikobereitschaft

Quelle: Pohl, Alexander (1996), S. 69.

---

[272] Vgl. *Kapitel 3.3.2.*
[273] Vgl. Pohl, Alexander (1996), a.a.O., S. 70.
[274] Vgl. zur Unterscheidung zwischen Adoption und Adaption *Kapitel 2.4.*

3.3.3 Umweltbezogene Determinanten

Die **umweltbezogenen Determinanten** können nach ihren Einflußgrößen in *technologische, makroökonomische, politisch/rechtliche* (ökologische Umwelt) und *soziokulturelle* Gruppen differenziert werden (beispielhafte Nennung von Aspekten siehe Tabelle 7), welche im weiteren näher beschrieben werden.[275] Die **technologische Umwelt**, welche sich zum einen auf ein Unternehmen selbst und zum anderen auf einen bestimmten geographischen Raum beziehen kann, induziert die Rahmenbedingungen im technologischen Bereich.[276] Zu diesen Rahmenbedingungen zählen beispielsweise Normen und Standards,

„die bestimmte Merkmale und Charakteristika von Systemen, Produkten oder Produktteilen, wie z. B. Art, Form, Größe und Leistung, beschreiben bzw. definieren."[277]

Insbesondere in bezug auf die Unsicherheit, welche mit der Akzeptanz von technologischen Nutzungsinnovationen verbunden ist, kann davon ausgegangen werden, daß vorliegende **Standards** tendenziell akzeptanzfördernd wirken, da Standards das Kompatibilitätsrisiko vermindern[278]. Aus diesem Grund spielen Standards bei der Akzeptanzentscheidung von technologischen Nutzungsinnovationen eine herausragende Rolle. Als Problem anzumerken ist jedoch die Tatsache, daß bei der Einführung von Nutzungsinnovationen aufgrund deren *„Neuheit"* i. d. R. keine Standards formuliert werden können. In diesem Zusammenhang wird auch die *Offen-* bzw. *Geschlossenheit* der **Systemarchitektur** durch die technische Umwelt determiniert. Die technologische Umwelt kann aber auch auf die Freiwilligkeit der Nutzung Einfluß nehmen. Zwar wird die „tatsächliche Nutzung" als Indikator für die Nutzungs- bzw.

---

[275] Vgl. Schreyögg, Georg (1993): Umfeld der Unternehmung, in: Wittmann, Waldemar/Kern, Werner/Köhler, Richard/Küpper, Hans-Ulrich/Wysocki, Klaus v. (Hrsg.): Handwörterbuch der Betriebswirtschaft, 3. Band, 5. Auflage, Stuttgart 1993, Sp. 4237ff. Backhaus, Klaus (1995), a.a.O., S. 383ff. Heidingsfelder, Michael M. (1990): Das Marketing innovativer Informationstechnologien, Saarbrücken 1990, S. 77ff. Schubert, Frank (1986), a.a.O., S. 48ff.
[276] Vgl. Pohl, Alexander (1996), a.a.O., S. 70.
[277] Weiber, Rolf (1993): Die Bedeutung von Standards bei der Vermarktung von Systemtechnologien, in: Droege, Walter P. J./Backhaus, Klaus/Weiber, Rolf (Hrsg.): Strategien für Investitionsgütermärkte - Antworten auf neue Herausforderungen, Landsberg/Lech 1993, S. 148. Vgl. auch Hahn, Dietger/Laßmann, Gert (1986): Produktionswirtschaft - Controlling industrieller Produktion, Bd. 1, Grundlagen, Führung und Organisation, Produkte und Produktprogramm, Material und Dienstleistungen, Heidelberg 1986, S. 162ff.
[278] In bezug auf „Standards" werden hierbei zwischen *Typen-* (unternehmensbezogene Schnittstellendefinitionen), *Normen-* (gesetzgeber- bzw. institutionsbezogene Schnittstellendefinitionen) und *Industriestandards* (anhand Installationszahlen der betreffenden Produkte vorgegeben) unterschieden. Vgl. insbesondere Kleinaltenkamp, Michael (1990): Der Einfluß der Normung und Standardisierung auf die Diffusion technologischer Innovationen, Bochum 1990, S. 5ff. Derselbe (1993), a.a.O., S. 20ff. und die dort angeführte Literatur.

Verhaltensakzeptanz grundsätzlich anerkannt, dennoch sind auch Einschränkungen zu verzeichnen.[279] Diese Einschränkungen in der Validität des Indikators sind besonders dann zu berücksichtigen, wenn die Nutzung nicht freiwillig erfolgt, d. h., wenn keine Freiräume existieren, die auch eine Nutzung von alternativen technologischen Nutzungsinnovationen zulassen.[280] Diese Unfreiwilligkeit ist dann gegeben, wenn in der **technologischen Umwelt** kein alternatives System vorhanden ist und damit der **Zwang** zur Übernahme bzw. Nutzung grundlegende Akzeptanzüberlegungen überlagert. Diese Besonderheiten sind bei Akzeptanzuntersuchungen zu berücksichtigen.

Tabelle 7: *Umweltbezogene Einflußgrößen auf den Akzeptanzprozeß bei Nutzungsinnovationen*

Technologische Umwelt	Markroökonomische Umwelt
• Normen und Standards • offene/geschlossene System-/Netzarchitektur • technischer Entwicklungsstand • Übertragungsraten	• Konjunktursituation • Marktstruktur • Finanzierungsquellen • Marktwachstumserwartungen • Wohlfahrtsgrad
Politisch/rechtliche Umwelt	Sozio-kulturelle Umwelt
• Datenschutzgesetz • Wettbewerbsrecht • Interessensverbände • Marktzugangsbeschränkungen	• öffentliche Meinung • Kommunikationsgewohnheiten • soziale Normen • Benutzergruppen

Quelle: Weiber, Rolf (1992), S. 79.

Durch die **makroökonomische Umwelt** sind die volkswirtschaftlichen Rahmenbedingungen vorgegeben, die sich durch die nationale Gesamtwirtschaft ergeben und damit auch Einfluß auf die einzelwirtschaftlichen Entscheidungen ausüben. Hierzu gehören z. B. die Höhe des disponiblen persönlichen Einkommens und die vagabundierende Kaufkraft, d. h. die diskretionären Einkommensteile.[281] Des weiteren gehören zu der makroökonomischen Umwelt Determinanten wie die Marktstruktur,

---
[279] Vgl. Anstötz, Karin (1991): a.a.O., S. 176.
[280] Vgl. ausführlich Müller-Böling, Detlef/Müller, Michael (1986), a.a.O., S. 28ff.
[281] Vgl. Nieschlag, Robert/Dichtl, Erwin/Hörschgen, Hans (1994), a.a.O., S. 877ff.

die Konjunktursituation, Marktwachstumserwartungen, Wechselkurse usw. (vgl. Tabelle 7). Diese Größen induzieren einen Einfluß auf das grundsätzliche Preisverhalten der Marktteilnehmer und damit auch auf das Entscheidungsverhalten.

Innerhalb der **politisch/rechtlichen Umwelt** berücksichtigen die Marktteilnehmer indirekt die länderspezifischen Gesetze und Verordnungen, welche sich sowohl auf den Erwerb als auch auf die Herstellung technologischer Nutzungsinnovationen beziehen können. Ferner kommen hier Datenschutzaspekte sowie Einflüsse von Interessensverbänden zum Tragen (vgl. Tabelle 7). Die **sozio-kulturelle Umwelt** beschreibt im wesentlichen die Wechselbeziehung zwischen dem Individuum und anderen Teilnehmern der Gesellschaft. Hierzu gehören beispielsweise Aspekte der öffentlichen Meinung, der sozialen Schicht (soziale Normen) und der Kommunikationsgewohnheiten (vgl. Tabelle 7). Die sozio-kulturelle Umwelt spiegelt sich im Zusammenhang mit den bereits angeführten konsumentenbezogenen Determinanten der Akzeptanzentscheidung wider.[282] Auch die sozio-kulturelle Umwelt kann einen **Zwang** auf die Akzeptanzentscheidung bei technologischen Nutzungsinnovationen induzieren, wenn ein gesellschaftlicher oder rollenspezifischer Gruppendruck auf ein Individuum für die Teilnahme an einem System ausschlaggebend ist.[283]

Im Sinne einer vollständigen **Gesamtheit der produkt- bzw. innovations-, akzeptierer- und umweltbezogenen Einflußdeterminanten** konstituiert sich eine **Basis an potentiellen inputbezogenen Akzeptanzgrößen des Akzeptanzprozesses**. Dabei kann davon ausgegangen werden, daß hinsichtlich des Untersuchungsgegenstandes „innovative Nutzungsgüter" - insbesondere die produkt- und konsumentenbezogenen Determinanten - zum Tragen kommen. Die Begründung wurzelt in der Tatsache, daß im Ausgangspunkt dieser Arbeit mit **Telekommunikations- und Multimedia-Anwendungen hauptsächlich Konsumgüter im privaten Bereich** analysiert werden sollen.[284] Aus diesem Grund kann angenommen werden, daß unternehmens- und umweltbezogene Einflußgrößen tendenziell geringer zum Tragen kommen werden. Im Rahmen eines allgemein gültigen Modellansatzes für technologische Nutzungsinnovationen müssen aber auch diese Größen berücksichtigt werden (s. Abbildung 25).[285]

---

[282] Vgl. *Kapitel 2.1.*
[283] Vgl. hierzu insbesondere *Kapitel 2.1.3.*
[284] Vgl. *Kapitel 1.2.*
[285] Auf die Faktoren *„Preis und Gebühr"* als produktbezogene Einflußdeterminanten wird in einem *Exkurs* gesondert eingegangen. Vgl. hierzu *Kapitel 3.5.*

Abbildung 25: *Die zentralen Einflußdeterminanten des Akzeptanzprozesses*

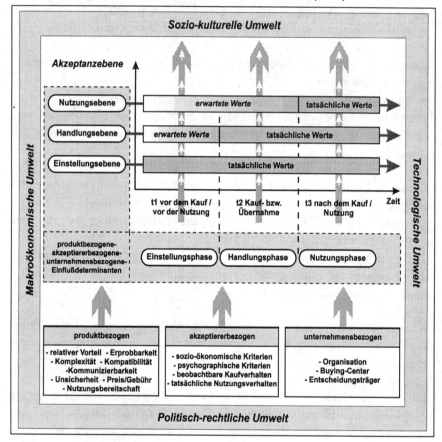

3.4 Das Gesamtmodell zur Akzeptanz bei technologischen Nutzungsgütern und -systemen

3.4.1 Die Struktur des dynamischen Akzeptanzmodells

Ausgehend von der Grundproblematik einer akzeptanzorientierten Innovationsgestaltung für Nutzungsgüter bzw. -systeme, bei denen vorwiegend die *kontinuierliche Nutzung* für den Markt- bzw. Kommunikationserfolg entscheidend ist, wurde ein phasenbezogenes Akzeptanzmodell generiert.[286] Dieses **dynamische Akzeptanzmodell für technologische Nutzungsgüter und -systeme** behebt Defizite der klassischen Akzeptanzforschung im Hinblick auf die akzeptanzorientierte Betrachtung technologischer Nutzungsinnovationen und berücksichtigt die im ersten Kapitel aufgezeigten Grundprobleme.[287] Anhand der bisherigen Ausführungen konstituiert sich ein **komplexes Gesamtmodell der Akzeptanzbildung** bei Nutzungsgütern und -systemen, welches folgende *miteinander verknüpfte Bausteine* umfaßt:

- **Akzeptanz- bzw. Erklärungsebene**

Als *Basis der Akzeptanzebene* und damit auch des Gesamtmodells fungieren die **produkt-, akzeptierer- und umweltbezogenen Einflußdeterminanten** der Akzeptanzbildung. In einer Verbindung dieser Einflußdeterminanten mit den drei Definitionsteilen von **Einstellungs-, Handlungs- und Nutzungsebene** der Akzeptanz bei technologischen Nutzungsgütern/-systemen bzw. den dazugehörigen Nutzungsinnovationen werden die verschiedenen Phasen des Akzeptanzprozesses durchlaufen. Diese Phasen markieren zeitbedingte neuralgische Eckpunkte des Akzeptanzprozesses (*vor Kauf und Nutzung; Kauf-/Übernahmezeitpunkt; nach Kauf bzw. während der Nutzung*), welche in **Einstellungs-, Handlungs- und Nutzungsphase** gegliedert wurden. Innerhalb dieser Phasen werden die drei Definitions*ebenen* und die auf sie wirkenden Einflußdeterminanten in Anlehnung an ihr **entsprechendes zeitbezogenes Vorhandensein (erwartete/tatsächliche Werte)** zusammengefügt.

- **Konstruktebene**

Die in der Akzeptanzebene markierten zeitbedingten neuralgischen Eckpunkte bzw. Phasen des Akzeptanzprozesses (*vor Kauf und Nutzung; Kauf-/Übernahmezeitpunkt; nach Kauf bzw. während der Nutzung*) manifestieren im Ergebnis die entsprechenden Konstrukte der Zwischenakzeptanzen **Einstellungs-, Handlungs- und Nutzungsakzeptanz**. Diese Zwischenakzeptanzen des Phasenmodells repräsentieren den **Zusammenschluß der Teilebenen der Akzeptanz unter Berücksichtigung ihrer zeitbezogenen Ausprägung**. Die drei Konstrukte der Zwischenakzeptanzen stehen im Mittelpunkt des pha-

---

[286] Vgl. zur Grundproblematik bzw. den Vermarktungsproblemen bei Nutzungsgütern und -systemen insbesondere *Kapitel 1.2.2* und *1.2.3*. Die Akzeptanzdefinition für diese Produktkategorie wurde in *Kapitel 2.4* anhand einer Analyse der akzeptanzwissenschaftlichen Literatur und einer Berücksichtigung der Besonderheiten von Nutzungsgütern und -systemen generiert.

[287] Vgl. zu den Grundmodellen der bisherigen Akzeptanzforschung und deren kritische Betrachtung *Kapitel 3.1*.

senorientierten Akzeptanzmodells, da sie sowohl die definitorischen Ebenen als auch die zeitraumbezogenen Phasen der Akzeptanzbildung umfassen.

- **Prozeßebene**
Die drei Zwischenakzeptanzen der **Einstellungs-, Handlungs- und Nutzungsakzeptanz** werden innerhalb der Prozeßebene *zeitraumbezogen* unter der Berücksichtigung von verhaltenslogischen kausalen Zusammenhängen miteinander verknüpft. Diese **Verknüpfung** erfolgt **anhand** eines Durchlaufs der verschiedenen **verhaltensorientierten Stufen der Akzeptanzbildung**, welche in den einzelnen Phasen des Prozesses zum Tragen kommen. Dabei konnten als Teilstufen *Bewußtsein, Interesse* und *Erwartung/Bewertung* der Einstellungsphase, *Versuch/Erfahrung* und *Implementierung* der Handlungsphase sowie *Einsatzbestimmung* und *Nutzung* der Nutzungsphase identifiziert werden. Erst mit einem positiven **Durchlauf durch die Teilstufen und** damit verbunden auch der **Akzeptanzphasen sowie** *deren* **Akzeptanzkonstrukte**, kann ein abschließender Hinweis auf die Gesamtakzeptanz ermittelt werden. Im Falle von negativen Teilstufen bzw. Zwischenakzeptanzen wird der Akzeptanzprozeß durch gebildete Akzeptanzschranken entsprechend unterbrochen.

- **Prognoseebene**
Mit Hilfe der Akzeptanzkonstrukte der „Zwischenakzeptanzen", welche einen Zusammenschluß der Teilebenen der Akzeptanz unter Berücksichtigung ihrer zeitbezogenen Ausprägungen darstellen, soll zu jedem der drei zentralen Zeitpunkte des Akzeptanzprozesses eine möglichst **eindeutige Erkennung von Akzeptanz bzw. Nicht-Akzeptanz möglich sein**. Die Wirksamkeit der Prognose wurde hierbei auf eine **zuverlässige Klassifikation bzw. Identifikation von** *Akzeptierern, Indifferenten* und *Nicht-Akzeptierern* **zu einem möglichst frühen Zeitpunkt** bezogen.

Einen zusammenfassenden Überblick des dynamischen Akzeptanzmodells für technologischen Nutzungsgütern und -systemen bzw. den dazugehörigen Nutzungsinnovationen liefert Abbildung 26.

Die Konstruktion des Akzeptanzmodells verdeutlicht, daß sich die Indikatoren des Modells zum einen anhand der produkt-, akzeptierer- und unternehmensbezogenen Einflußdeterminaten ergeben, zum anderen aber auch durch die Stufen des Akzeptanzprozesses bestimmt werden. Aufgrund des Ausgangspunktes dieser Arbeit, den

Abbildung 26: *Das dynamische Akzeptanzmodell für innovative Nutzungsgüter und -systeme*

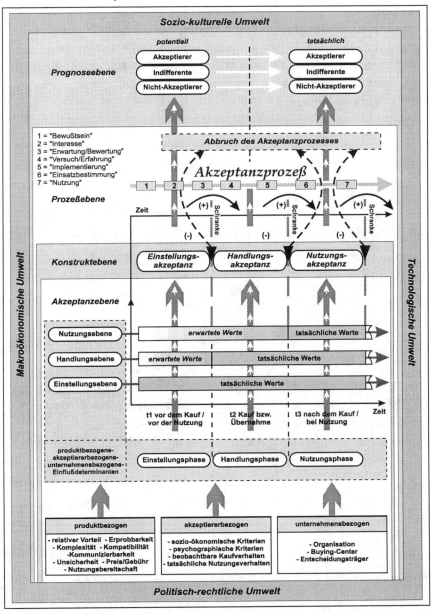

„Telekommunikations- und Multimedia-Anwendungen als Konsumgüter im privaten Bereich"[288], kann für die weitere Analyse angenommen werden, daß unternehmensbezogene Einflußgrößen tendenziell geringere Bedeutung haben. Daher erfolgt eine Konzentration auf produkt- und akzeptiererbezogene sowie eine Berücksichtigung externer Größen hinsichtlich der durchzuführenden empirischen Untersuchung. Analog dazu bleibt die Frage offen, **welche Inputfaktoren (Indikatoren) in einer entsprechenden Ausprägung (erwartet/tatsächlich) welcher Akzeptanzebene zuzuordnen sind.** Hierbei kann folgende Dreiteilung vorgenommen werden:[289]

- Zur **Einstellungsebene** zählen alle Inputfaktoren, die eine innere Haltung bezüglich der Nutzungsinnovation widerspiegeln, *ohne mit einem konkreten, d. h. tatsächlichen Kauf- oder Nutzungsakt verbunden zu sein*. Hierzu zählen insbesondere folgende Größen:
  - *Bewußtsein* (Prozeßcharakter)
  - *Interesse* (Prozeßcharakter)
  - *Erwartung/Bewertung* durch Abwägung von Vor- bzw. Nachteilen (Prozeßcharakter/akzeptiererbezogene Größe)
  - *Komplexität* (Produktcharakter)
  - *relativer Vorteil* (Produktcharakter)
  - *Kompatibilität* zu bisherigen Lösungen (Produktcharakter)
  - *Erprobbarkeit* (Produktcharakter)
  - *Kommunizierbarkeit* (Produktcharakter)
  - *Unsicherheit* (Produktcharakter)

- Zur **Handlungsebene** zählen alle Inputfaktoren, welche *mit einem konkreten Kaufakt verbunden sind*. Hierzu zählen insbesondere folgende Größen:
  - *Versuch/Erfahrung* (Prozeßcharakter)
  - *Übernahme* mit entsprechender *Zahlungsbereitschaft* (Prozeßcharakter/akzeptiererbezogene Größe)
  - *Implementierung* (Prozeßcharakter)

- Zur **Nutzungsebene** zählen alle Inputfaktoren, die *mit einem unmittelbaren Nutzungsakt in Verbindung stehen*. Hierzu zählen insbesondere folgende Größen:

---

[288] Vgl. *Kapitel 1.2.*
[289] Vgl. zur Herleitung der einzelnen Inputfaktoren *Kapitel 3.2.1.1, 3.2.1.2, 3.2.1.3, 3.2.2, 3.3.1, 3.3.2* und *3.3.3.*

- *Nutzung* mit entsprechender *Nutzungshäufigkeit* bzw. *-intensität* (Prozeß-charakter/akzeptiererbezogene Größe)
- *Nutzungsbereitschaft* (Produktcharakter)
- *Nutzungszufriedenheit* (akzeptiererbezogene Größe)
- *Nutzungswichtigkeit* (akzeptiererbezogene Größe)
- *Nutzungswirksamkeit* (akzeptiererbezogene Größe)

Entsprechend dieser Zuordnung der Indikatoren resultiert eine **formale Spezifikation der Akzeptanzebenen**, welche durch die folgenden Beziehungen, in Erweiterungen der bisherigen Konstruktspezifikationen, ausgedrückt werden kann:[290]

$$EE = B + I + V + N + Kx + Vrel. + Ko + Er + Kz + U \quad (IV)$$
$$HE = V/E + Zb + Im \quad (V)$$
$$NE = Nh/Ni + Nb + Nz + Nw + Nwk \quad (VI)$$

$$EA = EE + erw. HE + erw. NE \quad (I)$$
$$HA = EE + HE + erw. NE \quad (II)$$
$$NA = EE + HE + NE \quad (III)$$

Aufgrund einer Fusion sämtlicher formalen Spezifikationen (I-VI) kann in Anlehnung an den *bausteinförmigen* Aufbau des Gesamtmodells (Akzeptanz-, Prozeß- und Konstruktebene) ein **zusammenfassendes Geflecht in Form eines Pfaddiagramms** aufgestellt werden (s. Abbildung 27). Diese Basisdarstellung kann dann an den jeweiligen Untersuchungsgegenstand bzw. die -situation angepaßt werden, wobei sowohl Erweiterungen als auch Einschränkungen der hier ausgewählten Indikatoren in Abhängigkeit des konkreten Untersuchungsobjektes möglich sind. Der Komplexität und dem **Baukastenprinzip des Modellaufbaus** folgend, können entsprechend die einzelnen Teile untersucht werden, um dann über eine argumentative Verknüpfung zusammengefügt zu werden. Obwohl eine *gemeinsame Überprüfung* der einzelnen

---

[290] Mit Einstellungsebene (EE), Handlungsebene (HE) und Nutzungsebene (NE) sowie *Bewußtsein* (B), *Interesse* (I), *Vorteile* (V), *Nachteile* (N), *Komplexität* (Kx), *relativer Vorteil* (Vrel.), *Kompatibilität* (Ko), *Erprobbarkeit* (Er), *Kommunizierbarkeit* (Kz), *Unsicherheit* (U), *Versuch/Erfahrung* (V/E), *Zahlungsbereitschaft* (Zb), *Implementierung* (Im), *Nutzungshäufigkeit bzw. -intensität* (Nh/Ni), *Nutzungsbereitschaft* (Nb), *Nutzungszufriedenheit* (Nz), *Nutzungswichtigkeit* (Nw), *Nutzungswirksamkeit* (Nwk). Die „erwartete Handlungsebene" und „erwartete Nutzungsebene" definieren sich anhand der gleichen Größen wie IV - VI nur in erwarteter Form. Vgl. zu I - III auch *Kapitel 3.2.1.1, 3.2.1.2* und *3.2.1.3*.

Abbildung 27: *Das Pfaddiagramm des dynamischen Akzeptanzmodells und bedeutsame Indikatoren bei Nutzungsinnovationen*

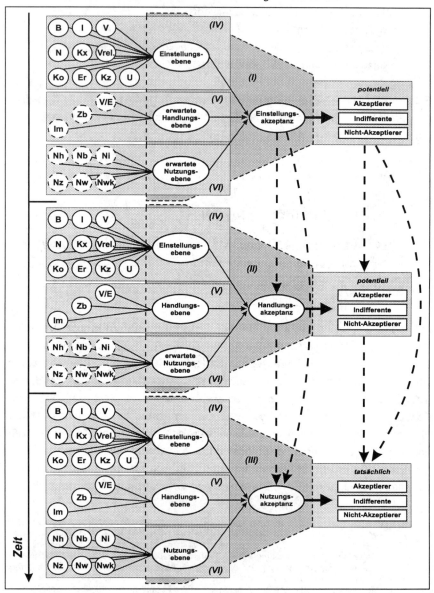

Bausteine aus forschungstheoretischer Sicht einer isolierten Prüfung vorzuziehen wäre, ist eine solche gemeinsame empirische Untersuchung in einem LISREL-Ansatz aufgrund der hohen Konstruktzahl und der damit expotentiell steigenden Wahrscheinlichkeit der Modellinkonvergenz an dieser Stelle nicht ratsam.[291] Der Beweis einer Gesamtgültigkeit des Modells basiert in dieser Arbeit entsprechend auf einem Teilbeweis der einzelnen Bausteine gemäß dem Aufbau des Modells, so daß die formalen Abbildungen (I-IV) der Wirkungszusammenhänge **stufenweise** einer empirischen Überprüfung unterzogen werden.

3.4.2 Kritische Reflexion des dynamischen Akzeptanzmodells

Eine **kritische Reflexion** hinsichtlich des in dieser Arbeit generierten dynamischen Akzeptanzmodells für Nutzungsgüter und -systeme sowie den resultierenden Nutzungsinnovationen muß sowohl die **Vorteile als auch die potentiellen Problemfelder gegeneinander abgrenzen** und entsprechend diskutieren. Die Vorteile ergeben sich hierbei aus einer Umsetzung der Kritik an den bisherigen Ansätzen der Akzeptanzforschung im Hinblick auf Nutzungsgüter/-systemen im dynamischen Akzeptanzmodell dieser Arbeit. Die *kritische Reflexion* wird im folgenden vorgenommen.

3.4.2.1 Die Vorteile des Modellansatzes

Die **zentrale Zielsetzung** des in dieser Arbeit generierten dynamischen Akzeptanzmodells ist es, einen Erklärungsansatz für eine akzeptanzorientierte Betrachtung von *Nutzungsgütern und -systemen* sowie den hieraus resultierenden *Nutzungsinnovationen* zu ermöglichen. Hierbei wird unter Akzeptanz ein *phasenbezogener Prozeß* verstanden, welcher nicht in der Akzeptanzinterpretation einer Ja/Nein-Entscheidung mündet, sondern vielmehr unter Akzeptanz das *prozessuale Phänomen eines Akzeptanzkontinuums* versteht. Die Akzeptanzbildung ist somit das Ergebnis eines aus einzelnen Phasen entstehenden Gesamtprozesses und nicht eine *isolierte* Momentbetrachtung. Über eine kausale Verknüpfung der einzelnen Phasen wird eine *Prognosekraft* der entsprechenden *Zwischenakzeptanzen* auf ein erstes Akzeptanz*ergebnis* in der Nutzungsphase initiiert bzw. werden Hinweise auf eine Gesamtakzeptanz am Ende des gesamten Nutzungsprozesses gegeben. Hierdurch wird gerade

---
[291] Vgl. Hayduk, Leslie (1987): Structural Equations Modelling with LISREL, Baltimore 1987, S. 150.

hinsichtlich des Beginns des Akzeptanzprozesses eine akzeptanzorientierte Innovationsgestaltung möglich.

Vor dem Hintergrund dieser zentralen Zielsetzung können bei einer **abschließenden Gesamtbetrachtung des dynamischen Akzeptanzmodells** bei Nutzungsgütern und -systemen nochmals zentrale *Unterschiede zu bisherigen Ansätzen der Akzeptanz- bzw. Adoptionsforschung* herausgearbeitet werden. Erst mit dem Erscheinen einer Nutzungsinnovation am Markt wird der Adoptionsprozeß initiiert und schon mit der Übernahme bzw. Implementierung durch den Adopter wieder abgebrochen. Dieser Betrachtungsraum erscheint angesichts der Anforderungen einer Akzeptanzbetrachtung bei technologischen Nutzungsgütern/-systemen allgemein und bei entsprechenden Nutzungsinnovationen im speziellen zu eng abgesteckt. Der Akzeptanzprozeß dagegen kann schon vor dem Erscheinen einer Nutzungsinnovation initiiert werden (Einstellungsphase) *und* geht mit der **expliziten Betrachtung der Nutzungsphase** über den eigentlichen Übernahmezeitpunkt hinaus. Der erste wesentliche Vorteil des dynamischen Akzeptanzmodells liegt daher in der Tatsache begründet, daß eine **frühzeitige Initiierung für eine** *akzeptanzorientierte Innovationsgestaltung* **möglich ist**. Der klassische *Adoptionsprozeß* setzt dagegen mit dem Erscheinen der Innovation am Markt hierfür *zu spät* ein. Er betrachtet lediglich bereits am Markt befindliche bzw. verfügbare und damit *fest spezifizierte Produkte bzw. Innovationen*. Der Adoptionsentscheidung wird damit der Erkenntnisgegenstand fest vorgegeben, *ohne* daß eine Rückkopplung zwischen den im Adoptionsprozeß offengelegten Kundenbedürfnissen und der Innovation stattfindet. Die Adoptionstheorie wird demnach lediglich zur *Findung von Durchsetzungsstrategien* für technologische Nutzungsinnovationen eingesetzt und beinhaltet nicht die Innovationsanpassung bzw. -verbesserung (oder annäherungsweise eine *bedarfsgerechte Entwicklung*).[292] Das dynamische Akzeptanzmodell bietet durch seinen variablen Beginn diese frühzeitige Verinnerlichung und kann daher über direkte aber auch inverse Rückschlüsse die Innovationsgestaltung positiv beeinflussen.

Ein weiterer Vorteil des dynamischen Akzeptanzmodells ist darin zu sehen, daß es einem „*technology-push*" im Gegensatz zu der klassischen Adoptionsforschung entgegenwirkt.[293] Gerade bei neuen Kommunikationstechniken (z. B. Telekommunikations-Systeme) ist oftmals das Innovationsversagen eher auf das Fehlen eines früh-

---

[292] Vgl. Oehler, Andreas (1990), a.a.O., S. 53. Bebié, André (1978), a.a.O., S. 3ff.
[293] Vgl. hierzu *Kapitel 1.1*.

zeitigen „sinnvollen Technologiemanagements" als auf Benutzermängel zurückzuführen.[294] Das dynamische Akzeptanzmodell kann „echte" Akzeptanzgründe in den Mittelpunkt stellen. So wird **über den möglichen frühzeitigen Beginn (s. o.) des Akzeptanzmodells einem „technology-push" entgegengewirkt**, da die weitere Innovationsgestaltung durch die Akzeptanzwerte bestimmt wird und nicht durch produzentenbezogene Vorstellungen. Hierdurch wird eindeutig ein *marktorientierter Richtwert* geschaffen, so daß ein Versagen der Nutzungsinnovation nicht auf den Nachfrager, sondern vielmehr auf ein Nicht-Erreichen der akzeptanzorientierten Richtschnur durch die Nutzungsinnovation zurückzuführen ist.

Vorteilhaft erscheint auch, daß durch das generierte dynamische Akzeptanzmodell **ein erweiterter Begleitforschungsansatz entwickelt** wurde, welcher den Bewertungsprozeß von technologischen Nutzungsinnovationen exakter abbilden kann. Das Konstrukt der **Akzeptanz wird als prozessuales Phänomen interpretiert** *und* entsprechend **in einen modelltheoretischen Ansatz umgesetzt**. Damit geht der Ansatz über eine Erkennung des dynamischen Phänomens „Akzeptanz", wie von vielen Autoren der klassischen Akzeptanzforschung zwar erkannt, modelltheoretisch aber nicht hinreichend berücksichtigt, hinaus. Das Akzeptanzmodell kann für die Einstellungsakzeptanz sowohl bei der Einführung als auch für ein Testprodukt oder virtuelles Objekt eingesetzt werden. Über die eigentliche Übernahmeentscheidung der Handlungsakzeptanz hinaus wird durch die Nutzungsakzeptanz die Nutzungsphase erfaßt, welche für den Markt- bzw. Kommunikationserfolg von Nutzungsgütern und -systemen entscheidend ist. Damit ist das dynamische Akzeptanzmodell als modifizierter Begleitforschungsansatz **sowohl im „ex-ante-„ als auch im „ex-post-Bereich" wirksam**. Der erweiterte Begleitforschungsansatz wird in Abbildung 28 als Modifikation der traditionellen Begleitforschungskonzepte (vgl. Abbildung 9) dargestellt.

Ausgehend von der Grundproblematik einer akzeptanzorientierten Innovationsgestaltung für Nutzungsgüter bzw. -systeme, bei denen die *kontinuierliche Nutzung* für den Markt- bzw. Kommunikationserfolg entscheidend ist, wurde ein dynamisches Akzeptanzmodell generiert, welches unter dem **Vorbehalt einer empirischen Überprüfung der postulierten Modellstrukturen bzw. -beziehungen** steht. Aus wissen-

---

[294] Vgl. Staudt, Erich (1983): Widerstände bei der Einführung neuer Technologien, in: VDI-Technologiezentrum (Hrsg.): Mikroelektronik - Chancen und Probleme, Berlin 1983, S. 46. Schubert, Frank (1986), a.a.O., S. 42. Reichwald, Ralf (1978), a.a.O., S. 25f.

schaftlicher Sicht ist es daher notwendig, das dynamische Akzeptanzmodell über einen *deskriptiven Modellfokus* hinaus an einer *empirischen Untersuchung zu prüfen*. Daher muß das Akzeptanzmodell an einem konkreten Untersuchungsobjekt des Bereiches Nutzungsgut/-system „getestet" werden. Anhand der aufgezeigten Ausgangsproblematik dieser Arbeit **bieten sich als Untersuchungsobjekt** besonders **innovative Multimedia-Anwendungen an**, da sie die Problemfaktoren „Nutzungsgut/-system" und „Innovation" miteinander verbinden und damit für einen praxisorientierten Einsatz des generierten Akzeptanzmodells idealtypisch sind.

Abbildung 28: *Der erweiterte Begleitforschungsansatz*

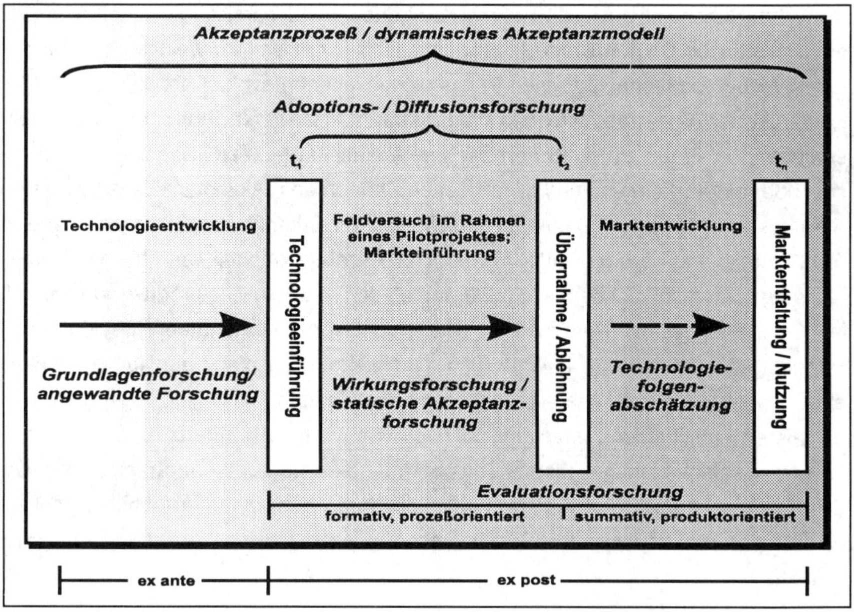

3.4.2.2 Problempotentiale des Modellansatzes

Eine kritische Auseinandersetzung mit dem dynamischen Akzeptanzmodell beinhaltet auch einen Hinweis auf Problemfelder und eventuelle *Grenzen des generierten Modellansatzes*. Vor diesem Hintergrund können insbesondere folgende **Problemfelder** identifiziert werden, die im weiteren eine Diskussion erfordern:

- Einstellungsmodell versus Akzeptanzmodell
- Adoptionsprozeß versus Akzeptanzprozeß
- Berücksichtigung des informationsökonomischen Erklärungsansatzes (Vorhandensein von Informationsasymmetrien)
- Identifikation und Abschluß der Nutzungsphase

3.4.2.2.1 Einstellung versus Akzeptanz

Hinsichtlich der **Differenzierung von Einstellung und Akzeptanz** muß zunächst geklärt werden, ob und inwieweit sich das dynamische Akzeptanzmodell von einem Einstellungsmodell unterscheidet. Ausgehend von einer **Betrachtung des Gesamtmodells** kann eine Differenzierung zwischen Einstellung und Akzeptanz zum einen anhand der Konstruktebene zum anderen auf der Modellebene erfolgen:

1. Bezüglich der **Begriffsebene** wird das Phänomen „Einstellung" anhand einer **affektiven, kognitiven und einer konativen Komponente** beschrieben.[295] Dies bedeutet, daß neben einer gefühlsmäßigen und einer wissensorientierten Einschätzung zu einem Objekt auch eine innere Bereitschaft zu einem resultierenden Verhalten angeführt wird, wobei letztere *Verhaltensabsicht* als Spiegelbild der inneren Einschätzung anzusehen ist. Die Betonung liegt beim *Einstellungsbegriff* jedoch lediglich auf der Absicht einer Verhaltenstendenz, wodurch aber noch kein Rückschluß auf ein tatsächliches Verhalten ermöglicht wird. Zahlreiche Autoren weisen in diesem Zusammenhang auf eine Diskrepanz zwischen dem Phänomen „Einstellung" mit seiner Verhaltensabsicht und dem tatsächliche Verhalten (z. B. Kauf oder Nutzung; sog. *E-V-Hypothese*) hin, da letzteres zusätzlich von situativen, personen- und objektspezifischen Einflußgrößen abhängig ist.[296] Demgegenüber kommt beim Akzeptanzbegriff das tatsächliche Verhalten bezüglich Handlung (Kauf) und Nutzung definitorisch explizit zum Tragen.[297] Die Akzeptanz ist über die Einstellungsbildung hinaus auch mit konkreten Handlungen verbunden, die sich in der konkreten Über-

---

[295] Vgl. beispielsweise Kroeber-Riel, Werner/Weinberg, Peter (1996): Konsumentenverhalten, 6. Auflage, S. 169ff. Triandis, H.C. (1971), a.a.O., S. 3ff. Kroeber-Riel, Werner (1972), a.a.O., S. 5ff. Meffert, Heribert (1986), a.a.O., S. 152.
[296] Vgl. stellvertretend Swoboda, Bernhard (1996a), a.a.O., S. 23. Kroeber-Riel, Werner/Weinberg, Peter (1996), a.a.O., S. 171f. Bänsch, Axel (1993), a.a.O., S. 39f. Schönecker, Horst G. (1980), a.a.O., S. 127.
[297] Vgl. *Kapitel 2.4*.

nahme und der Nutzung manifestieren. Aus diesem Grund **dürfen die Begriffe *Einstellung* und *Akzeptanz* nicht gleichgesetzt werden.**

2. Bezüglich der **Modellebene** kann festgestellt werden, daß einschlägige Einstellungsmodelle in Anlehnung an die Auffassungen zum Konstruktcharakter mit einer inneren Auseinandersetzung und nicht einer offenkundigen bzw. tatsächlichen Handlung/Nutzung enden.[298] Da die innere Einstellung jedoch zum Teil erheblich gegenüber einem tatsächlichen Verhalten (Kauf/Nutzung) divergieren kann und gerade bei Nutzungsgütern und -systemen die konkrete Nutzung als entscheidende Markterfolgsgröße identifiziert wurde, greifen Einstellungsmodelle hier zu kurz.[299] Das dynamische Akzeptanzmodell greift dagegen spätestens in der Nutzungsphase auf diese konkreten Verhaltensebenen (Verhalten i. S. von Kauf und Nutzung) bei der Betrachtung des Markterfolgs zurück. Aus diesem Grund ist die *tatsächliche „Akzeptanz"* auch erst zum Zeitpunkt der Nutzungsebene ersichtlich, welche von einem Einstellungsmodell nicht mehr erfaßt wird. Hinsichtlich der Betrachtung eines Gesamtmodells **darf das dynamische Akzeptanzmodell mit seinem prozessualen Phasenansatz daher nicht als Einstellungmodell interpretiert werden.**

Als **Problempunkt** erscheint an dieser Stelle eine Unterscheidung zwischen Akzeptanz und Einstellung bei der Prognoseaussage des Modells in der **Einstellungsphase**. Hier sind noch keine tatsächlichen Werte betreffend des konkreten Verhaltens (Kauf oder Nutzung) von Bedeutung, sondern lediglich erwartete Größen. Aus diesem Grund kann im Sinne einer imperialistischen Auffassung der Standpunkt vertreten werden, daß alle Inputfaktoren[300] der unterschiedlichen Erklärungs- bzw. Akzeptanzebenen der Einstellungsphase in die „Drei-Komponenten-Theorie (affektiv/ kognitiv/konativ) der Einstellung" (s. o.) eingehen. Wird die Meinung vertreten, daß die Aussagen der Einstellungsphase als „Einstellung im Hinblick auf die Inputfaktoren" zu interpretieren sind, dann liegt zum Zeitpunkt t1 lediglich ein Einstellungsmodell vor, welches um nutzungsbezogene Verhaltensabsichten erweitert wurde. Entsprechend muß an dieser Stelle darauf hingewiesen werden, daß bezüglich der reinen Prognoseebene im Gegensatz zur Modellebene ein modifiziertes Einstellungs-

---

[298] Vgl. zu den Ansätzen von ein- und mehrdimensionalen Modellansätzen zur Einstellungsmessung insbesondere Kroeber-Riel, Werner/Weinberg, Peter (1996), a.a.O., S. 196ff.

[299] Vgl. *Kapitel 1.2.1* und *1.2.3*. Eine Divergenz zwischen Einstellung und konkreter Nutzung liegt beispielsweise im Falle eines *Nutzungszwangs* (negative Einstellung/Nutzung vorhanden) oder aber eines *Nutzungshemmnisses* (positive Einstellung/keine Nutzung z. B. durch Stromausfall) vor.

[300] Vgl. für eine Darstellung der Inputfaktoren des dynamischen Akzeptanzmodells *Kapitel 3.4.1.*

modell zum Einsatz kommt, welches jedoch ohne die Bestätigung des übergeordneten Akzeptanzmodells keinen besonderen Erkenntnisgewinn bei Nutzungsgütern und -systemen aufweisen kann.

Allerdings können Gründe gegen diese Haltung angeführt werden, welche diese Meinung fraglich erscheinen lassen. Diese Gründe manifestieren sich in einem Auseinanderfallen von Einstellung und erwarteter Handlung bzw. Nutzung bereits zum Zeitpunkt t1. Eine Nutzungsinnovation kann aus einer inneren Haltung heraus negativ beurteilt werden, so daß eine entsprechende negative Verhaltensabsicht vorliegen müßte. Im **Sonderfall eines Nutzungszwangs** müßten dennoch positive Angaben hinsichtlich einer Nutzungsfrequenz gemacht werden, wodurch eine positive Akzeptanz prognostiziert würde. Ohne den Einbezug einer sich abzeichnenden Nutzungsebene oder extern vorgegebener Nutzungssituationen würde die Einstellung allein zu einer falschen Prognoseaussage führen. Dieses Phänomen ist auch im **Sonderfall eines Nutzungshemmnisses** zu beobachten, bei dem positive Angaben zu sämtlichen Einstellungsfaktoren, jedoch negative Werte hinsichtlich einer Nutzung vorliegen würden, da es aufgrund externer Umstände (z. B. Lieferschwierigkeiten) zunächst nicht zu einer Nutzung kommen würde.[301] Darüber hinaus wurden als Inputfaktoren neben den *verhaltenswissenschaftlichen Größen* zur Einstellung im dynamischen Akzeptanzmodell auch Größen der *ökonomischen Forschungsrichtung* verwendet. Ein **konkreter Kosten/Nutzen-Vergleich (Handlung)** in bezug auf die Zahlungsbereitschaft wird hierbei ebensowenig von dem Konstrukt „Einstellung" erfaßt wie ein **konkreter Ziel/Mittel-Vergleich (Nutzung)** bezüglich des Nutzungsaufwands und des Nutzungsergebnisses. Das Resultat dieser Vergleiche **bezieht sich in erster Linie auf Verhaltensquantitäten und nicht auf Einstellungsqualitäten**, d. h., der Einstellungswert allein kann noch keine Aussagen über konkrete Nutzungsfrequenzen machen. Diese Frequenzen sind aber eine entscheidende Größe bei der Bestimmung des Markterfolgs von Nutzungsgütern und -systemen. Aufgrund der Besonderheit von Nutzungszwang und Nutzungshemmnis und der ökonomischen Einflußgrößen eines Kosten/Nutzen- bzw. Ziel/Mittel-Vergleichs kann somit auch die Meinung vertreten werden, daß auch zum Zeitpunkt der Einstellungsphase nicht von einer Übereinstimmung von Einstellung und Akzeptanz gesprochen werden kann und somit schon zu diesem Zeitpunkt t1 ein Akzeptanzmodell zum Einsatz

---

[301] Vgl. zu den Phänomenen „Nutzungszwang" und „Nutzungshemmnis" als Differenzierungsmerkmal von Einstellung und Akzeptanz insbesondere Döhl, Wolfgang (1983), a.a.O., S. 208ff. sowie Oehler, Andreas (1990), a.a.O., S. 76f.

kommt. Diese Meinung wird in dieser Arbeit vertreten, wobei die unbestreitbare Verwandtschaft zum Zeitpunkt t1 über die Titulierungen „Einstellungsphase bzw. Einstellungsakzeptanz" kenntlich gemacht wurde.

3.4.2.2.2 Adoption versus Akzeptanz

Hinsichtlich der **Differenzierung von Adoption und Akzeptanz** muß ferner geklärt werden, ob und inwieweit das dynamische Akzeptanzmodell und der hier untersuchte Akzeptanzprozeß einen Mehrwert gegenüber dem traditionellen Adoptionsprozeß aufweisen kann. Ausgehend von einer **Betrachtung des Gesamtmodells** kann eine Differenzierung zwischen **zwei relevanten Aktionszeitpunkten** durchgeführt werden: zum einen der **Zeitpunkt t2 (Kauf/Übernahme)** und zum anderen der **Zeitpunkt t3 (Nutzung)**.[302] Diese beiden Zeitpunkte repräsentieren dabei die Kaufentscheidung (t2) mit der Problematik der *Marktwiderstände (Nachfragelücke)* und die Nutzungsentscheidung mit der Problematik der *Nutzungswiderstände (Nutzungslücke)*.[303] Die Ausführungen zur Vermarktungsproblematik haben gezeigt, daß gerade bei Nutzungsgütern und -systemen die **Nutzungsebene** einen entscheidenden Fixierungspunkt des Markterfolgs darstellt. Die resultierende zweidimensionale Vermarktungsproblematik als **Zusammenschluß von Produkt- und Nutzungsgeschäft** induziert eine explizite Betrachtung der Phase nach dem (Ab-)Verkauf der Innovation, so daß nicht mehr nur eine kaufbezogene Mengenbetrachtung, sondern insbesondere eine frequenzbezogene Nutzungsbetrachtung im Mittelpunkt der Erfolgsanalyse steht. Vor diesem Hintergrund **führt die Nutzungsphase zu einer Differenzierung von Akzeptanzprozeß und Adoptionsprozeß**. Der klassische Adoptionsprozeß endet mit der Übernahmeentscheidung und damit zu früh für eine umfassende Erfolgsanalyse bei Nutzungsinnovationen.[304] Eine Fortführung über den Kaufzeitpunkt hinaus wird dagegen durch den Akzeptanzprozeß ermöglicht, der zusätzlich auch die Nutzungsebene betrachtet. Aufgrund dieser Fortführung kann der **Akzeptanzprozeß auch als „verlängerter Arm" des Adoptionsprozesses** bezeichnet werden. Hierdurch wird die Adoptionstheorie (Endpunkt *Kauf*) durch die Akzeptanztheorie (Endpunkt *Nutzung*) quasi assimiliert. Durch diese Integration können und müssen die Erkenntnisse der Adoptionsbetrachtung auch in einer Akzeptanzbe-

---

[302] Vgl. hierzu *Kapitel 3.2.1*.
[303] Vgl. *Kapitel 1.2.3*.
[304] Vgl. hierzu Tornatzky, Louis G./Klein, Katherine J. (1982), a.a.O., S. 29. Rogers, Everett M. (1983), a.a.O., S. 184ff.

trachtung Berücksichtigung finden. Kritisch anzumerken ist an dieser Stelle, daß diese Integration bzw. Erweiterung lediglich bei Gütern sinnvoll erscheint, bei denen die Nutzung als eine erfolgsrelevante Größe fungiert. Diesen Ausführungen folgend wurde ein *Akzeptanzmodell für Nutzungsgüter/-systeme* entwickelt, welches die Stufen der Adoption um die Stufe der Nutzung erweitert. Als Resultat kann daher festgehalten werden, daß sich gerade **über den Zeitpunkt t3 (Nutzung)** ein signifikantes Abgrenzungskriterium für **eine Differenzierung von Adoption und Akzeptanz herauskristallisiert.**

Zusammenfassend kann hinsichtlich einer Abgrenzung von *Einstellung versus Akzeptanz versus Adoption* und der hiermit zusammenhängenden Tragfähigkeit des generierten Modellansatzes folgende **Interpretation** festgestellt werden:

Das in dieser Arbeit entwickelte Akzeptanzverständnis und damit das dynamische Akzeptanzmodell setzen die Überlegungen zur Einstellungs- und Adoptionstheorie nicht außer Kraft, sondern bauen auf diesen auf, wobei eine Assimilation im Hinblick auf die Produktkategorie „Nutzungsgüter/-systeme" stattfindet.

3.4.2.2.3 Berücksichtigung der Informationsökonomie

Als besonderer **Problempunkt** bei der kritischen Betrachtung des dynamischen Akzeptanzmodells muß eine **Berücksichtigung des informationsökonomischen Erklärungsansatzes** gewertet werden. In Abhängigkeit einer zeitlichen Ausprägung der verschiedenen Teilebenen der Akzeptanz und damit des Fortgangs des Akzeptanzprozesses kann anhand des **informationsökonomischen Ansatzes zur Erklärung von Austauschprozessen**[305] die verwendete Informationsbasis in den einzelnen Phasen klassifiziert werden. Hierbei wird zwischen **Such-, Erfahrungs- und**

---

[305] Der informationsökonomische Ansatz zur Erklärung von Austauschprozessen beschäftigt sich mit der Analyse von Märkten bei Unsicherheit, wobei zwischen den Austauschpartnern asymmetrisch verteilte Informationen vorliegen. Nach der Beurteilbarkeit der Informationen hinsichtlich des Kauf- oder Vertragsabschlußzeitpunktes wird in Such-, Erfahrungs- und Vertrauenseigenschaften unterschieden. Vgl. Weiber, Rolf/Adler, Jost (1995a): Informationsökonomisch begründete Typologisierung von Kaufprozessen, in: Zeitschrift für betriebswirtschaftliche Forschung, Nr. 1, 47 (1995), S. 43ff. Dieselben (1995b): Positionierung von Kaufprozessen im informationsökonomischen Dreieck - Operationalisierung und verhaltenswissenschaftliche Prüfung, in: Zeitschrift für betriebswirtschaftliche Forschung, Nr. 2, 47 (1995), S. 99ff.

Vertrauenseigenschaften der technologischen Nutzungsinnovationen unterschieden. Bei sog. *Sucheigenschaften* handelt es sich um Informationen bzw. Innovationseigenschaften, welche bereits *vor dem Kauf bzw. Vertragsabschluß* beurteilt werden können.[306] Angesichts der zeitlichen Ausprägung der Teilebenen kommen diese Art von Informations- bzw. Innovationseigenschaften hauptsächlich bei der *Einstellungsebene* zum Tragen. Dagegen handelt es sich bei sog. *Erfahrungseigenschaften* um Informations- bzw. Innovationseigenschaften, welche erst *nach dem Kauf bzw. Vertragsabschluß* beurteilt werden können. Diese Art von Informations- bzw. Innovationseigenschaften kommen analog hauptsächlich bei der *Nutzungsebene* zum Tragen. Bei sog. *Vertrauenseigenschaften* handelt es sich um Informations- bzw. Innovationseigenschaften, welche *weder vor noch nach dem Kauf bzw. Vertragsabschluß* beurteilt werden können. Diese Art von Informations- bzw. Innovationseigenschaften können daher auch nicht durch den konkreten Nutzungseinsatz beurteilt werden. Hinsichtlich einer **Erfassung der drei Beurteilungsarten durch das dynamische Akzeptanzmodell** muß sowohl das Gesamtmodell als auch die Prognosephase t1 betrachtet werden.

Im Hinblick auf das **Gesamtmodell** und eine endgültige Feststellung der Akzeptanz zum **Abschluß des Nutzungsprozesses** kann festgestellt werden, daß **Such- und Erfahrungseigenschaften vollständig erfaßt** werden können, da das dynamische Akzeptanzmodell eine *Phase vor und eine nach dem Kauf (Nutzung)* umschließt. Werden Sucheigenschaften schon in der ersten Phase (t1) des Akzeptanzprozesses beurteilbar, können spätestens in der letzten Phase (t3) auch die Erfahrungseigenschaften aufgrund konkreter „Nutzungserlebnisse" vom Nachfrager begutachtet werden. Problematisch erweisen sich in diesem Zusammenhang die Vertrauenseigenschaften, da diese aus Definitionsgründen weder vor noch nach dem Kauf beurteilt werden können. Dies bedeutet, daß **das dynamische Akzeptanzmodell die Vertrauenseigenschaften nicht erfassen kann**.

Die Erklärungskraft bzw. Tragfähigkeit des in dieser Arbeit generierten Modells ist demnach um so höher, je geringer sich der Anteil an Vertrauenseigenschaften bei der betrachteten Nutzungsinnovation gestaltet (s. Abbildung 29).

---

[306] Vgl. zu den folgenden grundsätzlichen Ausführungen insbesondere Adler, Jost (1994): Informationsökonomische Fundierung von Austauschprozessen im Marketing, Arbeitspapier Nr. 3 zur Marketingtheorie des Lehrstuhls für Marketing der Universität Trier, hrsg. von R. Weiber, Trier 1994, S. 49ff. Derselbe (1996): Informationsökonomische Fundierung von Austauschprozessen - eine nachfragerorientierte Analyse, Wiesbaden 1996, S. 69 und die dort angegebene Literatur.

Da ein Nutzungsgut bzw. -system jedoch gerade im Hinblick auf eine konkrete Nutzungssituation gekauft bzw. genutzt wird, kann davon ausgegangen werden, daß **aufgrund der hohen Bedeutung von beurteilbaren Nutzungsbedingungen** als erfolgsrelevante Größen der Anteil der **Vertrauenseigenschaften tendenziell mit einer geringeren Gewichtung in die Akzeptanzanalyse eingehen** wird (s. Abbildung 29). Darüber hinaus soll durch das dynamische Akzeptanzmodell gerade eine *Akzeptanzprognose für Nutzungsinnovationen* erreicht werden, so daß Vertrauenseigenschaften *tendenziell gar nicht* Inhalt einer akzeptanzorientierten Untersuchung sind, da deren Erfüllung bzw. Bestätigung weder vor noch nach der Nutzung beurteilbar ist und diese auch im negativen Falle somit keinen Einfluß auf die weitere Fortführung des Akzeptanzprozesses haben.

Die Nutzungsbedingungen stellen eine Schranke für die Nutzungsqualität i. S. einer Informationsübermittlung dar, welche notwendigerweise übersprungen werden muß, damit eine tatsächliche Nutzung erfolgen kann. Die Nutzungsbedingungen spielen aus diesem Grunde schon beim Kauf eine entscheidende Rolle. Von besonderer Bedeutung sind daher auch die **Nutzungserfahrungen**, welche Such- und Erfahrungseigenschaften aus t1 bzw. t2 zum Zeitpunkt t3 verschmelzen, und über ihre Beurteilungsmöglichkeit dem dynamischen Akzeptanzmodell zu einer hohen Aussagekraft und damit Tragfähigkeit für die Prognose verhelfen.

Eine Verschärfung der Grundproblematik ist bei der **Fokussierung der Einstellungsphase t1 zu Beginn des Akzeptanzmodells** zu bemerken. Zu diesem Zeitpunkt sind entgegen den Sucheigenschaften per Definition weder Erfahrungs- noch Vertrauenseigenschaften durch den Nachfrager zu beurteilen. Der Erfassungshorizont des Modells würde hierdurch erheblich eingeschränkt werden. Doch kann im Rahmen der Erfahrungseigenschaften bei Nutzungsgütern eine **Zweiteilung in Nutzungsbedingungen und Nutzungsqualität** erfolgen. Während Nutzungsbedingungen, d. h. die Rahmenbedingungen des konkreten Nutzungsaktes (z. B. Steuerung des Systems, Kosten, Bedienungseigenschaften) bereits vor dem Kauf kommuniziert werden können, bleiben Nutzungsqualitäten i. S. von übermittelten Nutzungsinhalten erst in der jeweiligen Situation beurteilbar. **Nutzungsbedingungen sind demnach als** *Quasi-Sucheigenschaften* **zu interpretieren**, welche bereits vor dem Kauf durch eine präzise *Beschreibung der Nutzungssituation*, ein *Testprodukt* oder durch eine einsatzorientierte *Produktpräsentation* darstellbar sind.[307] Zwar ist eine tatsäch-

---

[307] Vgl. zu den Darstellungsmöglichkeiten von Nutzungsinnovationen vor dem Kauf *Kapitel 3.2.1.1.*

liche Beurteilung der Erfahrungseigenschaften definitorisch erst zum Zeitpunkt der Nutzung möglich, jedoch kann über eine entsprechende Beschreibung der Nutzungssituation durch relevante Informationen eine *prognostizierende Annäherung zwischen Erwartung und Realwerten* erreicht werden.

Beispiel: Einführung einer Online-Datenbank[308]

Im Falle des Nutzungsgutes „Datenbank" können die Nutzungsbedingungen wie Zugangsmöglichkeiten, Bedienungselemente, vorhandener Datenstamm oder Suchmechanismen über Testsoftware bzw. Datenbankpräsentation bereits vor dem Kauf kommuniziert werden. Die eigentliche Nutzungsqualität im Hinblick auf die übermittelten Inhalte (z. B. Zeitungsartikel, Börsenberichte) ist dagegen nur im konkreten Anwendungsfall zu beurteilen. Die Stabilität der Nutzungsbedingungen ist so hoch, daß Quasi-Sucheigenschaften vorliegen, die mit einer hohen Zuverlässigkeit bereits vor dem Kauf beurteilbar werden, auch wenn eine tatsächliche Überprüfung erst in der Nutzungsebene stattfindet.

Abbildung 29: *Das Akzeptanzmodell im Spiegelbild der Informationsökonomie*

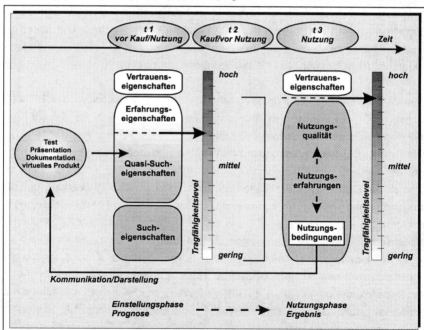

---

[308] Vgl. zur Vertiefung dieses Beispiel auch *Kapitel 1.2.3*.

Empirische Untersuchungen haben in diesem Zusammenhang gezeigt, daß über eine entsprechende Kommunikation *Quasi-Sucheigenschaften* bereits vor dem Kaufzeitpunkt zur Beurteilung transformiert werden können.[309] Im Sinne einer Akzeptanzprognose **ist es das Ziel, die *erwartete Nutzungssituation* so exakt wie möglich zu beschreiben bzw. zu kommunizieren,** damit eine entsprechende **Übereinstimmung von Nutzungsabsicht und tatsächlicher Nutzung** gewährleistet wird. Dennoch bleibt eine gewisse Unsicherheit über den tatsächlichen Eintritt, wobei von der genauen Beschreibung der zu erwartenden Nutzungssituation insbesondere die *Stabilität der Informationsbasis* abhängt (neue Informationen aufgrund unerwarteter Nutzungsbedingungen), die eine entsprechende Stabilität in der Prognose induziert.

Die Erklärungskraft bzw. Tragfähigkeit des in dieser Arbeit generierten Modells ist demnach um so höher, je höher der Anteil an Such- und Quasi-Sucheigenschaften in der Prognosephase (Einstellungsphase t1) ist (s. Abbildung 29).

Durch die Berücksichtigung der Nutzungsebene im Rahmen des Akzeptanzmodells und ihrer ökonomischen Bedeutung für einen monetären Rückfluß zum Anbieter liegt es in dessen Interesse, den Anteil an Quasi-Sucheigenschaften möglichst hoch zu gestalten, um zuverlässige Prognosewerte zu erhalten. Dieses Interesse kann parallel auch für die empirische Überprüfung im Rahmen dieser Arbeit unterstellt werden, so daß im Untersuchungsdesign auf diesen Aspekt zurückgegriffen werden muß.[310] Dies bedeutet zunächst eine generelle Notwendigkeit zum **Abbau vorhandener Informationsasymmetrien im Hinblick auf Such- und Quasi-Sucheigenschaften.** Dies bedeutet aber auch, daß die Zuverlässigkeit des Modells davon abhängig ist, wie exakt die Nutzungsbedingungen vor dem Kauf zu vermitteln sind, d. h. die **Problematik einer Möglichkeit zu Tests, virtuellen Produkten oder Präsentationen** gelöst werden kann. Zusammenfassend kann hinsichtlich einer Betrachtung zur Informationsökonomie und der hiermit zusammenhängenden Tragfähigkeit des generierten Modellansatzes folgende **Interpretation** festgestellt werden:

---

[309] Vgl. insbesondere Ford, Gary T./Smith, Darlene B./Swasy, John L. (1990): Consumer Skepticism of Advertising Claims - Testing Hypotheses from Economics of Information, in: Journal of Consumer Research, 16 (1990), S. 435ff.
[310] Vgl. *Kapitel 4.2* und *5.1*.

> Im Hinblick auf die *Akzeptanzmessung* im Rahmen dynamischen Akzeptanzmodells bei Nutzungsgütern/-systemen können die tendenziell irrelevanten Vertrauenseigenschaften nicht abgebildet werden. **Im Hinblick auf die *Akzeptanzprognose* im Rahmen der Einstellungsphase können zusätzlich die Erfahrungseigenschaften nur bedingt erfaßt werden (Quasi-Sucheigenschaften).**

3.4.2.2.4 Identifikation der Nutzungsphase

Als abschließender **Problempunkt** bei der kritischen Betrachtung des dynamischen Akzeptanzmodells muß die **Identifikation der Nutzungsphase** gesehen werden. Hiermit ist die Fragestellung verbunden, wann die Nutzungsphase beginnt bzw. beendet wird und zu welchem Zeitpunkt die Akzeptanzüberprüfung anzusetzen ist. Aus den Überlegungen zum Gesamtmodell wird deutlich, daß die Nutzungsphase mit einer Herstellung (Implementierung) der Einsatzbereitschaft beginnt und mit einem Abbruch der Nutzungshandlungen endet. Vor diesem Hintergrund ist ein Höhepunkt bzw. das Ende der Nutzung nicht exakt vorhersehbar (s. fehlender Abschluß in Abbildung 26), wodurch eine **Zeitpunktbetrachtung innerhalb der Nutzungsphase für die Akzeptanzmessung fraglich erscheint**. Dennoch wird hier die Auffassung vertreten, daß über eine punktuelle Erfassung der *Nutzungsphase* im **Anschluß an eine erste Einarbeitung** durch den Nachfrager (Akzeptierer) in das innovative Nutzungssystem bzw. über eine Erlernung der Bedienung eines Nutzungsgutes zuverlässige Aussagen bezüglich eines **ersten relevanten Akzeptanz*ergebnisses*** gewonnen werden können. Dies bedeutet nicht, daß gerade aufgrund des dynamischen Charakters der Akzeptanz nicht weitere Akzeptanzuntersuchungen in der Nutzungsphase durchgeführt werden sollten, sondern daß zu dem angeführten Zeitpunkt eine erste Reflexion hinsichtlich der Erfüllung der Erwartungen aus den vorgelagerten Phasen des Akzeptanzprozesses möglich und vom Nachfrager durchgeführt wird. Doch dieser erste bedeutsame **Vergleich zwischen Erwartung und tatsächlichen Nutzungsgegebenheiten** findet im folgenden permanent statt, und das Ergebnis kann bezüglich einer Gesamtakzeptanz mit zunehmender Nutzungsdauer und wachsenden Anforderungen an das Nutzungsgut/-system divergieren. Ferner muß an dieser Stelle nochmals auf die **Problematik eines „prozeßkonformen"**

Durchlaufs der Akzeptanzphasen hingewiesen werden, da aus einer Identifikation von Akzeptanz in der Nutzungsphase nur dann zuverlässige Akzeptanzaussagen im Hinblick auf die Fortführung des Prozesses resultieren, wenn „Schrankenbedingungen" in vorgelagerten Phasen nicht verletzt wurden.[311] Die Erklärungskraft des Modells ist somit abhängig davon, inwieweit atypische Akzeptanzausprägungen (z. B. Einstellung negativ/Nutzung positiv bei freiwilliger Nutzung) durch den Prozeßcharakter „herausgefiltert" werden können.

3.5 Exkurs: Der Faktor „Preis/Gebühr"

In der *Handlungsphase des dynamischen Akzeptanzmodells* kommt erstmals ein verbindlicher *monetärer Aspekt eines Kostenaufwandes* zum Tragen. Dieser monetäre Aspekt spiegelt sich in dem vom Nachfrager beim Kauf zu zahlenden Preis zum Erwerb der Nutzungsinnovation wider. Die besondere **Bedeutung des Faktors „Preis"** resultiert aus einer reflektorischen Funktion dieser Größe hinsichtlich der *Produkt- bzw. Innovationsleistung*. Die Variable „Preis" spiegelt einen Vergleich zwischen der Zahlungsbereitschaft des Nachfragers und seines wahrgenommenen Nutzens hinsichtlich des Produktes und dessen Ausgestaltung wider.[312] Darüber hinaus kommt in der *Nutzungsphase des dynamischen Akzeptanzmodells* zusätzlich zum Kaufpreis zumeist auch ein verbindlicher *monetärer Aspekt in Form eines Nutzungspreises* zum Tragen. Der monetäre Aspekt spiegelt sich hier in dem vom Nachfrager zu zahlenden Preis zum Gebrauch der Nutzungsinnovation wider. Die besondere **Bedeutung des Faktors „Gebühr"** resultiert aus einer reflektorischen Funktion dieser Größe hinsichtlich der *Nutzungsbedingungen*. Die Variable „Gebühr" spiegelt hierbei einen Vergleich zwischen der Zahlungsbereitschaft des Nachfragers und des Nutzen der wahrgenommenen Nutzungssituation wider. Dies bedeutet, daß zusätzlich zu der Zahlungsbereitschaft (Einstellungsphase) bzw. der tatsächlichen Zahlung (Handlungsphase), in Weiterführung der Definition zu Nutzungsgüter und -systemen, eine tatsächliche Zahlung (Nutzungsphase) hinsichtlich eines Gebrauchs der Innovation als zentrale Größen für die Akzeptanzbetrachtung beachtet werden muß. Aufgrund der hohen Bedeutung der Größen „Preis und Gebühr" für die konkreten

---

[311] Vgl. Kapitel 3.2.2.
[312] Vgl. stellvertretend Simon, Hermann (1992): Preismanagement - Analyse, Strategie, Umsetzung, 2. Auflage, Wiesbaden 1992, S. 4.

Handlungen des Nachfragers und damit für die Akzeptanzbildung werden im folgenden die beiden Faktoren hinsichtlich ihres Verhältnisses zur Akzeptanz einer eingehenden Analyse unterzogen.

3.5.1 Die doppelt-geknickte Preis-Akzeptanz-Funktion

Anhand der in Abhängigkeit ihres zeitlichen Vorhandenseins zum Tragen kommenden Einflußdeterminanten wird vom Nachfrager (Akzeptierer) in der konkreten Übernahmesituation ein **maximaler Preis** gebildet, zu dem er gerade noch bereit ist, das innovative Nutzungsgut bzw. -system zu kaufen. Dieser Preis rekrutiert sich entsprechend aus **objekt- und objekteinsatzbezogenen Determinanten** und spiegelt damit den „**Wert einer Nutzungsinnovation**" wider, den sich der Nachfrager (Akzeptierer) von der Übernahme *und* der kontinuierlichen Nutzung erhofft. Liegt der Verkaufspreis des Anbieters der Nutzungsinnovation gleich oder unter diesem individuell gebildeten nutzenorientierten Preis, so findet eine Übernahme bzw. ein Kauf statt und *vice versa*. Im Resultat konstituiert sich eine **Preis-Akzeptanz-Funktion**, bei welcher die (Handlungs-)Akzeptanz in Abhängigkeit von unterschiedlichen Preisanforderungen abgetragen wird [A = f (p) ; idealtypischer Verlauf s. Abbildung 30]. Ausgehend von einem Höchstpreis (*Prohibitivpreis* a), bei dem keine Nachfrage bzw. (Handlungs-)Akzeptanz nach einer Nutzungsinnovation besteht, kann eine mehr oder weniger steil verlaufende fallende Funktion postuliert werden, da davon auszugehen ist, daß bei sinkenden Preisen (Ordinate) die (Handlungs-)Akzeptanz entsprechend steigt. Im Unterschied zur traditionellen *Preis-Absatz-Kurve*[313] werden über die Akzeptanzebenen der *Handlungsakzeptanz* bei der *Preis-Akzeptanz-Funktion* auch Erwartungen über den Nutzen eines kontinuierlichen Einsatzes des Nutzungsgutes bzw. -systems und die hiervon abhängigen zukünftigen Nutzungsgebühren internalisiert. Hierdurch können Ableitungen hinsichtlich der Preis- (Kauf) bzw. Gebührenpolitik (Nutzung) bei innovativen Nutzungsgütern generiert werden.

---

[313] Vgl. zu *Preis-Absatz-Funktionen* stellvertretend Wöhe, Günter (1993): Einführung in die allgemeine Betriebswirtschaftslehre, 18. Auflage, München 1993, S. 553ff. Busse von Colbe, Walther/ Hammann, Peter/Laßmann, Gert (1990): Betriebswirtschaftstheorie, Band 2 - Absatztheorie, 3. Auflage, Berlin 1990, S. 80ff. Meffert, Heribert (1986), a.a.O., S. 267ff. Simon, Hermann (1992), a.a.O., S. 87ff. Schierenbeck, Henner (1989): Grundzüge der Betriebswirtschaftslehre, 10. Auflage, München 1989, S. 244ff.

Bezüglich des **Verlaufs der Preis-Akzeptanz-Funktion** sind über den allgemeinen linear-fallenden Zusammenhang zwischen Preis und (Handlungs-)Akzeptanz hinaus aber auch spezifischere Aussagen möglich. Grundsätzlich kann davon ausgegangen werden, daß bei einem *hohen Nutzen* der Nutzungsinnovation eine entsprechende Zahlungsbereitschaft hinsichtlich Kauf- und Nutzungsgebühren vorhanden ist, so daß geringe preisliche Änderungen nur eine geringe Auswirkung auf die (Handlungs-)Akzeptanz haben dürften. Daher kann, ausgehend von einem Prohibitivpreis a, ein **oberer unsensibler Bereich der Preis-Akzeptanz-Funktion** identifiziert werden, in dem Preis- bzw. Gebührenvariationen nur eine relativ geringe Auswirkung auf die eher positive (Handlungs-)Akzeptanz haben dürften (*unelastischer Reaktionsbereich*).[314]

$$\eta_{A_i\, p_i} = \frac{dA_i}{A_i} : \frac{dp_i}{p_i} = \frac{dA_i}{dp_i} \times \frac{p_i}{A_i} > -1$$

$\eta_{A_i\, p_i}$ = Preiselastizität der Akzeptanz A_i = Akzeptanz des i – ten Gutes
p_i = Preis / Gebühr des i – ten Gutes dA_i = Änderung der Akzeptanz
dp_i = Preis – /Gebührenänderung

In diesem Teil der Funktion kann von einer **hohen Nutzenintensität der Nutzungsinnovation** gesprochen werden, welche relativ unabhängig von den entstehenden Kosten bewertet wird. Eine Senkung bzw. Erhöhung von Preisen und/oder Gebühren hat durch die grundsätzlich *hohe Nutzenstiftung* keine nennenswerten Auswirkungen

---

[314] Die *Preis/Akzeptanz-Elastizität* orientiert sich hierbei eng an der traditionellen *Preiselastizität der Nachfrage*:

$$\eta_{x_i\, p_i} = \frac{dx_i}{x_i} : \frac{dp_i}{p_i} = \frac{dx_i}{dp_i} \times \frac{p_i}{x_i}$$

Die Preiselastizität ist hierbei definiert als das Verhältnis der relativen Änderung der Nachfrage nach einem Gut zu der sie auslösenden relativen Änderung des Preises dieses Gutes. Hinsichtlich der Preis/Akzeptanz-Elastizität wurde nun die Mengenreaktion durch die Akzeptanzreaktion ersetzt, so daß nun die relative Änderung der (Handlungs-)Akzeptanz aufgrund einer Änderung des Preises bzw. der Gebühren im Mittelpunkt steht. Dabei wird von einer elastischen Nachfrage bzw. Akzeptanz ausgegangen, wenn der Elastizitätskoeffizient kleiner als -1 ist. Entsprechend wird von einer unelastischen Nachfrage bzw. Akzeptanz ausgegangen, wenn der Elastizitätskoeffizient größer als -1 ist. Vgl. zur Preiselastizität der Nachfrage stellvertretend Varian, Hal R. (1989): Grundzüge der Mikroökonomik, München 1989, S. 99ff. Dornbusch, Rüdiger/Fischer, Stanley (1986): Makroökonomik, München 1986, S. 277f. Meffert, Heribert (1986), a.a.O., S. 272.

auf die (Handlungs-)Akzeptanz. Dies bedeutet auch, daß der *Grenznutzen der Nutzungsinnovation* gegenüber der bisher zum Einsatz kommenden Technologie signifikant hoch ist. In diesem Fall kann respektive eine **qualitätsorientierte Vermarktungsstrategie** (z. B. Verbesserung der Informationsinhalte) verfolgt werden, um die Nutzungsfrequenz weiter zu erhöhen (s. Abbildung 30).[315] In diesem Bereich können für das Nutzungsgut *Mobilfunk* besonders die *Nutzer des Geschäftsbereiches* plaziert werden.

Im Gegensatz zu diesem ersten Bereich der Funktion kann, ausgehend von einer *Maximal-Akzeptanz*, in einem **unteren unsensiblen Bereich der Preis-Akzeptanz-Funktion** davon ausgegangen werden, daß **keine hohe Nutzenintensität der Nutzungsinnovation** vorliegt, so daß Preis- bzw. Gebührenvariationen ebenfalls nur eine relativ geringe Auswirkung auf die hier jedoch eher negative (Handlungs-)Akzeptanz haben dürften (*unelastischer Reaktionsbereich* s. o.). Eine Senkung bzw. Erhöhung von Preisen und/oder Gebühren hat durch die grundsätzlich *geringe Nutzenstiftung* ebenfalls keine nennenswerten Auswirkungen auf die (Handlungs-)Akzeptanz. Dies bedeutet, daß der *Grenznutzen der Nutzungsinnovation* gegenüber der bisher zum Einsatz kommenden Technologie niedrig ist. In diesem Fall kann **weder eine qualitätsorientierte noch eine kostenorientierte Vermarktungsstrategie** verfolgt werden (s. Abbildung 30), da ein grundsätzlich individueller Bedarf aufgrund einer Vorteilhaftigkeit der Nutzungsinnovation nicht unterstellt werden kann (Ausnahme: Schenkung => p = 0). In diesem Bereich der Funktion können beispielsweise für das Nutzungsgut *Mobilfunk* insbesondere die *Nutzer des Festnetzes* plaziert werden.

---

[315] Porter hat bezüglich einer Einordnung von Wettbewerbs- bzw. Marktbearbeitungsstrategien grundsätzlich darauf hingewiesen, daß entweder eine *Qualitätsstrategie* oder eine *Kostenstrategie* zum Tragen kommen sollte, da nur bei einer entsprechenden Spezialisierung eine Führerschaft gegenüber der Konkurrenz erreicht werden kann. Aufgrund dieser Dichotomie kam er zu dem Resultat, daß Unternehmen entweder *billiger* (Kostenfaktor) oder *besser* (Qualitätsfaktor) als die Konkurrenz produzieren müssen, um Wettbewerbsvorteile [bzw. eine Akzeptanz bei den Nachfragern] zu realisieren. Vgl. Porter, Michael E. (1992): Wettbewerbsvorteile - Spitzenleistungen erreichen und behaupten, 3. Auflage, Frankfurt/M. 1992, S. 31ff. Insbesondere *Weiber/Kollmann* haben aber darauf hingewiesen, daß aufgrund der rasanten Entwicklung von Informationstechnologien diese von *Porter* postulierte Dichotomie bei informationsorientierten Märkten (Marketspace) gesprengt wird und beide Strategien verfolgt werden können. Vgl. hierzu Weiber, Rolf/Kollmann, Tobias (1997a): Wettbewerbsvorteile auf virtuellen Märkten - vom Marketplace zum Marketspace, in: Link, Jörg/Brändli, Dieter/Schleuning, Christian/Kehl, Roger E. (Hrsg.): Handbuch Database Marketing, Ettlingen 1997, S. 513ff. Dieselben (1997b): Der Wettbewerb auf virtuellen Märkten - Perspektiven eines Marketing im Multimedia-Zeitalter, in: Die Betriebswirtschaft (DBW), (eingereicht). Dieselben (1997c): Competitive advantages in virtual markets - perspectives of „information-based-marketing" in Cyberspace, in: European Journal of Marketing (EJM), Special Issue of Marketing in Cyberspace, (im Druck).

Interessant hinsichtlich einer akzeptanzorientierten Preis- und Gebührenpolitik ist nun insbesondere der Bereich zwischen dem unelastischen oberen bzw. unteren Bereich der Preis-Akzeptanz-Funktion. In diesem Bereich ist die **Nutzenintensität der Nutzungsinnovation gegenüber der Zahlungsbereitschaft nicht eindeutig ausgeprägt**, d. h., schon kleinere Änderungen der Preis- und/oder Gebührenstruktur induzieren eine relativ hohe Veränderung hinsichtlich der (Handlungs-)Akzeptanz. Dies bedeutet, daß der *Grenznutzen der Nutzungsinnovation* gegenüber der bisher zum Einsatz kommenden Technologie nicht eindeutig bewertbar ist. Dementsprechend liegt ein **mittlerer sensibler Bereich der Preis-Akzeptanz-Funktion** vor, in dem die *mittlere* **Nutzenintensität der Nutzungsinnovation wesentlich von den entstehenden Kosten eines Einsatzes abhängt**. Innerhalb dieses *elastischen Bereichs* der Funktion ist daher der größte Preis- und Gebührenspielraum vorhanden, da bereits kleine Änderungen relativ große Veränderungen hinsichtlich der (Handlungs-)Akzeptanz bewirken können (s. o.).

$$\eta_{A_i \, p_i} = \frac{dA_i}{A_i} : \frac{dp_i}{p_i} = \frac{dA_i}{dp_i} \times \frac{p_i}{A_i} < -1$$

In diesem Fall kann eine **kostenorientierte Vermarktungsstrategie** (z. B. Reduzierung der Kosten einer Informationsübertragung) verfolgt werden, um die Nutzungsfrequenz zu erhöhen (s. Abbildung 30). In diesem Bereich der Funktion können beispielsweise für das Nutzungsgut *Mobilfunk* die *Nutzer des Freizeitbereiches* plaziert werden.

Im Ergebnis konstituiert sich in der *Handlungsphase* eine **doppelt-geknickte Preis-Akzeptanz-Funktion** bei innovativen Nutzungsgütern und -systemen mit einem *oberen und unteren unsensiblen bzw. einem mittleren sensiblen Bereich* hinsichtlich einer Preis- und Gebührenpolitik (s. Abbildung 30). Der Verlauf der *Preis-Akzeptanz-Funktion* - mit besonderem **Gewicht auf der Hinzunahme des erwarteten Nutzens bei einem kontinuierlichen Einsatz** - kann über eine entsprechende Abfrage der Zahlungsbereitschaft bzw. -absicht schon in der *Einstellungsphase* entsprechend prognostiziert werden. Der doppelt-geknickte Verlauf der postulierten und unter dem Vorbehalt einer empirischen Überprüfung stehenden Preis-Akzeptanz-Funktion steht dabei **phasenkonträr zu** den klassischen Annahmen **der** *doppelt-geknickten Preis-Absatz-Funktion* **von** *Gutenberg*. *Gutenberg* ging davon aus, daß in einem *mittleren unsensiblen Bereich* ein „akquisitorisches Potential" für ein Unternehmen vorhanden sei, in dem Preisänderungen aufgrund von *Präferenz- bzw. Bindungseffekten* keine signifikante Änderung der Nachfrage zur Folge hätten.[316] Über bzw. unter diesem Bereich würden dagegen diese *Präferenz- bzw. Bindungseffekte* nicht mehr zur Entfaltung kommen, so daß *sensible Bereiche* im Hinblick auf eine Preispolitik vorhanden wären (s. Abbildung 30). Der **Mangel dieses Ansatzes in bezug auf innovative Nutzungsgüter und -systeme** liegt im Untersuchungsobjekt, da bei Innovationen i. d. R. aufgrund deren „Neuheit" noch keine *Präferenz- bzw. Bindungseffekte* über das Marketinginstrumentarium generiert werden können, sondern vielmehr konkrete *Kosten/Nutzen-Überlegungen* im Mittelpunkt stehen. Daher sollte bei einer *akzeptanzorientierten Übernahme bzw. Kaufentscheidung bei innovativen Nutzungsgütern/-systemen* die doppelt-geknickte *Preis-Akzeptanz-Funktion* als Grundlage einer *Preis- bzw. Gebührenpolitik* Verwendung finden.

Abbildung 30: *Die doppelt-geknickte Preis-Akzeptanz-Funktion*

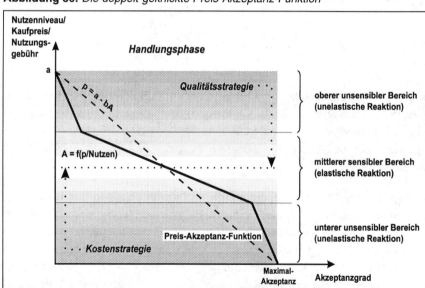

---

[316] Vgl. zu der *doppelt-geknickten Preis-Absatz-Funktion* Gutenberg, Erich (1979): Grundlagen der Betriebswirtschaftslehre - Der Absatz (2. Band), 16. Auflage, Berlin 1979, S. 238ff.

3.5.2 Die doppelt-geknickte Gebühr-Akzeptanz-Funktion

Analog zur *Preis-Akzeptanz-Funktion der Handlungsphase* kann innerhalb der *Nutzungsphase* eine entsprechende **Gebühren-Akzeptanz-Funktion** abgeleitet werden, bei welcher die (Nutzungs-)Akzeptanz in Abhängigkeit von unterschiedlichen Gebührenanforderungen abgetragen wird [A = f (g) ; idealtypischer Verlauf s. Abbildung 31]. Im Gegensatz zur *Preis-Akzeptanz-Funktion* kommen hier jedoch nicht mehr Kaufpreis und *erwartete Nutzungsgebühren*, sondern nur noch die **tatsächlichen variablen Nutzungsgebühren** zum Tragen. Ausgehend von einer Höchstgebühr (*Prohibitivgebühr* g), bei der keine Nutzung bzw. (Nutzungs-)Akzeptanz nach einer Nutzungsinnovation besteht, kann eine mehr oder weniger steil verlaufende fallende Funktion postuliert werden, da davon auszugehen ist, daß bei sinkenden Gebühren (Ordinate) die (Nutzungs-)Akzeptanz entsprechend steigt. Im Unterschied zum Verlauf der *doppelt-geknickten Preis-Akzeptanz-Funktion* können durch die vorgelagerte grundsätzliche Entscheidung für ein Nutzungssystem (z. B. Netz des Mobilfunks) allerdings *Präferenz- bzw. Bindungseffekte* unterstellt werden. Diese Bindungseffekte induzieren einen **phasenkonträren Verlauf der Gebühren-Akzeptanz-Funktion in der Nutzungsphase im Gegensatz zur Preis-Akzeptanz-Funktion in der Handlungsphase**, welcher nun wieder den ursprünglichen Annahmen von *Gutenberg* entspricht (s. o.).[317]

Die postulierten *Bindungseffekte* aufgrund einer (Kauf-)Entscheidung bilden einen **mittleren unsensiblen Bereich der Gebühr-Akzeptanz-Funktion**, in dem eine **Nutzenintensität der Nutzungsinnovation gegenüber der Zahlungsbereitschaft eindeutig ausgeprägt** ist. Der Grund hierfür liegt in der kommunizierten und damit erwarteten Gebührenstruktur eines kontinuierlichen Einsatzes der Nutzungsinnovation, welche der Anwender zum Zeitpunkt der Übernahmeentscheidung bereit war, „zu akzeptieren". Vor diesem Hintergrund induzieren kleinere Änderungen der Gebührenstruktur lediglich relativ geringe Veränderungen hinsichtlich der (Nutzungs-)Akzeptanz, da davon auszugehen ist, daß Gebührenänderungen innerhalb eines gewissen Spielraums keine Auswirkungen auf die Nutzungsfrequenz haben werden. Dementsprechend liegt ein *mittlerer unsensibler Bereich der Gebühr-Akzeptanz-Funktion* vor, in dem die **Nutzenintensität der Nutzungsinnovation eher unabhängig von kleinen Veränderungen der entstehenden Kosten eines Einsatzes ist**. Innerhalb dieses *unelastischen Bereiches* der Funktion ist daher der größte Ge-

---

[317] Vgl. Gutenberg, Erich (1979), a.a.O., S. 238ff.

bührenspielraum aufgrund der Bindungseffekte vorhanden, weil kleine Änderungen relativ geringe Veränderungen hinsichtlich der (Nutzungs-)Akzeptanz bewirken. In diesem Fall können daher sowohl eine **kostenorientierte als auch qualitätsorientierte Erfolgsstrategie** verfolgt werden (s. Abbildung 31). Der Reaktionsbereich der angeschlossenen Teilnehmer bezieht sich in diesem Bereich tendenziell auf eine **Frequenzanpassung der variablen Nutzung**.

$$\eta_{A_i \, g_i} = \frac{dA_i}{A_i} : \frac{dg_i}{g_i} = \frac{dA_i}{dg_i} \times \frac{g_i}{A_i} > -1$$

$\eta_{A_i \, g_i}$ = Gebührenelastizität der Akzeptanz $\quad A_i$ = Akzeptanz des i – ten Gutes
g_i = Gebühreneinheit des i – ten Gutes $\quad dA_i$ = Änderung der Akzeptanz
dg_i = Gebührenänderung

Bezüglich des **Verlaufs der Gebühr-Akzeptanz-Funktion** können, ausgehend von einem *mittleren unsensiblen Bereich der Funktion (s. o.)*, obere bzw. untere Schrankenwerte identifiziert werden, bei denen die Gebührenentwicklung eine entsprechend höhere Änderung in der individuellen Nutzung induziert. Für den oberen Schrankenwert gilt dabei die Annahme, daß ab einer gewissen Gebührenerhöhung die variablen Kosten nicht mehr der hohen Nutzenintensität der Nutzungsinnovation entsprechen. Die variablen Nutzungsgebühren überschreiten damit den Bereich, bei dem die Bindungseffekte noch eine weitere Nutzung rechtfertigen würden. Daher kann, ausgehend von einer *Prohibitivgebühr g*, ein **oberer sensibler Bereich der Gebühr-Akzeptanz-Funktion** identifiziert werden, in dem Gebührenvariationen eine relativ hohe Auswirkung auf die dann eher negative (Nutzungs-)Akzeptanz haben dürften (*elastischer Reaktionsbereich*). In diesem Fall kann daher lediglich eine **qualitätsorientierte Erfolgsstrategie** verfolgt werden (s. Abbildung 31), weil nur über eine erhöhte Qualität der Informationsübertragung die erhöhten Kosten der Informationsübermittlung gerechtfertigt werden können. Eine Erhöhung der Gebühren substituiert in diesem Bereich der Funktion entsprechend die grundsätzlich *hohe Nutzenstiftung*. Der Reaktionsbereich der angeschlossenen Teilnehmer bezieht sich in diesem Bereich tendenziell auf eine **Reduktionsentscheidung hinsichtlich der variablen Nutzung bzw. Abmeldeentscheidung bezüglich des Nutzungssystems**. Beim Beispiel des *Mobilfunks* würden die variablen Gesprächseinheiten entsprechend reduziert werden bzw. eine Abmeldung des Mobilnetzes in Betracht kommen.

$$\eta_{A_i\, g_i} = \frac{dA_i}{A_i} : \frac{dg_i}{g_i} = \frac{dA_i}{dg_i} \times \frac{g_i}{A_i} < -1$$

Im Gegensatz zu diesem oberen sensiblen Bereich der Funktion kann, ausgehend von einer *Maximal-Akzeptanz*, in einem **unteren sensiblen Bereich der Gebühr-Akzeptanz-Funktion** davon ausgegangen werden, daß Gebührenvariationen ebenfalls eine relativ hohe Auswirkung auf die hier jedoch eher positive (Nutzungs-) Akzeptanz haben dürften (*elastischer Reaktionsbereich* s. o.). Ausgehend von einem unteren Schrankenwert gilt die Annahme, daß ab einer gewissen Gebührensenkung die variablen Kosten die hohe Nutzenintensität der Nutzungsinnovation verstärken und weiteres Substitutionspotential zu bisher verwendeten Technologien eröffnen. Die variablen Nutzungsgebühren unterschreiten damit den Bereich, bei dem die Bindungseffekte eine grundsätzliche Nutzung rechtfertigen und eröffnen zusätzlich weitere Bindungspotentiale gegenüber alternativen Technologien. Der Reaktionsbereich der angeschlossenen Teilnehmer bezieht sich in diesem Bereich tendenziell auf eine **Frequenzerhöhung der variablen Nutzung**. Beim Beispiel *Mobilfunk* könnte diese Kostenreduktion der variablen Nutzungsgebühren daher eine weitere Verlagerung von Telefongesprächen des Festnetzes in das Mobilnetz induzieren. Eine Senkung von Gebühren hat daher über die grundsätzlich *hohe Nutzenstiftung* hinaus eine tendenzielle Frequenzsteigerung und damit positive Auswirkung auf die (Nutzungs-) Akzeptanz zur Folge. In diesem Fall könnte daher insbesondere eine **kostenorientierte Erfolgsstrategie** verfolgt werden (s. Abbildung 31). Eine Problematik bei dieser Verfolgung einer nutzungskostenorientierten Strategie im unteren sensiblen Bereich der Gebühr-Akzeptanz-Funktion stellt die i. d. R. allgemein vorhandene **fixe Grundgebühr** dar, welche den gebührenpolitischen Spielraum erheblich einschränkt (s. Abbildung 31). Diese Einschränkung manifestiert sich zum einen aufgrund einer *Verknüpfung von Grundgebühr und Nutzungsfrequenz* innerhalb der *Handlungsphase* aber auch aufgrund einer Berücksichtigung dieser Verknüpfung zum Zeitpunkt der *Nutzungsphase* selbst. Die Grundgebühr stellt hierbei immer einen *fixen Kostensockel* dar, welcher bei der Frequenzentscheidung einer Nutzung vom Anwender internalisiert wird. Hierdurch **reduziert sich der Spielraum einer Senkung von variablen Nutzungsgebühren** insbesondere im unteren Bereich der Gebühr-Akzeptanz-Funktion. Aus der Tatsache heraus, daß bei Nutzungsgütern bzw. -systemen zum einen der Rückfluß an variablen Nutzungsgebühren für einen Markterfolg [318]

---

[318] Vgl. hierzu *Kapitel 1.2.1*, *1.2.2* und *1.2.3*.

entscheidend ist und zum anderen der Reduktionsaspekt eine aktive Gebührenpolitik zur Steigerung der Nutzungsfrequenz behindert, sollte auf die fixe Grundgebühr verzichtet oder diese in Frequenzanreize einer Nutzung (qualitativ- oder kostenorientiert) transformiert werden.

Abbildung 31: *Die doppelt-geknickte Gebühr-Akzeptanz-Funktion*

![Abbildung 31: Die doppelt-geknickte Gebühr-Akzeptanz-Funktion mit Achsen Nutzenniveau/Nutzungsgebühr und Akzeptanzgrad, zeigt Nutzungsphase mit Qualitätsstrategie, Gebühr-Akzeptanz-Funktion A=f(g), p=a-bA, Kostenstrategie, fixe Grundgebühr, Maximal-Akzeptanz, oberer sensibler Bereich (elastische Reaktion), mittlerer unsensibler Bereich (unelastische Reaktion), unterer sensibler Bereich (elastische Reaktion)]

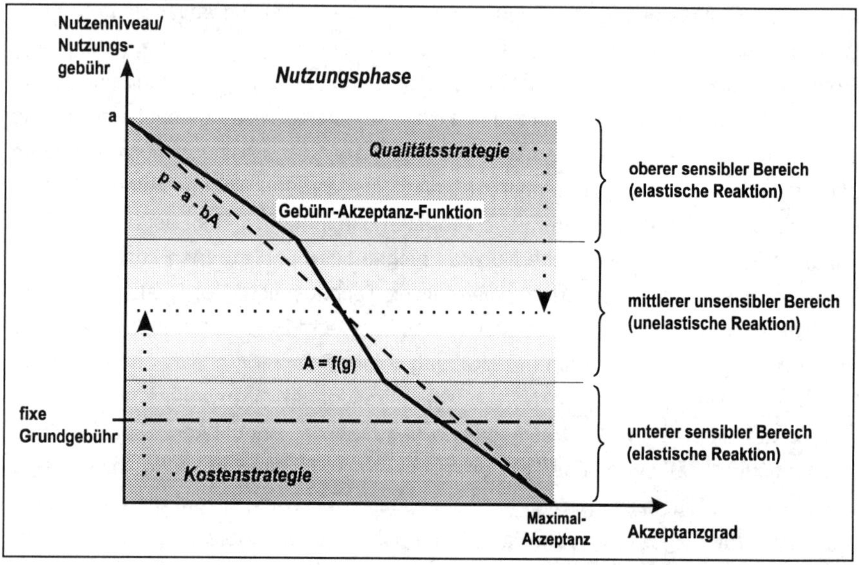

Im Ergebnis konstituiert sich in der *Nutzungsphase* eine **doppelt-geknickte Gebühr-Akzeptanz-Funktion** bei innovativen Nutzungsgütern und -systemen mit einem *oberen und unteren sensiblen bzw. einem mittleren unsensiblen Bereich* hinsichtlich einer Gebührenpolitik (s. Abbildung 31). Der Verlauf der *Gebühr-Akzeptanz-Funktion* mit ihrer besonderen **Gewichtung auf den Nutzen eines kontinuierlichen Einsatzes** kann eine entsprechende Abfrage der Zahlungsbereitschaft bzw. -absicht schon in der *Einstellungsphase* bzw. *Handlungsphase* prognostiziert werden. Der doppelt-geknickte Verlauf der postulierten und unter dem Vorbehalt einer empirischen Überprüfung stehenden Gebühr-Akzeptanz-Funktion steht damit **phasenkonträr zu** den Annahmen **der** *doppelt-geknickten Preis-Akzeptanz-Funktion*. Daher sollte bei einer *akzeptanzorientierten Nutzungsentscheidung bei innovativen Nutzungsgütern/-systemen die doppelt-geknickte Gebühr-Akzeptanz-Funktion als Grundlage einer Gebührenpolitik Verwendung finden*.

4 Die technologische Nutzungsinnovation „Multimedia-System"

Ausgehend von der zentralen Grundproblematik einer *Vermarktung von innovativen Nutzungsgütern und -systemen* und den theoretischen Beschreibungen des *dynamischen Akzeptanzmodells* wird im folgenden auf die, neben dem Telekommunikationsmarkt im Mittelpunkt aktueller Innovationsentwicklungen stehende Produktkategorie der „**Multimedia-Systeme**" eingegangen.[319] Innerhalb der Produktkategorie der Nutzungsgüter bzw. Nutzungssysteme verbinden „Multimedia-Systeme" die **Problematik einer Einführung von Innovationen** *und* **einer expliziten Erfassung der Nutzungsebene für den ökonomischen bzw. kommunikationsorientierten Markterfolg**. Dadurch kommt gerade hier die Frage nach einer *nutzungsorientierten Akzeptanz* hinsichtlich einer Innovationsgestaltung zur Reduktion der Unsicherheit bezüglich eines Markterfolgs zum Tragen. Fragen der Akzeptanz beziehen sich hierbei zum einen auf die innovative „**multimediale Informationsübermittlung**" selbst und zum anderen auf den entsprechenden Umgang mit den innovativen „**multimedialen Kommunikationsbedingungen**" auf der Seite der Anwender bzw. Nutzer.[320] Die Besonderheiten der *Informationsübermittlung bzw. -übertragung* und deren *Kommunikationsbedingungen* stehen daher im Schnittpunkt der akzeptanzorientierten Betrachtungen zum Multimedia-Bereich. Im folgenden wird über eine grundsätzliche Erfassung des Begriffes „*Multimedia*" mit seinen Elementen der multimedialen, integrativen und interaktiven Kommunikation auf spezifische Vermarktungsprobleme bei innovativen Multimedia-Systemen und den dazugehörigen multimedialen Anwendungen eingegangen. Im Anschluß hieran wird eine konkrete *multimediale CD-ROM-Anwendung* in Form der DIALEKT-CD-ROM vorgestellt, anhand welcher die empirische Überprüfung des dynamischen Akzeptanzmodells bei innovativen Nutzungsgütern/-systemen durchgeführt wird.

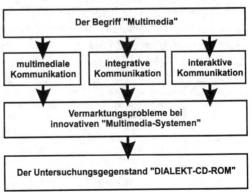

---

[319] Vgl. zur Grundproblematik *Kapitel 1* sowie zum Akzeptanzmodell *Kapitel 3*.
[320] Vgl. insbesondere Kollmann, Tobias (1996b), a.a.O., S. 34ff.

4.1 Die Entwicklung zur Multimedia-Generation

Multi [lat.]: mehrere; *Media* [lat. Plural zu Medium]: Kommunikationsmittel; *Multimedia*: mehrere Kommunikationsmittel.[321] Diese einfache Formel spiegelt wohl kaum die umfassenden Veränderungen in der Kommunikationswelt wider, welche mit der multimedialen Entwicklung erhofft oder befürchtet werden. In jüngster Zeit zum **Schlagwort** der „Kommunikationsrevolution" geworden ist **Multimedia** jedoch kein neuer Begriff der Computer- oder Medienindustrie, sondern er existiert in Verbindung mit wissenschaftlichen Visualisierungen und aufwendigen Präsentationen bereits *seit Mitte der 50er Jahre*.[322] Im anglo-amerikanischen Sprachraum bezeichnete *Multimedia zu Beginn der 70er Jahre* „Lehrmittelpakete", in denen verschiedene Unterrichtsmaterialien wie z. B. Lehrbücher, Begleithefte, Dias, Tonbänder und Filme zusammengefaßt waren. Die gemeinsame „technische Basis" bestand dabei jedoch lediglich aus dem die „Einzelteile umfassenden Pappkarton", denn eine die unterschiedlichen Medien in Verbindung bringende Systemplattform existierte zum damaligen Zeitpunkt noch nicht.[323] Spätestens seit *Beginn der 90er Jahre* ist der Begriff „**Multimedia**" durch Funk, Fernsehen und diverse Printmedien usuell. Die Häufigkeit der Nennung des Begriffs „Multimedia" führt aber nicht unmittelbar auch zu dessen einheitlicher Verwendung. Gegenwärtig wird mit Multimedia das (vermarktbare) Ergebnis einer erneuten Marktintegration bezeichnet, die sich auf die Industriezweige „Telekommunikations-", „Computer-", „Unterhaltungselektronik-" und „Medienindustrie" bezieht und somit erneut eine sog. **Systemtechnologie** hervorbringt (vgl. zu den Kernrichtungen auch Abbildung 32).[324] Diese „neu" enstehenden Multimedia-Systeme sind vor diesem Hintergrund in der Lage, zeitabhängige (z. B. Bildübertragungen) und zeitunabhängige (z. B. Datenbanken) Daten- bzw. Medientypen integriert auf einer Systemplattform darzustellen.[325]

---

[321] Vgl. Rougé, Daniel (1994): Faszination Multimedia - Umfassender und leicht verständlicher Überblick, Düsseldorf 1994, S. 5.
[322] Vgl. Stipp, Horst (1994): Welche Folgen hat die digitale Revolution für die Fernsehnutzung?, in: Media Perspektiven, Heft 8 (1994), S. 392ff. Schmenk, Andreas/Wätjen, Arno (1993): Multimedia - Multimedia verstehen, planen, einsetzen, München 1993, S. 12.
[323] Vgl. Steinbrink, Bernd (1992): Multimedia - Einstieg in eine neue Technologie, München, 1992, S. 19.
[324] Vgl. ebenda, S. 19. Backhaus, Klaus/Voeth, Markus (1997): Stadtinformationssysteme - Ergebnisse einer Akzeptanzuntersuchung bei Privathaushalten in Münster (Westf.), Münster 1997, S. 21ff. Zum Begriff „Systemtechnologie" insbesondere Weiber, Rolf (1992), a.a.O., S. 30ff.
[325] Vgl. Steinmetz, Ralf/Rückert, Johannes/Racke, Wilfried (1990): Multimedia-Systeme, in: Informatik-Spektrum, Nr. 5, 13 (1990), S. 280ff. Cordes, Ralf (1993): Multimediakommunikation in Privaten Netzen, in: Forst, Hans-Josef (Hrsg.): Multimedia - Neue Anwendungen in der Telekommunikation, Berlin 1993, S. 38.

Abbildung 32: *Die Technologieentwicklung im Multimedia-Bereich*

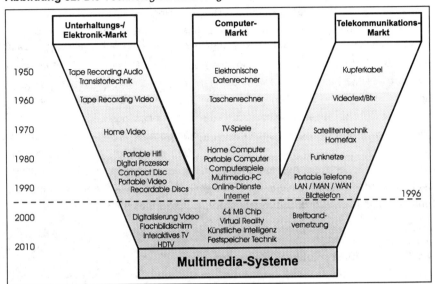

in Anlehnung an: Kinnebrock, Wolfgang (1994), S. 31.

4.1.1 Der Begriff „Multimedia"

Aufgrund der Integration der unterschiedlichen Branchen im „neuen Multimedia-Markt" sind auch die vorhandenen **Definitionsansätze** zu Multimedia als sehr heterogen zu bezeichnen. Gegenwärtig findet sich in der Literatur eine Vielzahl von Begriffsdefinitionen, die einerseits auf technische Aspekte, andererseits auf Anwendungsaspekte des Phänomens „Multimedia" abzielen.[326] Bei der Analyse der bisherigen Definitionsversuche wird jedoch deutlich, daß lediglich potentielle „Multimedia-

---

[326] Vgl. stellvertretend Kinnebrock, Wolfgang (1994), a.a.O., S. 83f. Neuerburg, Hans J. (1993): Dienste in Breitbandversuchsnetzen für Multimediaanwendungen, in: Forst, Hans-Josef (Hrsg.), a.a.O., S. 19ff. Steinmetz, Ralf (1993): Multimedia-Technologie - Einführung und Grundlagen, Berlin 1993, S. 19f. Schwier, Richard/Misanchuk, Earl (1993), a.a.O., S. 3ff. Feldman, Tony (1995): Multimedia - Eine Einführung, Friedrichsdorf 1995, S. 16ff. Schmenk, Andreas/Wätjen, Arno (1993), a.a.O., S. 12f. Encarnacao, José/Noll, Stefan/Schiffer, Norbert (1993): Multimedia und CSCW, in: Forst, Hans-Josef (Hrsg.), a.a.O., S. 7ff. Platten, Wilfried F. (1992): Jetzt wird's bunt, in: PC Professionell Extra „Multimedia & Windows", S. 5. Urchs, Ossi (1993): Multimedia - Jetzt steht der Mensch im Mittelpunkt, in: Multimedia - Zukunft erleben, Verlagsbeilage zur Internationalen Funkausstellung der Vereinigten Motor-Verlage, S. 3. Silberer, Günter (1995a): Marketing mit Multimedia im Überblick, in: Derselbe (Hrsg.), a.a.O., S. 5.

Zustände" deskriptiv erfaßt wurden, ohne aber auf die Prüfung einzelner „Wesensmerkmale von Multimedia" einzugehen. Diese Wesensmerkmale gehen über eine reine Betrachtung der Kommunikationsmittel (Medienformen) hinaus.[327] Vor diesem Hintergrund muß festgehalten werden, daß die bei zahlreichen *Multimedia-Definitionen der Literatur* zum Tragen kommende Formel einer Präsenz bzw. Kombination unterschiedlicher Medien- und Präsentationsformen die Definitionsproblematik nicht umfassend löst. Das Innovationspotential von „Multimedia" muß demnach noch weitere definitorische Aspekte beinhalten. Daher sind neben der Kombinationsformel „Multi" noch andere Besonderheiten bei einer *multimedialen Kommunikation* von Bedeutung. Hierbei können aus den bisherigen Definitionen bzw. Auffassungen der Literatur vorwiegend die Aspekte *„Kombination verschiedener Medien"* (**multimediale Kommunikation**), *„integratives System"* (**integrative Kommunikation**) und *„Interaktivität"* (**interaktive Kommunikation**) abgeleitet werden.[328]

4.1.1.1 Der Aspekt „multimediale Kommunikation"

Im Hinblick auf den bisherigen Erfahrungshintergrund einer definitionsorientierten Literaturanalyse wird unter *Multimedia* grundsätzlich die **Kombination verschiedener Medien zum Zwecke des Informationsaustausches** verstanden. Entsprechend den möglichen Sinneskanälen können als Leitsysteme bei der Informationsaufnahme und Kommunikation *visuelle, auditive, haptische, gustorische* und *olfaktorische Leitsysteme* unterschieden werden. Aufgrund des Mangels an geeigneten kommerziell einsetzbaren Ein- und Ausgabegeräten ist die gegenwärtige Diskussion jedoch fast ausschließlich auf die Integration **visueller und auditiver Medien** konzentriert.[329] Dabei stehen besonders die Möglichkeiten einer *animations-, video-, text- und audioorientierten Medienverknüpfung* zum Zweck der Informationsübermittlung im Mittelpunkt. Durch diese *multimediale Informationsübermittlung* kommt es zu einem **Wechsel von einer eindimensionalen zu einer mehrdimensionalen Medienkommunikation**. Informationen werden durch die *quasi simultane Nutzung*

---

[327] Vgl. Kollmann, Tobias (1996b), a.a.O., S. 25.
[328] Vgl. Weiber, Rolf/Kollmann, Tobias (1997d): Interactive Marketing - von der medialen Massenzur multimedialen Einzelkommunikation, in: Link, Jörg/Brändli, Dieter/Schleuning, Christian/Kehl, Roger E. (Hrsg.): Handbuch Database Marketing, Ettlingen 1997, S. 533ff. Kollmann, Tobias (1996b), a.a.O., S. 25ff.
[329] Allerdings ist mit dem *Cyberspace* auch bereits die technische Realisierung haptischer, gustorischer und/oder olfaktorischer Leitsysteme in der Erprobung. Vgl. Hanser, Peter (1995), a.a.O., S. 35ff. Leber, Titus (1989): Audiovisuelle Gestaltung interaktiver Systeme, in: Thexis, Nr. 5, 6 (1989), S. 23ff.

von sich ergänzenden Medienbausteinen effektiver vermittelt, so daß auch komplexe Inhalte dem Nachfrager zugänglich werden. Hierdurch ergibt sich gegenüber traditionellen Medien eine höhere Kommunikationswirkung bzw. verbesserte Informationsübermittlung beim Kontakt mit dem Nachfrager. Der Informationsaustausch wird auf eine verständliche und leicht zugängliche Ebene transformiert, ähnlich dem Wandel von einer Computer- bzw. Programmsprache zu bildlichen Bedienungselementen (Windows). Durch die multimediale Informationsübermittlung kommt es zu einer effektiven Steigerung der Intensität in der Kommunikationsbeziehung.

4.1.1.2 Der Aspekt „integrative Kommunikation"

Neben der reinen Kombination von verschiedenen Medienformen stellt sich im Rahmen einer definitorischen Bestimmung des Begriffes „Multimedia" aber auch die Frage nach dem *„symbiontischen Element"* dieser zusammengestellten Medienformen. Ein weiteres Definitionsmerkmal multimedialer Anwendungen bildet daher die **Integrativität der Medienformen**, d. h. das simultane Angebot von mindestens zwei verschiedenen Medienbausteinen innerhalb einer Anwendung (*Daten, Text, Sprache, (Bewegt-)Bild und/oder Ton*). Diese Integration mehrerer Medien in einem Informationssystem ermöglicht die quasi *simultane Nutzung* von sich ergänzenden Medienbausteinen. Durch die Ergänzung bzw. Kombination innerhalb dieser simultanen Nutzung eröffnet sich dem Nachfrager bzw. Nutzer ein „neuer" Zusatznutzen, der sich in einer Verbesserung der Informationswahrnehmung und -verarbeitung niederschlägt. Insbesondere in dieser Verbesserung liegt ein Hauptargument für den Einsatz multimedialer Technologien.[330] Entscheidend ist daher für ein Multimedia-System nicht allein das Angebot mehrerer Medienbausteine, sondern vielmehr deren tatsächliche, **bewußte und simultane Nutzung** durch den jeweiligen Anwender.[331]

---

[330] Der Wirkungsgrad der audio-visuellen Kommunikation von 50% soll durch den Einsatz von Multimedia auf 90% gesteigert werden können. Vgl. hierzu Glomb, Herbert J. (1995): Lean Marketing durch den Einsatz von interaktiven Multi-Media-Systemen im Marketing-Mix, in: Hünerberg, Reinhard/Heise, Gilbert (Hrsg.), a.a.O., S. 125. Ferner auch Silberer, Günter (1995b): Verlockende Vielfalt - Multimedia im Marketing-Einsatz, in: Absatzwirtschaft, Nr. 9, 38 (1995), S. 78. Pea, Roy (1991): Learning through Multimedia, in: IEEE Computer Graphics & Applications, Nr. 4, 11 (1991), S. 58ff. Weiss, Robert (1994): Interaktives Multimedia - mehr als nur ein Schlagwort?, in: io Management Zeitschrift, Nr. 1, 63 (1994), S. 18ff. Backhaus, Hagen (1994): Multimedia-Systeme als Marketing-Instrument, in: geldinstitute, 4/5 (1994), S. 56ff. Silberer, Günter (1994): Multimedia als Marketing-Instrumentarium, in: Werbeforschung & Praxis, Nr. 6, 39 (1994), S. 210.

[331] Innerhalb der psychologischen Literatur besteht bezüglich einer *simultanen Nutzung von verschiedenen Medienbausteinen* eine gewisse Uneinigkeit. Auf der einen Seite wird von der sog. *Ein-Kanal-Theorie der Wahrnehmung* diese simultane Verarbeitung von Informationsreizen an-

Nur durch diesen Tatbestand kann die durch den Einsatz von Multimedia erwünschte Verbesserung der Informationswahrnehmung und -verarbeitung auch real umgesetzt werden. Gerade in diesem Punkt wird der **Charakter von Multimedia-Systemen bzw. -Anwendungen als Nutzungsgut** besonders deutlich, da der Kommunikationserfolg zentral von der Nutzungsebene abhängig ist.

4.1.1.3 Der Aspekt „interaktive Kommunikation"

Als weiteres zentrales Definitionsmerkmal des Begriffes „Multimedia" ist insbesondere die *Interaktivität der Kommunikation* zu nennen. Aus den Sozialwissenschaften kommend bezeichnet der *Begriff der Interaktivität* „das 'in Verbindung treten', das 'miteinander Agieren' sowie die wechselseitige Kommunikation zwischen Sender und Empfänger".[332] Interaktivität zeichnet sich in diesem Kontext durch die Möglichkeit **individueller Aktionen und Reaktionen** der Kommunikationspartner aus, welche **unabhängig von vorgegebenen Ablaufmustern** (Optionsmenüs) sind (Merkmal: *steuern*).[333] Die Interaktivität ermöglicht es hierbei dem Empfänger, zum Sender zu werden und *vice versa* (Merkmal: *empfangen/senden*). Die Interaktivität ist jedoch immer abhängig von den, durch die Software determinierten, zugelassenen Interaktionsmöglichkeiten. Ein weiterer Parameter der Interaktivität wird durch die Differenzierung nach *Online- und Offline-Technologien* bestimmt. Hierbei wird eine „echte Interaktivität" ausschließlich mit dem Online-Bereich verbunden, da nur hier eine

---

hand mehrerer Medienbausteine bestritten. Im Gegensatz dazu ist diese simultane Verarbeitung bei der sog. *Mehr-Kanal-Theorie der Wahrnehmung* durchaus möglich. Empirische Studien konnten in diesem Zusammenhang beide Theorieansätze bestätigen, so daß weder die eine noch die andere Theoriemeinung empirisch auszuschließen ist. In einer Kombination beider Theorieansätze wird auch die Meinung einer *Zweistufigen Wahrnehmung* vertreten, wobei auf der ersten Stufe die Medienkombination insgesamt (Mehr-Kanal) und dann je nach Bedürfnis auf einer zweiten Stufe selektiv (Ein-Kanal) wahrgenommen wird. Vgl. Leven, Wilfried (1983): Die Blickfangwirkung der Aufmerksamkeit beim Betrachten von Werbeanzeigen, in: GfK Nürnberg (Hrsg.) Jahrbuch der Absatz- und Verbrauchsforschung, Nr. 3 (1983), S. 249. Keele, Steven W./Neill, W. Trammell (1987): Mechanisms of Attention, in: Carterette, Edward C./Friedman, Morton P. (Hrsg.): Handbook of Perception, New York 1978, S. 7ff. Broadbent, D. E. (1969): Perception and Communication, 3. Auflage, Oxford 1969, S. 14ff. Schenk, Michael/Donnerstag, Joachim/Höflich, Joachim (1990), a.a.O., S. 43f. Im Sinne von Multimedia kann die Annahme einer *quasi simultanen Wahrnehmung* i. S. einer praktisch unendlich schnellen Hintereinanderreihung von aufgenommenen Einzelreizen beiden Theorieansätzen gerecht werden.

[332] Reinhard, Ulrike/Salmony, Michael (1994): Interaktives Fernsehen - Ein Definitionsversuch, in: Reinhard, Ulrike (Hrsg.): PRO 5 - interaktives Fernsehen, Heidelberg 1994, S. 141.

[333] Eine multimediale CD-ROM kann vor diesem Hintergrund lediglich als „Semi-Interaktiv" bezeichnet werden, da es zwar zu einer wechselseitigen Beziehung bzw. Steuerung zwischen Medium und Anwender kommt, diese Beziehung sich aber nur innerhalb eines vorgegebenen Optionsmenüs abspielt.

ständige Verbindung und damit eine *permanente Wechselbeziehung* zwischen Sender (Mensch/Maschine) und Empfänger (Mensch/Maschine) besteht.[334] Vor dem Hintergrund der vorangestellten Zusammenhänge eines direkten kommunikativen Austauschs von Informationseinheiten wird der Begriff der „Interaktivität" folgendermaßen definiert:[335]

> **Interaktivität:**
> Die *Interaktivität* beschreibt die Möglichkeit des Anwenders, **frei von vorgegebenen Optionsmenüs** die Programmabläufe zu **empfangen, individuell zu steuern** und innerhalb einer wechselseitigen kausalen Kommunikation Informationen **reflektiv senden** zu können.

Ausgehend von dem Interaktivitätsaspekt bei Multimedia-Anwendungen bewegt sich der **Interaktionsgrad** innerhalb eines Kontinuums, welches sich von einer vollkommenen Flexibilität der Interaktionskontakte bis hin zu einem minimalen Steuerungseinfluß vorgegebener Kommunikationswege erstreckt. Die Entwicklung der Möglichkeiten der „Interaktivität" ist für den Wandel und den Erfolg von Multimedia-Systemen entscheidend. Essentielle Bedeutung kommt dabei dem sog. *Rückkanal* zu, welcher den Interaktionskontakt zwischen Sender und Empfänger ermöglicht.[336] Die kausal zusammenhängende Abfolge der Datentelekommunikation eines Empfängers, die externe Reaktion und die individuelle Rückkopplung an den Empfänger sind die zentralen Kennzeichen des Multimedia-Systems.[337] Der **Grad der Interaktivität**, welcher das entscheidende Kriterium für die Entwicklungsstufen von traditionellen Medien bis hin zum „Multimedium" darstellt, läßt sich durch die Entwicklungsstufe des Rückkanals beschreiben. Anhand der Entwicklungsstufe des Rückkanals können die **Entwicklungsphasen von „interaktiven Multimedia-Anwendungen"** - wie in Abbildung 33 dargestellt - determiniert werden.[338]

---

[334] Vgl. Ratzke, Dietrich (1990): Elektronische Medien - Aktuelle Begriffe, Abkürzungen und Adressen, Frankfurt/M. 1990, S. 143ff. Bis zu dem Zeitpunkt, wo die Flexibilität von Maschinen nahezu unendlich ist, kann echte Interaktivität nur von Mensch zu Mensch unter der Zuhilfenahme einer entsprechenden Multimedia-Maschinen-Schnittstelle erfolgen. Vgl. hierzu Weiber, Rolf (1992), a.a.O., S. 47.
[335] Vgl. auch Kollmann, Tobias (1996b), a.a.O., S. 26.
[336] Vgl. Jaffe, Andrew (1993): Don't panic - But the interactive train is leaving the station, in: Adweek [Eastern Ed.], Nr. 50, 34 (1993), S. 46.
[337] Vgl. Reinhard, Ulrike/Salmony, Michael (1994), a.a.O., S. 141f.
[338] Vgl. zur Erklärung des Phasenmodells der Interaktivität insbesondere Kollmann, Tobias (1996b), S. 28f.

Abbildung 33: *Die Entwicklungsphasen von „interaktiven Multimedia-Anwendungen"*

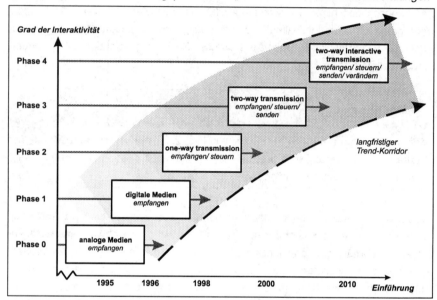

Grundsätzlich kann festgehalten werden, daß Interaktivität jeder elektronischen Information einen Zusatznutzen verleiht, ob es sich hierbei nun um Multimedia handelt oder nicht.[339] Dennoch wird der Zusatznutzen gerade bei Multimedia-Anwendungen durch den Interaktionsgrad bestimmt. Sowohl in aktuellen Diskussionen als auch in der *öffentlichen Meinung* wird bereits die Möglichkeit einer „freien" Steuerung innerhalb von vorgegebenen Optionsmenüs als „Interaktivität" interpretiert. Hier wird jedoch lediglich der untere Bereich des Interaktivitäts-Kontinuums widergespiegelt. Alle Multimedia-Systeme lassen sich innerhalb dieses Kontinuums wiederfinden, wodurch Interaktivität an sich, nicht aber das Ausmaß für die definitorische Identifizierung von Multimedia und deren Anwendungen entscheidend ist. Vor dem Hintergrund der vorangestellten Zusammenhänge und Definitionsmerkmale wird der **Gesamtbegriff „Multimedia"** wie folgt definiert:[340]

---

[339] Vgl. Feldman, Tony (1995), a.a.O., S. 23.
[340] Vgl. auch Kollmann, Tobias (1996b), a.a.O., S. 29.

> **Multimedia:**
> *Multimedia* bezeichnet eine **Kombination von mindestens zwei Medienbausteinen** [Daten, Text, Sprache, (Bewegt-)Bild oder Ton], die dem Anwender die **interaktive Steuerung** innerhalb eines **integrativen Informationssystems** ermöglichen.

Diese Definition erweitert die klassischen Begriffsauffassungen von Multimedia als *Kombination von Medienbausteinen* um eine Verinnerlichung der bisherigen Teildefinitionen von *Integrativität* und *Interaktivität*. Anhand dieser Definition können nun im weiteren Multimedia-Anwendungen vorgestellt werden, welche sich durch den unterschiedlichen Grad an zugelassener Interaktivität, d. h. der jeweiligen Position innerhalb des Interaktivitäts-Kontinuums unterscheiden lassen. Die Kommunikation bei und durch Multimedia-Systeme kann dabei folgendermaßen beschrieben werden:[341]

- **Die multimediale Informationsübermittlung**
  Durch die multimediale Informationsübermittlung kommt es zu einem *Wechsel von einer eindimensionalen zu einer mehrdimensionalen Medienkommunikation*.

- **Die digitalisierte Informationsübermittlung**
  Durch die *digitalisierte Informationsübermittlung* innerhalb der Datennetze wird der Umgang mit den Informationen wesentlich vereinfacht. Quasi „per Knopfdruck" lassen sich umfangreiche Informationsangebote reduzieren, individuell selektieren und zielbezogen auswerten. Durch die Digitalisierung wird jeder beliebige Punkt (Adressat) individuell ansteuerbar, wodurch der Kommunikationskontakt nicht eine Frage von räumlicher oder zeitlicher Distanz ist, sondern zu einer *Frage nach der Ausgestaltung des „quasi-persönlichen" Kontaktes* wird.

- **Die interaktive Informationsübermittlung**
  Durch die digitalen Informationsnetze und ihre Möglichkeiten zur wechselseitigen Kommunikation durch entsprechende Rückkanäle wird jeder Teilnehmer sowohl zum Sender als auch zum Empfänger. Damit kommt es zu einem Wechsel von einer *„one-way-Transaktion"* zu einer *„two-way-Transaktion"*, repräsentiert durch die Möglichkeiten der *Interaktivität*.

---

[341] Vgl. auch Weiber, Rolf/Kollmann, Tobias (1997d), a.a.O., S. 548f.

- **Die individualisierte Informationsübermittlung:**
Die Bedingungen der *Interaktivität* in der multimedialen Kommunikation führen zwangsläufig zu einer signifikanten *Steigerung der Individualität* zwischen den einzelnen Netzteilnehmern bzw. Unternehmen und Nachfragern. Die *flexible und individuelle Abfrage* ist ein Merkmal für die interaktiven Multimedia-Systeme.

4.1.2 Anwendungen im Multimedia-Bereich

Innerhalb der folgenden Darstellungen werden die wesentlichen Multimedia-Systeme vorgestellt, welche sich grundsätzlich in einen Offline- und einen Online-Bereich unterteilen lassen. Während im *Offline-Bereich* (unteres Interaktivitäts-Kontinuum) keine ständige Verbindung zwischen Sender und Empfänger besteht, kann im *Online-Bereich* (oberes Interaktivitäts-Kontinuum) die Möglichkeit einer permanenten Interaktion bereitgestellt werden, da hier Sender und Empfänger kontinuierlich miteinander verbunden sind. Im Sinne von Multimedia-Applikationen sind dem **Offline-Bereich** derzeit alle Anwendungen auf **CD-ROM** oder **CD-i** zuzurechnen. Während die CD-ROM Multimedia-Anwendungen für den PC beinhaltet, stellt die CD-i Multimedia-Anwendungen für das TV-Gerät bereit. Gemäß dem derzeitigen Entwicklungsstand lassen sich die Multimedia-Applikationen im **Online-Bereich** in „**Online-Systeme**", „**Unternehmens-Systeme**" und „**Interaktive Fernsehsysteme**" differenzieren. Dabei ist allerdings zu beachten, daß diese Unterscheidung letztendlich nicht disjunktiv ist, sondern Überschneidungen möglich sind. Die Ursache hierfür liegt vor allem in dem Integrativitätsmerkmal von Multimedia begründet, was dazu führt, daß zwischen den einzelnen Systemen im Online-Bereich gemeinsame Zugriffsmöglichkeiten bestehen. Ferner kann davon ausgegangen werden, daß langfristig die angeführten Systeme zum „Multimedium" zusammenwachsen werden.[342] Besonders deutlich wird das Zuordnungsproblem bei interaktiven Lernprogrammen im Bildungsbereich [sog. Computer Based Training (CBT) bzw. *Multimedia Based Teaching (MBT)*], da diese sowohl im Offline- (über CD-ROM-Träger) als auch im Online-Bereich (innerbetriebliche Schulungssysteme) zum Einsatz kommen können. Abbildung 34 liefert einen entsprechenden Überblick.

---

[342] Vgl. hierzu auch die Ausführungen in *Kapitel 1.3* sowie die Darstellung in *Abbildung 5*.

Abbildung 34: *Die Systemarten im Multimedia-Bereich*

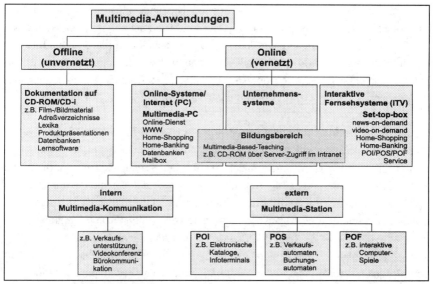

Im **Offline-Bereich** werden multimedial aufbereitete Informationen in ihrer realen Form (digital) gespeichert und sind hierdurch auch über große Zeit- und Raumspannen ohne Qualitätsverlust reproduzierbar.[343] Eine Anwendung in diesem Bereich wäre beispielsweise die Verarbeitung von Film- oder Bildmaterial sowie Adreß- und Statistikinformationen. Hauptspeichermedium des Offline-Bereichs ist die **CD-ROM**, die Dokumentationen für andere Personen komprimiert zugänglich macht.[344] Der Hauptanwendungsbereich von Multimedia-Applikationen ist im **Online-Bereich** zu sehen. Der Grund wird durch die Tatsache impliziert, daß sich nur hier durch die Bedingung einer ständigen Beziehung die Möglichkeit einer definitionsbedingten „tatsächlichen Interaktivität" bietet.[345] Respektive hierzu kann als erste Multimedia-Applikation im Online-Bereich das Spektrum der **Online-Systeme** angeführt werden. Hierzu gehören sowohl *Online-Dienste* wie auch das *Internet*. Unter einem (kom-

---

[343] Vgl. Hünerberg, Reinhard/Heise, Gilbert (1995), a.a.O., S. 8.
[344] Vgl. Fischer, Conrad (1995): Electronic Publishing und Elektronischer Katalog - Chancen für neue Wege der Verkaufsförderung, in: Hünerberg, Reinhard/Heise, Gilbert (Hrsg.), a.a.O., S. 287ff. Spanik, Christian (1993): Multimedia - Einsteigen ohne auszusteigen, Haar 1993, S. 49ff. Frater, Harald/Paulißen, Dirk (1994): Multimedia, Düsseldorf 1994, S. 112ff. Reisman, Sorel (1991): Developing Multimedia Applications, in: IEEE Computer Graphics & Applications, Nr. 4, 11 (1991), S. 55f.
[345] Vgl. ebenda.

merziellen) Online-Dienst (z. B. T-Online oder CompuServe) wird ein System- bzw. Content-Provider verstanden, welcher (gegen Nutzungsentgelte) spezifische Serviceangebote (z. B. Diskussionsforen, Download-Programme, Datenbanken usw.) bereitstellt. Auch ein Zugang zum *Internet* kann angeboten werden.[346] Das **Internet** selbst stellt als weiteres Online-System einen weltweiten Zusammenschluß von Rechnerstationen dar, welche über ein gemeinsames Datennetz miteinander verbunden sind und von jedem Zugriffsort (Gateway) erreicht werden können.

Als weiterer Online-Sektor ist der **Unternehmensbereich** zu nennen. Dieser Bereich läßt sich in eine interne und eine externe Orientierungsrichtung einteilen. Bei der internen Orientierung (sog. *Intranet*) geht es um die Kommunikation innerhalb des Unternehmens, während bei der externen Orientierung der Kontakt mit dem Kunden im Mittelpunkt steht. Bei der **internen Orientierung** kann Multimedia vorwiegend für den Marketingbereich eine wertvolle Ergänzung bzw. Unterstützung traditioneller Instrumente darstellen. So kann der Einsatz von Multimedia Vorteile bei der Marktforschung (Einstellungs- und Präferenzstudien), der Produktentwicklung (Präsentation von Produktkonzepten) oder der Werbung (unterhaltsames Informationsangebot) beinhalten.[347] Innerhalb des *unternehmensinternen Multimedia-Einsatzes* kann ferner der Kommunikationskanal zwischen Mensch und Computer erweitert und der Bedienkomfort der Mensch-Computer-Schnittstelle verbessert werden.[348] Auch wird die Mensch-Mensch-Kommunikation durch die Möglichkeit von Videokonferenzen erleichtert. Bei der **externen Orientierung** kann der Anwender über sog. *Multimedia-Stationen* Informationen abrufen (*Point of Information - POI*), Käufe oder Buchungen tätigen (*Point of Sale - POS*) oder interaktive Unterhaltungsformen nutzen (*Point of Fun - POF*). *POI-Systeme* dienen dabei dem Abruf von Informationen (z. B. auf Messen und Ausstellungen) und können das Interesse des Nutzers an bestimmten Ob-

---

[346] Vgl. Forthmann, Jörg/Hamacher, Eli (1995): Online - das elektronische Abenteuer, in: Hamburger Abendblatt Nr. 205 vom 02./03.09.1995, S. 19. Froitzheim, Ulf. J. (1995): „E" für Empty - Der Kampf um die Vorherrschaft bei den Infonetzen ist voll entbrannt, in: Wirtschaftswoche, Nr. 9, 49 (1995), S. 108ff.

[347] Vgl. Kollmann, Tobias (1997a): Interaktives Fernsehen - Wenn der Zuschauer aktiv werden soll, muß Werbung einen Mehrwert bieten, in: Marketing Journal, Nr. 2, 30 (1997), S. 118ff. Silberer, Günter (1995c): Marketing und Multi-Media, in: Hünerberg, Reinhard/Heise, Gilbert (Hrsg.), a.a.O., S. 85ff. Derselbe (1995a), a.a.O., S. 76ff. George, Paula (1990): IES - neue Instrumente für Verkauf und Verkaufsförderung, in: Thexis, Nr. 5, 7 (1990), S. 20f. Vgl. zum Aspekt der Entwicklungsproblematik von Werbung insbesondere Kollmann, Tobias (1994): Der Wandel der Werbung im Spiegel der Kritik, Sinzheim 1994, S. 58.

[348] Vgl. Hünerberg, Reinhard/Heise, Gilbert (1995), a.a.O., S. 10. Zum Schnittstellenaspekt vgl. Weiber, Rolf (1992), a.a.O., S. 47.

jekten wecken bzw. komplizierte Sachverhalte verdeutlichen.[349] *POS-Systeme* können über das bloße Angebot von Informationen hinaus direkt Bestellungen aufnehmen und evtl. Belegobjekte (z. B. Eintrittskarten oder Flugscheine) direkt ausgeben[350], während *POF-Systeme* der reinen Unterhaltung dienen und oftmals stationäre interaktive Computerspiele (mit Werbotschaften) beinhalten.[351]

Als letzter multimedialer Anwendungsbereich von Online-Systemen ist das Medium „**Interaktives Fernsehen**" (ITV) zu nennen, dem ein besonderer Stellenwert beizumessen ist, da es zum bedeutendsten und stärksten Online-Verkaufsmedium generieren könnte.[352] Diese Innovation auf dem Medien- bzw. Telekommunikationssektor erlaubt es dem Nachfrager, vom heimischen TV-Gerät aus Waren auszuwählen und einzukaufen (Home-Shopping) sowie Serviceleistungen aus Entertainment- (video-on-demand), Business- (Home-Banking) oder Informationsbereichen (news-on-demand) in Anspruch zu nehmen.[353] Ferner wird es dem Nutzer möglich sein, den Startzeitpunkt und die Art der Fernsehsendung individuell festzulegen. Diese Darstellung bedeutet nicht, daß bereits alle Anwendungsbereiche in der Praxis realisiert wurden. Im Gegenteil, da bei dieser Realisation zum teil **enorme technische und rechtliche Probleme** auftauchen, wie Beispiele zum Interaktiven Fernsehen zeigen.[354] Dennoch wäre ein Verschließen der Augen für die mögliche Zukunft, nur aufgrund der hinter den Erwartungen zurückgebliebenen Beginns der Multimedia-Revolution im Hinblick auf die allgemeine Akzeptanzproblematik nicht ratsam.

---

[349] Vgl. Heinemann, Christopher (1994), a.a.O., S. 213. Wenderoth, Axel (1995), a.a.O., S. 347ff. Heimbach, Petra (1994), a.a.O., S. 225. Swoboda, Bernhard (1996b): Interaktive Medien am Point of Sale - Verhaltenswissenschaftliche Analyse der Wirkung multimedialer Systeme, Wiesbaden 1996, S. 22ff.

[350] Vgl. Schmidtborn, Michael/Mann, Andreas (1995), a.a.O., S. 311ff. Furrer, Gustav (1989), a.a.O., S. 17ff.

[351] Vgl. Köster, Robert (1995): Multi-Media in der Kommunikationspolitik - Einsatzbeispiele der BBDO/Telecom, in: Hünerberg, Reinhard/Heise, Gilbert (Hrsg.), a.a.O., S. 207ff. Dietz, Axel (1995): Multi-Media am Point-of-Fun - am Beispiel Philip Morris, in: Hünerberg, Reinhard/ Heise, Gilbert (Hrsg.), a.a.O., S. 239ff.

[352] Vgl. Jaffe, Andrew (1993), a.a.O., S. 46. Kollmann, Tobias (1996a), a.a.O., S. 14f. Weiber, Rolf/ Kollmann, Tobias (1996b), a.a.O., S. 94ff. Müller, Werner (1996): Wettlauf mit dem Netz, in: Screen Multimedia, Nr. 6 (1996), S. 31. Heinemann, Christopher (1997): Dialogische Marketing-Kommunikation im interaktiven Fernsehen, Göttingen 1997 (im Druck), S. 3ff.

[353] Vgl. Weiber, Rolf/Kollmann, Tobias (1995), a.a.O., S. 35ff. Franke, Herbert H. (1995): Interaktives Fernsehen - Technische Grundlagen und zukünftige Nutzungsformen, in: Medien praktisch, Nr. 2, 19 (1995), S. 15ff. Nicoladoni, Alexander (1993): Play TV, in: Screen Multimedia, Nr. 9 (1993), S. 25ff. Kollmann, Tobias (1996c): Fernsehen interaktiv - electronic dialog, in: Direkt Marketing, Nr. 11, 32 (1996), S. 49ff.

[354] Vgl. zu den Pilotprojekten des ITV und den hiermit verbundenen Problemen Weiber, Rolf/ Kollmann, Tobias (1995), a.a.O., S. 7ff.

Eine Sonderform stellt abschließend der **Bildungsbereich** dar, da er sowohl im *Online-* als auch im *Offline-Bereich* eine Rolle spielt. Im Offline-Bereich werden sog. „Multimedia-Lernprogramme" auf einem CD-ROM-Träger angeboten (z. B. Schulprogramme, Sprachprogramme usw.). Im Online-Bereich werden zwischen Unternehmen Schulungen durchgeführt oder über das *Internet* virtuelle Universitätsvorlesungen angeboten. Es können aber auch auf CD-ROM-Trägern basierende Lernprogramme auf einem zentralen Server innerhalb eines universitären *Intranets* angeboten werden, auf die Studierende über verteilte Arbeitsplatzrechner innerhalb der Universität *quasi „Online"* zugreifen können. Da der **Verbreitungs- und Nutzungsgrad** sowie die **Vielfältigkeit der multimedialen Möglichkeiten bei einer CD-ROM derzeit am größten** sind, bietet sich eine CD-ROM für die Informationsübermittlung im Bildungsbereich besonders an. Die Übermittlung von Wissen in Form von Multimedia-Anwendungen wird oftmals auch unter dem Terminus des *Computer-Based Training (CBT) oder Multimedia-Based Teaching (MBT)* geführt.[355] Beim computer- bzw. multimediaunterstützten Lernen (CBT/MBT) weist der Einsatz von Multimedia signifikante Vorteile auf, da durch die multimediale Aufbereitung der Lerninhalte eine höhere Informationsaufnahme und -verarbeitung, eine höhere Standardisierbarkeit von Lehrmaterialien, eine Individualisierung und Dezentralisierung der Wissensaufnahme und eine höhere Motivation des Lernenden erreicht wird.[356]

4.2 Der Untersuchungsgegenstand „DIALEKT-CD-ROM"

DIALEKT steht für **Digitale Interaktive Lektionen** und ist gleichzeitig der Name eines innovativen Forschungsprojektes, welches am *Wirtschaftswissenschaftlichen Rechenzentrum (WRZ)* der Freien Universität Berlin (FU) im Jahre 1996/97 durch-

---

[355] Beispiele für interaktive elektronische Systeme (IES) im Bildungsbereich finden sich bei Netta, Franz (1989): Stand der Entwicklung bei interaktiven elektronischen Systemen (IES) in Marketing, Schulung und Information, in: Thexis, Nr. 5, 6 (1989), S. 9ff. Vgl. zum Terminus *Multimedia-Based-Teaching (MBT)* insbesondere Weiber, Rolf/Kollmann, Tobias (1997e): Die Verwendung multimedialer Lehrtechniken im universitären Einsatz, in: Weiber, Rolf/Kollmann, Tobias (Hrsg.): Die Akzeptanz von interaktiven Multimedia-Programmen im universitären Einsatz - das Beispiel DIALEKT-CD-ROM in der Marketing-Lehre, Forschungsbericht Nr. 4 zum Marketing des Lehrstuhls für Marketing der Universität Trier, Trier 1997, S. 2ff.

[356] Vgl. Glowalla, Ulrich/Hasebrook, Joachim/Fezzardi, Gilbert/Häfele, Gudrun (1993): The Hypermedia System MEM and its application in evaluating learning and relearning in higher education, in: Strube, Gerhard/Wender, Karl F. (Hrsg.): The cognitive psychology of knowledge, Amsterdam 1993, S. 370. Hartge, Thomas (1991): Lernen mit neuen Medien, in: Medien praktisch, Nr. 2 (1991), S. 19ff. Schmidhäusler, Fritz (1996): Training ist (fast) alles, in: Cogito, Heft 3, 12 (1996), S. 24ff.

geführt wurde.[357] Hintergrund des Forschungsprojektes ist das **Grundproblem der hohen Anzahl von Studierenden** im Bereich *Wirtschaftswissenschaften* **und die gleichzeitig vorhandenen Engpässe bei Personal und Ausstattung der Lehreinrichtungen** der Universitäten. Nach Angaben des Statistischen Bundesamtes waren im *Wintersemester 1994/95* 253.224 Studierende im Bereich *Wirtschaftswissenschaften* an deutschen Universitäten eingeschrieben, während zur gleichen Zeit 5.457 hauptberufliche Lehrpersonen (Professoren, Dozenten, Assistenten, Mitarbeiter und Lehrbeauftragte) tätig waren.[358] Dies bedeutet, daß auf eine Lehrperson im Durchschnitt rund 42 persönlich zu betreuende Studierende pro Semester kommen. In der universitären Praxis resultieren vor diesem Hintergrund sowie der Berücksichtigung der universitären Verteilung von Studierenden sog. *Massenveranstaltungen* im Grund- und Hauptstudium, bei welchen aufgrund der **geringen Betreuungsdichte** der Lernerfolg sowohl von den Studenten als auch von den Dozenten als gering eingeschätzt wird. Ein Problemlösungsansatz wird hierbei durch Übungen und Tutorien geschaffen, welche aber sehr personalintensiv und damit aufwendig sind und auch nur einer gewissen Anzahl von Studierenden angeboten werden können. Dieser Mangel soll nun durch die Möglichkeiten von **computergestützten multimedialen Lehrmitteln** behoben werden.

Die Übermittlung von Wissen in Form von Multimedia-Anwendungen wird oftmals auch unter dem Terminus des ***Computer-Based Training (CBT)* oder *Tele-Teaching*** geführt.[359] Bei computerunterstütztem Lernen (CBT) bzw. Tele-Teaching weist der Einsatz von multimedialen Anwendungen signifikante Vorteile auf, da mit einer multimedialen Aufbereitung der Lerninhalte eine **höhere Informationsaufnahme und -verarbeitung**, eine höhere Standardisierbarkeit von Lehrmaterialien, eine Individualisierung und Dezentralisierung der Wissensaufnahme und eine höhere Motivation des Lernenden verbunden werden.[360] Mit Hilfe von *multimedialen*

---

[357] Das DIALEKT-Projekt wurde extern durch eine Förderung des *Deutschen Forschungsnetzes e.V. (DFN-Verein)* unterstützt. Für den theoretischen und didaktischen Inhalt der CD-ROM konnte auf die Unterstützung des „Lehrstuhls Weiterbildendes Studium Technischer Vertrieb" der Freien Universität Berlin unter der Leitung von *Univ.-Prof. Dr. M. Kleinaltenkamp* zurückgegriffen werden. Die Projektführung innerhalb des Wirtschaftswissenschaftlichen Rechenzentrums (WRZ) hatten Dr. Nicolas Apostolopoulos (Projektleiter) und sein Mitarbeiterteam. Darüber hinaus konnten neben weiteren Einrichtungen der Freien Universität und der Humboldt Universität Berlin (*Prof. Dr. L. Kruschwitz*, ZEAM - *Prof. Dr. W. Dewitz, Prof. Dr. W. Plinke*) auch Industriepartner wie Silicon Graphics, IBM (FB Lehre & Forschung) und Siemens Nixdorf Informationssysteme (SNI) für eine Mitarbeit gewonnen werden.
[358] Statistisches Bundesamt (Hrsg.): Fachserie 11, Reihe 4.4, Wiesbaden 1996, Tabelle 10.
[359] Vgl. *Kapitel 4.1.2.*
[360] Vgl. Glowalla, Ulrich/Hasebrook, Joachim/Fezzardi, Gilbert/Häfele, Gudrun (1993), a.a.O., S. 370.

Visualisierungstechniken (z. B. Videosequenzen oder Animationen) wird das Verständnis abstrakter Theorien und Zusammenhänge erheblich vereinfacht, so daß eine beachtliche Verbesserung beim Wissenstransfer zu erwarten ist.[361] Durch eine **Dominanz von multimedialen Applikationen bzw. *Visualisierungstechniken*** bei der Vermittlung von Lehrinhalten kann in diesem Zusammenhang auch von **Multimedia-Based-Teaching (MBT)** gesprochen werden.[362] Beim *Multimedia-Based-Teaching* steht nicht nur eine möglichst umfangreiche Navigation durch einen komplexen Wissensraum im Mittelpunkt (CBT), sondern auch die *Vermittlungsqualität* der Lehrinhalte in bezug auf Informationswahrnehmung und -aufnahme beim Anwender mit Hilfe der besonderen Möglichkeiten einer **mehrdimensionalen Mediendarstellung**.

Abbildung 35: *Die Kombination von Medienbausteinen bei DIALEKT*

Quelle: DIALEKT-CD-ROM

---

[361] Vgl. Hartge, Thomas (1991), a.a.O., S. 19ff. Schmidhäusler, Fritz (1996), a.a.O., S. 24ff.
[362] Vgl. Weiber, Rolf/Kollmann, Tobias (1997e), a.a.O., S. 2.

Vor diesem Hintergrund kombiniert die verwendete **DIALEKT-CD-ROM** eine Vermittlung von **marketingtheoretischen Lehrinhalten** mit einer konkreten praxisorientierten Anwendung innerhalb einer **Fallstudie**, bei der die theoretischen Inhalte von den Studierenden auf eine spezifische Unternehmenssituation angewendet werden mußten. Die **DIALEKT-CD-ROM verfügt daher über vielfältige multimediale Inhalte** (Audio und Graphik, Ton, Text, Animation, Video; s. Abbildung 35), welche dann auch innerhalb der empirischen Untersuchung dieser Arbeit auf Akzeptanz bei den Studierenden getestet werden müssen.[363] Innerhalb der Fallstudie, bei der für das Unternehmen *ODI* (Optical Distortion incorporated) ein Marketingkonzeption für ein innovatives Produkt entwickelt werden sollte, werden die *praxisorientierten Daten der Fallstudie* mit einem *marketingtheoretischen Hintergrund* verknüpft. Die **praxisorientierten Daten der Fallstudie** zum *Produkt*, zum *Unternehmen* und zum *Absatzmarkt* werden dabei durch multimediale Videobeiträge sowie Texte aufgearbeitet. Dagegen wird bei der Vermittlung von dem benötigten **marketingtheoretischen Wissen** (*Diffusion- und Adoptionstheorie, Marktsegmentierung, Marketinginstrumente* und *Erfolgsrechnung*) auf multimediale Grafikanimationen und Simulationsprogramme zurückgegriffen. Das Programm ist hierbei in folgende Teilbereiche aufgeteilt, die idealtypisch durchlaufen werden (s. Abbildung 36):[364]

1. In einem ersten Schritt soll sich der Anwender von dem **Modul „Worum geht's"** thematisch und dramaturgisch in das DIALEKT-Programm, seine An

---

[363] Vgl für eine ausführliche Beschreibung der multimedialen Eigenschaften der DIALEKT-CD-ROM und der multimedialen Inhalte insbesondere Weiber, Rolf/Kollmann, Tobias (1997e), a.a.O., S. 3ff. und Kollmann, Tobias (1997b): Die Akzeptanz multimedialer Lehrtechniken im universitären Einsatz, in: Weiber, Rolf/Kollmann, Tobias (Hrsg.), a.a.O., S. 38ff.

[364] Zusätzlich werden die thematischen Module noch über folgende Steuerungsmechanismen unterstützt: *Hilfe-Funktion:* Hier bekommt der Nutzer konkrete Hinweise zur Steuerung des DIALEKT-Programms und seiner multimedialen Elemente (Video, Hypertext usw.) *Programme:* Hier werden Programme aufgelistet, die direkt von DIALEKT aus ansteuerbar d.h. selektierbar sind (z. B. Textverarbeitung). *Glossar:* Hier wird dem Nutzer eine umfangreiche Datenbank mit relevanten Begriffen aus dem theoretischen Marketingfeld oder der Fallstudie angeboten. *Lesezeichen:* Über die *Lesezeichen-Funktion* kann der Nutzer an individuell bestimmbaren Stellen im Programm eine Markierung hinterlassen. Einmal markierte Stellen lassen sich zu einem späteren Zeitpunkt über eine Auswahlliste direkt wieder anwählen. *History:* Durch die *History-Funktion* kann der Nutzer seinen bisherigen Gang durchs Programm nachvollziehen und bei Bedarf nochmals bestimmte Stellen erneut aufsuchen. Hier läßt sich auch der jeweilige Stand des Nutzers abspeichern, damit zu einem späteren Zeitpunkt an der entsprechenden Stelle weitergearbeitet werden kann. *Rück-, Vor-, Büro-Navigation:* Über die *Rück-Funktion* können einzelne Bearbeitungsschritte vom Anwender zurückverfolgt werden. Über die *Vor-Funktion* kann dann wieder der Ausgangszustand erreicht werden. *Überblicksbutton:* Über die *Überblicksfunktion* kann der Anwender sich die gesamten Teilbereiche eines thematischen Programmteils anzeigen lassen. Die Inhalte des Teilbereiches werden in Pfaddiagrammen entsprechend der Inhalts- und Verknüpfungstiefe angezeigt und sind darüber hinaus direkt anwählbar. *Ende:* Über die Ende-Funktion kann der Nutzer das Programm verlassen.

wendungsmöglichkeiten und die Aufgabenstellung einführen lassen.

2. In einem zweiten Schritt soll sich der Anwender mit dem **Modul „ODI-Fallstudie"** beschäftigen, um das Unternehmen und sein Produkt sowie die Daten zum Absatzmarkt kennenzulernen.

3. In einem weiteren Schritt soll sich der Anwender mit den Grundlagen der **Module „Marktsegmentierung"** und **„Marketinginstrumente"** beschäftigen, um wesentliche Faktoren des Marketing-Mix zu erfassen und Hinweise auf den *relevanten Markt* von ODI zu bekommen.

4. In einem vierten Schritt soll sich der Anwender dann mit dem zentralen theoretischen Konstrukt der Diffusion im **Modul „Diffusionstheorie"** befassen. In diesem Modul lernt er die Besonderheiten und Einflußfaktoren einer Durchsetzung des *relevanten Marktes* durch eine Innovation kennen.

Abbildung 36: *Das virtuelle Büro der DIALEKT-CD-ROM*

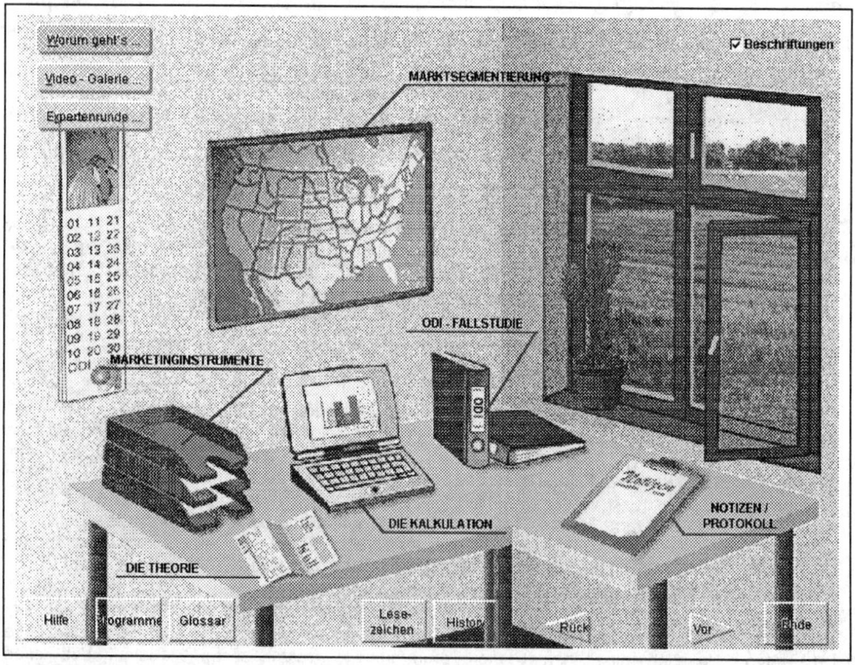

Quelle: DIALEKT-CD-ROM

5. Nach der theoretischen Auseinandersetzung mit der Diffusionstheorie folgt in einem fünften Schritt die entsprechende praxisorientierte Umsetzung innerhalb des **Moduls „Kalkulation"**. Hier soll der Anwender anhand der Daten der Fallstudie, der Auswahl des relevanten Marktes und der theoretischen Kenntnisse zur Diffusion mit Hilfe des *Simulationsmodells* verschiedene Diffusionsverläufe der ODI-Linse durchspielen. Mit Hilfe der hierdurch prognostizierten Absatzzahlen sollte der Anwender innerhalb der *Erfolgsrechnung* durch eine Gegenüberstellung von Kosten und Absatz den wirtschaftlichen Erfolg von ODI prognostizieren, um eine entsprechende Marketing-Strategie zu entwickeln.

6. Abschließend kann sich der Anwender im **Modul „Expertenrunde"** über die generelle und kritisch reflektierte Brauchbarkeit von Diffusionsmodellen im Praxiseinsatz im Rahmen einer Gruppendiskussion informieren.

Aufgrund des angenommenen idealtypischen Verlaufs durch das DIALEKT-Programm wurde auch die Lehrveranstaltung diesem Verlauf angepaßt, um möglichst hohe Synergieeffekte zwischen der Veranstaltung und einer Nutzung des Programms durch die Teilnehmer zu ermöglichen. Aus der *Konzeptionierung der Lehrveranstaltung* und den **Charakteristika der CD-ROM** kann auf die Eignung des Untersuchungsgegenstandes „DIALEKT-CD-ROM" - die erstmals als Prototyp zur Verfügung stand - als Untersuchungsobjekt für das in dieser Arbeit entwickelte dynamische Akzeptanzmodell geschlossen werden, so daß abschließend folgendes Fazit festgehalten werden kann:

Ausgangspunkt für empirische Untersuchung:
Die **DIALEKT-CD-ROM ist prinzipiell** über einen integrativen Zusammenschluß von multimedialen und interaktiven Elementen **sowohl ein Multimedia-System als auch ein innovatives Nutzungsgut/-system**, da der Kommunikationserfolg (Vermittlung des Lehrstoffs) in erster Linie abhängig ist von der tatsächlichen kontinuierlichen Nutzung (Nutzungsebene) durch die Teilnehmer. Aus diesem Grund **ist die DIALEKT-CD-ROM als Untersuchungsgegenstand für die empirische Überprüfung des dynamischen Akzeptanzmodells geeignet.**

5 Empirische Analyse des dynamischen Phasenmodells bei innovativen Mulitmedia-Systemen

Im bisherigen Verlauf dieser Arbeit gelang es, anhand theorieorientierter Überlegungen ein *dynamisches Akzeptanzmodell für Nutzungsgüter/-systeme* im allgemeinen und *für Multimedia-Anwendungen* im speziellen zu generieren. Dabei wurde **die DIALEKT-CD-ROM als geeignetes Untersuchungsobjekt identifiziert**, da sie beide Anwendungsziele des Akzeptanzmodells internalisiert. Aufbauend auf diesen theoretischen Betrachtungen wird im folgenden die **Konzeption und das Design der empirischen Untersuchung** vorgestellt, die eine Überprüfung der zentralen Aussagen des dynamischen Akzeptanzmodells ermöglichen sollen. Innerhalb der empirischen Akzeptanzuntersuchung im Rahmen des Pilotprojektes „*Multimedia-Based-Teaching*" zum Einsatz multimedialer Lehrtechniken im universitären Bereich war es das **Ziel**, zum einen die **konzeptionellen Überlegungen des dynamischen Akzeptanzmodells zu überprüfen** und zum anderen, anhand einer tiefergehenden Analyse der Einflußfaktoren, die Akzeptanzausprägung der multimedialen DIALEKT-CD-ROM zu bestimmen. Zu diesem Zweck wird im weiteren Verlauf zunächst auf das **Untersuchungsfeld, d. h. die Lehrveranstaltung „Übung/Seminar im Marketing"** eingegangen, in der die CD-ROM zum Einsatz kam. Es werden ferner die **Teilnehmer dieser Veranstaltung**, d. h. die Befragten beleuchtet, um abschließend das **Untersuchungsdesign in Form der Erhebungszeitpunkte** bzw. der Erhebungsmethode vorzustellen. Aufgrund dieser Rahmenbedingungen erfolgt eine **Anpassung der allgemein hergeleiteten Einflußgrößen der Akzeptanz im Hinblick auf den Untersuchungsgegenstand**, um hieran anknüpfend die entsprechenden Akzeptanzdeterminanten zu operationalisieren und Hypothesen zu formulieren.[365] Ausgehend vom aufgestellten **Pfaddiagramm** (s. Abbildung 27) **mit seinem Baukastenprinzip** werden die

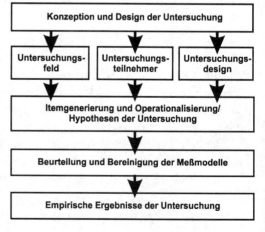

---
[365] Vgl. hierzu auch *Kapitel 3.3.*

einzelnen **Meßmodelle generiert** und einer Beurteilung unterzogen. Die bereinigten Meßmodelle werden abschließend mit Hilfe des **LISREL-Ansatzes der Kausalanalyse** auf die Gültigkeit der unterstellten Zusammenhänge überprüft.

5.1 Konzeption und Design der empirischen Untersuchung

Die **Konzeption und** das **Design der empirischen Untersuchung** beinhalten eine dreiteilige Betrachtung der Rahmenbedingungen: Zum einen muß zunächst auf das **Untersuchungsfeld**, d. h. die Lehrveranstaltung „Übung/Seminar im Marketing" eingegangen werden, zum anderen werden ferner Aussagen zu den **Teilnehmern dieser Veranstaltung**, d. h. den Befragungsadressaten der Akzeptanzanalyse gemacht, um abschließend das **Untersuchungsdesign** in Form der Erhebungszeitpunkte bzw. der Erhebungsmethode vorzustellen.

5.1.1 Konzeption der Lehrveranstaltung „Übung/Seminar im Marketing" im Wintersemester 1996/97

Das Pilotprojekt wurde vom **01. November bis zum 20. Dezember 1996** im Rahmen der **Lehrveranstaltung** „Übung/Seminar zum Marketing" im Hauptstudium realisiert und behandelte die **Thematik „Adoption und Diffusion im Marketing** - die multimediale Konzeption einer Einführungsstrategie bei Innovationen". Die Teilnehmerzahl war mit **168 Teilnehmern zu Beginn und 112 Teilnehmern am Ende der Veranstaltung** für eine Übung bzw. ein Seminar im Hauptstudium außerordentlich hoch. Um ein Arbeiten mit der multimedialen Anwendung „DIALEKT-CD-ROM" zu gewährleisten, wurden **10 Computer** des Universitätsbestandes mit entsprechenden Multimedia-Elementen umgerüstet. Diese Computer waren den Teilnehmern von **Montags bis Freitags von 08:00 - 21:00 Uhr** bevorzugt zugänglich.[366] Für die Audio-Übermittlung wurde im Sekretariat des Lehrstuhls ein **Verleihsystem von Kopfhörern** eingerichtet, auf welches die Teilnehmer während der Öffnungszeiten des umgerüsteten Computerpools uneingeschränkt zurückgreifen konnten. Beim Ausleihen der Kopfhörer und im Computerraum wurden **Nutzungsprotokolle** ausgegeben

---

[366] Die durchschnittliche Konfiguration der Rechner umfaßte einen *Pentium-Prozessor* mit 133 Mhz, 1,2 Gigabyte Festplatte, 16 MB Arbeitsspeicher, Soundblaster 16 Value-Karte, 2 MB VRAM-Graphikkarte. Da aus Gründen der schnelleren Zugriffszeiten der komplette CD-ROM-Inhalt auf die Festplatte kopiert wurde, konnte auf ein zusätzliches CD-ROM-Laufwerk verzichtet werden.

bzw. ausgelegt, damit jede einzelne Sitzung von den Studierenden quantitativ erfaßt und für eine spätere Auswertung verwendet werden konnte. Die Lehrveranstaltung selbst wurde an vier aufeinanderfolgenden Samstagen im Blocksystem durchgeführt.

Der **Aufbau innerhalb der einzelnen (Block-)Veranstaltungen** erfolgte nach einem einheitlichen Muster, wobei zunächst ein *theoretisch-orientierter Teil* zum jeweiligen Themenblock im **Plenum** angeboten wurde (ca. 90 min). Darauf aufbauend wurden dann *praxisorientierte Fragestellungen mit bezug zur ODI-Fallstudie* in **kleineren Arbeitsgruppen**[367] von bis zu 6 Personen bearbeitet (ca. 90 min), welche die Lösungen in einer abschließenden **Plenumsdiskussion** vorstellten (ca. 70 min).

An dieser Stelle muß darauf hingewiesen werden, daß zu keinem Zeitpunkt der Lehrveranstaltung ein „Zwang zur Teilnahme" am theoretischorientierten Teil der Veranstaltung oder zur Nutzung der DIALEKT-CD-ROM vorlag.

So konnte wahlweise mit der CD-ROM gearbeitet oder der *theoretische Teil* der Veranstaltung besucht werden. Lediglich bei dem *praxisorientierten Teil* der Lehrveranstaltung (Arbeitsgruppe/Plenum) wurde eine Teilnahme kontrolliert. Von besonderer Bedeutung war die *Einführung* in die Veranstaltung, bei der die Teilnehmer über eine **Live-Vorführung** mittels *Beamertechnologie*[368] mit dem **DIALEKT-Programm**, seinen Modulen und seiner Bedienung vertraut gemacht wurden. Diese Live-Vorführung des DIALEKT-Programms erfüllte hierbei eine zentrale Aufgabe.

In dieser Arbeit wurde mehrfach darauf hingewiesen, daß es hinsichtlich der **Prognosefähigkeit des dynamischen Akzeptanzmodells** von entscheidender Bedeutung ist, die **Nutzungsbedingungen bereits vor der Nutzungsentscheidung zu kommunizieren.**[369] Hierdurch kann der Anteil an Such- und Quasi-Sucheigenschaften signifikant gesteigert werden, wobei die Produktpräsentation eine wirkungsvolle Möglichkeit darstellt, die Prognosefähigkeit zu erhöhen.[370] Vor diesem Hintergrund kann daher festgehalten werden:

---

[367] Eine Betreuung der Arbeitsgruppen fand durch die Mitarbeiter des Lehrstuhls für Marketing statt.
[368] Bei der *Beamertechnologie* kann das Computerbild auf eine Fläche bis zu einer 6m-Bilddiagonale projiziert werden, wodurch einem großen Teilnehmerkreis ein Einblick in Computerdarstellungen ermöglicht wird. Bei der Lehrveranstaltung wurde hierdurch die Bild- und Tonübertragung des DIALEKT-Programms auf eine für alle Teilnehmer gleiche, qualitative, audio-visuelle Weise gesichert, so daß eine hochwertige informative Präsentation von DIALEKT möglich wurde.
[369] Vgl. hierzu insbesondere *Kapitel 3.4.2.2.3*.
[370] Vgl. zu den Darstellungsmöglichkeiten vor der Kauf- bzw. Nutzungsentscheidung *Kapitel 3.2.1.1*.

> Aufgrund einer sehr ausführlichen Vorstellung der Nutzungsbedingungen mit Hilfe einer wirkungsvollen Präsentationsform (*Beamer-Technologie*) kann davon ausgegangen werden, daß der Anteil von Such- und Quasi-Sucheigenschaften bei der vorliegenden Untersuchung besonders hoch gewesen ist, wodurch analog eine hohe Prognosefähigkeit des Akzeptanzmodells in der Einstellungsphase t1 erwartet werden kann.

Darüber hinaus wurden die Teilnehmer über die Organisation der Veranstaltung und die Nutzungsbedingungen der umgerüsteten Computer informiert. Hierdurch wurde die **Forderung nach einer frühzeitigen Vermittlung von relevanten Informationen** des *dynamischen Akzeptanzmodells* **zur Erfassung der Nutzungsphase** erfüllt.[371] Über diese umfangreiche Einführung hinaus wurden keine weiteren Informationen zur DIALEKT-CD-ROM von Seiten der Veranstalter gegeben, so daß aus Sicht der akzeptanztheoretischen Modellierung **keine neuen externen Informationen vom Veranstalter den Verlauf des Akzeptanzprozesses stören** konnten.[372] Neben dem DIALEKT-Programm wurden die Fallstudie ODI und die Unterlagen zur Lehrveranstaltung auch in *schriftlicher Textform* angeboten, so daß auch hier **kein Zwang zur Nutzung** des computerbasierenden DIALEKT-Programms für eine Bewältigung des Lehrstoffs vorlag.[373] Um die aufgabenrelevanten Rechenoperationen zu ermöglichen, wurde jeder Arbeitsgruppe ein stationärer PC oder ein Lap-Top in separaten Räumen zur Verfügung gestellt, auf denen ein entsprechendes mit Funktionen und veränderbaren Parametern hinterlegtes EXCEL-Programm zum Einsatz kam. Vor dem Hintergrund der Ausführungen zur Konzeption kann zusammenfassend festgestellt werden:

Anhand der Konzeptionierung der Lehrveranstaltung und dem eingesetzten Untersuchungsgegenstand „DIALEKT-CD-ROM" kann eine hohe Aussagekraft bezüglich einer empirischen Überprüfung des dynamischen Akzeptanzmodells unterstellt werden.

Vor diesem Hintergrund muß jedoch festgestellt werden, daß es außerordentlich problematisch war, ein adäquates Untersuchungsobjekt zu finden, da die Innovativi-

---

[371] Vgl. *Kapitel 3.2.1.1.*
[372] Vgl. zur Problematik externer Informationen insbesondere *Kapitel 3.2.2.*
[373] Vgl. zum Stellenwert eines „Zwangs zur Nutzung" *Kapitel 2.2, 3.1.4* und *3.2.3*.

tät des Modellansatzes einen abgeschlossenen Nutzerkreis erforderte, welcher über den gesamten Prozeß beobachtbar war. Insofern hatte die zum Einsatz kommende *multimediale CD-ROM* den Vorteil, daß ein Endzeitpunkt für die Nutzung vorgegeben werden konnte und der Nutzerkreis exakt beobachtbar war. Der Nachteil liegt sicherlich in der Tatsache begründet, daß Lernziele von Studenten nicht generell mit Kaufzielen von Marktteilnehmern gleichgesetzt werden dürfen. Da es aber in erster Linie um die Erklärung des Phänomens „Akzeptanz" ging, konnte auch über diesen Untersuchungsansatz erste Hinweise auf die Gültigkeit des Akzeptanzmodells gewonnen werden. Trotz dieser Problematiken wird somit hier die Meinung vertreten, daß mit Hilfe der DIALEKT-CD-ROM ein erster Hinweis auf die Gültigkeit des Akzeptanzmodells gegeben werden könnte.

5.1.2 Zusammensetzung der Teilnehmer der Lehrveranstaltung

Bei dem **Pilotprojekt „Übung/Seminar zum Marketing"** konnten zu Beginn der Veranstaltung 168 Teilnehmer registriert werden, welche sich im Verlauf auf **112 Teilnehmer** reduzierten. Ursache hierfür war zum einen der Veranstaltungstermin an vier aufeinanderfolgenden Samstagen und zum anderen ein anfängliches Basisinteresse von Teilnehmern, welches aber nach den Einführungsinformationen in der ersten Veranstaltung nicht zu einer weiteren Teilnahme reichte. Aufgrund dieser Tatsache bezieht sich das folgende Teilnehmerprofil auf die *112 Teilnehmer*, die am Ende der Veranstaltung befragt werden konnten. Das **Teilnehmerprofil der Lehrveranstaltung** stellt sich vor diesem Hintergrund folgendermaßen dar:

- Von den 112 Teilnehmern waren **55 (=49,1%) weiblich** und **57 (=50,9%) männlich**.

- Von den Teilnehmern waren **44,6% im 7. Fachsemester, 31,3% im 5. Fachsemester** und **18,8% im 9. Fachsemester** (5,3% andere). An dieser Struktur wird deutlich, daß eine hohe Teilnehmerzahl aufgrund des Angebotes eines Seminarscheinerwerbs, welcher im Studiumverlauf i. d. R. im 7. Semster erworben wird, die Lehrveranstaltung besuchte. Ein Grund hierfür liegt in der bereits angesprochenen Problematik von Teilnehmerbeschränkungen bei Hauptstudiumsseminaren[374], die bei der neuen Lehrmethodik des Pilotprojektes mit einer multimedialen Unterstützung *nicht nötig* war. Die Teilnehmer aus dem 9.

---
[374] Vgl. *Kapitel 4.2.*

Fachsemester wurden durch den Übungscharakter der Lehrveranstaltung motiviert, in der zentrale und damit klausurrelevante Marketingthemen der allgemeinen Vorlesungen vertieft wurden. Studierende des 5. Fachsemesters besuchten aufgrund der Kombination von Übung *und* Seminar mit dem vorgeschobenen Theorieblock und/oder der Nutzung einer CD-ROM die Lehrveranstaltung als Vorbereitung auf die praxisorientierte Anwendung.

- Die Teilnehmer kamen zu **74,1% aus dem Schwerpunkt Absatz-Markt-Konsum (Marketing)**. Nur 22,4% der Teilnehmer besuchten das Pilotprojekt aufgrund eines Wahl- bzw. Nebenfachs. Diese Teilnehmerstruktur läßt darauf schließen, daß ein hoher Kenntnisstand bzw. ein hohes Involvement bei den Teilnehmern hinsichtlich der vermittelten Marketingtheorien vorhanden war und daß hierdurch eine gute Beurteilungsfähigkeit in bezug auf das Veranstaltungskonzept und den Einsatz multimedialer Lehrtechnik im Marketing unterstellt werden konnte.

- Bezüglich der **Vorkenntnisse im Computer- bzw. Multimediabereich** im Hinblick auf die Anwendung der multimedialen Lehrtechnik „DIALEKT-CD-ROM" gaben 97,1% an, daß sie über einen eigenen Computer verfügten (486-Rechner 43,8%, Pentium-Rechner 25,9%), welcher bei 59,8% der Teilnehmer auch mit einem CD-ROM-Laufwerk ausgestattet war.[375] 29,5% verfügten darüber hinaus auch über ein Modem, wobei 21,4% auch einen entsprechenden Zugang zu Online-Diensten unterhielten. Im Bereich Internet-Kenntnisse gaben 84,8% der Teilnehmer an, daß sie über Erfahrungen bei der Nutzung des weltweiten Datennetzes verfügten.

Insgesamt betrachtet kann festgehalten werden, daß es sich bei den Teilnehmern im Theoriebereich „Marketing" um hoch involvierte Studierende handelte, welche auch im praxisorientierten Multimediabereich über Grundkenntnisse bzw. eine adäquate Basis verfügten. Aus diesem Grund kann dem **Pilotprojekt eine hohe Aussagekraft** bei der Einschätzung der Teilnehmer **hinsichtlich des innovativen Lehrkonzeptes** und einer Eignung multimedialer Lehrtechniken im Marketingbereich zugesprochen werden.

---

[375] Da CD-ROM-Laufwerke als zentrale Komponente im Multimedia-Bereich gelten, kann davon ausgegangen werden, daß entsprechend auch Sound- bzw. Graphik-Karten vorhanden sind.

5.1.3 Das Erhebungsdesign der empirischen Untersuchung

Respektive der Zielsetzung der empirischen Untersuchung wurde für eine vollständige und zuverlässige Erfassung des **Akzeptanzprozesses bei der DIALEKT-CD-ROM** zu *zwei Zeitpunkten eine Erhebung* bei den Teilnehmern des Pilotprojektes *durchgeführt*. Damit wurde der in der Literatur vorgeschlagene Weg zur Erfassung des Konstruktes Akzeptanz als „*dynamisches Phänomen*" eingeschlagen und eine *Längsschnittanalyse zu mehreren Zeitpunkten* durchgeführt.[376] Dabei lag der **erste Zeitpunkt (t1)** *vor der Nutzung* **des Programms** (Einstellungsphase) am Anfang der Lehrveranstaltung, während sich der **zweite Zeitpunkt (t2)** *nach der Nutzung* **des Programms** (Nutzungsphase) am Ende der Veranstaltung befand. Der mittlere Zeitpunkt einer Übernahme bzw. eines Kaufs des Programms konnte aufgrund einer kostenlosen Nutzung von DIALEKT nur ansatzweise erfaßt werden. Über die Erfassung des Beginns des Akzeptanzprozesses und den Zeitpunkt eines Akzeptanzergebnisses wird jedoch ein annähernd exakter Hinweis auf die Gesamtakzeptanz und die Modellierung des dynamischen Akzeptanzmodells erreicht, da davon auszugehen ist, daß eine nach wie vor nur *beabsichtigte* negative oder positive Kaufentscheidung im Anschluß an eine längere Nutzungsphase die *Handlungsakzeptanz* dennoch hinreichend beschreibt.

Innerhalb des **Pilotprojektes zum Einsatz von interaktiven multimedialen Lehrmitteln** des Lehrstuhls für Marketing der Universität Trier wurde die multimediale Lerneinheit „DIALEKT-CD-ROM" über die Lehrveranstaltung „Übung/Seminar zum Marketing" im Wintersemester 1996/97 auf Akzeptanz bei den Studierenden untersucht.[377] Die **erste Befragung zum Zeitpunkt t1 (Beginn des Pilotprojektes/ vor der Nutzung)** fand in der Einführungsveranstaltung statt, unmittelbar nach einer umfassenden Präsentation der Möglichkeiten und Lernmodule des DIALEKT-Programms. Zu diesem Zeitpunkt konnten **168 Teilnehmer** hinsichtlich einer Akzeptanz innerhalb der *Einstellungsphase* befragt werden. Die **zweite Befragung zum Zeitpunkt t2 (Ende des Pilotprojektes/nach der Nutzung)** fand in der Abschlußveranstaltung statt, wobei noch **112 Teilnehmer** innerhalb dieser *Nutzungsphase* berücksichtigt werden konnten. Tatsächlich wurden bei der ersten Erhebung noch 168 Fra-

---

[376] Vgl. *Kapitel 3.1.4.*
[377] Die Realisierung dieses Pilotprojektes konnte mit der Unterstützung des *Ministeriums für Bildung des Landes Rheinland-Pfalz* sowie des *Wirtschaftswissenschaftlichen Rechenzentrums (WRZ) der Freien Universität Berlin (FU)* sichergestellt werden. Vgl. zur Zusammensetzung der Teilnehmer der Lehrveranstaltung insbesondere *Kapitel 5.1.2.*

gebögen registriert, d. h., **56 Teilnehmer nahmen nach der Präsentation** des DIALEKT-Programms und einer Vorstellung des innovativen Lehrkonzepts der Veranstaltung **nicht mehr am Pilotprojekt teil**. Dies sind immerhin 1/3 des Ausgangsbestandes, so daß hier das bereits diskutierte **Phänomen der Nutzungslücke bei Nutzungsgütern/-systemen** sichtbar wird.[378]

Bei 112 Teilnehmern (2/3 des Ausgangsbestandes) konnte der Akzeptanzprozeß über den gesamten Zeitablauf (vor und nach der Nutzung des DIALEKT-Programms) erfaßt werden. Dabei wurde **zu den Zeitpunkten t1 und t2 der gleiche Fragebogen** mit **gleichbleibenden Frageformulierungen** verwendet. Der einzige Unterschied bestand darin, daß zum Zeitpunkt t2 die Fragen nicht mehr in einer „*Erwartungsform*" *(zukunftsgerichtet)*, sondern vielmehr auf *tatsächliche Gegebenheiten* hin *(vergangenheitsgerichtet)* formuliert waren. Problematisch erscheint in diesem Zusammenhang lediglich die *Handlungsebene*, da die Teilnehmer für eine Nutzung des DIALEKT-Programms keinen finanziellen Aufwand in Kauf nehmen mußten. Bei der folgenden Darstellung der empirischen Erhebung wurden die **112 Teilnehmer** berücksichtigt, welche sowohl **am Anfang als auch am Ende der Veranstaltung erfaßt werden konnten**. Einen zusammenfassenden Überblick zur Konzeption und zum Erhebungsdesign der empirischen Untersuchung bietet Abbildung 37.

Abbildung 37: *Das Erhebungsdesign der empirischen Untersuchung*

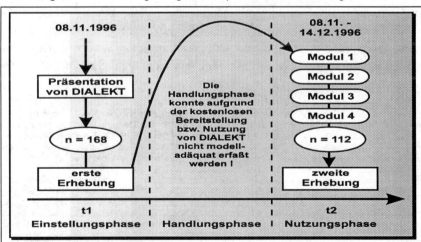

---
[378] Vgl. insbesondere *Kapitel 1.2.2* und *Abbildung 1*.

Die Fragebögen entsprachen in ihrem Aufbau und ihrer Konzeption den Akzeptanzebenen in den einzelnen Akzeptanzphasen, so daß im **Fragenblock A** Fragen zur *Einstellung der Teilnehmer* bezüglich der DIALEKT-CD-ROM, im **Fragenblock B** Fragen zu *erwarteten Nutzungsbedingungen* (t1) bzw. *tatsächlichen Nutzungsbedingungen* (t2) und im **Fragenblock C** Fragen zur *beabsichtigten Kaufentscheidung* gestellt wurden.[379] Die Fragebögen waren bis auf die den Akzeptanzphasen angepaßten zeitbezogenen Formulierungen inhaltlich vollkommen identisch. Es wurden, abgesehen von zwei Ausnahmen (Kaufpreis/prozentuale Verteilung des Arbeitseinsatzes), **6-stufige Skalen** verwendet. Die **Skalenkonstruktion folgt hierbei der Meßtechnik der Rating-Skalen**, welche in der wissenschaftlichen Forschung wegen ihrer leichten Handhabbarkeit die am häufigsten benutzen Skalen darstellen und der *Zuordnung eines Meßwertes* zu der entsprechenden Variablen des befragten Objektes dienen.[380] In der Literatur besteht eine weitgehende Übereinkunft darüber, daß die gelieferten **Meßwerte aus Rating-Skalen wie** *metrische Meßwerte* **behandelt werden können**, so daß von einem Intervall-Skalenniveau (Skala mit gleichgroßen Abschnitten ohne natürlichen Nullpunkt) ausgegangen werden kann, welches weitreichende mathematische Operationen zuläßt.[381] Ferner wurden bei den Meßskalen *in Anlehnung an* die geläufige Abstufung des Schulnotensystems die Stufen 1 für eine positive Ausprägung bis 6 für eine negative Ausprägung verwendet (s. Abbildung 38).

Über eine Verwendung eines sog. **Forced-Rating** mußten sich die Befragten eindeutig für eine höhere oder niedrigere Beurteilungsdimension entscheiden, da keine Ausweichmöglichkeiten in Form von „weiß nicht" angeboten wurden.[382] *Qualitative Fragen* wurden aus Gründen des besseren Verständnisses und aus Identifikations-

---

[379] Vgl. Fragebögen im *Anhang I* (t1) und *II* (t2).
[380] Vgl. für eine Diskussion der verschiedenen Skalierungsarten Kroeber-Riel, Werner/Weinberg, Peter (1996), a.a.O., S. 193. Trommsdorff, Volker (1975): Die Messung von Produktimages für das Marketing - Grundlagen und Operationalisierung, Köln 1975, S. 24f. Bamberg, Günter/Baur, Franz (1991): Statistik, 7. Auflage, München 1991, S. 6ff. Neben Rating-Skalen werden auch ein- und mehrdimensionale Skalierungsverfahren sowie die Magnitudeskalierung als Meßtechnik angeführt.
[381] Vgl. Kroeber-Riel, Werner/Weinberg, Peter (1996), a.a.O., S. 193. Trommsdorff, Volker (1975), a.a.O., S. 84f. Backhaus, Klaus/Erichson, Bernd/Plinke, Wulff/Weiber, Rolf (1996): Multivariate Analysemethoden - Eine anwendungsorientierte Einführung, 8. Auflage, Berlin 1996, S. XVff. Neben den Intervall-Skalen werden auch Nominal- (Klassifizierung qualitativer Eigenschaftsausprägungen), Ordinal- (Rangwert) und Ratioskalen (Intervall-Skala mit natürlichem Nullpunkt) unterschieden.
[382] Die Verwendung von sog. Forced-Ratings erschien bei dieser Untersuchung deshalb besonders geeignet, da im vorliegenden Fall insbesondere eine Differenzierung von Akzeptanzpositionen (hoch/mittel/niedrig) erfolgen sollte. Vgl. Trommsdorff, Volker (1975), a.a.O., S. 90ff.

gründen der Befragten als **Selbstaussagen** formuliert, denen sich der Befragte zustimmend oder ablehnend gegenüber verhalten konnte (s. Abbildung 38). Die Konzeption des Fragebogens in Form von Selbstaussagen der Befragten bedingt, daß die Rezipienten dazu angehalten werden, ihre sog. „Selbstbilder" abzurufen und sie anhand der vorgegebenen Items zu beschreiben.[383] *Quantitative Fragen* wurden entweder durch eine direkte Eingabe der Befragten oder durch eine Intensitätsskala beantwortet (s. Abbildung 38). Damit wurde insgesamt ein **hoher Wert auf die subjektive Wahrnehmung** der Befragten gelegt.

Abbildung 38: *Die verwendeten Skalen der empirischen Untersuchung*

Aussage	Zustimmungsgrad					
	stimme voll und ganz zu					stimme gar nicht zu
	1	2	3	4	5	6
„Ich finde die Möglichkeiten, die mir das Programm in den verschiedenen Lernmodulen bietet, sehr übersichtlich."	❏	❏	❏	❏	❏	❏

Lernmodul	Wie oft ? (in Frequenz)							Wie lange ? (in Minuten)							
	gar nicht					sehr viel		gar nicht						eher	
		sehr wenig			sehr oft					kurz				lange	
	0	1	2	3	4	5	6	x mal	0	1	2	3	4	5	6	x min
Worum geht´s	❏	❏	❏	❏	❏	❏	❏	____	❏	❏	❏	❏	❏	❏	❏	____

Um zu gewährleisten, daß bei der individuellen Akzeptanzanalyse sowohl zum Zeitpunkt t1 als auch zum Zeitpunkt t2 die Fragebögen bzw. die Antworten jeweils von

---

[383] Vgl. Fisseni, Hermann-Josef (1990): Lehrbuch der psychologischen Diagnostik, Göttingen 1990, S. 207f. Die Form der Erhebung mittels Selbstaussagen findet in der psychologischen Persönlichkeitsdiagnostik häufig Verwendung. Aussagen zur Selbstvorstellung werden üblicherweise in die *Verhaltens-*, die *Meinungs-* und die *Gefühlsebene* unterteilt, wobei die verläßlichsten Aussagen über die Verhaltens-, die am wenigsten verläßlichsten über die Gefühlsebene gemacht werden können. Die in der empirischen Untersuchung zum Tragen kommenden Items greifen daher auf die *Verhaltensebene* (Fragen zur Nutzung bzw. zum Kauf) und *Meinungsebene* (Fragen zur Einstellung) zurück. Vgl. Seitz, Willi/Rausche, Armin (1976): Persönlichkeitsfragebogen für Kinder zwischen 9 und 14 Jahren (PFK 9-14), Braunschweig 1976, S. 6.

einem und demselben Teilnehmer (Studierenden) stammen, wurde als Kontrollzeichen eine **Fragebogennummer** verwendet. Diese Fragebogennummer wurde bei der ersten Erhebung fest vergeben; die Teilnehmer wurden gebeten, diese Nummer bei der zweiten Befragung wieder auf dem Fragebogen zu vermerken.[384] Die Fragebogennummer fungierte primär als Identifikations- bzw. Zuordnungsmittel bei der **Individualisierung der Akzeptanzangaben**, da eine prozeßorientierte Analyse nur dann Sinn macht, wenn *ein und dieselbe Person über den gesamten Zeitverlauf beobachtet werden kann*.

5.2 Itemgenerierung und Operationalisierung

Die Itemgenerierung orientiert sich zum einen an den drei Teilkonstrukten der Akzeptanz und zum anderen an den Überlegungen zu den allgemeinen Einflußdeterminanten des Akzeptanzprozesses.[385] Dabei liegt aufgrund der **Konzeption des dynamischen Akzeptanzmodells als zweistufiger Modellansatz** (Ebenen/Konstrukte s. Abbildung 27) eine entsprechend **zweistufige Itemgenerierung** vor: Auf der ersten Stufe werden über die Erfassung der zeitabhängigen Einflußdeterminanten (erwartet/tatsächlich) die ebenso zeitabhängigen Teilebenen der Akzeptanzbildung (Akzeptanzebene s. Abbildung 27 - IV,V,VI) beschrieben, während auf der zweiten Stufe anhand der zeitabhängigen Teilebenen die entsprechenden Akzeptanzkonstrukte der einzelnen Phasen (Konstruktebene s. Abbildung 27 - I, II, III) gebildet werden. Sowohl bei den Einflußdeterminanten als auch bei den Akzeptanzebenen und -konstrukten handelt es sich um „theoretische Konstrukte", d. h., sie sind *ex definitione* nicht direkt beobachtbar. Daher ist es zur empirischen Überprüfung des dynamischen Akzeptanzmodells zunächst erforderlich, geeignete **Indikatoren bzw. Meßitems für die hypothetischen Konstrukte**[386] abzuleiten. Solche Indikatoren stellen die Verbindung zwischen der theoretischen und der empirischen Welt her und machen es hierdurch möglich, auch Zusammenhänge zwischen theoretischen

---

[384] Die Bedeutung der Fragebogennummer wurde den Teilnehmern eindeutig erklärt. Sie diente nicht zur Identifikation der Teilnehmer, sondern lediglich zu einem individuellen Vorher-/Nacher-Vergleich der Akzeptanzangaben. Damit wurde die Anonymisierung der empirischen Erhebung weiterhin gewährleistet. Bei der Auswertung konnte vor diesem Hintergrund kein Fehler bei der Zuordnung der Fragebögen festgestellt werden, d. h., es tauchten keine Nummern bei einer Befragung doppelt auf und auch eine Kontrolle anhand der allgemeinen Angaben zur Person bestätigte die Zuverlässigkeit der Fragebogennummer als Identifikationskriterium.
[385] Vgl. *Kapitel 3.2.1* und *3.3*.
[386] Vgl. Bagozzi, Richard P./Phillips, Lynn W. (1982): Representing and Testing Organizational Theories - A Holistic Construal, in: Administrative Science Quarterly, Nr. 27 (1982), S. 465.

Variablen anhand empirischer Daten zu überprüfen.[387] Dabei kann im Kern zwischen *formativen* und *reflektiven* **Indikatoren** unterschieden werden, wobei im Fall der *formativen Indikatoren* gilt, daß der Faktor hinter den Indikatoren von diesen gebildet wird, während *reflektive Indikatoren* von dem hinter ihnen stehenden Faktor verursacht werden.[388] In Strukturgleichungsmodellen, welche auf dem LISREL-Ansatz basieren, dürfen nur *reflektive Indikatoren* verwendet werden. Dies gilt entsprechend auch für die Bausteinstruktur des Pfaddiagramms mit seinen Teilmodellen I - VI.[389]

Wie aus dem Pfaddiagramm zum dynamischen Akzeptanzmodell deutlich wird (s. Abbildung 27), werden **die Akzeptanzebenen durch die entsprechenden Einstellungs-, Handlungs- und Nutzungsindikatoren reflektiert**, während **die Akzeptanzkonstrukte durch die Akzeptanzebenen formativ gebildet werden**. Dies stellt ein Problem hinsichtlich der Notwendigkeit von reflektiven Indikatoren beim Einsatz des LISREL-Verfahrens dar. Dem **Baukastenprinzip des Modellaufbaus** folgend, sollen jedoch gerade die einzelnen Teile untersucht werden, um dann über eine argumentative Verknüpfung zusammengefügt zu werden.[390] Der **Beweis einer Gesamtgültigkeit des Modells basiert auf einem Teilbeweis der einzelnen Bausteine** gemäß dem Aufbau des Modells, so daß die formalen Abbildungen (I-IV) der Wirkungszusammenhänge **stufenweise** einer empirischen Überprüfung unterzogen werden. Dies induziert, daß die Akzeptanzebenen und Akzeptanzkonstrukte über reflektierende Globalaussagen gemessen wurden, so daß bei einer zweistufigen Beweisführung wieder auf rein reflektive Indikatoren zurückgegriffen werden kann. Dieser Zweistufenansatz folgt dabei folgender **Argumentationskette**:

- **Stufe 1**: Zunächst wird die Bedeutung der Einflußgößen für die einzelnen Akzeptanzebenen analysiert, so daß klare Zusammenhänge erkennbar werden: Je höher die Ausprägung der Einflußgröße, desto höher die Ausprägung der Akzeptanzebene.

---

[387] Vgl. Fornell, Claes (1982): A Second Generation of Multivariate Analysis - An Overview, in: Derselbe (Hrsg.): A Second Generation of Multivariate Analysis, Vol. 1: Methods, New York 1982, S. 7. und ähnlich Fornell, Claes/Bookstein, Fred L. (1982): Two Structural Equation Models - LISREL and PLS Applied to Consumer Exit-Voice Theory, in: Journal of Marketing Research, 19 (1982), S. 441. Bagozzi, Richard P./Fornell, Claes (1982): Theoretical Concepts, Measurement and Meaning, in: Fornell, Claes (Hrsg.): A Second Generation of Multivariate Analysis, Vol. 2: Measurement and Evaluation, New York 1982, S. 28ff.

[388] Vgl. Homburg, Christian/Giering, Annette (1996): Konzeptualisierung und Operationalisierung komplexer Konstrukte - Ein Leitfaden für die Marketingforschung, in: Marketing ZFP, Heft 1, 18 (1996), S. 6.

[389] Vgl. *Kapitel 3.4.1.*

[390] Vgl. auch *Kapitel 3.4.1.*

- **Stufe 2**: In einem nächsten Schritt wird die Bedeutung der Akzeptanzebenen für die Akzeptanzkonstrukte analysiert, so daß auch hier klare Zusammenhänge erkennbar werden: Je höher die Ausprägung der Akzeptanzebene, desto höher die Ausprägung des Akzeptanzkonstruktes.

Im Ergebnis wird folgender Wirkungszusammenhang unterstellt:

Je höher die Einflußgröße der einzelnen Akzeptanzebenen (Stufe 1), desto höher die Ausprägung der Akzeptanzkonstrukte (Zwischenakzeptanz; Stufe 2).

Transitivitätsformel des Wirkungszusammenhanges im dynamischen Akzeptanzmodell:
bei A → B → C gilt auch A → C

Diese Vorgehensweise wird in der Literatur unter dem Begriff „**Auxiliary Measurement Theorie**" erfaßt, wobei insbesondere *Blalock* davon ausgeht, daß derartige aus der Theorie begründeten Behelfszusammenhänge genauso gut über Kausalmodelle abgebildet werden können wie direkte Zusammenhänge.[391] Bei der Itemgenerierung der **ersten Stufe** stehen dem Akzeptanzmodell folgend die **produkt-, akzeptierer- und umweltbezogenen Determinanten und ihre Meßitems im Mittelpunkt**. Auf der **zweiten Stufe** dagegen sind es die **Meßitems der Akzeptanzkonstrukte**. Dieser *Zweidimensionalität des Modellansatzes* folgend werden zunächst die Indikatoren der Einflußdeterminanten beschrieben, um im Anschluß hieran die Meßitems der Konstruktebene darzustellen. An dieser Stelle muß nochmals darauf hingewiesen werden, daß die vorgestellten Indikatoren des allgemeinen Akzeptanzmodells hinsichtlich des Untersuchungsgegenstandes und -designs angepaßt werden müssen.[392] Ausgehend von den allgemeinen Anmerkungen zu den verwendeten Skalen[393] wird in der empirischen Untersuchung das **Konzept der *multiplen Items*** verfolgt, bei dem jedes Konstrukt durch mindestens zwei Meßindikatoren repräsentiert

---

[391] Vgl. Blalock, Hubert M. jr. (1982): Conceptualization and measurement in the social sciences, Beverly Hills 1982, S. 25f.
[392] Vgl. auch entsprechende Hinweise in *Kapitel 3.3*, *3.3.3* und *3.4.1*.
[393] Vgl. *Kapitel 5.1.3*.

und jede Meßvariable nur einem einzigen Konstrukt zugeordnet wird.[394] Die Auswahl der Meßindikatoren erfolgte auch anhand einer *Vorstudie zur „Akzeptanz bei interaktivem Fernsehen"* auf der Funkausstellung '95 in Berlin.[395]

5.2.1 Die Akzeptanzebene

Bei der Auswahl der Einflußdeterminanten für die einzelnen Akzeptanzebenen kann davon ausgegangen werden, daß hinsichtlich des Untersuchungsgegenstandes „innovative Nutzungsgüter" besonders die produkt- und konsumentenbezogenen Determinanten von Bedeutung sind. Die Begründung liegt in der Tatsache, daß im Ausgangspunkt dieser Arbeit mit **Telekommunikations- und Multimedia-Anwendungen hauptsächlich Konsumgüter im privaten Bereich** analysiert werden sollen.[396] Aus diesem Grund kann angenommen werden, daß unternehmens- und umweltbezogene Einflußgrößen tendenziell geringer zum Tragen kommen werden. Hinsichtlich der konsumentenbezogenen Determinanten kann ferner angeführt werden, daß aufgrund der homogenen Zusammensetzung der Befragungsteilnehmer (Studierende) auf eine Betrachtung unterschiedlicher sozio-ökonomischer und psychographischer Kriterien verzichtet wurde, so daß sich die folgenden **Ausführungen auf die produktspezifischen** (s. Tabelle 4) **und akzeptiererspezifischen** (Kriterien des Kauf- und Nutzungsverhaltens s. Tabelle 5) **Inputgrößen (Indikatoren)** im Hinblick auf das Untersuchungsobjekt und -design **beschränken**.

5.2.1.1 Determinanten und Hypothesen zur Einstellungsebene

Innerhalb der *Einstellungsebene* (Fragenblock A)[397] wurde bezüglich der Frageitems auf die **produktbezogenen Determinanten** des Zielobjektes „DIALEKT-Programm"

---

[394] Vgl. Jacoby, Jacob (1978): Consumer Research - How Valid and Useful are All Our Consumer Behavior Research Findings?, in: Journal of Marketing, Nr. 4, 42 (1978), S. 87ff. Anderson, James C./Gerbing, David W. (1987): On the Assessment of Unidimensional Measurement - Internal and External Consistency and Overall Consistency Criteria, in: Journal of Marketing Research, 24 (1987), S. 435. Ruekert, Robert/Churchill, Gilbert A. (1984): Reliability and Validity of Alternative Measures of Channel Member Satisfaction, in: Journal of Marketing Research, 21 (1984), S. 226ff. Peter, J. Paul (1981): Construct Validity - A Review of Basic Issues and Marketing Practice, in: Journal of Marketing Research, 18 (1981), S. 133ff.
[395] Vgl. Weiber, Rolf/Kollmann, Tobias (1995), a.a.O., S. 24ff.
[396] Vgl. *Kapitel 1 und 1.2.*
[397] Vgl. hierzu die Fragebögen im *Anhang I* (t1) und *II* (t2).

zurückgegriffen. Die Determinanten „Relativer Vorteil", „Kompatibilität", „Komplexität" und „Unsicherheit" stehen dabei im Mittelpunkt:

- Der **relative Vorteil** spiegelt den Grad wider, in dem eine Innovation zur individuellen Bedürfnisbefriedigung im Vergleich zu bisher verwendeten oder anderen innovativen Produktalternativen als besser wahrgenommen wird. In bezug auf das Pilotprojekt bedeutet dies ein *Vergleich zwischen dem DIALEKT-Programm und den bisherigen Lernmethoden* der Teilnehmer.

- Die **Kompatibilität** spiegelt den Grad wider, in dem eine Innovation als vereinbar mit bestehenden Bedürfnissen des Nachfragers wahrgenommen wird. In bezug auf das Pilotprojekt bedeutet dies eine *Überprüfung des Zusammenspiels zwischen DIALEKT und dem bisherigen Lernverhalten* der Teilnehmer.

- Die **Komplexität** spiegelt den Grad wider, in dem eine Innovation als schwer faßbar wahrgenommen wird. In bezug auf das Pilotprojekt bedeutet dies eine *Analyse der Übersichtlichkeit bzw. Vielseitigkeit des DIALEKT-Programms* für den Teilnehmer.

- Die **Unsicherheit** spiegelt den Grad wider, mit dem ein potentieller Nachfrager die Nichterreichung seiner Kaufziele befürchtet. In bezug auf das Pilotprojekt bedeutet dies ein *Vergleich zwischen den Lernzielen der Teilnehmer und dem Erfüllungsgrad dieser Ziele durch das DIALEKT-Programm*.

Neben diesen produktbezogenen Einflußdeterminanten des Übernahmeverhaltens von Nachfragern können auch noch **prozeßbezogene Determinanten** identifiziert werden. Hierzu gehören anhand der beschriebenen Prozeßstufen des dynamischen Akzeptanzmodells bei Nutzungsgütern/-systemen die Faktoren „*Interesse*" und „*Erwartung/Bewertung*".

- Das **Interesse** spiegelt den Grad wider, in dem eine Innovation in das Bewußtsein des Nachfragers rückt und ihn dazu veranlaßt, nach näheren Informationen zu suchen. In bezug auf das Pilotprojekt bedeutet dies eine *Erfassung des Basisinteresses der Teilnehmer zum DIALEKT-Programm*.

- Die **Erwartung/Bewertung** spiegelt den Grad wider, in dem bei einer Innovation Vor- und Nachteile abgewogen werden, um hieraus individuelle Erwartungen (Anspruchsniveaus) zu bilden. Anhand dieser Erwartungen wird eine Bewertung der technologischen Innovation vorgenommen. In bezug auf das Pilotprojekt bedeutet dies eine *Analyse der potentiellen Vor- und Nachteile des DIALEKT-Programms* aus der Sicht der Teilnehmer.

Tabelle 8: *Die Hypothesen zur Einstellungsebene*

Hypothesengruppe *Einstellungsebene*:
Hypothese A1: Je höher das *Interesse* am multimedialen DIALEKT-Programm, desto höher auch die Teilakzeptanz der Einstellungsebene.
Hypothese A2: Je höher die *Vorteile* des multimedialen DIALEKT-Programms, desto höher auch die Teilakzeptanz der Einstellungsebene.
Hypothese A3: Je höher die *Komplexität* des multimedialen DIALEKT-Programms, desto niedriger auch die Teilakzeptanz der Einstellungsebene.
Hypothese A4: Je höher die *Nachteile* des multimedialen DIALEKT-Programms, desto niedriger auch die Teilakzeptanz der Einstellungsebene.
Hypothese A5: Je höher der *relative Vorteil* des multimedialen DIALEKT-Programms, desto höher auch die Teilakzeptanz der Einstellungsebene.
Hypothese A6: Je höher die *Kompatibilität* des multimedialen DIALEKT-Programms, desto höher auch die Teilakzeptanz der Einstellungsebene.
Hypothese A7: Je höher die *Unsicherheit* bezüglich des multimedialen DIALEKT-Programms, desto niedriger auch die Teilakzeptanz der Einstellungsebene.

Aufgrund des Untersuchungsdesigns waren die produktbezogenen Einflußgrößen *Erprobbarkeit* und *Kommunizierbarkeit* über die Vorab-Präsentation gegeben bzw. sichergestellt und mußten bzw. konnten daher nicht näher untersucht werden.[398] Be-

---

[398] Vgl. Kapitel 5.1.1.

züglich der *Einstellungsebene* kann insgesamt festgestellt werden, daß die Determinanten *„relativer Vorteil", „Kompatibilität", „Interesse"* und *„Erwartung/Bewertung (Vorteile)"* tendenziell mit der Akzeptanzausprägung der *Einstellungsebene* in einem *positiven Zusammenhang* stehen. Der positive Zusammenhang bedeutet an dieser Stelle: Je höher die Determinantenausprägung vorliegt, desto höher kann auch die Ausprägung der Einstellungsebene erwartet werden. Demgegenüber stehen die Komponenten *„Komplexität", „Unsicherheit"* und *„Erwartung/Bewertung (Nachteile)"* tendenziell in einem *negativen Zusammenhang* mit der Ausprägung der Einstellungsebene, d. h., je höher die Determinantenausprägung ist, desto geringer fällt die Akzeptanzausprägung der Einstellungsebene aus. Diese postulierten Wirkungszusammenhänge werden, wie auch die folgenden Wirkungszusammenhänge der anderen Ebenen, zu überprüfen sein. Vor diesem Hintergrund können bezüglich der *Einstellungsebene* **Hypothesen** formuliert werden (s. Tabelle 8). Ausgehend von den hypothetischen Einflußdeterminanten der *Einstellungsebene* wurden im Fragebogen entsprechende **Fragenblöcke** generiert, welche die Meßitems zu den nicht direkt beobachtbaren Konstrukten enthielten (Frage A1 - A7).[399]

5.2.1.2 Determinanten und Hypothesen zur Handlungsebene

Innerhalb der *Handlungsebene* (Fragenblock C)[400] wurde bezüglich der Frageitems im wesentlichen auf **Determinanten des Kaufzeitpunktes** des Zielobjektes „DIALEKT-Programm" zurückgegriffen. In Anbetracht des *Befragungszeitpunktes t1* (vor Kauf/Nutzung) können in diesem Zusammenhang analog zu den Ausführungen zum Akzeptanzprozeß[401] lediglich **Kriterien des erwarteten Kaufverhaltens (***erwartete Handlungsebene***)** angeführt werden. Da insgesamt mit der Nutzung des DIALEKT-Programms keine Kosten für die Teilnehmer (Studierenden) verbunden waren, konnte auch zum *Befragungszeitpunkt t2* innerhalb der *Handlungsebene* nur auf einen **imaginären Kaufzeitpunkt** abgezielt werden. Daher wurde auch zum Zeitpunkt t2 nur eine *beabsichtigte* negative oder positive Kaufentscheidung im Anschluß an

---

[399] Vgl. hierzu die Fragebögen im *Anhang I* (t1) und *II* (t2). Die entsprechenden Variablencodes lauten: *Frage A1* - t1/t2_a1_1, t1/t2_a1_2, t1/t2_a1_3; *Frage A2* - t1/t2_a2_1, t1/t2_a2_2, t1/t2_a2_3, t1/t2_a2_4, t1/t2_a2_5, t1/t2_a2_5, t1/t2_a2_7; *Frage A3* - t1/t2_a3_1, t1/t2_a3_2, t1/t2_a3_3, t1/t2_a3_4; *Frage A4* - t1/t2_a4_1, t1/t2_a4_2, t1/t2_a4_3, t1/t2_a4_4, t1/t2_a4_5, t1/t2_a4_6, t1/t2_a4_7; *Frage A5* - t1/t2_a5_1, t1/t2_a5_2, t1/t2_a5_3, t1/t2_a5_4, t1/t2_a5_5, t1/t2_a5_6; *Frage A6* - t1/t2_a6_1, t1/t2_a6_2, t1/t2_a6_3; *Frage A7* - t1/t2_a7_1, t1/t2_a7_2, t1/t2_a7_3.
[400] Vgl. hierzu die Fragebögen im *Anhang I* (t1) und *II* (t2).
[401] Vgl. *Kapitel 3.2.2* und *3.3.2.1*.

eine längere Nutzungsphase erfaßt. Zu den **Determinanten des momentanen Kaufverhaltens** (*imaginäre Handlungsebene*) kann zum Zeitpunkt t2, wie schon in t1, die „*Zahlungsbereitschaft*" und die „*Zahlungsintensität*" hinsichtlich eines Kaufes bzw. einer gebührenabhängigen Nutzung angeführt werden.

- Die **Zahlungsbereitschaft** spiegelt den Grad wider, in dem ein Nachfrager bereit ist, finanzielle Aufwendungen für den Erwerb einer Innovation bzw. eines Produktes in Kauf zu nehmen. In bezug auf das Pilotprojekt bedeutet dies eine Analyse der *Bereitschaft, das DIALEKT-Programm als CD-ROM zu kaufen bzw. gegen eine Nutzungsgebühr zeitabhängig zu nutzen.*

- Die **Zahlungsintensität** spiegelt die Höhe des finanziellen Aufwands zum Erwerb einer Innovation bzw. eines Produktes wider. In bezug auf das Pilotprojekt bedeutet dies eine *Ermittlung des maximalen Kaufpreises bzw. Nutzungspreises*, zu dem der Teilnehmer gerade noch bereit wäre, das DIALEKT-Programm als CD-ROM zu kaufen bzw. zeitabhängig zu nutzen.

Tabelle 9: *Die Hypothesen zur Handlungsebene*

Hypothesengruppe *Handlungsebene*:
Hypothese C1a/b:
Je höher die **Zahlungsbereitschaft** für den Kauf (a) bzw. die Nutzung (b) des multimedialen DIALEKT-Programms, desto höher auch die Teilakzeptanz der Handlungsebene.
Hypothese C2a/b:
Je höher die **Zahlungsintensität** für den Kauf (a) bzw. die Nutzung (b) des multimedialen DIALEKT-Programms1, desto höher auch die Teilakzeptanz der Handlungsebene.

Aufgrund des Untersuchungsdesigns war die prozeßbezogene Einflußgröße *Versuch/Erfahrung* über die Vorab-Präsentation gegeben und mußte bzw. konnte daher nicht näher untersucht werden. Das gilt gleichfalls für die Größe *Implementierung*, da die Systeme bereits *vorab vom Veranstalter installiert* wurden und damit direkt nutzbar waren.[402] Insgesamt kann festgestellt werden, daß die Determinanten „*Zahlungsbereitschaft*" und „*Zahlungsintensität*" tendenziell mit der Akzeptanzausprägung der

---

[402] Vgl. *Kapitel 5.1.1.*

Handlungsebene in einem *positiven Zusammenhang* stehen; d. h., je höher die Determinantenausprägung vorliegt, desto höher kann auch die Ausprägung der *Handlungsebene* erwartet werden. Vor diesem Hintergrund können bezüglich der *Handlungsebene* ebenfalls **Hypothesen** formuliert werden (s. Tabelle 9). Ausgehend von den hypothetischen Einflußdeterminanten der *Handlungsebene* wurden entsprechende **Fragenblöcke** generiert, welche die reflektiven Meßitems zu den nicht direkt beobachtbaren Konstrukten enthielten (Frage C1a - C2b).[403]

5.2.1.3 Determinanten und Hypothesen zur Nutzungsebene

Durch die hohe Bedeutung der *Nutzungsebene* für die Akzeptanz bei Multimedia-Systemen müssen neben den bis zur Übernahme (Kauf) wirksamen Determinanten auch die **produkt- und tätigkeitsbezogenen Determinanten einer *Innovationsnutzung*** berücksichtigt werden. Innerhalb dieser *Nutzungsebene* (Fragenblock B)[404] wurde daher bezüglich der Frageitems im wesentlichen auf **Determinanten des Nutzungszeitraumes** des Zielobjektes „DIALEKT-Programm" zurückgegriffen. In Anbetracht des *Befragungszeitpunktes t1* (vor Kauf/Nutzung) können in diesem Zusammenhang analog zu den Ausführungen zum Akzeptanzprozeß lediglich **Kriterien des erwarteten Nutzungsverhaltens (*erwartete Nutzungsebene*)** angeführt werden.[405] Zum *Befragungszeitpunkt t2* (nach der Nutzung) stellen die Faktoren entgegen t1 **tatsächliche Größen** dar, d. h. der Fokus liegt nicht mehr auf antizipierten Gegebenheiten, sondern vielmehr auf tatsächlichen Größen. Zu den verwendeten Determinanten zählen die *„Nutzungsintensität"*, *„Nutzungszufriedenheit"*, *„Nutzungswirksamkeit"* und die *„Nutzungsbereitschaft"*:

- Die **Nutzungsintensität** spiegelt den Grad wider, in dem eine technologische Innovation hinsichtlich einer *Dauer* bzw. einer *Häufigkeit* tatsächlich eingesetzt wird. Für das Pilotprojekt bedeutet dies eine *Analyse der Nutzungsdauer und der Nutzungshäufigkeit* eines Einsatzes von DIALEKT bei den Befragten.

- Die **Nutzungszufriedenheit** spiegelt den Grad wider, in dem der individuelle Nutzungseinsatz dem Anspruchsniveau des Anwenders entspricht. In bezug

---

[403] Vgl. Fragebögen im *Anhang I* (t1) und *II* (t2). Die entsprechenden Variablencodes lauten: *Frage C1a* - t1/t2_c1a_1, t1/t2_c1a_2, t1/t2_c1a_3, t1/t2_c1a_4; *Frage C1b* - t1/t2_c1b; *Frage C2a* - t1/t2_c2a_1, t1/t2_c2a_2, t1/t2_c2a_3; *Frage C2b* - t1/t2_c2b.
[404] Vgl. hierzu die Fragebögen im *Anhang I* (t1) und *II* (t2).
[405] Vgl. hierzu *Kapitel 3.2.1.1, 5.1.1* und *5.1.3*.

auf das Pilotprojekt bedeutet dies eine *Erfassung des Zufriedenheitsniveaus der Befragten* hinsichtlich der Programminhalte und der Bedienungsaspekte.

- Die **Nutzungswirksamkeit** spiegelt das Verhältnis zwischen dem Nutzungsaufwand und der Erfüllung der gesetzten Ziele wider (Ziel/Aufwand-Relation). In bezug auf das Pilotprojekt bedeutet dies eine *Erfassung einer Rechtfertigung des Aufwandes zur Erreichung der Lernziele* der Teilnehmer.

- Die **Nutzungsbereitschaft** spiegelt den Grad wider, in dem eine technologische Innovation den individuellen Nutzungsanforderungen gerecht wird (Problemlösungsbeitrag). Die Determinante „Nutzungsbereitschaft" steht für den *Erfüllungsgrad* der Innovation im Hinblick auf den konkreten und individuellen problemorientierten Einsatz beim potentiellen Akzeptierer. Der Erfüllungsgrad ist hierbei abhängig vom flexiblen Problemlösungspotential einer Innovation. In bezug auf das Piltoprojekt bedeutet dies eine *Erfassung der Anpassungsfähigkeit von DIALEKT auf die individuellen Anforderungen* der Teilnehmer.

Tabelle 10: *Die Hypothesen zur Nutzungsebene*

Hypothesengruppe *Nutzungsebene*:
Hypothese B1:
Je höher die **Nutzungsintensität** mit dem multimedialen DIALEKT-Programm, desto höher auch die Teilakzeptanz der Nutzungsebene.
Hypothese B2:
Je höher die **Nutzungszufriedenheit** mit dem multimedialen DIALEKT-Programm, desto höher auch die Teilakzeptanz der Nutzungsebene.
Hypothese B3:
Je höher die **Nutzungsbereitschaft** des multimedialen DIALEKT-Programms, desto höher auch die Teilakzeptanz der Nutzungsebene.
Hypothese B4:
Je höher die **Nutzungswirksamkeit** des multimedialen DIALEKT-Programms, desto höher auch die Teilakzeptanz der Nutzungsebene.

Zusätzlich wurde auch die *Nutzungswichtigkeit* als Gewichtungskriterium erhoben. Insgesamt kann festgestellt werden, daß die Determinanten „*Nutzungsintensität*", „*Nutzungszufriedenheit*", „*Nutzungswirksamkeit*" und „*Nutzungsbereitschaft*" tendenziell mit der Akzeptanzausprägung der *Nutzungsebene* in einem *positiven Zusammenhang* stehen; d. h. je höher die Determinantenausprägung vorliegt, desto höher kann auch die Ausprägung der Nutzungsebene erwartet werden. Vor diesem Hintergrund können bezüglich der *Nutzungsebene* wiederum **Hypothesen** formuliert werden (s. Tabelle 10). Ausgehend von den verwendeten hypothetischen Einflußdeterminanten der *Nutzungsebene* wurden im Fragebogen entsprechende **Fragenblöcke** generiert, welche die Meßitems zu den nicht direkt beobachtbaren Konstrukten enthielten (Frage B1 - B5).[406]

Neben der Erhebung der Akzeptanz durch entsprechende Fragebögen wurden die Teilnehmer während der Pilotstudie gebeten, **Nutzungsprotokolle** zu ihren Sitzungen am Computer auszufüllen. Durch entsprechende Vordrucke, welche beim Kopfhörerverleih verteilt bzw. per Auslage im Computerraum angeboten wurden, konnte auch ein *quantitatives Erhebungsmerkmal zur Nutzungsebene* im zweiten Fragebogen verwendet werden.[407] Neben dem multimedialen Angebot durch das DIALEKT-Programm, wurden entsprechende Textmaterialen zur Lehrveranstaltung bzw. zur Fallstudie ausgegeben und den Arbeitsgruppen „Computersimulationen" bereitgestellt, so daß ein **Zwang zur Nutzung des DIALEKT-Programms ausgeschlossen werden konnte**. In bezug auf die empirische Erhebung wurden die Angaben des Nutzungsprotokolls bei den entsprechenden Teilnehmern, welche über die Fragebogennummer eindeutig identifizierbar waren, an Stelle der Antworten im Fragebogen verwendet.[408] Bei den Fragebogennummern, bei denen nachweislich diese Nutzungsprotokolle vorhanden waren, wurden die Ergebnisse stellvertretend als Ersatzantwort für die Selbsteinschätzung des Befragten verwendet. Hierdurch wurde eine höhere Genauigkeit bei der Analyse der Nutzungsebene gewährleistet.

Respektive den Ausführungen zu den Einflußdeterminanten der *Einstellungs-*, *Handlungs-* und *Nutzungsebene* für die modell- (dynamisches Akzeptanzmodell) und die akzeptanzorientierte (DIALEKT-CD-ROM) Analyse bietet Abbildung 39 einen zusammenfassenden Überblick.

---

[406] Vgl. Fragebögen im *Anhang I* (t1) und *II* (t2). Die entsprechenden Variablencodes lauten: *Frage B1* - t1/t2_b1_1a-9a, t1/t2_b1_1b-9b, t1/t2_b1_1c-9c, t1/t2_b1_1d-9d; *Frage B2* - t1/t2_b2_1a-9a, t1/t2_b2_1b-9b; *Frage B3* - t1/t2_b3_1a-11a, t1/t2_b3_1b-11b; *Frage B4* - t1/t2_b4_1, t1/t2_b4_2, t1/t2_b4_3, t1/t2_b4_4; *Frage B5* - t1/t2_b5_1, t1/t2_b5_2, t1/t2_b5_3.
[407] Vgl. auch *Kapitel 5.1.1*. Ein Abdruck des Nutzungsprotokoll befindet sich in *Anhang II*.
[408] Vgl. zur Funktion der Fragebogennummer auch *Kapitel 5.1.3*.

Abbildung 39: *Die Einflußdeterminanten der Akzeptanzuntersuchung*

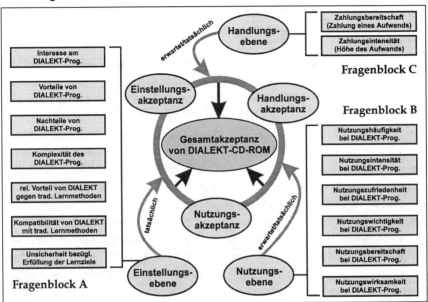

5.2.2 Die Akzeptanzkonstrukte

Nachdem die Meßitems für die *hypothetischen Konstrukte der Einflußdeterminanten* hergeleitet wurden, müssen nun in Anlehnung an die *zweistufige Itemgenerierung* auch für die **hypothetischen Konstrukte der Akzeptanzebenen bzw. Zwischenakzeptanzen** entsprechende Meßitems gefunden werden. Während auf der *ersten Stufe* eine Erfassung der zeitabhängigen Einflußdeterminanten erfolgte, muß im weiteren Verlauf zunächst die Erfassung der ebenso zeitabhängigen Teilkonstrukte der Akzeptanzbildung (Akzeptanzebene s. Abbildung 26) anhand geeigneter Meßitems vollzogen werden. Dies bedeutet, daß die hergeleiteten Einflußdeterminanten als *exogene Größen* auf die jeweiligen Akzeptanzebenen wirken. In einer zeitpunktbezogenen Verbindung dieser Einflußdeterminanten mit den drei Definitionsteilen von **Einstellungs-, Handlungs- und Nutzungsebene** werden die verschiedenen Phasen des Akzeptanzprozesses durchlaufen. Als erste Akzeptanzebene fungiert die *Einstellungsebene*, welche anhand der Einstellungsdeterminanten gebildet wird. Sie stellt quasi als „**hypothetisches Gesamtkonstrukt**" einen **Zusammenschluß** aller **Einstellungsdeterminanten** dar. Aus diesem Grund wurde eine *globale Aussage zur Teilakzeptanz der Einstellung* bezüglich des DIALEKT-Programms formuliert und über entsprechende Items abgefragt (Frage A8).[409]

Als zweite Akzeptanzebene fungiert die **Handlungsebene**, welche anhand der Handlungsdeterminanten gebildet wird. Auch sie stellt quasi als „**hypothetisches Gesamtkonstrukt**" einen **Zusammenschluß aller Handlungsdeterminanten** dar. Aus diesem Grund wurde ebenfalls eine *globale Aussage zur Teilakzeptanz der Handlung* bezüglich des DIALEKT-Programms formuliert und über entsprechende Items abgefragt. Diese Globalabfrage stimmt dabei mit der generellen Zahlungsbereitschaft, die DIALEKT-CD-ROM zu kaufen, überein, so daß Einflußdeterminante und Globalabfrage parallel verwendet wurden (Frage C1a).[410] Als dritte Akzeptanzebene fungiert abschließend die **Nutzungsebene**, welche anhand der Nutzungsdeterminanten gebildet wird. Sie stellt ebenso wie die anderen Akzeptanzebenen (s. o.) ein „**hypothetisches Gesamtkonstrukt**" als einen **Zusammenschluß aller Nutzungsdeterminanten** dar. Aus diesem Grund wurde auch hier eine *globale Aussage zur Teilakzeptanz der Nutzung* bezüglich des DIALEKT-Programms formuliert und über entsprechende Items abgefragt (Frage B6).[411]

Dem **zweidimensionalen Modellansatz** folgend, konstituieren sich aus den *Teilebenen der Akzeptanz*, unter Berücksichtigung der zeitlichen Ausprägung, die entsprechenden **Akzeptanzkonstrukte (Zwischenakzeptanzen) der einzelnen Prozeßphasen**.[412] Da lediglich zwei Befragungszeitpunkte (vor der Nutzung *t1* und nach der Nutzung *t2*) berücksichtigt werden konnten, spielen demnach auch nur die zwei Akzeptanzkonstrukte der Einstellungsakzeptanz (t1) und der Nutzungsakzeptanz (t2) eine Rolle.[413] Die in der Akzeptanzebene markierten zeitbedingten neuralgischen Eckpunkte bzw. Phasen des Akzeptanzprozesses (*vor Kauf und Nutzung; Kauf-/Übernahmezeitpunkt; nach Kauf bzw. während der Nutzung*) manifestieren die entsprechenden Akzeptanzkonstrukte **Einstellungs-, Handlungs- und Nutzungsakzeptanz**. Diese Akzeptanzkonstrukte des dynamischen Phasenmodells repräsentieren den **Zusammenschluß der Teilebenen der Akzeptanz unter Berücksich-**

---

[409] Vgl. hierzu die Fragebögen im *Anhang I* (t1) und *II* (t2). Die entsprechenden Variablencodes lauten: *Frage A8* - t1/t2_a8_1, t1/t2_a8_2, t1/t2_a8_3, t1/t2_a8_4, t1/t2_a8_5.
[410] Vgl. *Kapitel 5.2.1.2*.
[411] Vgl. hierzu die Fragebögen im *Anhang I* (t1) und *II* (t2). Die entsprechenden Variablencodes lauten: *Frage B6* - t1/t2_b6_1, t1/t2_b6_2, t1/t2_b6_3, t1/t2_b6_4, t1/t2_b6_5.
[412] Vgl. hierzu *Kapitel 3.4.1* und *Abbildung 29*.
[413] Vgl. *Kapitel 5.1.3* und *Abbildung 37*.

tigung der zeitbezogenen Ausprägung. Dabei ist davon auszugehen, daß die einzelnen Ebenen tendenziell mit der Akzeptanzausprägung der Konstrukte in einem *positiven Zusammenhang* stehen; d. h., je höher die *Ausprägung der globalen Ebenenkonstrukte* (s. o.) ist, desto höher kann auch die Akzeptanzausprägung der Akzeptanzkonstrukte erwartet werden. Vor diesem Hintergrund können bezüglich der *Akzeptanzkonstrukte* folgende **Hypothesen** formuliert werden (s. Tabelle 11):

Tabelle 11: *Die Hypothesen zur Konstruktebene des Akzeptanzprozesses*

Hypothesengruppe *Akzeptanzkonstrukte*:
Hypothese K1:
Je höher die Teilakzeptanz der *Einstellungsebene*, [der *erwarteten Handlungsebene*] und der *erwarteten Nutzungsebene*, desto höher auch die **Einstellungsakzeptanz**.
Hypothese K2:
Je höher die Teilakzeptanz der *Einstellungsebene*, [der *(momentanen) Handlungsebene*] und der *Nutzungsebene*, desto höher auch die **Nutzungsakzeptanz**.

Da es sich auch bei den **Akzeptanzkonstrukten**, wie schon bei den Einflußdeterminanten und den Akzeptanzebenen, um *nicht direkt beobachtbare Gebilde* handelt, mußte auch hier über **zeitabhängige Globalaussagen** mit geeigneten Meßitems eine Abbildung erfolgen. Diese Globalaussagen **schlossen alle Teilebenen der Akzeptanz in der entsprechenden zeitlichen Ausprägung ein**, d. h., die Einstellungsakzeptanz wurde über eine *Kombination von Einstellung, erwarteter bzw. momentaner Handlung* und *erwarteter bzw. tatsächlicher Nutzung* erfaßt (Frage C7).[414] Nachdem die Konstruktebene des dynamischen Akzeptanzmodells durch Hypothesen und deren Operationalisierung anhand reflektiver Meßitems erfaßt wurde, muß im folgenden insbesondere noch die Prozeßebene bzw. die Prognoseebene berücksichtigt werden.

---

[414] Vgl. hierzu die Fragebögen im *Anhang I* (t1) und *II* (t2). Die entsprechenden Variablencodes lauten: *Frage C7* - t1/t2_c7_1, t1/t2_c7_2, t1/t2_c7_3, t1/t2_c7_4, t1/t2_c7_5.

5.2.3 Die Prozeß- und Prognoseebene

Anhand der Darstellungen zum dynamischen Akzeptanzmodell wurden die drei Teilphasen (*Einstellungs-, Handlungs- und Nutzungsphase*) der Akzeptanzbildung in einen Gesamtprozeß integriert. Entscheidend für diesen Gesamtprozeß war ein **Durchlaufen der drei Teilakzeptanzen** *Einstellungsakzeptanz, Handlungsakzeptanz* und *Nutzungsakzeptanz* auf dem Weg zu einer umfassenden Gesamtakzeptanz. Durch den Prozeßcharakter der Akzeptanzbildung rückte auch die Frage nach deren zeitlichem Durchlauf anhand **kausaler Zusammenhänge** zwischen den Teilkonstrukten der Akzeptanz (Zwischenakzeptanzen) in den Mittelpunkt der Betrachtung.[415] Die drei **Zwischenakzeptanzen der Einstellungs-, Handlungs- und Nutzungsakzeptanz** werden innerhalb der Prozeßebene *zeitraumbezogen* unter Berücksichtigung von verhaltenslogischen kausalen Zusammenhängen miteinander verknüpft. Erst mit einem positiven **Durchlauf (Dynamik des Prozesses) durch die Teilstufen und** damit auch durch die **Akzeptanzphasen sowie** deren **Akzeptanzkonstrukte** kann ein ergebnisorientierter Hinweis auf eine abschließende Gesamtakzeptanz ermittelt werden. An vorherigen Abschnitten ist analog lediglich eine Prognose möglich. Im Falle von negativen Teilstufen bzw. Akzeptanzkonstrukten wird der Akzeptanzprozeß durch gebildete Akzeptanzschranken unterbrochen. Innerhalb des Akzeptanzprozesses kommt es durch die hohe Bedeutung der Nutzungsebene bei Nutzungsgütern/-systemen zu einer **zeitbezogenen Verlagerung der Bedeutung der Einstellungsebene hin zur Nutzungsebene für die Akzeptanzbildung**, da die Nutzungsebene erst zum Zeitpunkt t2 über tatsächliche Werte erfaßbar wird.

Zu Beginn des Akzeptanzprozesses „vor Kauf/Nutzung" (*Einstellungsphase* t1) wird das erste Teilkonstrukt in Form der *Einstellungsakzeptanz* gebildet. Anhand dieses ersten Teilkonstruktes soll eine ***Prognose auf die Gesamtakzeptanz*** induziert werden, welche am Ende des Prozesses steht. Am Ende des Akzeptanzprozesses „nach Nutzung" (*Nutzungsphase* t2) steht das dritte Teilkonstrukt in Form der *Nutzungsakzeptanz*. Erst zu diesem **Zeitpunkt t2 wird aus der Prognose eine zuverlässige Aussage hinsichtlich der Gesamtakzeptanz** gegenüber einem innovativen Nutzungsgut bzw. -system. Mit Hilfe der Akzeptanzkonstrukte[416] soll eine ex-

---

[415] Vgl. hierzu *Kapitel 3.2.2*.
[416] Aufgrund der Konzeption der empirischen Untersuchung kommen hier lediglich die Einstellungsakzeptanz (t1) und Nutzungsakzeptanz (t2) zum Tragen. Da mit der Erhebung der Nutzungsakzeptanz der Nutzungsprozeß abgeschlossen wurde, kann innerhalb der empirischen Untersuchung die Nutzungsakzeptanz mit der Gesamtakzeptanz gleichgesetzt werden. Vgl. *Kapitel 2.4*.

akte Erkennung von Akzeptanz bzw. Nicht-Akzeptanz möglich sein. Die Wirksamkeit der Prognose bezieht sich hierbei auf eine **zuverlässige Klassifikation bzw. Identifikation von *Akzeptierern, Indifferenten* und *Nicht-Akzeptierern* zu einem möglichst frühen Zeitpunkt.** Das Akzeptanzmodell ist dabei umso exakter, je besser die Übereinstimmung von potentiellen (Einstellungsphase) und tatsächlichen Akzeptierern bzw. Nicht-Akzeptierern (Nutzungsphase) unter Berücksichtigung der kausalen Zusammenhänge der Prozeßebene mit Hilfe der hergeleiteten drei Akzeptanzkonstrukte gelingt. In Anbetracht dieser Überlegungen zur Konstrukt- und Prognoseebene kann ein abschließender Hypothesenblock formuliert werden (s. Tabelle 12).

Tabelle 12: *Die Hypothesen zur Prozeß- und Prognoseebene*

Hypothesengruppe *Akzeptanzprozeß*:
Hypothese AP1:
Je weiter der zeitphasenbezogene Akzeptanzprozeß fortschreitet, desto stärker ist bei der Akzeptanzbildung die **Verlagerung der Einstellungsebene hin zur Nutzungsebene.**
Hypothese AP2:
Bei einer **negativen Teilakzeptanz** eines Akzeptanzkonstruktes **wird der Akzeptanzprozeß abgebrochen**, wobei dagegen bei **positiven Teilakzeptanzen der Akzeptanzprozeß fortgeführt wird.**
Hypothese AP3:
Die Prognosefähigkeit des dynamischen Akzeptanzmodells ist umso besser, je exakter die **Übereinstimmung von potentiellen (Einstellungsphase) und tatsächlichen Akzeptierern bzw. Nicht-Akzeptierern (Nutzungsphase)** gelingt.

5.2.4 Ableitung der Meßmodelle für die latent exogenen und latent endogenen Variablen

In Anbetracht der bisherigen Ausführungen zum Akzeptanzmodell, seiner Einflußdeterminanten und den entsprechenden Hypothesen bzw. Operationalisierungen zur Akzeptanz-, Konstrukt-, Prozeß- und Prognoseebene des Modells können im folgenden Meßmodelle für die empirische Untersuchung generiert werden. Dabei spiegelt sich - in Anlehnung an das Pfaddiagramm zum Gesamtmodell (s. Abbildung 27) - die

Zweistufigkeit des Modelansatzes wider, da zum einen auf der *Akzeptanzebene* (IV, V, VI) und zum anderen auf der hiermit verknüpften *Konstruktebene* (I, II, III) argumentiert wird. Demzufolge können **zwei Meßmodelltypen** generiert werden:

- **Meßmodelle zu den Akzeptanzebenen (IV, VI - s. Abbildung 27)** [417]
  Innerhalb der Akzeptanzebene liegt zum Zweck der Prognose (Einstellungsphase t1) und aufgrund der Konzeption der empirischen Untersuchung (Mangel einer fehlenden Betrachtung des Kaufzeitpunktes) der Fokus insbesondere auf der Einstellungsebene und der erwarteten Nutzungsebene. Die Einstellungsebene, welche als theoretisches Konstrukt über eine Globalfrage erhoben wird, wird durch die Determinanten *Interesse, Vorteile, Nachteile, Kompatibilität, Komplexität, Unsicherheit* und *relativer Vorteil* beeinflußt. Die Einflußdeterminanten werden wiederum durch multiple Meßitems erhoben (**Meßmodell Einstellungsebene** s. auch Abbildung 40). Die erwartete Nutzungsebene, welche ebenfalls über eine Globalfrage erhoben wird, kann durch die Einflußdeterminanten *Nutzungsintensität, Nutzungszufriedenheit, Nutzungsbereitschaft* und *Nutzungswirksamkeit* (Ziel/Aufwand-Relation) beschrieben werden. Auch für diese Determinanten wurde auf multiple Meßitems zurückgegriffen (**Meßmodell erwartete Nutzungsebene** s. Abbildung 41).

- **Meßmodelle zu den Akzeptanzkonstrukten (I, III - s. Abbildung 27)** [418]
  Innerhalb der Konstruktebene liegt zum Zweck der Prozeß- und Prognosebeschreibung des dynamischen Akzeptanzmodells der Fokus auf der Einstellungsakzeptanz (Einstellungsphase t1) und der Nutzungsakzeptanz (Nutzungsphase t2). Die Einstellungsakzeptanz, welche als theoretisches Konstrukt über eine Globalfrage erhoben wird, bei der die verschiedenen Teilebenen in ihrer zeitabhängigen Ausprägung zum Tragen kommen, wird durch die definitionsorientierten Teilebenen *Einstellungsebene* und *erwartete Nutzungsebene* beeinflußt. Die Teilebenen richten sich wiederum nach zeitbeeinflußten Globalfragen und deren multiplen Meßitems (**Meßmodell Einstellungsakzeptanz** s. Abbildung 42). Die Nutzungsakzeptanz, welche ebenfalls über eine Globalfrage

---

[417] Da in dieser Arbeit insbesondere die Erfolgsprognose im Mittelpunkt des dynamischen Akzeptanzmodells steht, wird im Rahmen der empirischen Analyse zur Akzeptanzebene lediglich die *Einstellungsphase* als zentrale Prognoseerhebung berücksichtigt, um die bedeutsamen Einflußdeterminanten zu identifizieren.

[418] Da mit der Nutzung der DIALEKT-CD-ROM keine Kosten verbunden waren, konnte das Konstrukt der *Handlungsakzeptanz* nicht eindeutig erfaßt werden, so daß die Determinanten der *Handlungsebene* lediglich bei der akzeptanz- nicht aber bei der modellorientierten Analyse zum Tragen kommen. Vgl. auch *Kapitel 5.1.3* und *5.4.5*.

Abbildung 40: *Das Meßmodell zur „Einstellungsebene" (IV - Abbildung 27)* [419]

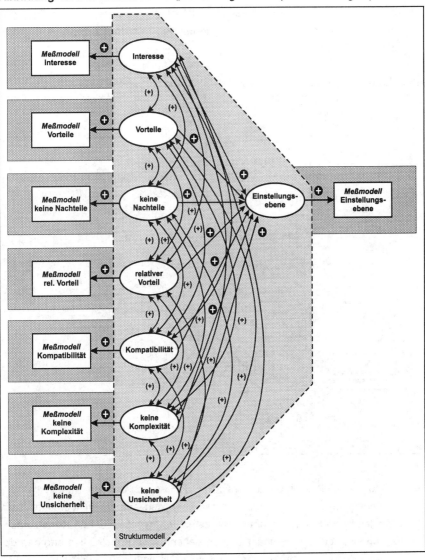

---

[419] Alle Determinanten und die entsprechenden Meßitems wurden vorher zum besseren Verständnis und zur leichteren Interpretation der Ergebnisse *positiv codiert*, so daß nun alle Hypothesen im positiven Zusammenhang zu sehen sind (je höher, desto mehr). Dies gilt insbesondere für die Determinanten „Nachteile", Komplexität" und „Unsicherheit".

erhoben wird, kann über die definitorischen Teilebenen *Einstellungsebene* und *Nutzungsebene* beschrieben werden. Auch diese Teilebenen werden über zeitbeeinflußte Globalfragen erhoben (**Meßmodell Nutzungsakzeptanz** s. Abbildung 42).

Abbildung 41: *Das Meßmodell zur „erwarteten Nutzungsebene" (VI - Abbildung 27)*

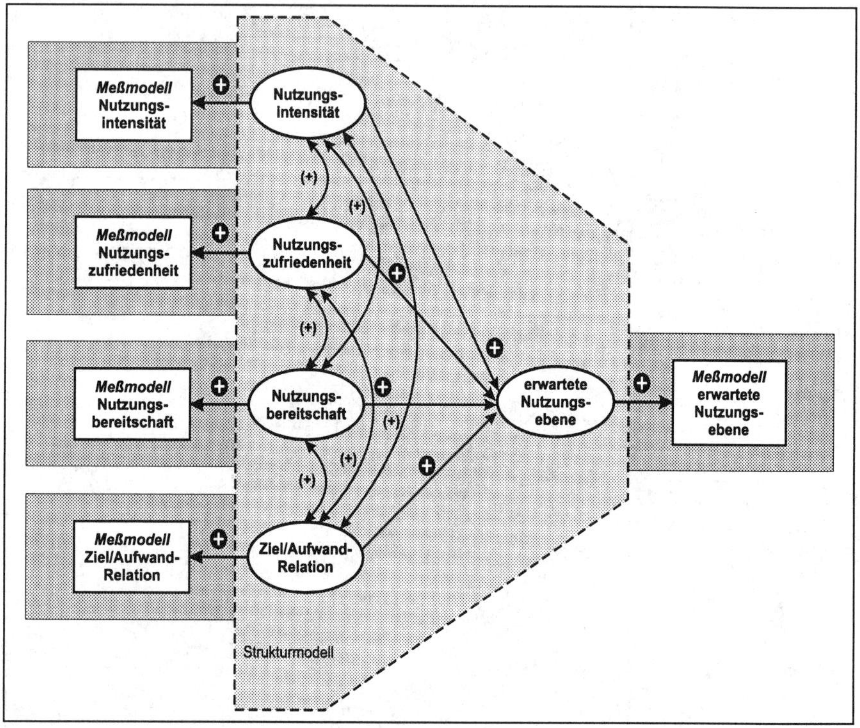

Die Struktur der Meßmodelle macht deutlich, daß es sich bei den unterstellten Zusammenhängen nicht um Beziehungen zwischen den erhobenen Meßitems bzw. Meßvariablen handelt, sondern um solche **zwischen hypothetischen Konstrukten**, welche sich einer direkten Beobachtung entziehen. Diese Konstruktion erfordert daher zur empirischen Überprüfung der enthaltenen Hypothesen in deren Gesamtheit ein *kausalanalytisches Testverfahren*. Allgemein geht die **Kausalanalyse** von einem Modell aus, das sowohl die Beziehungen zwischen den hypothetischen Konstrukten als auch zwischen diesen Konstrukten und den zugehörigen Meßindikatoren be-

Abbildung 42: *Die Meßmodelle zur Einstellungs- und Nutzungsakzeptanz (I, III - Abbildung 27)*

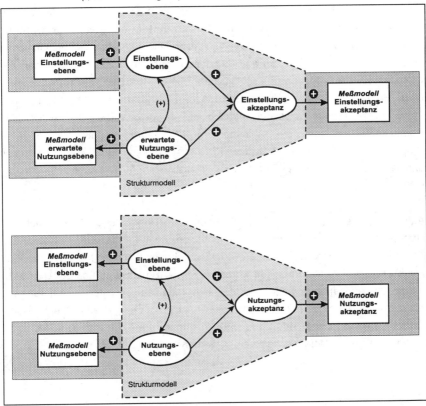

schreibt. Dabei werden die Zusammenhänge im ersten Bereich als sog. *Strukturmodelle*, die Zusammenhänge im zweiten Bereich als sog. *Meßmodelle* bezeichnet. Für die Analyse von Kausalmodellen mit latenten (nicht direkt beobachtbaren) Variablen kann besonders das statistische **Analysepaket LISREL**[420] (Analysis of **LI**near **Struc**-

---

[420] Grundsätzlich existieren eine ganze Reihe von verschiedenen Ansätzen zur Analyse von Kausalmodellen, welche sich durch eine unterschiedliche Vorgehensweise bezüglich der Optimierungsalgorithmen differenzieren. Der **LISREL-Ansatz** greift als Kovarianzstrukturanalyse hierbei auf eine Minimierung der Diskrepanz zwischen empirischer und modelltheoretischer Kovarianz- oder Korrelationsmatrix zurück. Der **PLS-Ansatz** (**P**artial **L**east **S**quare) versucht dagegen, die Fallwerte der Rohdatenmatrix mit Hilfe einer Kleinst-Quadrate-Schätzung möglichst genau zu prognostizieren. Vgl. zum PLS-Ansatz Wold, Herman (1982): Systems Under Indirect Observation Using PLS, in: Fornell, Claes (Hrsg.): A Second Generation of Multivariate Analysis, Vol. 1: Methods, New York 1982, S. 325ff.

tural **REL**ationships) verwendet werden. Das LISREL-Verfahren versucht, die modelltheoretische Kovarianz- oder Korrelationsmatrix möglichst gut der empirischen Kovarianz- oder Korrelationsmatrix der Indikatorvariablen anzupassen. Im Gegensatz zu anderen Verfahren kommt beim LISREL-Ansatz **ein generelles Optimierungskriterium** zum Tragen, welches insbesondere gute Parameterschätzungen erreichen soll.[421] Da es bei der vorliegenden Untersuchung zum dynamischen Akzeptanzmodell zentral auf eine zuverlässige Parameterschätzung des Kausalmodells (z. B. Prüfung der Prozeßstruktur des Modells) insgesamt ankommt, wurde das LISREL-Verfahren für die weitere Untersuchung als geeignetstes Verfahren gewählt. Darüber hinaus ist das LISREL-Verfahren im **SPSS-Programmpaket Version 6.1.2** (**S**uperior **P**erforming **S**oftware **S**ystems) integriert, wodurch auch eine Verfügbarkeit und Kompatibilität von bzw. zu anderen statistischen Auswertungsmethoden besteht.[422]

Aufgrund dieser Tatsachen erfolgt die empirische Überprüfung der kausalen Zusammenhänge innerhalb der modellorientierten Analyse mit Hilfe des **LISREL-Ansatzes der Kausalanalyse**.[423] Bevor jedoch eine umfangreiche Analyse der kausalen Zusammenhänge vollzogen werden kann, ist zunächst zu überprüfen, ob die für die Operationalisierung der hypothetischen Variablen gewählten Indikatoren bzw. Meßitems die theoretischen Determinantenvariablen in geeigneter Weise repräsentieren. Daher muß erst der zum Einsatz kommende Variablensatz geprüft und die hiermit induzierten Meßmodelle bereinigt werden.

---

[421] Dagegen soll beim PLS-Ansatz eine möglichst gute Reproduktion der Fallwerte erreicht werden, was im Fall dieser Untersuchung eine eher untergeordnete Bedeutung hat. Vgl. Kern, Egbert (1990): Der Interaktionsansatz im Investitionsgütermarketing, Berlin 1990, S. 89ff. Zum Unterschied zwischen LISREL und PLS vgl. auch Fornell, Claes/Bookstein, Fred L. (1982), a.a.O., S. 440ff. Fornell, Claes (1982), a.a.O., S. 10ff.

[422] Das Programmpaket SPSS zeichnet sich allgemein durch eine leichte Bedienbarkeit aus (Menüoberfläche), wodurch dieses Statistikpaket in der Praxis eine breite Verwendung gefunden hat. Vgl. Backhaus, Klaus/Erichson, Bernd/Plinke, Wulff/Weiber, Rolf (1996), a.a.O., S. XIIIf.

[423] Vgl. zum LISREL-Ansatz der Kausalanalyse insbesondere Jöreskog, Karl G. (1981); Analysis of Covariance Structures, in: Scandinavian Journal of Statistics, Nr. 8 (1981), S. 65ff. Derselbe (1978): Structural Analysis of Covariance and Correlation Matrices, in: Psychometrika, Nr. 43 (1978), S. 443ff.

5.3 Die Beurteilung der Meßmodelle für die latent exogenen und latent endogenen Variablen

Eine Beurteilung der Meßmodelle für die latent exogenen und latent endogenen Variablen kann anhand der psychometrischen Literatur in vier Schritten erfolgen:[424]

1. **Prüfung der Normalverteilung** der manifesten Variablen
2. **Prüfung der Eindimensionalität** der Meßindikatoren für die jeweiligen Konstrukte
3. **Beurteilung der Reliabilität**
4. **Beurteilung der Validität**

Aufgrund der hohen Anzahl zu prüfender Kausal-Modelle (Einstellungsebene, erwartete Nutzungsebene, Einstellungsakzeptanz und Nutzungsakzeptanz) und einer entsprechend hohen Anzahl an Meßindikatoren bzw. Variablen werden im folgenden lediglich die Prüfverfahren beschrieben und die entsprechend negativ auffallenden Variablen identifiziert und eliminiert. Eine Bereinigung und anschließende Auswahl des Schätzalgorithmus runden die Ausführungen dieses Kapitels zu der Beurteilung der Meßmodelle ab.

5.3.1 Test auf Multinormalverteilung

Für einige der im LISREL-Verfahren eingesetzten iterativen Schätzalgorithmen wird von einer Stichprobe ausgegangen, welche aus einer **normalverteilten Grundgesamtheit** stammt. Für die Auswahl des verwendeten Schätzverfahrens ist es daher notwendig, die Normalverteilungsannahme bei den zugrundeliegenden Variablen zu überprüfen. Dabei stehen mehrere Testverfahren zur Verfügung:[425]

---

[424] Vgl. Adler, Jost (1996), a.a.O., S. 168. mit Hinweis auf Bearden, William O./Netemeyer, Richard G./Mobley, Mary F. (1993): Handbook of Marketing Scales - Multi-Item Measures for Marketing and Consumer Behavior, Newberry Park 1993, S. 3ff. Churchill, Gilbert A. (1979): A Paradigm for Developing Better Measures of Marketing Constructs, in: Journal of Marketing Research, 26 (1979), S. 65ff. Anderson, James C./Gerbing, David W. (1988): Structural Equation Modelling in Practice - A Review and Recommended Two-Step Approach, in: Psychological Bulletin, Nr. 103 (1988), S. 414ff. Bagozzi, Richard P./Yi, Youjae (1988): On the Evaluation of Structural Equation Models, in: Journal of the Academy of Marketing Science, Nr. 16 (1988), S. 76.

[425] Vgl. Brosius, Gerhard/Brosius, Felix (1995): SPSS - Base System and Professional Statistic, Bonn 1995, S. 517 und 334ff.

- **Kolmogoroff-Smirnov-Anpassungstest**
  Beim *Kolmogoroff-Smirnov-Anpassungstest* wird die empirisch ermittelte Stichprobenverteilung mit der Normalverteilung verglichen. Dabei kann allerdings die Existenz einer Normalverteilung nicht bestätigt, sondern lediglich anhand einer Ablehnung der Nullhypothese „Die Variable ist in der Grundgesamtheit normalverteilt" verworfen werden.

- **Lilliefors-Test**
  Der *Lilliefors-Test* überprüft im Rahmen von SPSS die Normalverteilungsannahme im Gegensatz zum *Kolmogoroff-Smirnov-Anpassungstest* auch bei unbekannten Mittelwerten und Varianzen der Grundgesamtheit. Diese werden anhand der vorliegenden Stichprobe geschätzt.[426]

- **Shapiro-Wilk-Test**
  Der *Shapiro-Wilk-Test* kann innerhalb von SPSS alternativ zum *Lilliefors-Test* verwendet werden, wobei jedoch nur Stichproben unter n = 50 berücksichtigt werden können.[427] Beide Testverfahren können wiederum die Annahme einer Normalverteilung nicht bestätigen, sondern lediglich widerlegen.

- **Kennwerte „Schiefe"/"Wölbung"**
  Bei den Kennwerten *„Schiefe"/"Wölbung"* wird die Normalverteilung mit Hilfe eines zweiseitigen Signifikanztests überprüft. Dabei müßten die Kennwerte für *Schiefe* und *Wölbung* bei exakt normalverteilten Variablen jeweils 0 betragen. Neben einer hinreichend großen Stichprobe (n ≥ 100) und einem Intervallskalenniveau der Variablen ist die Modalität der Verteilung von zentraler Bedeutung. Diese muß unimodal, d. h. eingipflig sein, wobei diese Voraussetzung über die Häufigkeitsverteilung der einzelnen Variablen geprüft werden kann.[428]

Bei den vorliegenden Variablen der Kausalmodelle konnte weder anhand des *Kolmogoroff-Smirnov-Anpassungstests* (10%-Signifikanzniveau für Nullhypothese) noch des *Lilliefors-Tests* sowie einer *Überprüfung auf Unimodalität* die Annahme einer Normalverteilung aufrechterhalten werden.[429] Daher mußte für die folgenden Modellschätzungen bei LISREL auf **iterative Schätzverfahren** zurückgegriffen werden,

---

[426] Vgl. Conover, W. J. (1980): Practical Nonparametric Statistics, 2. Auflage, New York 1980, S. 357ff.
[427] Da bei der vorliegenden Analyse ein Stichprobenumfang von n = 112 vorliegt, kann der Shapiro-Wilk-Test (n < 50) nicht durchgeführt werden.
[428] Vgl. Bauer, Felix (1984): Datenanalyse mit SPSS, Stuttgart 1984, S. 46ff.
[429] Vgl. Tabellen zum *Test auf Normalverteilung* in Anhang III.

welche keine Multinormalverteilung der manifesten Variablen unterstellen.[430]
Als Ergebnis des Tests auf Multinormalverteilung kann festgehalten werden:

> **Test auf Multinormalverteilung:**
> Das **Vorhandensein einer Multinormalverteilung konnte** bei einem Teil der verwendeten Variablen *nicht aufrechterhalten* werden, wodurch insgesamt bei den iterativen Schätzverfahren der Kausalmodelle auf Verfahren zurückgegriffen werden muß, bei welchen diese Voraussetzung nicht gefordert wird (z. B. ULS, WLS oder DWLS).

5.3.2 Prüfung der Eindimensionalität

Um ein theoretisches Konstrukt sinnvoll zu messen, ist es eine weitere zentrale Notwendigkeit, daß die zugehörigen **Meßvariablen eindimensional sind**. Die Eindimensionalität der Meßvariablen bzw. -items stellt hierbei eine entscheidende Bedingung für die Reliabilität und Validität eines Meßmodells dar.[431] Die Eindimensionalität basiert auf dem *traditionellen Modell von gemeinsamen Faktoren*, in dem eine Anzahl von Indikatoren einen dahinterstehenden Faktor ξ gemeinsam haben, wobei jede Messung zwischen Indikator und Faktor aus einem wahren Wert, dem sog. *true score* und einem Fehlerterm besteht.[432] Zur Beurteilung der Eindimensionalität las-

---

[430] Solche Verfahren stellen die Methode der *ungewichteten kleinsten Quadrate* (ULS), die Methode der *gewichteten kleinsten Quadrate* (WLS) und die Methode der *diagonal gewichteten kleinsten Quadrate* (DWLS) dar. Eine nähere Beschreibung erfolgt in *Kapitel 5.3.5*.

[431] Vgl. zur Bedeutung der Eindimensionalität insbesondere Anderson, James C./Gerbing, David W. (1982): Some Methods for Respecifying Measurement Models to Obtain Unidimensional Construct Measurement, in: Journal of Marketing Research, 19 (1982), S. 453ff.

[432] Diese Überlegungen der klassischen Testtheorie gehen davon aus, daß die Fehler mit allen anderen Variablen unkorreliert sind und der Erwartungswert gleich Null ist. Vgl. McDonald, Roderick P. (1981): The Dimensionality of Tests and Items, in: British Journal of Mathematical and Statistical Psychology, Nr. 34 (1981), S. 100ff. Jöreskog, Karl G. (1971): Statistical Analysis of Sets of Congeneric Tests, in: Psychometrika, Nr. 36 (1971), S. 111. Lord, Frederic M./Novick, Melvin R. (1968): Statistical Theories of Mental Test Scores, Reading 1968, S. 27ff. Wird zwischen dem Konstrukt und seinen Meßindikatoren Linearität unterstellt, kann von folgender Beziehung ausgegangen werden:

$$x_i = \lambda_i \xi + \delta_i$$

Hierbei stellt x_i den i-ten Indikator einer Menge eindimensionaler Meßitems eines Konstruktes ξ, λ_i die zugehörige Faktorladung und δ_i die entsprechende Fehlergröße dar. Vgl. Gerbing, David W./Anderson, James C. (1988): An Updated Paradigm for Scale Development Incorporating Unidimensionality and its Assessment, in: Journal of Marketing Research, 25 (1988), S. 187.

sen sich nach *Anderson* und *Gerbing* zwei notwendige Bedingungen der internen und externen Konsistenz anführen:[433]

- **interne Konsistenz**
  Eine *interne Konsistenz* liegt dann vor, wenn die Korrelation von zwei Indikatoren desselben Konstruktes bis auf zufällige Abweichungen gleich dem Produkt der Korrelation der beiden Indikatoren mit dem Konstrukt ist.

- **externe Konsistenz**
  Eine *externe Konsistenz* liegt dann vor, wenn alle Indikatoren eines Konstruktes bis auf zufällige Abweichungen äquivalent mit einer außerstehenden Variable korrelieren.

In der Literatur wird die Eindimensionalität üblicherweise anhand verschiedener Indizes, wie z. B. *Cronbachs Alpha*, oder durch eine Analyse der Korrelationsmatrix der Meßindikatoren überprüft.[434] Für Meßmodelle mit *multiplen Indikatoren*, wie sie auch in dieser Untersuchung vorliegen, lassen sich **interne und externe Konsitenz und damit auch die Eindimensionalität der Meßvariablen simultan überprüfen**. Dabei kann innerhalb einer resultierenden *konfirmatorischen Faktorenanalyse*[435] davon ausgegangen werden, daß eine eindimensionale Meßvariable vorliegt, wenn diese eine Korrelation mit dem dahinterstehenden Konstrukt von > 0,7 aufweisen kann.[436] Zwischen einer Korrelation von 0,6 und 0,7 wird dabei in der Praxis von einem noch akzeptablen Zusammenhang gesprochen.[437] Vor diesem Hintergrund stellt ein entsprechend guter Fit einer solchen *konfirmatorischen Faktorenanalyse* ein hinreichendes Kriterium für eine interne und externe Konsistenz bzw. einer Eindimensio-

---

[433] Vgl. Anderson, James C./Gerbing, David W. (1982), a.a.O, S. 454. Dieselben (1987), a.a.O., S. 433. Hunter, John E./Gerbing, David W. (1982): Unidimensional Measurement, Second Order Factor Analysis and Causal Models, in: Research in Organizational Behavior, Nr. 4 (1982), S. 276ff. Danes, Jeffrey E./Mann, O. Karl (1985): Unidimensional Measurement and Structural Equation Models with Latent Variables, in: Journal of Business Research, Nr. 12 (1985), S. 346ff.

[434] Vgl. hierzu Nunnally, Jum C. (1967): Psychometric Theory, New York 1967, S. 175f. Hattie, John (1985): Assessing Unidimensionality of Tests and Items, in: Applied Psychological Measurement, Nr. 9 (1985), S. 140ff. Cronbachs Alpha entspricht hierbei dem durchschnittlichen Reliablilitätskoeffizienten aller möglichen Split-half-Reliabilitäten, wobei ein Standardmaß von 0,8 angegeben wird.

[435] Im Gegensatz zur explorativen Faktorenanalyse, welche versucht, aus einem gegebenen Datensatz hypothetische Konstrukte zu ermitteln, setzt die konfirmatorische Faktorenanalyse voraus, daß eine genaue Vorstellung bzw. eine eindeutige Theorie darüber vorliegt, wie die hypothetischen Konstrukte aussehen und in welcher Beziehung sie zu den beobachteten Variablen stehen. Vgl. Backhaus, Klaus/Erichson, Bernd/Plinke, Wulff/Weiber, Rolf (1996), a.a.O., S. 407.

[436] Über 0,7 kann sogar ein guter bis sehr guter Zusammenhang unterstellt werden. Vgl. Backhaus, Klaus/Erichson, Bernd/Plinke, Wulff/Weiber, Rolf (1996), a.a.O., S. 189ff.

[437] Vgl. Nunnally, Jum C. (1967), a.a.O., S. 226 und in ähnlichem Zusammenhang Backhaus, Klaus/Erichson, Bernd/Plinke, Wulff/Weiber, Rolf (1996), a.a.O., S. 386ff.

nalität der Meßvariablen dar.[438] In bezug auf die vier Modelle der Analyse zum dynamischen Akzeptanzmodell wurden die entsprechenden *konfirmatorischen Faktorenanalysen* durchgeführt. Entsprechend der Annahmen zur Eindimensionalität (s.o.) mußten aufgrund einer zu niedrigen Korrelation (< 0,6) zu den Konstrukten oder aufgrund der Voraussetzung einer exakt gleichen Modellkonzeption zum Zeitpunkt t1 und t2 folgende Variablen eliminiert werden (s. Tabelle 13):

Tabelle 13: *Die eliminierten Variablen der Meßmodelle*

Meßmodelle	Variablen ohne Eindimensionalität
Einstellungsebene	t1_a1_1, t1_a2_4 bis t1_a2_7, t1_a3_1 bis t1_a3_4, t1_a4_1 bis t1_a4_3, t1_a4_5, t1_a4_6, t1_a5_2, t1_a5_6, t1_a6_3
erwartete Nutzungsebene	t1_b1_1a, t1_b1_2a, t1_b1_5a, t1_b1_7a bis t1_b1_9a, t1_b1_1b bis t1_b1_9b, t1_b1_1c bis t1_b1_9c, t1_b1_1d bis t1_b1_9d, t1_b2_7b bis t1_b2_9b, t1_b3_1b bis t1_b311b, t1_b4_3
Einstellungsakzeptanz	t1_b6_1, t1_b6_3
Nutzungsakzeptanz	t2_b6_1, t2_b6_3

Im Ergebnis konnte bei der modellanalytischen Betrachtung die *Handlungsebene* nicht weiter berücksichtigt werden, was zum einen an der Konzeption der Pilotstudie, zum anderen aber auch am höchst *inkonsistenten Antwortverhalten* der Befragten lag.[439] Ferner mußte auf die Konstrukte „*Komplexität*" und „*Unsicherheit*" verzichtet werden, da sich die Meßvariablen nicht durch Eindimensionalität auszeichneten (*Einstellungsebene*). Innerhalb der *Handlungsebene* konnte aufgrund der hohen Korre-

---

[438] Vgl. Anderson, James C./Gerbing, David W./Hunter, John, E. (1987): On the Assessment of Unidimensional Measurement - Internal and External Consistency and Overall Consistency Criteria, in: Journal of Marketing Research, 24 (1987), S. 435. Anderson, James C./Gerbing, David W. (1982), a.a.O., S. 458. Gerbing, David W./Anderson, James C. (1988), a.a.O., S. 187.

[439] So gaben die Befragten beispielsweise ihrer Zahlungsbereitschaft für die DIALEKT-CD-ROM Ausdruck, während bei der aggregierten Gesamtaussage ein Kauf der CD-ROM jedoch verneint wurde und *vice versa*. Die Handlungsebene kommt daher erst wieder bei der akzeptanzorientierten Analyse zum Tragen. Vgl. hierzu *Kapitel 5.4.5.*

lation zwischen den Konstrukten auf die *Nutzungszufriedenheit „Bedienung"* und die *Nutzungsintensität „wie lange"* verzichtet werden. Die Ergebnisse der Parameterschätzungen mit ULS für die einzelnen Modelle sind im *Anhang III* der Arbeit verzeichnet. Hinsichtlich der Eindimensionalität der verbliebenen Variablen kann folgendes Fazit gezogen werden:

- **Meßmodell Einstellungsebene**
  Die globalen Anpassungskriterien sind mit einem GFI und einem AGFI von 0,94 bzw. 0,92 sowie einem RMR von 0,09 als „sehr gut" zu bezeichnen und stellen somit eine hinreichende Bedingung für das **Vorliegen einer internen und externen Konsistenz** verbunden mit einem **Vorhandensein von unidimensionalen Skalen** dar.[440]

- **Meßmodell erwartete Nutzungsebene**
  Die globalen Anpassungskriterien sind mit einem GFI und einem AGFI von 0,94 bzw. 0,92 sowie einem RMR von 0,09 ebenfalls als „sehr gut" zu bezeichnen und stellen somit auch hier eine hinreichende Bedingung für das **Vorliegen einer internen und externen Konsistenz** verbunden mit einem **Vorhandensein von unidimensionalen Skalen** dar.

- **Meßmodell Einstellungsakzeptanz**
  Mit einem GFI und einem AGFI von 0,97 bzw. 0,96 sowie einem RMR von 0,08 sind die globalen Anpassungskriterien wiederum als „sehr gut" zu bezeichnen, so daß eine hinreichende Bedingung für das **Vorliegen einer internen und externen Konsistenz** verbunden mit einem **Vorhandensein von unidimensionalen Skalen** erfüllt wurde.

- **Meßmodell Nutzungsakzeptanz**
  Auch im letzten Meßmodell sind die globalen Anpassungskriterien mit einem GFI und einem AGFI von 0,98 bzw. 0,97 sowie einem RMR von 0,07 als „sehr gut" zu bezeichnen, womit auch hier eine hinreichende Bedingung für das **Vorliegen einer internen und externen Konsistenz** verbunden mit einem **Vorhandensein von unidimensionalen Skalen** erfüllt wurde.

Problematisch an dieser Stelle erscheint jedoch, daß manche Variablen in ihrer Korrelation mit den entsprechenden Konstrukten lediglich zwischen 0,5 und 0,6 liegen. Die betroffenen Variablen wurden dennoch in der Analyse gelassen, da das Kriteri-

---

[440] Zur Bedeutung und Interpretation der einzelnen Gütekriterien vgl. *Kapitel 5.4.1.*

um einer exakt gleichen Messung zum Zeitpunkt t1 und t2 erfüllt werden mußte. Die insgesamt aber sehr guten Modellfits der konfirmatorischen Faktorenanalysen tolerieren diesen Schritt. Insgesamt kann als Ergebnis festgehalten werden:

> **Test auf Eindimensionalität:**
> Nach dem Bereinigen der Modelle von Variablen, bei denen *keine interne und externe Konsistenz* festgestellt werden konnte, **erfüllen nun alle Kausalmodelle die Bedingungen** eines Vorhandenseins **von unidimensionalen Skalen.**

5.3.3 Prüfung und Beurteilung der Reliabilität

Der Begriff der „**Reliabilität**" bezeichnet im allgemeinen die **Zuverlässigkeit bzw. Genauigkeit einer Messung**, wobei darunter der Grad verstanden wird, bei dem der Einsatz des Meßinstrumentariums frei von Fehlern ist und sich somit auch bei wiederholten Messungen konsistente Ergebnisse erzielen lassen.[441] Peter/Churchill (1986) definieren *Reliabilität* demzufolge auch als

> „*the degree to which measures are free from random error and thus reliability coefficients estimate the amount of systematic variance in a measure.*"[442]

Es kann also davon ausgegangen werden, daß die einzelnen Indikatoren reliable Messungen des zugehörigen Faktors darstellen, wenn ein wesentlicher Anteil ihrer eigenen Varianz durch die Assoziationen mit dem Faktor erklärt wird, d. h. der Einfluß von Meßfehlervariablen gering ist.[443] Zur **Überprüfung der Reliabilität** von Skalen, welche durch *multiple items* gemessen werden, lassen sich in der Literatur im wesentlichen drei Verfahren extrahieren, welche sich durch unterschiedliche Formen der Reliabilitätsmessung unterscheiden:[444]

---

[441] Vgl. Peter, J. Paul (1979): Reliability - A Review of Psychometric Basics and Recent Marketing Practices, in: Journal of Marketing Research, 16 (1979), S. 6. Lienert, Gustav (1969): Testaufbau und Testanalyse, Weinheim 1969, S. 14f.
[442] Peter, J. Paul/Churchill, Gilbert A. (1986): Relationship among Research Design Choices and Psychometric Properties of Rating Scales - A Meta-Analysis, in: Journal of Marketing Research, 23 (1986), S. 4.
[443] Vgl. Peter, J. Paul (1979), a.a.O., S. 7.
[444] Vgl. Peter, J. Paul (1979), a.a.O., S. 8. Friedrichs, Jürgen (1990): Methoden empirischer Sozialforschung, 14. Auflage, Opladen 1990, S. 102. Carmines, Edward G./Zeller, Richard A. (1979): Reliability and Validity Assessment, Beverly Hills 1979, S. 37ff.

- **Test-Retest-Reliabilität**
- Unter der *Test-Retest-Reliabilität* wird eine Methode verstanden, bei der *dieselben Skalen* (Items) eines Subjektes zu einem *zweiten Zeitpunkt* denselben Rezipienten möglichst unter den gleichen Bedingungen vorgelegt werden. Ist die Korrelation zwischen diesen Skalen/Items (Retest-Korrelation) hinreichend hoch, kann eine methodische Stabilität zwischen den Erhebungen unterstellt werden. Problematisch erscheint in diesem Zusammenhang die Zeitspanne, die zwischen den beiden Erhebungen liegt. *Bohrnstedt* (1970) bemerkt, daß davon auszugehen ist: Je länger die Zeitspanne zwischen den beiden Erhebungen sein wird, desto geringer werden auch die Reliabilitätswerte ausfallen; infolgedessen sieht *Bohrnstedt* eine zweiwöchige Pause zwischen den beiden Erhebungen als gerade noch tragfähig an.[445] Ferner erscheint es für *Hiese* (1969) problematisch, daß aufgrund von zeitbedingten Änderungen der Auffassungen der Konstrukte (*change in phenomenon occurs*) keine Möglichkeit besteht, die Reliabilität der Skalen von diesen Änderungen zu befreien.[446] Darüber hinaus besteht das Problem, daß die Retest-Korrelation nur teilweise von der Korrelation zwischen den Skalen der beiden Erhebungen abhängt, sondern auch durch die Korrelation der Items mit sich selbst bestimmt wird.[447] Dadurch kommt es tendenziell zu einer höheren Retest-Korrelation als in Wirklichkeit vorhanden ist.

- **Parallel-Test-Reliabilität**
Unter der *Parallel-Test-Reliabilität* wird eine Methode verstanden, bei der *unterschiedliche Skalen* (Items) eines Subjektes zu *zwei Zeitpunkten* denselben Rezipienten unter möglichst gleichen Bedingungen vorgelegt werden. Ist die Korrelation zwischen diesen Skalen/Items (Parallel-Korrelation) dann hinreichend hoch, kann eine methodische Stabilität zwischen den Skalen unterstellt werden. Ein Grundproblem liegt hier in „*the development of substantially equivalent alternative measures*"[448]. Dies bedeutet, daß bei einer exakt gleichen Definition der Items auch die Mittelwerte, Varianzen und Parallel-Korrelationen exakt

---

[445] Vgl. Bohrnstedt, Georg W. (1970): Reliability and Validity Assessment in Attitude Measurement, in: Summers, G. F. (Hrsg.): Attitude Measurement, Chicago 1970, S. 85.
[446] Vgl. Hiese, D. R. (1969): Seperating Reliability and Stability in Test-Retest Correlations, in: American Sociological Review, Nr. 2, 34 (1969), S. 93ff. und ähnlich Wiley, D. E./Wiley, J. A. (1971): The Estimation of Measurement Error in Panel Data, in: Blalock, H. M. jr. (Hrsg.): Causal Models in the Social Sciences, Chicago 1971.
[447] Vgl. Peter, J. Paul (1979), a.a.O., S. 8f.
[448] Gulliksen, H. (1950): Theory of Mental Tests, New York 1950, S. 37.

gleich sein müssen. Dies betrifft ebenso das Problem eines *"proving that the two measures are equivalent in content"*[449].

- **interne Konsistenz-Reliabilität**

Unter der *internen Konsistenz-Reliabilität* wird eine Methode verstanden, bei der *dieselben Skalen* (Items) eines Subjektes zu *einem Zeitpunkt* denselben Rezipienten unter möglichst gleichen Bedingungen vorgelegt werden. Bei dem Vorliegen einer internen Konsistenz-Reliabilität korrelieren die Items innerhalb einer sog. Itemgruppe hinreichend hoch, wodurch eine Homogenität innerhalb dieser Gruppe unterstellt werden kann. Zur Prüfung der internen Konsistenz-Reliabilität wird auf der **Itemebene** der **quadrierte multiple Korrelationskoeffizient** angeführt, während auf der **Skalenebene** insbesondere **Cronbachs Alpha** als Prüfgröße herangezogen wird.[450] Der *quadrierte multiple Korrelationskoeffizient* gibt dabei an, wieviel Prozent der Varianz einer Meßvariablen durch das dahinterstehende Konstrukt erklärt wird. Reliable Messungen liegen vor, wenn der durch den Faktor erklärte Anteil an der Varianz des Meßitems höher ist als die Fehlervarianz des betreffenden Indikators, d. h. ein Wert von > 0,5 erreicht wird.[451] *Cronbachs Alpha* gibt dagegen den durchschnittlichen Reliabilitätskoeffizienten aller möglichen Split-half-Reliabilitäten einer Meßskala an.[452] Reliable Messungen liegen hier vor, wenn die *Alpha-Werte* über 0,8 liegen.

Bei der vorliegenden Untersuchung wurde zwar zu zwei Zeitpunkten erhoben, jedoch konnten die Voraussetzungen einer *Test-Retest-Reliabilität* bzw. *Parallel-Test-Reliabilität* nicht erfüllt werden, da sich zum einen die inhaltliche Bedeutung der Konstrukte aufgrund des definitorischen Zeitbezugs änderte (Ausnahme Einstellungsebene) und zum anderen ca. 5 Wochen zwischen den einzelnen Erhebungen lagen (s. o.). Daher kommt nur die **interne Konsistenz-Reliabilität** für eine Prüfung in Frage. Die einzelnen Reliabilitätsmaße für den *quadrierten multiplen Korrelationskoeffizienten* (Squared Muliple Correlation) und für *Cronbachs Alpha* sind in Tabelle 14 wiedergegeben. Dabei kann insbesondere *Cronbachs Alpha* als Prüfgröße für die

---

[449] Peter, J. Paul (1979), a.a.O., S. 10.
[450] Vgl. Bearden, William O./Netemeyer, Richard G./Mobley, Mary F. (1993), a.a.O., S. 4. Bagozzi, Richard P./Yi, Youjae (1988), a.a.O., S. 80.
[451] Vgl. Fornell, Claes/Larcker, David F. (1981): Evaluating Structural Equation Models with Unobservable Variables and Measurement Error, in: Journal of Marketing Research, 18 (1981), S. 46.
[452] Vgl. Peter, J. Paul (1979), a.a.O., S. 8. Carmines, Edward G./Zeller, Richard A. (1979), a.a.O., S. 45.

Tabelle 14: Die Reliabilitätsmaße der Meßmodelle

Meßmodell	Variablen	Itemebene Squared Multiple Correlation	Skalenebene/ Gesamtskala Cronbachs Alpha
Einstellungsebene			
Interesse	T1_A1_2 T1_A1_3	,6062 ,8778	,8425
Vorteile	T1_A2_1 T1_A2_2 T1_A2_3	,5026 ,5102 ,5100	,8012
Nachteile	T1_A4_4 T1_A4_7	,5647 ,5887	,8613
relativer Vorteil	T1_A5_1 T1_A5_3 T1_A5_4 T1_A5_5	,5121 ,5506 ,5280 ,5485	,8011
Kompatibilität	T1_A6_1 T1_A6_2	,6633 ,5398	,8632
Einstellungsebene	T1_A8_1 T1_A8_2 T1_A8_3 T1_A8_4 T1_A8_5	,5330 ,5964 ,5753 ,5683 ,4137	,8202
erwartete Nutzungsebene			
Nutzungsintensität	T1_B1_3A T1_B1_4A T1_B1_6A	,6658 ,5414 ,4212	,8027
Nutzungszufriedenheit	T1_B2_1B T1_B2_2B T1_B2_3B T1_B2_4B T1_B2_5B T1_B2_6B	,4996 ,5594 ,5973 ,5170 ,4432 ,6365	,8297
Nutzungsbereitschaft	T1_B4_1 T1_B4_2 T1_B4_4	,5650 ,5461 ,4421	,8132

(Tabelle wird fortgesetzt)

Nutzungswirksamkeit	T1_B5_1 T1_B5_2 T1_B5_3	,7702 ,5560 ,6185	,8428
erwartete Nutzungsebene	T1_B6_2 T1_B6_4 T1_B6_5	*,4889* ,5207 *,4522*	,7868
Einstellungsakzeptanz			
Einstellungsebene	T1_A8_1 T1_A8_2 T1_A8_3 T1_A8_4 T1_A8_5	,5330 ,5964 ,5753 ,5683 *,4137*	,8202
erwartete Nutzungsebene	T1_B6_2 T1_B6_4 T1_B6_5	*,4889* ,5207 *,4522*	,7868
Einstellungsakzeptanz	T1_C7_1 T1_C7_2 T1_C7_3 T1_C7_4 T1_C7_5	,5914 ,5027 ,5097 ,6408 ,5927	,8377
Nutzungsakzeptanz			
Einstellungsebene	T2_A8_1 T2_A8_2 T2_A8_3 T2_A8_4 T2_A8_5	,5685 ,6125 *,4962* ,7445 ,5521	,8520
Nutzungsebene	T2_B6_2 T2_B6_4 T2_B6_5	,8023 ,5514 ,9194	,8976
Nutzungsakzeptanz	T2_C7_1 T2_C7_2 T2_C7_3 T2_C7_4 T2_C7_5	,5597 ,7624 ,6412 ,6135 ,8313	,9135

Gesamtskala verwendet werden, da die *Voraussetzung einer Eindimensionalität* der Meßvariablen gegeben ist.[453] Im Ergebnis können sowohl für die individuellen Meß-

---

[453] Vgl. *Kapitel 5.3.2.*

items als auch für die zugehörigen Konstrukte die errechneten Koeffizienten über den angegebenen Schwellenwerten erreicht werden. In Anbetracht der hohen Anzahl an Variablen lagen lediglich die *quadrierten multiplen Korrelationskoeffizienten* der Variablen t1_a8_5, t1_b1_6a, t1_b2_1b, t1_b2_5b, t1_b4_4, t1_b6_2, t1_b6_5 und t2_a8_3 nur sehr knapp unter dem Schwellwert von 0,50. Da jedoch die Werte der Gesamtskala im akzeptablen Bereich liegen, wird von einem Ausschluß dieser Variablen abgesehen.[454] Insgesamt kann daher als Ergebnis festgehalten werden:

> **Test auf Reliabilität:**
> Aufgrund der Ergebnisse des *quadrierten multiplen Korrelationskoeffizienten* und von *Cronbachs Alpha* kann insgesamt tendenziell von einer **hohen Reliabilität des eingesetzten Meßinstrumentariums** ausgegangen werden.

5.3.4 Prüfung und Beurteilung der Validität

Der Begriff der „**Validität**" bezeichnet im allgemeinen die **Gültigkeit einer Messung**, wobei daunter der Grad der Genauigkeit verstanden wird, mit dem der Einsatz des Meßinstrumentariums die *konzeptionelle Richtigkeit einer Messung* sicherstellt.[455] Churchill (1979) zufolge ist *Validität* definitorisch gegeben,

„*when the differences in observed scores reflect true differences on the charakteristic one is attempting to measure and nothing else.*"[456]

Es kann also davon ausgegangen werden, daß eine *valide Messung* vorliegt, wenn ein Meßverfahren auch wirklich das mißt, was es messen soll, wobei dies dann gegeben ist, wenn ein systematischer Fehler bei der Messung ausgeschlossen werden kann.[457] Zur **Überprüfung der Validität** lassen sich in der psychometrischen Literatur im wesentlichen vier Arten der Validität extrahieren:[458]

---

[454] Bagozzi/Yi sind sogar der Meinung, daß für die Reliabilität individueller Meßitems gar kein allgemeingültiger Schwellenwert existiert. Vgl. Bagozzi, Richard P./Yi, Youjae (1988), a.a.O., S. 80.
[455] Vgl. Homburg, Christian/Giering, Annette (1996), a.a.O., S. 7.
[456] Churchill, Gilbert A. (1979), a.a.O., S. 65.
[457] Vgl. Heeler, R./Ray, M. (1972): Measure Validation in Marketing, in: Journal of Marketing Research, 9 (1972), S. 361. Lienert, Gustav A. (1969), a.a.O., S. 16.
[458] Vgl. Cronbach, Lee J./Meehl, Paul E. (1955): Construct Validity in Psychological Tests, in: Psychological Bulletin, 52 (1955), S. 281ff. Hossinger, Hans-Peter (1982): Pretests in der Marktforschung, Würzburg 1982, S. 16ff. Bagozzi, Richard P./Yi, Youjae/Phillips, Lynn W. (1991): Assessing Construct Validity in Organizational Research, in: Administrative Science Quarterly, 36 (1991), S. 421ff. Peter, J. Paul (1981), a.a.O., S. 135.

- **Inhaltsvalidität**

    Die *Inhaltsvalidität* bezeichnet nach *Bohrnstedt* den Grad, in dem die erhobenen Indikatoren den *inhaltlich-semantischen Bereich* des Konstruktes repräsentieren und die gemessen Items alle *definierten Bedeutungsinhalte eines Konstruktes abbilden*.[459] Die Inhaltsvalidität setzt hiermit eine genaue semantische Abgrenzung der Konstrukte und die Festlegung all ihrer Facetten voraus.[460] Der **Nachweis der Inhaltsvalidität** kann über eine sorgfältige Auswahl der einzelnen Meßindikatoren sowie durch Expertengespräche und/oder Pretests erfolgen.[461]

- **Konvergenzvalidität**

    Die *Konvergenzvalidität* bezeichnet den Grad, in dem die *Messungen eines Konstruktes mit zwei* maximal *unterschiedlichen Methoden übereinstimmen*.[462] Im Zusammenhang mit den in dieser Untersuchung betrachteten mehrdimensionalen Meßmodellen erfordert das Kriterium der Konvergenzvalidität, daß einerseits die Indikatoren, die *demselben Faktor* zugeordnet sind, eine ausreichend starke Beziehung untereinander aufweisen und daß andererseits auch zwischen den Faktoren, die zu *derselben Dimension* verdichtet werden, hohe Zusammenhänge bestehen.[463] Der **Nachweis der Konvergenzvalidität** kann über eine *kausalanalytische Prüfung* erfolgen, wobei die einzelnen Faktorladungen (Korrelation) der Variablen mit dem dahinterstehenden Konstrukt über einem Wert von 0,7 liegen sollten (erklärte Varianz >0,5).[464]

---

[459] Vgl. Bohrnstedt, Georg W. (1970), a.a.O., S. 92.
[460] Vgl. Adler, Jost (1996), a.a.O., S. 183.
[461] Vgl. Cronbach, Lee J./Meehl, Paul E. (1955), a.a.O., S. 282. Lienert, Gustav (1969), a.a.O., S. 16f.
[462] Vgl. Bagozzi, Richard P./Yi, Youjae/Phillips, Lynn W. (1991), a.a.O., S. 425. Campbell, Donald T./Fiske, Donald W. (1959): Convergent and Discriminant Validation By the Multitrait-Multimethod Matrix, in: Psychological Bulletin, 56 (1959), S. 83f.
[463] Vgl. Homburg, Christian/Giering, Annette (1996), a.a.O., S. 7.
[464] Vgl. Schnell, Rainer/Hill, Paul B./Esser, Elke (1993): Methoden der empirischen Sozialforschung, München 1993, S. 171. In der Forschungspraxis konkurrieren zwei Auffassungen zur Überprüfung der **konvergenten** und **diskriminanten Validität**: Zum einen sollen beide Validitätsformen anhand von *Multitrait-Multimethod-Matrizen* (MM-Matrizen) und einer Analyse der hier enthaltenen Korrelationen überprüfbar sein. Zum anderen soll eine Überprüfung der beiden Validitätsformen anhand von *konfirmatorischen Faktorenanalysen* erfolgen, bei denen unter Voraussetzung eines hinreichend guten Gesamt-Fits die Höhe der Faktorladungen auf den Traits bzw. den Korrelationen zwischen verschiedenen Traits ausschlaggebend ist. Grundvoraussetzung bleibt jedoch eine Messung anhand von zwei unterschiedlichen Meßmethoden (**multiple-procedure test of validity**/MM-Methode), da sonst bei einer konfirmatorischen Analyse mit Hilfe von mehreren Indikatoren (**multiple-application-of-a-single-procedure test of validity**) lediglich ein weiterer Hinweis auf interne Konsistenz bzw. Reliabilität erfolgt. Dennoch wird über ein punktuelles Meßverfahren eine vergleichsweise schärfere Überprüfung der *diskriminanten Validität* von zwei oder mehreren Konstrukten erfolgen. Nach Meinung von Schnell/Hill/Esser (1993) können aber die

- **Diskriminanzvalidität**

  Die *Diskriminanzvalidität* bezeichnet den Grad, in dem *sich Messungen verschiedener Konstrukte unterscheiden*.[465] Im Zusammenhang mit den in dieser Untersuchung betrachteten mehrdimensionalen Meßmodellen erfordert das Kriterium der Diskriminanzvalidität, daß zwischen den Indikatoren, die *unterschiedlichen Faktoren* zugeordnet sind, eine geringe Beziehung besteht und daß andererseits auch zwischen den Faktoren, die zu *unterschiedlichen Dimensionen* verdichtet werden, keine hohen Zusammenhänge bestehen.[466] Der **Nachweis der Diskriminanzvalidität** kann über eine *Analyse der Korrelationen zwischen den latenten Variablen* erfolgen, wobei diese signifikant von 1,00 verschieden sein sollten.[467]

- **Nomologische Validität**

  Die *nomologische Validität* spiegelt den Grad wider, in dem die *Kausalbedingungen zwischen den Konstrukten in einem nomologischen Netzwerk bestätigt werden* können.[468] Die nomologische Validität umfaßt demnach sowohl die theoretischen Beziehungen zwischen verschiedenen Konstrukten als auch die Beziehungen zu ihren jeweiligen Meßindikatoren.[469]

Hinsichtlich einer umfassenden Validitätsprüfung wurde bei der vorliegenden Untersuchung zunächst versucht, die *Inhaltsvalidität* über entsprechend exakt deduzierte

---

durch eine konfirmatorische Faktorenanalyse gewonnenen Erkenntnisse als vorläufiger Indikator für eine *konvergente* bzw. *diskriminante Validität* gedeutet werden. Vgl. Campbell, Donald T./ Fiske, Donald W. (1959), a.a.O., S. 81ff. Bagozzi, Richard P. (1980): Causal Models in Marketing, New York, S. 130ff. Fornell, Claes/Larcker, David F. (1981), a.a.O., S. 40. Anderson, James C./Gerbing, David W. (1988), a.a.O., S. 416. Bagozzi, Richard P. (1981): Evaluating Structural Models with Unobservable Variables and Measurement Error - A Comment, in: Journal of Marketing Research, 18 (1981), S. 377. Cohen, Joel B. (1979): Exploring Attitude Construct Validity - Or Are We?, in: Wilkie, W. L. (Hrsg.): Advances in Consumer Research, Vol. 6, Ann Arbor 1979, S. 303ff. Hildebrandt, Lutz (1984): Kausalanalytische Validierung in der Marketingforschung, in: Marketing ZFP, Heft 6, 6 (1984), S. 44. Peter, J. Paul (1981), a.a.O., S. 137. Bagozzi, Richard P./Phillips, Lynn W. (1982), a.a.O., S. 469.

[465] Vgl. Campbell, Donald T./Fiske, Donald W. (1959), a.a.O., S. 81ff.

[466] Dabei soll die Höhe der Korrelationen zwischen den Variablen eines Konstruktes zumindestens höher sein als zu Variablen anderer Konstrukte, was auch für die Faktoren hinsichtlich ihrer Zuordnungsdimensionen gefordert wird. Vgl. Homburg, Christian/Giering, Annette (1996), a.a.O., S. 7.

[467] Vgl. Schmitt, Neal/Stults, Daniel M. (1986): Methodology Review - Analysis of Multitrait-Multimethod Matrices, in: Applied Psychological Measurement, 10 (1986), S. 18.

[468] Vgl. Campbell, Donald T. (1960): Recommendations for APA Test Standards Regarding Construct, Trait or Discriminant Validity, in: American Psychologist, 15 (1969), S. 547. Hildebrandt, Lutz (1984), a.a.O., S. 42.

[469] Vgl. Peter, J. Paul (1981), a.a.O., S. 135.

Meßitems sicherzustellen.[470] Darüber hinaus wurde ein Pretest[471] zur Ableitung und Prüfung der jeweiligen Meßskalen durchgeführt, so daß insgesamt von einer ausreichenden Inhaltsvalidität der Meßvariablen ausgegangen werden kann. Hinsichtlich einer *Konvergenz- und Diskriminanzvalidität* muß darauf hingewiesen werden, daß bei der Untersuchung die Erhebung der Konstrukte nicht durch maximal verschiedene Methoden erfolgte, so daß lediglich eine Überprüfung auf Basis der multiplen Indikatoren möglich ist, die mit demselben Meßverfahren erhoben wurden (s. o.). Voraussetzung für eine von *Schnell/Hill/Esser* gerechtfertigte Prüfung der **konvergenz- und diskriminanzorientierten Validität** mit Hilfe der **konfirmatorischen Faktorenanalyse** (s. o.) ist ein Vorhandensein von *eindimensionalen Meßskalen*, wie sie bereits nachgewiesen werden konnten.[472] Hinsichtlich einer **Konvergenzvalidität** kann festgestellt werden, daß eine überwiegende Mehrzahl der Variablen der vier Meßmodelle bei den entsprechenden konfirmatorischen Faktorenanalysen Werte von über 0,7 aufweisen konnten. Problematisch erscheint es jedoch an dieser Stelle, daß manche Variablen in ihrer Korrelation mit den entsprechenden Konstrukten lediglich zwischen 0,5 und 0,6 liegen. Diese Tatsache wird jedoch durch die sehr guten Modellfits der einzelnen konfirmatorischen Faktorenanalysen überlagert[473], so daß insgesamt kein Indiz für ein Nichtvorhandensein konvergenter Validität geliefert werden kann. Auch bei der **Diskriminanzkonvergenz** wird kein Hinweis auf ein Nichtvorhandensein gegeben, da jede Korrelation zwischen zwei latenten Variablen auf einem 5%-Niveau unter einem Wert von 1,00 liegt (s. Abbildung 43).[474] Letztendlich kann die **nomologische Validität** durch eine Bestätigung der im folgenden Kapitel anhand des LISREL-Verfahrens betrachteten Kausalmodelle zum dynamischen Akzeptanzmodell nachgewiesen werden. Vor diesem Hintergrund kann daher insgesamt als Ergebnis des Tests auf Validität folgendes festgehalten werden:

---

[470] Vgl. hierzu *Kapitel 3.3* und *5.2*.
[471] Vgl. *Vorstudie zur „Akzeptanz bei interaktivem Fernsehen"* von *Weiber/Kollmann* (1995) auf der Internationalen Funkausstellung '95. Weiber, Rolf/Kollmann, Tobias (1995), a.a.O., S. 24ff.
[472] Vgl. *Kapitel 5.3.2*.
[473] Vgl. *Kapitel 5.3.2*.
[474] Alle angeführten Korrelationen sind um Meßfehler bereinigt (corrected for attenuation), wodurch eine Beurteilung der diskriminanten Validität frei von Zufallsfehlern erfolgt. Vgl. Nunnally, Jum C. (1967), a.a.O., S. 203ff. Bentler, Peter M. (1980): Multivariate Analysis with latent Variables - Causal Modelling, in: Annual Review of Psychology, 31 (1989), S. 419ff. Bagozzi, Richard P./Yi, Youjae/Phillips, Lynn W. (1991), a.a.O., S. 436.

Abbildung 43: *Korrelation zwischen den latenten Variablen der Meßmodelle*

konfirmatorische Faktorenanalyse zur *Einstellungsebene*

	EIN_EBE	INTERES	VORTEI	NACHTEI	REL_VOR	KOMPATI
EIN_EBE	1.000					
	(.000)					
INTERES	.612	1.000				
	(.082)	(.000)				
VORTEI	.436	.301	1.000			
	(.113)	(.113)	(.000)			
NACHTEI	.652	.367	.099	1.000		
	(.098)	(.116)	(.142)	(.000)		
REL_VOR	.914	.632	.407	.541	1.000	
	(.057)	(.085)	(.121)	(.115)	(.000)	
KOMPATI	.751	.291	.355	.388	.563	1.000
	(.079)	(.114)	(.128)	(.130)	(.110)	(.000)

konfirmatorische Faktorenanalyse zur erwarteten *Nutzungsebene*

	NUTZ_EBE	N_INTEN	N_ZU_M	N_BEREIT	Z_AUF
NUTZ_EBE	1.000				
	(.000)				
N_INTEN	.097	1.000			
	(.132)	(.000)			
N_ZU_M	.494	-.232	1.000		
	(.117)	(.115)	(.000)		
N_BEREIT	.931	.064	.513	1.000	
	(.072)	(.132)	(.113)	(.000)	
Z_AUF	.795	.082	.280	.628	1.000
	(.071)	(.115)	(.109)	(.088)	(.000)

konfirmatorische Faktorenanalyse zur *Einstellungsakzeptanz*

	EIN_AKZ	TAT_EE	ERW._NE
EIN_AKZ	1.000		
	(.000)		
TAT_EE	.908	1.000	
	(.042)	(.000)	
ERW._NE	.760	.710	1.000
	(.075)	(.084)	(.000)

konfirmatorische Faktorenanalyse zur *Nutzungsakzeptanz*

	NUTZ_AKZ	TAT_EE	TAT_NE
NUTZ_AKZ	1.000		
	(.000)		
TAT_EE	.552	1.000	
	(.078)	(.000)	
TAT_NE	.908	.394	1.000
	(.027)	(.094)	(.000)

(Standardfehler der Korrelationskoeffizienten in Klammern)

> **Test auf Validität:**
> Aufgrund der Ergebnisse einer Prüfung hinsichtlich einer *Inhaltsvalidität* (exakt deduzierte Meßitems/Pretest) und einer konvergenz- bzw. diskriminanzorientierten Validität (Korrelationen der konfirmatorischen Faktorenanalyse) sowie unter dem Vorbehalt der *nomologischen Validität* kann insgesamt tendenziell von einer **hohen Validität des eingesetzten Meßinstrumentariums** ausgegangen werden.

5.3.5 Bereinigung der Meßmodelle für das LISREL-Verfahren

Das **LISREL-Verfahren** mit seinen Parameterschätzungen für die Beziehungen zwischen den hypothetischen Konstrukten und ihren Meßvariablen hat zum Ziel, eine möglichst gute Anpassung der modelltheoretischen Korrelations- bzw. Kovarianzmatrix (Σ) an die empirische Korrelations- bzw. Kovarianzmatrix (S) zu erreichen. Dabei ist die zu schätzende Modellstruktur zunächst in Form eines **linearen Gleichungssystems** abzubilden, wobei die Erstellung eines solchen Systems auf Basis der *hypothetischen Pfaddiagramme* (s. Abbildungen 40/41/42), erweitert um die Meßindikatoren der jeweiligen Konstrukte beruht.[475] Hierbei lassen sich die Gleichungssysteme in die drei Bereiche *Strukturmodell, Meßmodell der latent exogenen Variablen* und *Meßmodell der latent endogenen Variablen* unterteilen.[476] Im **Strukturmodell** werden die theoretisch abgeleiteten Beziehungen zwischen den latenten Variablen dargestellt. Die Stärke der Beziehungen zwischen latent exogenen und latent endogenen Größen werden mit γ symbolisiert. Die sich ergebenen korrelativen Beziehungen werden dagegen mit ϕ gekennzeichnet. Darüber hinaus muß angenommen werden, daß die latent endogenen Variablen nicht vollständig durch die latent exogenen Variablen beschrieben werden können, da neben den im Modell berücksichtigten Einflußgrößen noch weitere Variablen zur Erklärung der Akzeptanz existieren. Diese Problematik spiegelt sich in der Residualvariable Zeta (ζ) wider, welche einen Hinweis auf eventuelle Meßfehler beinhaltet und somit als weiteres Beurteilungskriterium für die Exaktheit einer Erfassung der durch das Modell identifizierten latent endogen Konstrukte angeführt werden kann. In den **Meßmodellen der latent exogenen und latent endogenen Variablen** werden die Beziehungen zwi-

---

[475] Vgl. hierzu *Kapitel 5.2.4*.
[476] Vgl. hierzu und zu den folgenden Ausführungen zum LISREL-Verfahren insbesondere Backhaus, Klaus/Erichson, Bernd/Plinke, Wulff/Weiber, Rolf (1996), a.a.O., S. 322ff.

Abbildung 44: *Das LISREL-Modell zur „Einstellungsebene"*

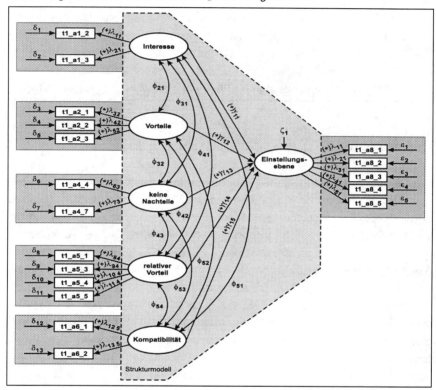

schen den latenten Variablen und deren Indikatoren, welche über Meßitems erfaßt werden, beschrieben. Die Stärke der Beziehungen zwischen den Indikatorvariablen und den latenten Variablen werden mit λ symbolisiert.

Nach einer umfangreichen Prüfung des eingesetzten Meßinstrumentariums und einer Bereinigung der Variablen können nun die **finalen LISREL-Modelle** generiert werden. Grundsätzlich mußte dabei auf die *Handlungsebene* verzichtet werden, was dazu führt, daß die *Hypothesen C1a/b und C2a/b* nicht modellanalytisch bestätigt werden können.[477] Für die *Hypothesen K1 und K2* muß ebenfalls die *Handlungsebene* vernachlässigt werden.[478] Aufgrund der Bereinigung können auch die

---

[477] Vgl. *Kapitel 5.2.1.2.*
[478] Vgl. *Kapitel 5.2.2.*

Hypothesen A3 (Komplexität) und A7 (Unsicherheit) modellanalytisch nicht bestätigt werden. Für das **LISREL-Modell** „*Einstellungsebene*" bedeutet die Bereinigung, daß die Einstellungsebene zum Prognosezeitpunkt t1 noch von dem *Interesse*, den *Vorteilen*, *keinen Nachteilen* (positive Codierung[479]), *relativen Vorteilen* und der *Kompatibilität* bestimmt wird. Das lineare Gleichungssystem kann Anhang IV und das resultierende LISREL-Modell kann Abbildung 44 entnommen werden, wobei die hypothetischen Beziehungen in Form des Vorzeichens in Klammern gestellt wurden.

Abbildung 45: *Das LISREL-Modell zur „erwarteten Nutzungsebene"*

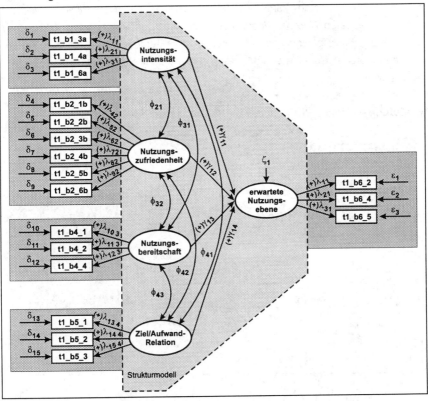

---

[479] Alle Antworten wurden für LISREL positiv codiert, d. h. alle hypothetischen Zusammenhänge werden nun als positive wenn/dann-Beziehungen verstanden. In bezug auf die verbleibenden Hypothesen bedeutet dies lediglich bei den *Nachteilen*, daß nun die Höhe der Akzeptanz positiv abhängt von dem *Nichtvorhandensein von Nachteilen*.

Für das **LISREL-Modell** *„erwartete Nutzungsebene"* bedeutet die Bereinigung, daß die Nutzungsebene zum Prognosezeitpunkt t1 noch von der *Nutzungsintensität (wie oft)*, der *Nutzungszufriedenheit (Lernmodule)*, der *Nutzungsbereitschaft* und der *Nutzungswirksamkeit (Ziel/Aufwand-Relation)* bestimmt wird. Das lineare Gleichungssystem kann dem Anhang IV und das resultierende LISREL-Modell kann Abbildung 45 entnommen werden, wobei wiederum die hypothetischen Beziehungen in Klammern gestellt wurden.

Für das **LISREL-Modell** *„Einstellungsakzeptanz"* bedeutet die Bereinigung, daß die Einstellungsakzeptanz zum Zeitpunkt t1 nach wie vor von der *Einstellungsebene* und der *erwarteten Nutzungsebene* bestimmt wird. Das lineare Gleichungssystem kann dem Anhang IV und das resultierende LISREL-Modell der Abbildung 46 entnommen werden, wobei wiederum die hypothetischen Beziehungen in Klammern gestellt wurden.

Abbildung 46: *Das LISREL-Modell zur „Einstellungsakzeptanz"*

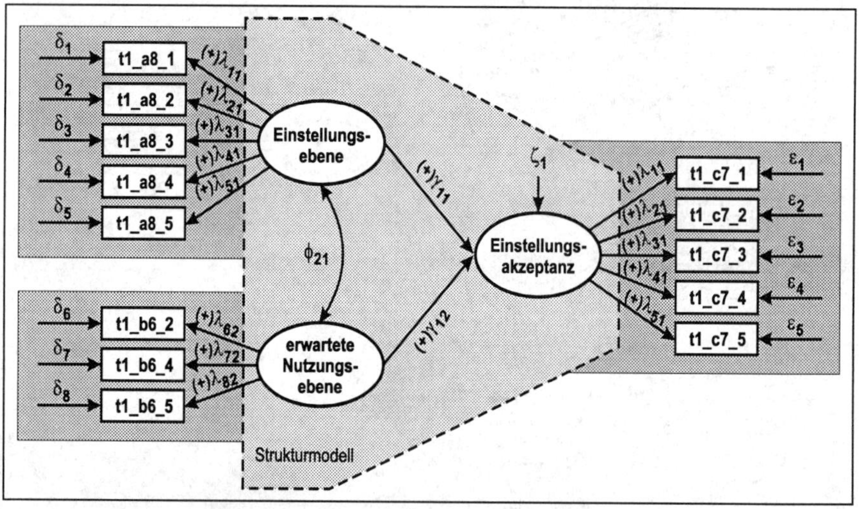

Für das **LISREL-Modell** *„Nutzungsakzeptanz"* bedeutet die Bereinigung, daß die Nutzungsakzeptanz zum Zeitpunkt t2 von der *Einstellungsebene* und der (tatsächlichen) *Nutzungsebene* bestimmt wird. Das lineare Gleichungssystem kann auch hier dem Anhang IV, das resultierende LISREL-Modell der Abbildung 47 entnommen werden, wobei die hypothetischen Beziehungen erneut in Klammern gestellt wurden.

Abbildung 47: *Das LISREL-Modell zur „Nutzungsakzeptanz"*

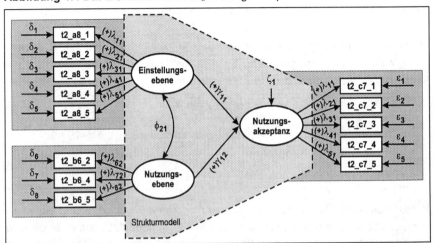

Zur Festlegung der Skalen wurden die jeweils ersten Parameter der Meßmodelle für die latent endogenen Variablen der LAMBDA-Matrix sowie die Varianzen der latent exogenen Variablen auf den Wert 1 fixiert.[480] Darüber hinaus sollten auch die Korrelationen zwischen den latent exogenen Variablen geschätzt werden, woraus sich insgesamt für die einzelnen Modelle n = 51 (Modell „Einstellungsebene"), n = 46 (Modell „erwartete Nutzungsebene"), n = 29 (Modell „Einstellungsakzeptanz") und n = 29 (Modell „Nutzungsakzeptanz") zu schätzende Parameter ergeben. Eine notwendige Bedingung für die **Identifizierbarkeit eines Strukturgleichungsmodells** ist es, daß die Zahl der zu schätzenden Parameter kleiner oder gleich der Anzahl der Elemente der empirischen Korrelationsmatrix ist. Diese Zahl errechnet sich durch die Formel

$$\frac{(p+q) \times (p+q+1)}{2},$$

wobei p die Zahl der y-Variablen und q die Zahl der x-Variablen darstellt. Bei den vorliegenden Modellen ergeben sich anhand dieser Formel 171 Korrelationskoeffizienten für die Modelle „Einstellungsebene" und „erwartete Nutzungsebene" sowie 91 für die Modelle „Einstellungsakzeptanz" und „Nutzungsakzeptanz". Hierdurch er-

---

[480] Vgl. Backhaus, Klaus/Erichson, Bernd/Plinke, Wulff/Weiber, Rolf (1996), a.a.O., S. 428. Adler, Jost (1996), a.a.O., S. 191.

geben sich für die Modelle entsprechende Freiheitsgrade von 120, 125, 62 und 62, die dazu führen, daß *von einer Identifizierbarkeit ausgegangen werden kann.*

Bevor eine Schätzung der Parameter mit Hilfe des LISREL-Verfahrens erfolgen kann, muß zunächst ein geeigneter Schätzalgorithmus ausgewählt werden. Dabei kann ein Vergleich anhand folgender Kriterien erfolgen:

- Multinormalverteilung der manifesten Variablen
- Skalenvarianz der Fitfunktion
- erforderliche Stichprobengöße
- Verfügbarkeit von Inferenzstatistiken

In bezug auf eine *Multinormalverteilung der manifesten Variablen* fordern die iterativen Schätzalgorithmen der **Maximum Likelihood-Methode (ML)** und einer **Generalized Least Square-Methode (GLS)** Meßvariablen, welche aus einer normalverteilten Grundgesamtheit stammen. Alle anderen in LISREL verfügbaren Schätzverfahren können dagegen auch nicht-normalverteilte Meßindikatoren berücksichtigen. Bezüglich der *Skalenvarianz der Fitfunktion* als zweitem Kriterium kann festgestellt werden, daß eine Schätzmethode skaleninvariant ist, wenn das Minimum der Fitfunktion von der Skalierung der Variablen unabhängig ist.[481] Bei skalenabhängigen Schätzmethoden, wie z. B. der **Unweighted Least Square (ULS)** wird aufgrund einer Änderung der Minima der Fitfunktion durch eine Änderung der Skalierung empfohlen, vor der Berechnung der Kovarianzmatrix zunächst die Meßvariablen zu standardisieren bzw. als Eingabematrix generell eine Kovarianzmatrix zu verwenden.[482] Als drittes Auswahlkriterium ist der für den Schätzalgorithmus *notwendige Stichprobenumfang* anzuführen. Dabei wird in der Literatur häufig ein genereller Stichprobenumfang für die iterativen Schätzverfahren von n ≥ 100 angeführt, wobei jedoch insbesondere bei der **Generalized Weighted Least Square-Methode (WLS)** und der **Diagonally Weighted Least Square-Methode (DWLS)** ein wesentlich höherer Stichprobenum-

---

[481] Vgl. Jöreskog, Karl G. (1978), a.a.O., S. 446. Jöreskog, Karl G./Sörbom, Dag (1989a): LISREL 7 - A Guide to the Program and Applications, Chicago 1989, S. 46f.
[482] Vgl. Long, J. Scott (1993): Confirmatory Factor Analysis - A Preface to LISREL, in: Lewis-Beck, Michael S. (Hrsg.): International Handbook of quantitative applications in the Social Science, Vol IV - Basic Measurement, Newberry Park 1993, S. 298. Die Variablen können über die Programmroutine PRELIS in eine Korrelationsmatrix verwandelt werden. Vgl. Jöreskog, Karl G./ Sörbom, Dag (1989b): LISREL 7 - User's Reference Guide, Mooresville 1989.

fang (n) gefordert ist [n ≥ 1,5 × k(k+1); mit k = Anzahl Indikatorvariablen].[483] Als letztes Auswahlkriterium betrifft die Verfügbarkeit von Inferenzstatistiken χ^2. Die von LISREL errechneten χ^2 - Werte sind für die Schätzverfahren ML, GLS, WLS und DWLS nur dann korrekt, wenn die manifesten Variablen multinormalverteilt sind und als Eingabematrix eine Kovarianz-Matrix vorliegt.[484] Einen Überblick über die Anforderungen der einzelnen iterativen Schätzverfahren bietet Tabelle 15.

Tabelle 15: *Die Anforderungen der iterativen Schätzverfahren*

Kriterium	ML	GLS	ULS	WLS	DWLS
Annahme einer Multinormalverteilung	ja	ja	nein	nein	nein
Skaleninvarianz	ja	ja	nein	ja	ja
Stichprobengröße	>100	>100	>100	1,5·k(k+1)	1,5·k(k+1)
Inferenzstatistiken (χ^2)	ja	ja	nein	ja	nein
empfohlene Eingabematrix	CM	CM	KM	CM	CM

Quelle: Adler, Jost (1996), S. 193.

Da bei der vorliegenden Untersuchung nicht alle Variablen einer Normalverteilung folgen und der Stichprobenumfang im Maximum mit k = 18 Indikatorvariablen (Modell „Einstellungsebene") bei der Verwendung eines ADF-Schätzers mindestens n = 513 betragen müßte, ist bei der vorliegenden Untersuchung **bei allen LISREL-Modellen die ULS-Methode als iteratives Schätzverfahren zu verwenden.**[485] Da bei diesem Schätzverfahren als Eingabematrix eine Korrelationsmatrix verlangt wird, wurden vor den jeweiligen LISREL-Verfahren zunächst mit Hilfe der **Programmroutine PRELIS** entsprechende Matrizen berrechnet. Die Ergebnisse der einzelnen LISREL-Modelle sollen im weiteren jeweils als komplett-standardisierte Lösung dargestellt werden, wobei eine Beurteilung der Gesamtstruktur und Teilstrukturen anhand von geeigneten Gütegrößen vorgenommen wird.

---

[483] Vgl. Loehlin, J. C. (1987): Latent Variable Models, Hillsdale 1987, S. 60f. Bentler, Peter M. (1985): Theory and Implementation of EQS - A Structural Equations Program, Los Angeles 1985, S. 3.
[484] Vgl. Jöreskog, Karl G./Sörbom, Dag (1989b), a.a.O., S. 25.
[485] Vgl. zum Aspekt der Normalverteilung *Kapitel 5.3.1.*

5.4 Die empirischen Ergebnisse der modellorientierten Analyse

5.4.1 Der Determinantenbereich des Akzeptanzmodells (Akzeptanzebene)

Innerhalb des Determinantenbereiches des dynamischen Akzeptanzmodells machen die komplett standardisierten Ergebnisse des **LISREL-Modells „Einstellungsebene"** deutlich, daß die *Einstellungsebene zum Prognosezeitpunkt t1* durch die Determinanten *Interesse, Vorteile, keine Nachteile, relativer Vorteil* und *Kompatibilität* bestimmt wird, wobei die Wirkungsrichtungen der Hypothesen (Vorzeichen der Pfadkoeffizienten; s. Abbildung 44) bestätigt werden konnten (s. Abbildung 48).[486]

Abbildung 48: *Die komplett standardisierten Ergebnisse des LISREL-Modells „Einstellungsebene" mit ULS*

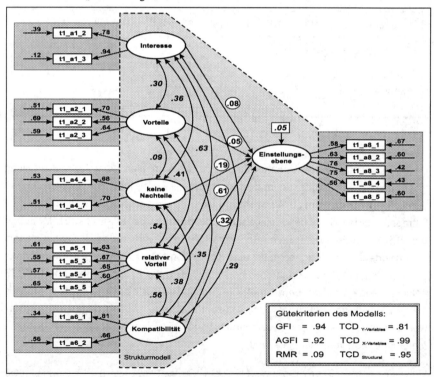

---

[486] Ein kompletter Ausdruck der PRELIS- und LISREL- Analyse zum Meßmodell „Einstellungsebene" befindet sich in *Anhang V*.

In bezug auf die Wirkungsintensität wird deutlich, daß die **Determinante** *„relativer Vorteil"* mit einem Pfadkoeffizienten von 0,61 **am stärksten auf die Bildung der** Teilakzeptanz hinsichtlich der **Einstellungsebene wirkt**. Es ist demnach gerade der *relative Vorteil einer Nutzungsinnovation* gegenüber der bisher zum Einsatz kommenden Technologie, welcher für die Einstellungebene der Akzeptanz bestimmend ist. Auch die Determinante „Kompatibilität" wirkt mit einem Wert von 0,32 noch relativ stark auf die Akzeptanzbildung der Einstellungsebene. Dagegen konnte bei den anderen Einflußdeterminanten lediglich der Wirkungszusammenhang bestätigt werden; eine hohe Einflußbedeutung besteht mit Werten von 0,08, 0,05 und 0,19 dagegen nicht. Hinsichtlich der Indikatorvariablen konnten mit Werten von 0,60 bis 0,94 (Ausnahme t1_a2_2 und t1_a8_1) akzeptable Faktorladungen erzielt werden. Für eine **Beurteilung der Zuverlässigkeit der Schätzungen** wird eine ganze Reihe von Kennzahlen angegeben, anhand derer eine Prüfung vollzogen werden kann. Hierzu gehören:[487]

- **Die Standardfehler der Schätzungen**
  Die Schätzungen der einzelnen Parameter stellen sog. Punktschätzungen dar, da für jeden Parameter *nur ein konkreter Wert* berechnet wird. Je nach Stichprobe aus einer Grundgesamtheit können diese konkreten Werte jedoch variieren. Daher werden sog. Standardfehler berechnet, die angeben, mit welcher Streuung bei den jeweiligen Parameterschätzungen zu rechnen ist. Sind diese Standardfehler sehr groß, so ist dies ein Indiz dafür, daß die Parameter im Modell nicht sehr zuverlässig sind. **Im LISREL-Modell „Einstellungsebene" kann**, da alle Standardfehler unter 0,28 liegen, **auf relativ sichere Schätzungen geschlossen werden**.

- **Die Korrelation zwischen den Parametern**
  Das LISREL-Verfahren berechnet Korrelationen zwischen allen geschätzten Parametern. Ist eine Korrelation zwischen zwei Parametern sehr hoch, so sollte einer der Parameter aus der Modellstruktur entfernt werden, da in einem solchen Fall die Parameter identische Sachverhalte messen und somit als redundant angesehen werden können. Als sehr hoch werden hierbei Korrelationen über 0,9 angesehen. **Im LISREL-Modell „Einstellungsebene" können alle Parameter beibehalten werden**, da keine Korrelationen über 0,9 auftraten.

---

[487] Vgl. Backhaus, Klaus/Erichson, Bernd/Plinke, Wulff/Weiber, Rolf (1996), a.a.O., S. 394.

- **Die multiplen Korrelationskoeffizienten**
  Das LISREL-Verfahren berechnet für die *Zuverlässigkeit der Strukturgleichungen und der beiden Meßmodelle* der latent endogenen und latent exogenen Variablen jeweils einen zusammenfassenden *quadrierten multiplen Korrelationskoeffizienten*. Dieser gibt an, wieviel Varianz durch die Strukturgleichungen bzw. die beiden Meßmodelle erklärt wird, wobei ein Wert zwischen 0,00 und 1,00 angenommen werden kann und ein Ergebnis nahe 1,00 als „sehr gut" hinsichtlich einer Zuverlässigkeit des Modells zu bezeichnen ist. LISREL gibt vor diesem Hintergrund einen *quadrierten multiplen Korrelationskoeffizienten für das Meßmodell der latent endogenen Variablen insgesamt* (TOTAL COEFFICIENT OF DETERMINATION FOR Y - VARIABLES), einen *quadrierten multiplen Korrelationskoeffizienten für das Meßmodell der latent exogenen Variablen insgesamt* (TOTAL COEFFICIENT OF DETERMINATION FOR X - VARIABLES) und einen *quadrierten multiplen Korrelationskoeffizienten für das Strukturmodell insgesamt* (TOTAL COEFFICIENT OF DETERMINATION FOR STRUCTURAL EQUATIONS) an. Die entsprechenden Werte für das LISREL-Modell „Einstellungsebene" können der Abbildung 49 entnommen werden. Die Ergebnisse machen deutlich, daß **im LISREL-Modell „Einstellungsebene" zuverlässige Schätzungen vorliegen**.

Abbildung 49: *Die quadrierten multiplen Korrelationskoeffizienten des LISREL-Modells „Einstellungebene"*

```
TOTAL COEFFICIENT OF DETERMINATION FOR Y - VARIABLES IS        .811
TOTAL COEFFICIENT OF DETERMINATION FOR X - VARIABLES IS        .998
TOTAL COEFFICIENT OF DETERMINATION FOR STRUCTURAL EQUATIONS IS .948
```

Für eine **Beurteilung der Teilstrukturen** wird ebenfalls eine ganze Reihe von Prüfverfahren angegeben, anhand derer eine Begutachtung vollzogen werden kann. Hierzu gehören:[488]

- **Die Beurteilung der Residuen**
  Bildet man die Differenz aus *modelltheoretischer Korrelations-Matrix* und der *empirischen Korrelations-Matrix*, so erhält man die Residuen, die im Modell *nicht erklärt* werden. Die entstehende Differenzmatrix wird in LISREL als

---

[488] Vgl. Backhaus, Klaus/Erichson, Bernd/Plinke, Wulff/Weiber, Rolf (1996), a.a.O., S. 400.

"FITTED RESIDUALS" bezeichnet. Je näher ein Residualwert an Null liegt, desto geringer ist der Korrelationsanteil der entsprechenden Variable, welcher durch das Modell nicht erklärt wird. Bei dem vorliegenden **LISREL-Modell „Einstellungsebene" ist kein Residuum größer als 0,373** (LARGEST FITTED RESIDUAL = .373). Dieser Wert wird in der Literatur **noch als befriedigend angesehen.**

- **Die Betrachtung des Q-Plots**
  Bei der Beurteilung der FITTED RESIDUALS ist darauf zu achten, daß die Höhe der Residuen durch die Skalierung der Variablen beeinflußt wird. Um diesen Einfluß auszuschließen, werden durch LISREL auch die standardisierten Residuen angegeben (STANDARDIZED RESIDUALES) und graphisch in einem Q-Plot dargestellt. Beim Q-Plot werden die standardisierten Residuen gegen die Quantile der Normalverteilung geplottet. Liegen die sich hieraus ergebenden Punkte alle ungefähr auf einer Diagonalen, dann kann ein akzeptabler Fit des gegebenen Modells unterstellt werden. Bei dem vorliegenden **LISREL-Modell „Einstellungsebene" liegen alle standardisierten Residuen ungefähr auf einer Diagonalen im Q-Plot**, so daß **von einem akzeptablen Fit auszugehen ist.**

- **Die T-Werte**
  Für alle im Modell geschätzten Parameter wird ein Test durchgeführt, ob sich *die geschätzten Werte signifikant von Null unterscheiden*, wobei dies dann gegeben ist, wenn die T-Werte absolut größer als 2 sind. Solche Werte sind ein Indiz dafür, daß die entsprechenden Parameter einen gewichtigen Beitrag zur Bildung der Modellstruktur liefern. Bei dem vorliegenden **LISREL-Modell „Einstellungsebene" liegen alle T-Werte über 2**, so daß **alle Parameter einen gewichtigen Beitrag zur Bildung der Modellstruktur liefern.**

Für eine **Beurteilung der Gesamtstruktur** wird wiederum eine ganze Reihe von Prüfgrößen angegeben, anhand derer eine Begutachtung vollzogen werden kann. Hierzu gehören:[489]

---

[489] Vgl. Backhaus, Klaus/Erichson, Bernd/Plinke, Wulff/Weiber, Rolf (1996), a.a.O., S. 397ff. Ein weiteres Gütemaß zur Beurteilung der Gesamtstruktur ist der *Chi-Quadrat-Wert* (Eingabeform *Kovarianz-Matrix*), der bei der vorliegenden Untersuchung jedoch nicht zum Tragen kommt, da die durchgeführte Schätzung auf Basis einer *Korrelationsmatrix* durchgeführt wurde.

- **Der Goodness-of-Fit-Index (GFI)**
  Der *Goodness-of-Fit-Index* mißt die relative Menge an Varianz und Kovarianz, der das Modell insgesamt Rechnung trägt. Je mehr der Wert, welcher zwischen 0,00 und 1,00 liegen kann, den Wert 1 erreicht, desto mehr Varianzen und Kovarianzen können durch das Modell errechnet werden. Für das **LISREL-Modell „Einstellungsebene" kann mit 94% Erklärung der Ausgangsvarianzen ein sehr guter Wert erreicht werden** (s. Abbildung 50).

- **Der Adjusted-Goodness-of-Fit-Index (AGFI)**
  Der *Adjusted-Goodness-of-Fit-Index* ist ebenfalls ein Maß für die im Modell *erklärte Varianz*, wobei aber zusätzlich noch die Freiheitsgrade berücksichtigt werden. Je mehr auch dieser Wert, welcher zwischen 0,00 und 1,00 liegen kann, den Wert 1 erreicht, desto besser kann der Fit des Modells angesehen werden. Für das **LISREL-Modell „Einstellungsebene" kann mit 92% Erklärung der Ausgangsvarianzen ein sehr guter Wert erreicht werden** (s. Abbildung 50).

- **Der Root-Mean-Square-Residual-Index (RMR)**
  Der *Root-Mean-Square-Residual-Index* bezieht sich dagegen auf die Residualvarianzen, welche durch das Modell *nicht erklärt* werden können. Er ist demnach ein Maß für die durchschnittlich durch das Modell nicht erklärten Varianzen und Kovarianzen. Je mehr dieser Wert, welcher zwischen 0,00 und 1,00 liegen kann, den Wert 0 erreicht, desto weniger Varianzen und Kovarianzen können durch das Modell nicht erklärt werden und desto besser ist die Anpassungsgüte des Modells. Für das **LISREL-Modell „Einstellungsebene" kann mit 9% Nicht-Erklärung der Ausgangsvarianzen ein sehr guter Wert erreicht werden** (s. Abbildung 50).

Abbildung 50: *Die Gütekriterien zur Beurteilung der Gesamtstruktur im LISREL-Modell „Einstellungebene"*

```
            GOODNESS OF FIT INDEX = .941
   ADJUSTED GOODNESS OF FIT INDEX = .916
        ROOT MEAN SQUARE RESIDUAL = .093
```

Abschließend kann als Residualvariable Zeta (ζ), welche einen Hinweis auf eventuelle Meßfehler beinhaltet und somit als weiteres Beurteilungskriterium für die Exaktheit einer Erfassung des durch das Modell identifizierten latent endogen Konstruktes angeführt werden kann, ein sehr guter Wert von nur 0,05 festgestellt werden. Insgesamt kann resümiert werden, daß aufgrund der guten Modellanpassung bei den Teilstrukturen und den globalen Gütekriterien die theoretischen Überlegungen auch durch die empirischen Ergebnisse gestützt werden können. Daher kann als zusammenfassendes Ergebnis des LISREL-Modells „Einstellungsebene" festgehalten werden:

> **Ergebnis des LISREL-Modells „Einstellungsebene":**
> Aufgrund der empirischen Ergebnisse **konnten die modelltheoretischen Hypothesen A1 und A2 tendenziell, A4, A5 und A6** hinsichtlich der Wirkungszusammenhänge **eindeutiger bestätigt werden**, wobei die beiden Einflußdeterminanten **„relativer Vorteil"** und **„Kompatibilität" einen besonderen Einfluß** auf die Teilakzeptanz der *Einstellungsebene* **haben**.

Neben dem LISREL-Modell zur Einstellungsebene kommt innerhalb des Determinantenbereiches des dynamischen Akzeptanzmodells auch das **LISREL-Modell der „erwarteten Nutzungsebene"** zum Tragen. Dessen komplett standardisierte Ergebnisse machen deutlich, daß die *erwartete Nutzungsebene zum Prognosezeitpunkt t1* durch die Determinanten *Nutzungsintensität, Nutzungszufriedenheit, Nutzungsbereitschaft* und *Nutzungswirksamkeit (Ziel/Aufwand-Relation)* bestimmt wird, wobei auch hier die Wirkungsrichtungen der Hypothesen (Vorzeichen der Pfadkoeffizienten; s. Abbildung 45) bestätigt werden konnten (s. Abbildung 51).[490]

In bezug auf die Wirkungsintensität wird deutlich, daß hier die **Determinante** *„Nutzungsbereitschaft"* mit einem Pfadkoeffizienten von 0,68 **am stärksten auf die Bildung der** Teilakzeptanz hinsichtlich der **erwarteten Nutzungsebene wirkt**. Es ist demnach gerade die *erwartete Flexibilität der Nutzungsinnovation* gegenüber den individuellen Nutzungsanforderungen, welche für die *erwartete Nutzungsebene der Akzeptanz* bestimmend ist. Auch die Determinante *„Ziel/Aufwand-Relation"* (Nutzungswirksamkeit) hat mit einem Wert von 0,35 einen noch relativ starken Einfluß auf die Akzeptanzbildung der *erwarteten Nutzungsebene*. Dagegen konnte auch bei den anderen Einflußdeterminanten lediglich der Wirkungszusammenhang bestä-

---

[490] Ein kompletter Ausdruck der PRELIS- und LISREL- Analyse zum Meßmodell der „erwarteten Nutzungsebene" befindet sich im *Anhang V*.

Abbildung 51: *Die komplett standardisierten Ergebnisse des LISREL-Modells „erwartete Nutzungsebene" mit ULS*

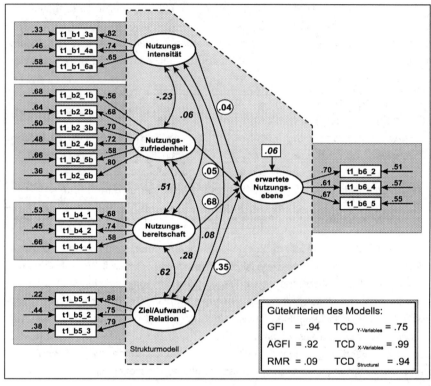

tigt werden, eine hohe Einflußbedeutung besteht mit Werten von 0,04 und 0,05 wiederum nicht. Hinsichtlich der Indikatorvariablen konnten mit Werten von 0,60 bis 0,88 akzeptable Faktorladungen erzielt werden (Ausnahme t1_b2_1b, t1_b2_5b und t1_b4_4). Für eine **Beurteilung der Zuverlässigkeit der Schätzungen** können auch hier die bereits vorgestellten Kennzahlen angeführt werden (s. o.):

- **Die Standardfehler der Schätzungen**
  Im LISREL-Modell „erwartete Nutzungsebene" **kann**, da alle Standardfehler unter 0,19 liegen, **auf sichere Schätzungen geschlossen werden**.

- **Die Korrelation zwischen den Parametern**
  Im LISREL-Modell „erwartete Nutzungsebene" können alle Parameter beibehalten werden, da keine Korrelationen über 0,9 auftraten.

- **Die multiplen Korrelationskoeffizienten**
  Die Ergebnisse zu den *multiplen Korrelationskoeffizienten* machen deutlich, daß im LISREL-Modell „erwartete Nutzungsebene" relativ zuverlässige Schätzungen vorliegen (s. Abbildung 52).

Abbildung 52: *Die quadrierten multiplen Korrelationskoeffizienten des LISREL-Modells „erwartete Nutzungsebene"*

```
TOTAL COEFFICIENT OF DETERMINATION FOR Y - VARIABLES IS         .753
TOTAL COEFFICIENT OF DETERMINATION FOR X - VARIABLES IS         .998
TOTAL COEFFICIENT OF DETERMINATION FOR STRUCTURAL EQUATIONS IS  .942
```

Für eine **Beurteilung der Teilstrukturen** werden ebenfalls die schon betrachteten Prüfverfahren herangezogen (s. o.), anhand derer eine Begutachtung vollzogen werden kann.

- **Die Beurteilung der Residuen**
  Bei dem vorliegenden **LISREL-Modell „erwartete Nutzungsebene" ist kein Residuum größer als 0,329** (LARGEST FITTED RESIDUAL = .329), was in der Literatur **noch als befriedigender Wert** angesehen wird.

- **Die Betrachtung des Q-Plots**
  Bei dem vorliegenden LISREL-Modell „erwartete Nutzungsebene" liegen **alle standardisierten Residuen ungefähr auf einer Diagonalen im Q-Plot**, so daß **von einem akzeptablen Fit auszugehen ist**.

- **Die T-Werte**
  Auch bei dem vorliegenden **LISREL-Modell „erwartete Nutzungsebene"** liegen **alle T-Werte über 2**, so daß **alle Parameter einen gewichtigen Beitrag zur Bildung der Modellstruktur liefern**.

Für eine **Beurteilung der Gesamtstruktur** werden wiederum eine ganze Reihe von Prüfgrößen angegeben, anhand derer eine Begutachtung vollzogen werden kann (s. o.):

- **Der Goodness-of-Fit-Index (GFI)**
  Für das LISREL-Modell „erwartete Nutzungsebene" kann mit 94% Erklärung der Ausgangsvarianzen ein sehr guter Wert erreicht werden (s. Abbildung 53).

- **Der Adjusted-Goodness-of-Fit-Index (AGFI)**
  Für das LISREL-Modell „erwartete Nutzungsebene" kann mit 92% Erklärung der Ausgangsvarianzen ein sehr guter Wert erreicht werden (s. Abbildung 53).

- **Der Root-Mean-Square-Residual-Index (RMR)**
  Für das LISREL-Modell „erwartete Nutzungsebene" kann mit 9% Nicht-Erklärung der Ausgangsvarianzen ein sehr guter Wert erreicht werden (s. Abbildung 53).

Abbildung 53: *Die Gütekriterien zur Beurteilung der Gesamtstruktur im LISREL-Modell „erwartete Nutzungsebene"*

```
          GOODNESS OF FIT INDEX =  .940
 ADJUSTED GOODNESS OF FIT INDEX =  .919
        ROOT MEAN SQUARE RESIDUAL =  .090
```

Abschließend konnte hier als Residualvariable Zeta (ζ) mit einem Wert nur 0,06 ein ebenfalls sehr gutes Ergebnis erzielt werden. Insgesamt kann festgestellt werden, daß aufgrund der guten Modellanpassung bei den Teilstrukturen und den globalen Gütekriterien die theoretischen Überlegungen auch durch die empirischen Ergebnisse gestützt werden können. Daher kann als zusammenfassendes Ergebnis des LISREL-Modells „erwartete Nutzungsebene" festgehalten werden:

Ergebnis des LISREL-Modells „erwartete Nutzungsebene":
Aufgrund der empirischen Ergebnisse **konnten die modelltheoretischen Hypothesen B1 und B2 tendenziell, B3 und B4** hinsichtlich der Wirkungszusammenhänge **eindeutiger bestätigt werden**, wobei die beiden Einflußdeterminanten **„Nutzungsbereitschaft"** und **„Ziel/Aufwand-Relation" (Nutzungswirksamkeit) einen besonderen Einfluß** auf die Teilakzeptanz der *erwarteten Nutzungsebene* **haben**.

5.4.2 Der Strukturbereich des Akzeptanzmodells (Konstruktebene)

Neben den LISREL-Modellen zum Determinantenbereich beziehen sich die nun folgenden LISREL-Modelle auf den Strukturbereich (Konstruktebene) des dynamischen Akzeptanzmodells. Vor diesem Hintergrund machen die komplett standardisierten Ergebnisse zum **LISREL-Modell der „Einstellungsakzeptanz"** deutlich, daß die *Einstellungsakzeptanz zum Prozeßzeitpunkt t1* durch die Teilebenen der *Einstellungsebene* und der *erwarteten Nutzungsebene* bestimmt wird, wobei auch hier die Wirkungsrichtungen der Hypothesen (Vorzeichen der Pfadkoeffizienten, s. Abbildung 46) bestätigt werden konnten (s. Abbildung 54).[491]

Abbildung 54: *Die komplett standardisierten Ergebnisse des LISREL-Modells „Einstellungsakzeptanz" mit ULS*

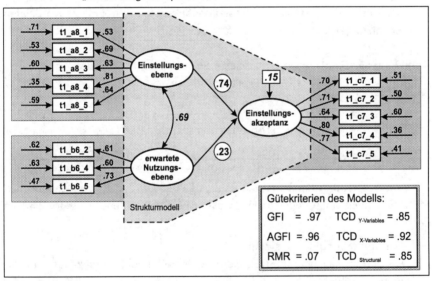

In bezug auf die Wirkungsintensität wird deutlich, daß insbesondere das **Konstrukt der „Einstellungsebene"** mit einem Pfadkoeffizienten von 0,74 **am stärksten auf die Bildung der Einstellungsakzeptanz wirkt**. Das Konstrukt der „erwarteten Nutzungsebene" hat mit einem Pfadkoeffizienten von 0,23 zu diesem Zeitpunkt dagegen

---

[491] Ein kompletter Ausdruck der PRELIS- und LISREL- Analyse zum Meßmodell der „Einstellungsakzeptanz" befindet sich im *Anhang VI*.

eine untergeordnete Bedeutung. Hinsichtlich der Indikatorvariablen konnten mit Werten von 0,60 bis 0,81 akzeptable Faktorladungen erzielt werden (Ausnahme t1_a8_1). Für eine **Beurteilung der Zuverlässigkeit der Schätzungen** können auch hier die bereits vorgestellten Kennzahlen angeführt werden.[492]

- **Die Standardfehler der Schätzungen**
  Im LISREL-Modell „Einstellungsakzeptanz" kann, da alle Standardfehler unter 0,19 liegen, **auf sichere Schätzungen geschlossen werden.**

- **Die Korrelation zwischen den Parametern**
  Im LISREL-Modell „Einstellungsakzeptanz" **können alle Parameter beibehalten werden**, da keine Korrelationen über 0,9 auftraten.

- **Die multiplen Korrelationskoeffizienten**
  Die Ergebnisse zu den *multiplen Korrelationskoeffizienten* machen deutlich, daß im LISREL-Modell „Einstellungsakzeptanz" **relativ zuverlässige Schätzungen vorliegen** (s. Abbildung 55).

Abbildung 55: *Die quadrierten multiplen Korrelationskoeffizienten des LISREL-Modells „Einstellungsakzeptanz"*

```
TOTAL COEFFICIENT OF DETERMINATION FOR Y - VARIABLES IS         .855
TOTAL COEFFICIENT OF DETERMINATION FOR X - VARIABLES IS         .923
TOTAL COEFFICIENT OF DETERMINATION FOR STRUCTURAL EQUATIONS IS  .851
```

Für eine **Beurteilung der Teilstrukturen** werden ebenfalls die schon betrachteten Prüfverfahren herangezogen, anhand derer eine Begutachtung vollzogen werden kann:

- **Die Beurteilung der Residuen**
  Bei dem vorliegenden **LISREL-Modell „Einstellungsakzeptanz" ist kein Residuum größer als 0,181** (LARGEST FITTED RESIDUAL = .181), was in der Literatur **als guter Wert angesehen** wird.

- **Die Betrachtung des Q-Plots**
  Bei dem vorliegenden **LISREL-Modell „Einstellungsakzeptanz" liegen alle standardisierten Residuen ungefähr auf einer Diagonalen im Q-Plot**, so daß auch hier **von einem akzeptablen Fit auszugehen ist.**

---

[492] Alle nun folgenden Prüfungsgrößen orientieren sich an den Ausführungen von *Kapitel 5.4.1*.

- **Die T-Werte**
  Auch bei dem vorliegenden **LISREL-Modell „Einstellungsakzeptanz" liegen alle T-Werte über 2, so daß alle Parameter einen gewichtigen Beitrag zur Bildung der Modellstruktur liefern.**

Für eine **Beurteilung der Gesamtstruktur** können folgende Werte festgestellt werden:

- **Der Goodness-of-Fit-Index (GFI)**
  Für das **LISREL-Modell „Einstellungsakzeptanz" kann mit 97% Erklärung der Ausgangsvarianzen ein sehr guter Wert erreicht werden** (s. Abbildung 56).

- **Der Adjusted-Goodness-of-Fit-Index (AGFI)**
  Für das **LISREL-Modell „Einstellungsakzeptanz" kann mit 96% Erklärung der Ausgangsvarianzen ein sehr guter Wert erreicht werden** (s. Abbildung 56).

- **Der Root-Mean-Square-Residual-Index (RMR)**
  Für das **LISREL-Modell „erwartete Nutzungsebene" kann mit 7% Nicht-Erklärung der Ausgangsvarianzen ein sehr guter Wert erreicht werden** (s. Abbildung 56).

Abbildung 56: *Die Gütekriterien zur Beurteilung der Gesamtstruktur im LISREL-Modell „Einstellungsakzeptanz"*

```
           GOODNESS OF FIT INDEX = .972
  ADJUSTED GOODNESS OF FIT INDEX = .959
         ROOT MEAN SQUARE RESIDUAL = .079
```

Mit einem Wert von nur 0,15 für die Residualvariable Zeta (ζ), konnte auch bei diesem LISREL-Modell ein sehr guter Wert identifiziert werden. Insgesamt kann daher festgestellt werden, daß aufgrund der guten Modellanpassung bei den Teilstrukturen und den globalen Gütekriterien die theoretischen Überlegungen auch durch die empirischen Ergebnisse gestützt werden können. Daher kann als zusammenfassendes Ergebnis des LISREL-Modells „Einstellungsakzeptanz" festgehalten werden:

> **Ergebnis des LISREL-Modells „Einstellungsakzeptanz":**
> Aufgrund der empirischen Ergebnisse **konnte die modelltheoretische Hypothese K1** hinsichtlich der Wirkungszusammenhänge **bestätigt werden**, wobei das Konstrukt **„Einstellungsebene" einen besonderen Einfluß** auf die Einstellungsakzeptanz **hat**.

Neben dem LISREL-Modell „Einstellungsakzeptanz" spielt auch das nun folgende LISREL-Modell der „Nutzungsakzeptanz" im Strukturbereich (Konstruktebene) des dynamischen Akzeptanzmodells eine bedeutende Rolle. Aus diesem Grund machen die komplett standardisierten Ergebnisse zum **LISREL-Modell der „Nutzungsakzeptanz"** deutlich, daß die *Nutzungsakzeptanz zum Prozeßzeitpunkt t2* durch die Teilebenen der *Einstellungsebene* und der nun tatsächlichen *Nutzungsebene* bestimmt wird, wobei auch hier die Wirkungsrichtungen der Hypothesen (Vorzeichen der Pfadkoeffizienten; s. Abbildung 47) bestätigt werden konnten (Abbildung 57).[493]

Abbildung 57: *Die komplett standardisierten Ergebnisse des LISREL-Modells „Nutzungsakzeptanz" mit ULS*

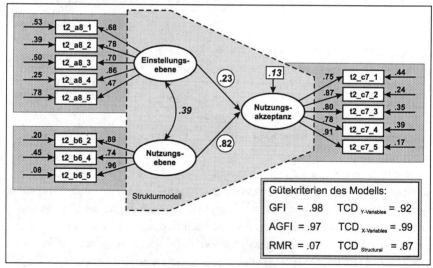

---

[493] Ein kompletter Ausdruck der PRELIS- und LISREL- Analyse zum Meßmodell der „Nutzungsakzeptanz" befindet sich im *Anhang VI*.

In bezug auf die Wirkungsintensität wird deutlich, daß nun insbesondere das **Konstrukt der „Nutzungsebene"** mit einem Pfadkoeffizienten von 0,82 **am stärksten auf die Bildung der Nutzungsakzeptanz wirkt**. Das Konstrukt der „Einstellungsebene" hat mit einem Pfadkoeffizienten von 0,23 zu diesem Zeitpunkt dagegen nur noch eine untergeordnete Bedeutung. Hinsichtlich der Indikatorvariablen konnten mit Werten von 0,60 bis 0,96 akzeptable Faktorladungen erzielt werden (Ausnahme t2_a8_5). Für eine **Beurteilung der Zuverlässigkeit der Schätzungen** liegen folgende Werte vor:

- **Die Standardfehler der Schätzungen**
  Im LISREL-Modell „Nutzungsakzeptanz" kann, da alle Standardfehler unter 0,13 liegen, **auf sichere Schätzungen geschlossen werden**.

- **Die Korrelation zwischen den Parametern**
  Im LISREL-Modell „Nutzungsakzeptanz" können alle Parameter beibehalten werden, da keine Korrelationen über 0,9 auftraten.

- **Die multiplen Korrelationskoeffizienten**
  Die Ergebnisse zu den *multiplen Korrelationskoeffizienten* machen deutlich, daß **im LISREL-Modell „Nutzungsakzeptanz" relativ zuverlässige Schätzungen vorliegen** (s. Abbildung 58).

Abbildung 58: *Die quadrierten multiplen Korrelationskoeffizienten des LISREL-Modells „Nutzungsakzeptanz"*

```
TOTAL COEFFICIENT OF DETERMINATION FOR Y - VARIABLES IS        .927
TOTAL COEFFICIENT OF DETERMINATION FOR X - VARIABLES IS        .992
TOTAL COEFFICIENT OF DETERMINATION FOR STRUCTURAL EQUATIONS IS .870
```

Für eine **Beurteilung der Teilstrukturen** können folgende Werte ermittelt werden:

- **Die Beurteilung der Residuen**
  Bei dem vorliegenden **LISREL-Modell „Nutzungsakzeptanz" ist kein Residuum größer als 0,265** (LARGEST FITTED RESIDUAL = .265). Dieser Wert wird in der Literatur **als guter Wert angesehen**.

- **Die Betrachtung des Q-Plots**
  Bei dem vorliegenden **LISREL-Modell „Nutzungsakzeptanz"** liegen alle standardisierten Residuen ungefähr auf einer Diagonalen im Q-Plot, so daß auch hier **von einem akzeptablen Fit auszugehen ist.**

- **Die T-Werte**
  Auch bei dem vorliegenden **LISREL-Modell „Nutzungsakzeptanz"** liegen alle **T-Werte über 2, so daß alle Parameter einen gewichtigen Beitrag zur Bildung der Modellstruktur liefern.**

Für eine **Beurteilung der Gesamtstruktur** können folgende Werte festgestellt werden.

- **Der Goodness-of-Fit-Index (GFI)**
  Für das **LISREL-Modell „Nutzungsakzeptanz"** kann mit **98% Erklärung der Ausgangsvarianzen ein sehr guter Wert erreicht werden** (s. Abbildung 59).

- **Der Adjusted-Goodness-of-Fit-Index (AGFI)**
  Für das **LISREL-Modell „Einstellungsakzeptanz"** kann mit **97% Erklärung der Ausgangsvarianzen ein sehr guter Wert erreicht werden** (s. Abbildung 59).

- **Der Root-Mean-Square-Residual-Index (RMR)**
  Für das **LISREL-Modell „erwartete Nutzungsebene"** kann mit **7% Nicht-Erklärung der Ausgangsvarianzen ein sehr guter Wert erreicht werden** (s. Abbildung 59).

Abbildung 59: *Die Gütekriterien zur Beurteilung der Gesamtstruktur im LISREL-Modell „Nutzungsakzeptanz"*

```
              GOODNESS OF FIT INDEX = .982
     ADJUSTED GOODNESS OF FIT INDEX = .974
         ROOT MEAN SQUARE RESIDUAL = .071
```

Auch bei diesem letzten LISREL-Modell konnte mit einem Wert von 0,13 eine sehr gute Residualvariable Zeta (ζ) beobachtet werden. Insgesamt kann festgestellt werden, daß aufgrund der wiederum insgesamt guten Modellanpassung bei den Teilstrukturen und den globalen Gütekriterien die theoretischen Überlegungen auch durch diese empirischen Ergebnisse gestützt werden können. Daher kann als zusammenfassendes Ergebnis des LISREL-Modells „Nutzungsakzeptanz" festgehalten werden:

> **Ergebnis des LISREL-Modells „Nutzungsakzeptanz":**
> Aufgrund der empirischen Ergebnisse **konnte die modelltheoretische Hypothese K2** hinsichtlich der Wirkungszusammenhänge **bestätigt werden**, wobei das Konstrukt **„Nutzungsebene" einen besonderen Einfluß** auf die Nutzungsakzeptanz **hat**.

Insgesamt kann aufgrund der positiven Werte aller LISREL-Modelle rückwirkend auch auf eine **nomologische Validität** geschlossen werden.[494]

5.4.3 Der Prognose- und Prozeßbereich des Akzeptanzmodells

Innerhalb des **Prognosebereiches des dynamischen Akzeptanzmodells** kann eine Prognosefähigkeit zum einen anhand eines **Wirkungszusammenhangs der Akzeptanzkonstrukte (Einstellungs- und Nutzungsakzeptanz)** zum anderen anhand der aggregierten Gesamtaussagen zur Einstellungsakzeptanz (Prognosezeitpunkt t1) bzw. Nutzungsakzeptanz (Ergebniszeitpunkt t2) vollzogenen **Klassifizierung in die Gruppen „Akzeptierer", „Indifferente" und „Nicht-Akzeptierer"** vorgenommen werden. Für eine Überprüfung der Prognosefähigkeit anhand der Akzeptanzkonstrukte wurde ein positiver Wirkungszusammenhang (s. Zusammenhang zwischen I und III in Abbildung 27) unterstellt und mit Hilfe einer **konfirmatorischen Faktorenanalyse** überprüft.[495] Aufgrund des Akzeptanzprozesses kann ein Übergang von Einstellungs- zur Nutzungsakzeptanz und somit ein theoretischer Wirkungszusammenhang unterstellt werden, so daß die konfirmatorische Faktorenanalyse postulierte Beziehungen überprüfen kann.[496] Im Ergebnis konnte mit einem **Wirkungszusammenhang von + 0,42 zwischen den Konstrukten Einstellungsakzeptanz** (t1_c7_1 bis t1_c7_5) **und Nutzungsakzeptanz** (t2_c7_1 bis t2_c7_5)

---

[494] Vgl. Kapitel 5.3.4.
[495] Innerhalb der Analyse zur Prognosefähigkeit des dynamischen Akzeptanzmodells wird die konfirmatorische Faktorenanalyse auf die endogenen (η)-Variablen im LISREL-Ansatz bezogen.
[496] Vgl. zur konfirmatorischen Faktorenanalyse insbesondere Backhaus, Klaus/Erichson, Bernd/ Plinke, Wulff/Weiber, Rolf (1996), a.a.O., S. 407.

der postulierte Zusammenhang tendenziell bestätigt werden. Je höher demnach die Einstellungsakzeptanz zum Prognosezeitpunkt t1 ausfällt, desto höher wird wohl auch die Nutzungsakzeptanz zum Bestätigungszeitpunkt t2 sein. Die Gütekriterien unterstützen diese Aussage (s. Abbildung 60):

Abbildung 60: *Die Gütekriterien zur Beurteilung der Gesamtstruktur der konfirmatorischen Faktorenanalyse*

```
                GOODNESS OF FIT INDEX = .972
       ADJUSTED GOODNESS OF FIT INDEX = .961
             ROOT MEAN SQUARE RESIDUAL = .079
```

Innerhalb der zweiten Begründungsschiene zur Prognosefähigkeit des dynamischen Akzeptanzmodells steht die **praxisrelevante Klassifizierung der Befragten in die drei Akzeptanzkategorien Akzeptierer, Indifferente und Nicht-Akzeptierer.**[497] Zu diesem Zweck wurde anhand der Globalaussagen zur Einstellungs- und Nutzungsakzeptanz jeweils eine **Clusteranalyse** durchgeführt, um die Befragten in die drei Akzeptanzkategorien einzuordnen. Unter dem Begriff der *Clusteranalyse* ist ein Verfahren zur Gruppenbildung zu verstehen, in dem die Gruppen entweder frei oder durch Vorgabe einer Gruppenanzahl gebildet werden können.[498] Es wird hierbei zwischen einer **hierarchischen Clusteranalyse** und der **K-Means-Analyse** unterschieden.[499] Die *hierarchischen Clusteranalyse* versucht, relativ homogene Gruppen von Fällen (oder Variablen) auf der Grundlage ausgewählter Merkmale zu identifizieren und verwendet dazu einen Algorithmus, der mit jedem Fall (bzw. jeder Variablen) in einem separaten Cluster beginnt und die Cluster so oft kombiniert, bis nur noch einer übrig bleibt. In jeder Phase werden Statistiken angezeigt, die bei der Auswahl der besten Lösung helfen. Dagegen wird bei der *K-Means-Cluster-Analyse* versucht, relativ homogene Gruppen von Fällen auf der Grundlage ausgewählter Merkmale zu identifizieren; man verwendet dabei einen Algorithmus, der für eine große Anzahl von Fällen geeignet ist, bei dem aber die Anzahl der Cluster angegeben werden muß. Die K-Means-Analyse eignet sich demnach besonders für Analysen, bei denen

---

[497] Vgl. auch *Kapitel 3.2.3*.
[498] Vgl. allgemein zur Clusteranalyse insbesondere Backhaus, Klaus/Erichson, Bernd/Plinke, Wulff/ Weiber, Rolf (1996), a.a.O., S. 407.
[499] Vgl. zu den folgenden Darstellungen hinsichtlich einer Unterscheidung zwischen hierarchischen und K-Means-Clusteranalyse stellvertretend Brosius, Gerhard/Brosius, Felix (1995), a.a.O., S. 863ff. und 893ff.

die Gruppenanzahl aufgrund des Untersuchungsdesigns bereits vorgegeben ist. Diese **Vorgabe der Gruppenanzahl** wurde **durch das dynamische Akzeptanzmodell** theoretisch begründet, so daß im folgenden **auf die K-Means-Clusteranalyse** zurückgegriffen wird.[500]

Als problematisch erweist sich bei der Verwendung der Clusteranalyse, daß bei den Globalaussagen zu den Akzeptanzkonstrukten **korrelierte Ausgangsdaten** vorliegen. Dies hat zur Folge, daß bei der Fusionierung der Objekte bestimmte Aspekte überbetont werden, was letztendlich zu einer Verzerrung der Ergebnisse führen kann.[501] Im Sinne eines empirisch exakten Prognosenachweises muß demnach auch bei korrelierten Ausgangsdaten eine Gleichgewichtung der Merkmale sichergestellt werden, wobei sich folgende Lösungsmöglichkeiten anbieten:[502]

- **Vorschalten einer explorativen Faktorenanalyse:**
  Das Ziel der explorativen Faktorenanalyse liegt in der Reduktion hoch korrelierter Variablen auf unabhängige Faktoren. Anhand der resultierenden Faktorwerte, bei denen keine Korrelationen mehr auftreten, kann dann eine Clusteranalyse durchgeführt werden. Dieser Lösungsweg hat jedoch den eklatanten Nachteil, daß aufgrund der Verdichtung die Faktoren und damit auch die Faktorwerte nur noch einen Teil der Ausgangsinformationen reproduzieren.

- **Verwendung der Mahalanobis-Distanz**
  Die Verwendung der Mahalanobis-Distanz vermeidet den Nachteil eines Informationsverlustes, da dieses Distanzmaß schon bei der Distanzberechnung zwischen den Objekten etwaige Korrelationen zwischen den Variablen ausschließt.[503] Die Mahalanobis-Distanz wird wie folgt beschrieben:[504]

$$d_{M^{-1}}(x_i, x_j) = \sqrt{(x_i - x_j) \times M^{-1} \times (x_i - x_j)'}$$

Hierbei stellt M die empirische Kovarianzmatrix und x die Cluster dar. Ein Objekt wird nun anhand seiner Distanz zu den ermittelten Clustermittelpunkten der entsprechenden Gruppe anhand folgender modifizierten Formel zugeordnet:[505]

---

[500] Vgl. *Kapitel 3.2.3.*
[501] Vgl. Backhaus, Klaus/Erichson, Bernd/Plinke, Wulff/Weiber, Rolf (1996), a.a.O., S. 313.
[502] Vgl. ebenda, S. 313.
[503] Vgl. Steinhausen, Detlef/Langer, Klaus (1977): Clusteranalyse - Einführung in Methoden und Verfahren der automatischen Klassifikation, Berlin 1977, S. 59ff. Bock, Hans H. (1974): Automatische Klassifikation - Theoretische und praktische Methoden zur Gruppierung und Strukturierung von Daten, Göttingen 1974, S. 43.
[504] Vgl. Steinhausen, Detlef/Langer, Klaus (1977), a.a.O., S. 60.
[505] Vgl. Dixon, W. J. (1992): BMDP - Statistical Software Manual, Volume 2, Berkeley 1992, S. 982.

$$d_{ij} = \sqrt{\frac{1}{p}(c_i - x_j) \times M^{-1} \times (c_i - x_j)'}$$

Hier stellt p die Anzahl an Variablen dar, während c das einzuteilende Objekt und x den Clustermittelpunkt repräsentiert.

Vor diesem Hintergrund wurde für den vorliegenden Datensatz der Akzeptanzkonstrukte **zur Überprüfung der Prognosefähigkeit, d. h.** der Zuordnung der Befragten zu den Akzeptanzkategorien für t1 und t2, **eine K-Means-Clusteranalyse unter Verwendung der Mahalanobis-Distanz durchgeführt**. Das Programmpaket SPSS bietet ein derartiges Verfahren nicht an, so daß auf das **Statistikprogramm BMDP** zurückgegriffen werden mußte und hierfür die Ausgangsdaten zunächst für eine Verwendung in ein BMDP-Format konvertiert wurden. In einem ersten Schritt wurden nun die Ausgangsdaten standardisiert, um damit eine Gleichgewichtung innerhalb der M-Matrix zu erreichen. Bei der **M-Matrix** selbst wurde auf eine innerhalb der Cluster berechnete Covarianz-Matrix zurückgegriffen, da als Bezugspunkt der einzuordnenden Objekte der eigene Clustermittelpunkt und nicht der Mittelpunkt anderer Cluster als Distanzkriterium zum Tragen kam. Hierdurch wurde eine höhere Homogenität innerhalb der einzelnen Cluster erreicht. Eine **Güteprüfung** zeigte, daß sich im Ergebnis die einzelnen Cluster nur minimal bis gar nicht überlappten, wodurch **trotz korrelierter Ausgangsdaten ein gutes Klassifikationsergebnis unterstellt werden kann** (s. Abbildung 61).[506]

Abbildung 61: *Güte der Klassifizierung in die Cluster der Akzeptanzkategorien*

Einstellungsakzeptanz			
T1_C7_3	----1----	---2--	--3--
T1_C7_1	---1---	---2----	--3---
T1_C7_5	--------1--------	---2---	---3---
T1_C7_4	---------1---------------	------2------	----3----
T1_C7_2	---------1----------	--------2--------	----3-----
Nutzungsakzeptanz			
T2_C7_3	---1---	---2--	--3---
T2_C7_5	---1---	----2---	---3--
T2_C7_2	-----1-----	----2-----	---3----
T2_C7_4	------1------------	------2-----	---3----
T2_C7_1	------1------	------2-------	---3----

---

[506] Vgl. für einen kompletten Ergebnisausdruck zur K-Means-Clusteranalyse Anhang VII.

Im Ergebnis konnten anhand der K-Means-Clusteranalyse zum **Zeitpunkt t1** *66 Akzeptierer, 44 Indifferente* und *2 Nicht-Akzeptierer* identifiziert bzw. für den weiteren Verlauf des Akzeptanzprozesses prognostiziert werden (s. Abbildung 62). Nach dem gleichen Konzept wurde die Klassifizierung zum **Zeitpunkt t2** wiederholt, wobei hier *59 Akzeptierer, 36 Indifferente* und *17 Nicht-Akzeptierer* ermittelt werden konnten (s. Abbildung 62). Diese offenbar hohe Übereinstimmung muß nun anhand der Annahmen zu den kausalen Zusammenhängen im Akzeptanzprozeß begutachtet werden.

Eine Analyse des **individuellen Akzeptanzverhaltens** hinsichtlich der **Prozeßebene des dynamischen Akzeptanzmodells** ergab, daß innerhalb der Gruppe der Akzeptierer 52 Teilnehmer auch zum Zeitpunkt t2 dieser Gruppe angehörten. 6 Teilnehmer dagegen zu Indifferenten und 8 Teilnehmer zu Nicht-Akzeptierern wurden (s. Abbildung 62). Innerhalb der Gruppe der Indifferenten konnten 30 Teilnehmer zum Zeitpunkt t2 in derselben Klasse identifiziert werden. 6 zunächst indifferente Teilnehmer wurden dagegen zu Akzeptierern und 8 zu Nicht-Akzeptierern (s. Abbildung 62). Bei der aufgrund der geringen Mitgliedszahl schwer zu beurteilenden Klasse der Nicht-Akzeptierer blieb ein Teilnehmer bei seiner ablehnenden Haltung, der andere jedoch wurde zu einem Akzeptierer (s. Abbildung 62). Eine gruppenspezifische Bewegungsanalyse zeigt, daß sich innerhalb der Gruppe der Akzeptierer alle Mitglieder *prozeßkonform* verhalten haben und für eine Prognose 79% richtig klassifiziert wurden. Innerhalb der Gruppe der Indifferenten könnten die 6 Teilnehmer, welche zu Akzeptierern wurden als *leicht problematisch* eingestuft werden, da die Überlegungen zum negativen Kausalzusammenhang des Akzeptanzprozesses ein solches (Aufstiegs-)Verhalten nicht rechtfertigen. Da aber eine Indifferenz nicht eindeutig als negative oder positive Akzeptanzneigung interpretiert werden kann, werden die grundsätzlich prozeßorientierten Annahmen nicht widerlegt.[507] Im Hinblick auf eine Prognose konnten ca. 68% Indifferente richtig klassifiziert werden. Bei den Nicht-Akzeptierern erscheint eine Bewegungsanalyse aufgrund der geringen Zahl wenig aufschlußreich, dennoch muß darauf hingewiesen werden, daß sich 1 Teilnehmer stark problematisch verhielt, indem er in t2 zu einem Akzeptierer wurde. Bei einer **gruppenübergeordneten Analyse zur Prognosefähigkeit des dynamischen Akzeptanzmodells kann festgehalten werden, daß sich 74 % der Teilnehmer zum Zeitpunkt t1 und t2 in den gleichen Klassen befanden, was für eine hohe Prognosefähigkeit spricht.** Dabei verhielten sich nur *6,25 % leicht problematisch und* sogar nur *0,9 % stark problematisch* hinsichtlich der Annahmen zu den kausalen

---

[507] Vgl. zu den kausalen Beziehungen im Akzeptanzprozeß insbesondere *Kapitel 3.2.2*.

Zusammenhängen im Akzeptanzprozeß. Daher kann als zusammenfassendes Ergebnis hinsichtlich der Prognose- und Prozeßebene festgehalten werden:

> **Ergebnisse der Prognose- und Prozeßebene (I):**
> Aufgrund der empirischen Ergebnisse **konnten die modelltheoretischen Hypothesen AP2 und AP3 bestätigt werden**, da eine **hohe Prognosefähigkeit** und ein überwiegend **prozeßkonformes Akzeptanzverhalten** nachgewiesen werden konnte.

Abbildung 62: *Die Ergebnisse zur Prozeß- und Prognoseebene*

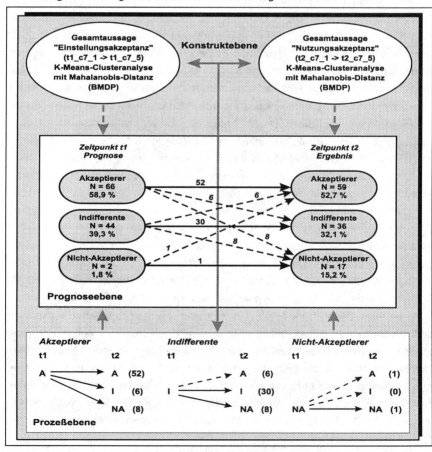

Interessant erscheint bei der gruppenübergeordneten Analyse, daß sich immerhin ca. 20 % der Teilnehmer akzeptanztechnisch „verschlechterten", d. h. sich in niedrigeren Akzeptanzklassen wiederfanden. In Erinnerung an die 56 Teilnehmer, welche nach der Präsentation des DIALEKT-Programms und einer Vorstellung des innovativen Lehrkonzepts der Veranstaltung nicht mehr am Pilotprojekt teilnahmen, kann dies als **verstärkter Hinweis auf ein Vorhandensein des „Phänomens der Nutzungslücke"** interpretiert werden.[508] Aufgrund der *hohen Prognosefähigkeit* des dynamischen Akzeptanzmodells und der gleichzeitig *überwiegenden Einhaltung der kausalen Zusammenhänge* durch die individuelle Analyse des Teilnehmerverhaltens, kann nun auch die **Bewegung zwischen den Zwischenakzeptanzen** eindeutig begründet werden. Die empirischen Ergebnisse zum Strukturbereich (Konstruktebene) haben gezeigt, daß zum Zeitpunkt t1 die *Einstellungsebene*, zum Zeitpunkt t2 jedoch die *Nutzungsebene* den bedeutendsten Einfluß auf die jeweiligen Teilakzeptanzen und damit auch auf die (prognostizierte) Gesamtakzeptanz hat.[509] Dabei kann festgestellt werden, daß eine *prozeßbedingte Verlagerung der Bedeutung* von *Einstellungsebene* hin zur *Nutzungsebene* auch **anhand der individuellen Verhaltenskausalitäten bestätigt werden kann**. Dies bedeutet, daß die Verlagerung *nicht zufällig*, sondern vielmehr auf bestätigte Prozeßbedingungen der Akzeptanzbildung zurückzuführen ist. Daher kann als zusammenfassendes Ergebnis hinsichtlich der Prognose- und Prozeßebene festgehalten werden:

Ergebnisse der Prognose- und Prozeßebene (II):
Aufgrund der empirischen Ergebnisse **konnte die modelltheoretische Hypothese AP1 bestätigt werden**, da die entdeckte **Verlagerung zwischen den Teilebenen (Einstellungs- und Nutzungsebene) der Akzeptanz** nicht zufällig, sondern auf ein überwiegend **prozeßkonformes Akzeptanzverhalten** zurückzuführen ist (s. Abbildung 62).

Wenn abschließend die **Bedeutung der einzelnen Teilebenen (Einstellungsebene/Nutzungsebene) für die Prognosestabilität** betrachtet wird, dann konstituiert sich ein eindeutiger *Hinweis auf die Überlegenheit des dynamischen Akzeptanzmodells* gegenüber traditionellen Analyseverfahren der Einstellungs- und Adoptionsforschung *bei der Beurteilung von technologischen Nutzungsinnovationen*.

---

[508] Vgl. *Kapitel 1.2.2.*
[509] Vgl. *Kapitel 5.4.2.*

Abbildung 63: *Die Bedeutung der Teilebenen für die Prognosestabilität*

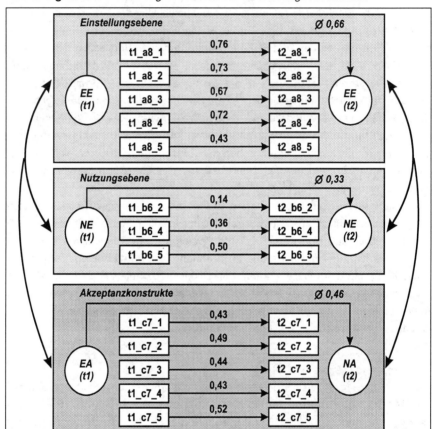

Die Veränderungen der durchschnittlichen Mittelwerte der einzelnen Variablen der verschiedenen Teilebenen offenbaren, daß die **Prognosestabilität tendenziell auf die Nutzungsebene zurückzuführen ist**. Einer durchschnittlichen Veränderung der Akzeptanzkonstrukte von 0,46 stehen analoge Veränderungen von immerhin 0,66 bei der Einstellungsebene und nur 0,33 bei der Nutzungsebene gegenüber (s. Abbildung 63). Für die einzelnen Meßitems wird hierdurch offenbar, daß die Einstellungsebene deutlich höheren Schwankungen unterliegt als die Nutzungsebene und dies obwohl Informationen über die Nutzungsbedingungen zum Zeitpunkt t1 nur in erwarteter Form vorlagen. Dies bedeutet, daß über relevante Informationen zur Nutzungsebene bzw. -bedingungen den Teilnehmern gerade die Nutzungsbedingungen als „Quasi-Sucheigenschaften" des Nutzungsumfeldes vermittelt werden konnten.[510]

Die Überlegenheit des dynamischen Akzeptanzmodells mit seiner integrierten Nutzungsebene gegenüber traditionellen Einstellungsmodellen wird über die Betrachtung einzelner Meßitems hinaus auch bei der übergeordneten Klassifizierung der Teilnehmer deutlich. Innerhalb dieser **Vergleichsanalyse der Klassifikationen** konnten bei einer reinen Gruppenbestimmung anhand der **Einstellungebene**, welche analog zu dem bereits vorgestellten Verfahren der konstruktbedingten Gruppeneinteilung (K-Means-Cluster-Analyse) erfolgte, folgendes Ergebnis festgestellt werden: Während zum Zeitpunkt t1 *79 Akzeptierer, 22 Indifferente* und *11 Nicht-Akzeptierer* identifiziert werden konnten, waren es zum Zeitpunkt t2 *58 Akzeptierer, 31 Indifferente* und *23 Nicht-Akzeptierer* (s. Abbildung 64).

Abbildung 64: *Die Ergebnisse der Klassifizierung anhand der Einstellungsebene*

n = 112		Klassifizierung anhand Einstellungsebene zum Zeitpunkt t2		
		Akzeptierer	Indifferente	Nicht-Akzeptierer
Klassifizierung anhand Einstellungsebene zum Zeitpunkt t1	Akzeptierer	39 (34,80%)	23 (20,50%)	17 (15,20%)
	Indifferente	11 (9,80%)	5 (4,50%)	6 (5,40%)
	Nicht-Akzeptierer	8 (7,10%)	3 (2,70%)	

---

[510] Vgl. *Kapitel 3.4.2.2.3* und *5.1.1*.

Dies bedeutet, daß bei der Klassifikation **anhand der reinen „Einstellung" nur 39% der Teilnehmer richtig zugeordnet** wurden. In Anbetracht der Tatsache, daß bei der Gruppierung anhand der „Akzeptanz" (Einstellung + Nutzung) 74% richtig klassifiziert wurde (s. o.), dann wird die Überlegenheit einer akzeptanztheoretischen Kombination von Einstellungs- und Nutzungsmerkmalen erneut deutlich. Im Ergebnis kann daher festgehalten werden:

> **Ergebnisse des Klassifikationsvergleiches Einstellungsmodelle versus dynamisches Akzeptanzmodell:**
> Aufgrund der empirischen Ergebnisse konnte bei einem Vergleich zwischen traditionellen Einstellungsmodellen und dem Phasenmodell der Akzeptanz festgestellt werden, daß ein entsprechender **Einsatz des** in dieser Arbeit generierten **dynamischen Akzeptanzmodells eine Verbesserung um 35 Prozentpunkte der personenbezogenen Klassifikations- bzw. Prognosegenauigkeit bewirkt.**

Vor dem Hintergrund dieser Ergebnisse kann ferner die Frage gestellt werden, wo sich die höhere Fehlklassifikation traditioneller Einstellungsmodell in t1 und t2 besonders bemerbar gemacht hätte. Innerhalb der **Prognoseebene (Zeitpunkt t1)** geht die Fehlklassifikation hauptsächlich zu Lasten der Akzeptierer, welche als Indifferente (9) bzw. Nicht-Akzeptierer (2) eingestuft wurden und zu Lasten der Indifferenten, welche umgekehrt als Akzeptierer (24) bzw. Nicht-Akzeptierer (8) identifiziert wurden. Im Gesamtresultat wird deutlich, daß ein Unterschied zwischen der Klassifikation durch die reine Einstellungsebene und der Klassifikation mit Hilfe der Einstellungsakzeptanz zu beobachten ist (s. Abbildung 65). Dieses Ergebnis ist auch nicht besonders verwunderlich, wenn man bedenkt, daß zum Zeitpunkt t1 modelltheoretisch die Einstellungsebene eine signifikant höhere Bedeutung für die Akzeptanzbildung hat als die Nutzungsebene.[511] Aus diesem Grund kommt der **Stabilitätseffekt „Nutzungsebene"** bei einstellungsorientierten Klassifikation nicht zum Tragen. Somit wird bei der personenbezogenen Prognose, welche letztendlich unabhängig von der Stichprobe und damit entscheidend ist, eine Differenz von 44 Teilnehmern (ca. 40%) zugunsten des Akzeptanzmodells offensichtlich.

Innerhalb der **Ergebnisebene (Zeitpunkt t2)** geht die Fehlklassifikation wiederum hauptsächlich zu Lasten der Akzeptierer, welche als Indifferente (18) bzw. als Nicht-

---

[511] Vgl. *Kapitel 5.4.2.*

Abbildung 65: *Der Klassifikationsvergleich (t1)*

Prognose-ebene (t1) n = 112		Klassifizierung anhand Einstellungs-akzeptanz (Einstellung + Nutzung)		
		Akzeptierer	Indifferente	Nicht-Akzeptierer
Klassifizierung anhand Einstellungsebene (Einstellung)	Akzeptierer	55 (49,10%)	24 (21,40%)	
	Indifferente	9 (8,00%)	12 (10,70%)	1 (0,90%)
	Nicht-Akzeptierer	2 (1,80%)	8 (7,10%)	1 (0,90%)

Akzeptierer (5) eingestuft wurden. Im Gesamtresultat wird deutlich, daß nun hohe Unterschiede zwischen der Klassifikation durch die reine Einstellungsebene und der Klassifikation der Einstellungsakzeptanz zu beobachten sind (s. Abbildung. 66). Dieses Ergebnis ist auch hier nicht verwunderlich, da zum Zeitpunkt t2 modelltheoretisch die Nutzungsebene eine signifikant höhere Bedeutung für die Akzeptanzbildung hat als die Einstellungsebene.[512] Aus diesem Grund liegen die personenbezogenen Ergebniswerte fast doppelt so deutlich auseinander [Differenz von 54 Teilnehmern (48%); s. Abbildung 66]. Im Endresultat wäre **bei einem Einsatz eines Einstellungsmodells ein *Scheinwert* hinsichtlich der Nutzungslücke** zu Tage getreten, da weniger Akzeptierer identifiziert worden wären. Dieses Ergebnis könnte fatale Folgen für ein entsprechend der Ergebnisse eingesetztes Marketing-Instrumentarium haben, da beim Einstellungsmodell *quantitätsorientierte Marketingmaßnahmen zur Nutzungssteigerung* (Zielrichtung: mehr Akzeptierer zu akquirieren) empfohlen wor-

---

[512] Vgl. *Kapitel 5.4.2.*

den wären, nun aber aufgrund des dynamischen Akzeptanzmodells konträr *qualitätsorientierte Marketingmaßnahmen zur Nutzungssteigerung* (Zielrichtung: Anreize für höhere Nutzungsintensität bei vorhandenen Akzeptierern schaffen) richtigerweise im Mittelpunkt stehen.

Abbildung 66: *Der Klassifikationsvergleich (t2)*

Ergebnis-ebene (t2) n = 112	Klassifizierung anhand Nutzungsakzeptanz (Einstellung + Nutzung)		
	Akzeptierer	Indifferente	Nicht-Akzeptierer
Klassifizierung anhand Einstellungsebene (Einstellung) — Akzeptierer	36 (32,10%)	18 (16,10%)	4 (3,60%)
Indifferente	18 (16,10%)	11 (9,80%)	2 (1,80%)
Nicht-Akzeptierer	5 (4,50%)	7 (6,30%)	11 (9,80%)

Somit kann als **abschließendes Gesamtergebnis der modelltheoretischen Untersuchung** festgehalten werden:

> Aufgrund der empirischen Ergebnisse und einer entsprechenden Bestätigung der aufgestellten Hypothesen **weist aufgrund der hohen Bedeutung der Nutzungsebene für die zeitabhängige Akzeptanzbildung** bei einer erfolgsorientierten Prognosebetrachtung für innovative Nutzungsgüter/-systeme **das** in dieser Arbeit generierte **dynamische Akzeptanzmodell gegenüber allein auf der Einstellungsebene verjarrenden Ansätzen eine deutlich bessere Eignung auf**.

5.4.4 Die doppelt-geknickte Preis-Akzeptanz-Funktion

Innerhalb eines *Exkurses zum theoretischen Modellansatz* dieser Arbeit wurde die besondere Bedeutung der Faktoren „Preis und Gebühr" im Rahmen der Ausführungen zur *doppelt-geknickten Preis-Akzeptanz-Funktion* bzw. *doppelt-geknickten Gebühr-Akzeptanz-Funktion* festgestellt.[513] Auch hierfür soll anhand der empirischen Ergebnisse einer Bestätigung der Plausibilitätsbetrachtungen gegeben werden. Bezüglich der Handlungsebene (Fragenblock C)[514] wurde bezüglich der Frageitems auf einen **imaginären Kaufzeitpunkt** abgezielt, d. h., die Befragten wurden gebeten, sich vorzustellen, daß das DIALEKT-Programm zum Zeitpunkt der zweiten Befragung sofort zu kaufen wäre. Da die Teilnehmer für eine Nutzung des DIALEKT-Programms offiziell keinen finanziellen Aufwand in Kauf nehmen mußten, konnte auch zum Zeitpunkt t2 nach wie vor nur eine *beabsichtigte* negative oder positive Kaufentscheidung im Anschluß an eine längere Nutzungsphase erfaßt werden. Da bei der Handlungsebene nach dem maximalen Preis gefragt wurde, zu dem der Teilnehmer zum Zeitpunkt der Nutzungsphase gerade noch bereit sein würde, DIALEKT zu kaufen, kann daher eine **Preis-Akzeptanz-Funktion** ermittelt werden, bei der zu einem gegebenen Preis die entsprechende Akzeptanz ersichtlich wird. Zu den **Kriterien des momentanen Kaufverhaltens (imaginäre Handlungsebene)** kann zum Zeitpunkt t2, wie schon in t1, die „*Zahlungsbereitschaft*" und die „*Zahlungsintensität*" hinsichtlich eines Kaufes bzw. einer gebührenabhängigen Nutzung angeführt werden.

Zum Zeitpunkt t2 (nach der Nutzung) stellen die Faktoren *Zahlungsbereitschaft* und *Zahlungsintensität* momentane Größen dar, d. h., der Fokus liegt nicht auf tatsächlichen Gegebenheiten, sondern auf situativen Größen. Hierunter wird die Bereitschaft der Befragten verstanden, das DIALEKT-Programm zum Zeitpunkt der Befragung sofort zu kaufen und mitzunehmen, auch wenn dies tatsächlich nicht möglich war. Zur Erfassung dieser (erwarteten/momentanen) *Handlungsebene* wurde zunächst **die Zahlungsbereitschaft hinsichtlich eines sofortigen Erwerbs des DIALEKT-Programms auf einer CD-ROM** erfaßt. Daneben wurde ferner nach der **Zahlungsintensität hinsichtlich eines sofortigen Erwerbs des DIALEKT-Programms auf einer CD-ROM** gefragt. Hieran anknüpfend wurden die Befragten gebeten, den entsprechenden Intensitätsgrad eines Kaufs zum Zeitpunkt t2 anzuge-

---

[513] Vgl. hierzu *Kapitel 3.5.*
[514] Vgl. hierzu die Fragebögen im *Anhang I* und *II*.

ben, d. h. den maximalen Kaufpreis zu bestimmen, zu dem das DIALEKT-Programm als CD-ROM gerade noch gekauft werden würde.

Eine Auswertung der Angaben der Befragten zur Zahlungsbereitschaft ergab in t1 und in t2 eine weiterhin **tendenziell positive Bereitschaft, das DIALEKT-Programm als CD-ROM zu kaufen**. Der Zustimmungsmittelwert für die Vorstellung, das DIALEKT-Programm zu kaufen, konnte mit 2,89 gegenüber 2,76 in t1 im tendenziell positiven Skalenbereich ermittelt werden. Bei der Bestimmung des **maximalen Kaufpreises** konnte für alle Beteiligten ein durchschnittliches Ergebnis von **DM 39,84** gegenüber DM 52,49 zum Zeitpunkt t1 berechnet werden. Dabei reichte die *Intensitätsspanne* von einer Untergrenze von DM 0,- bis zu einer Obergrenze von DM 120,-. Der ermittelte durchschnittliche Maximalpreis liegt damit um rund 13,- DM niedriger als zum Zeitpunkt t1. Die Gründe liegen zum einen darin, daß, wie aus der Einstellungsmessung ersichtlich, nur Teilbereiche von DIALEKT einen Vorteil gegenüber bisherigen Methoden versprechen, wodurch auch nur für diese Teile eine entsprechende Zahlungsbereitschaft bei den Befragten vorliegt. Zum anderen sollte DIALEKT nur in Verbindung mit einem Lehrbuch angeboten werden, wobei dessen Preis von den Befragten vom CD-ROM-Preis teilweise abgezogen wurde. Daher kann ein Preis **von etwa 60,- DM für ein Gesamtpaket (CD-ROM + Buch)** als realistische Größe angeführt werden.

In bezug auf die Akzeptanz können über die Erstellung einer **Preis-Akzeptanz-Funktion** ferner Hinweise auf den Akzeptanzprozeß gewonnen werden.[515] Hierfür werden die Angaben zur Zahlungsintensität eines jeden einzelnen Befragten in einem Funktionsdiagramm abgetragen, um zu jedem Preis die Akzeptiererzahl ablesen zu können. Die Werte reichen hierbei von den Befragten, die DIALEKT nicht kaufen würden (0,- DM), bis zum Befragten, der den Maximalwert von DM 120,- als Kaufpreis angab (s. Abbildung 67).[516] Im Ergebnis erhält man die postulierte *doppelt-geknickte Preis-Akzeptanz-Funktion [A = f(p)]*, welche über einen sensiblen und zwei eher unsensible Bereiche verfügt (s. Abbildung 67). Der untere unsensible Bereich erstreckt sich von einem Preis von DM 0,- bis zu einem Preis von DM 20,-. In diesem Bereich kann der Preis relativ stark verändert bzw. variiert werden, ohne besonders viele Akzeptierer zu verlieren bzw. zu gewinnen. Im mittleren sensi-

---

[515] Vgl. auch *Kapitel 3.2.1.1.*
[516] Bei den Befragten, welche einen maximalen Preis von 0,- DM angegeben haben, das Programm also nicht kaufen würden, wird davon ausgegangen, daß diese Personen DIALEKT als Geschenk akzeptieren würden.

blen Bereich der Preis-Akzeptanz-Funktion von DM 20,- bis DM 65,- ist eine entsprechend hohe Preiselastizität zu verzeichnen, d. h., auf eine geringe Veränderung des Preises reagiert die entsprechende Akzeptanz überproportional. In diesen Bereich fällt auch der durchschnittliche Maximalpreis aller Befragten von DM 39,84 (s.o.). Bei diesem Preis ermittelt die Preis-Akzeptanz-Funktion eine Akzeptiererzahl von ca. 57 Teilnehmern, welche die DIALEKT-CD-ROM kaufen würden. Dies entspricht logischerweise einem Käuferanteil von ca. 50% der Gesamtteilnehmer. Der obere unsensible Bereich schließt sich von DM 65,- bis DM 120,- dem mittleren sensiblen Bereich der Preis-Akzeptanz-Funktion an.

Abbildung 67: *Die doppelt-geknickte Preis-Akzeptanz-Funktion*

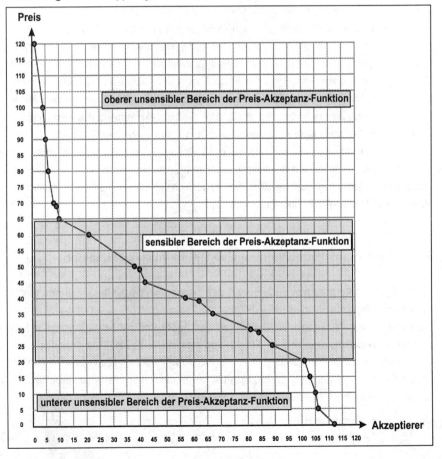

In Anbetracht der ermittelten **Preis-Akzeptanz-Funktion kann** nun **auf den Akzeptanzprozeß geschlossen werden.** Da bei einer negativen Teilakzeptanz der Prozeß abgebrochen wird, kann davon ausgegangen werden, daß es in der Realität bei einer bestimmten Kaufpreis für einige Nachfrager (Befragte) nicht zu einer Nutzung des DIALEKT-Programms kommt. Vor diesem Hintergrund resultiert zu einem bestimmten Preis eine entsprechende Verteilung von Akzeptierern und Nicht-Akzeptierern: Bei einem Preis von DM 80.- kann folglich von 6 Akzeptierern und 106 Nicht-Akzeptierern ausgegangen werden; bei einem Preis von DM 20.- können analog 101 Akzeptierer und 11 Nicht-Akzeptierer erwartet werden. Die weiteren Ergebnisse hängen damit elementar von der Preisgebung ab. Trotzdem gingen im folgenden weiterhin alle Befragten in die empirische Analyse ein, da keine Kosten mit der Nutzung von DIALEKT im Pilotprojekt verbunden waren. Die Ergebnisse erlangen dadurch aber eine höhere Genauigkeit, da auch Befragte mit niedrigerem Kaufpreis und damit wahrscheinliche „Nicht-Akzeptierer" mit ihren „negativen" Daten in die Auswertung eingingen und somit ein realistischeres Gesamtbild ermöglichen. Dennoch muß die Preis-Akzeptanz-Funktion bei der Bestimmung des Akzeptanzprozesses berücksichtigt werden, um entsprechende Verteilungen zwischen Akzeptierern und Nicht-Akzeptierern zu ermöglichen. Die postulierte **Gebühr-Akzeptanz-Funktion** konnte im Rahmen der empirischen Untersuchung leider nicht überprüft werden, da aufgrund einer nicht-vorhandenen Notwendigkeit eines Kaufes auch keine Bindungseffekte bei einer Variation der Nutzungsgebühren untersucht werden konnten. Gerade diese Bindungseffekte waren jedoch verantwortlich für den plausibilitätsorientierten Verlauf der Gebühr-Akzeptanz-Funktion.[517]

5.4.5 Quantitatives Ausmaß der Handlungs- und Nutzungsakzeptanz

Innerhalb der Interpretation zum Begriff der Akzeptanz bei Nutzungsgütern/-systemen wurde festgestellt, daß eine dichotome *Ja/Nein-Entscheidung* hinsichtlich des Markterfolgs von Nutzungsinnovationen zu kurz greift und daher die Auffassung eines **Akzeptanzkontinuums** zum Tragen kommen sollte.[518] Der Grund hierfür lag in der *undifferenzierten Betrachtungsweise* einer grundsätzlichen Kauf- bzw. Nutzungsentscheidung (Akzeptanz/Nicht-Akzeptanz) im Hinblick auf die resultierende Nutzungshäufigkeit bzw. Nutzungsintensität. So kann zwar im Sinne einer Ja/Nein-Ent-

---

[517] Vgl. *Kapitel 3.5.2.*
[518] Vgl. *Kapitel 2.4.*

scheidung eine grundsätzliche Akzeptanz bezüglich der Nutzung vorliegen, diese dichotome Sichtweise wird sich aber in einer höchst unterschiedlichen Nutzungshäufigkeit/-intensität widerspiegeln. Diese Problematik kann auch durch die empirische Untersuchung unterstrichen werden, da festgestellt wurde, daß innerhalb der Gruppen Akzeptierer und Indifferente höchst unterschiedliche quantitative Akzeptanzausprägungen (hinsichtlich Art und Ausmaß der Nutzung) vorlagen.

Tabelle 16: *Das quantitative Ausmaß der Nutzungs- und Handlungsakzeptanz*

	Akzeptierer 59	Indifferente 36	Nicht-Akzeptierer 17
Nutzungshäufigkeit pro Modul	∅ 2,71 mal	∅ 2,1 mal	0
Akzeptanzkontinuum	1 ↔ 10 mal	1 ↔ 8 mal	0
Nutzungshäufigkeit insgesamt	∅ 25 mal	∅ 19 mal	0
Nutzungsintensität pro Modul	∅ 50 min	∅ 36 min	0
Akzeptanzkontinuum	4 ↔ 142 min	8 ↔ 120 min	0
Nutzungsintensität insgesamt	∅ 450 min	∅ 325 min	0
Zahlungsbereitschaft für Kauf	∅ 45.- DM	∅ 36.- DM	0
Akzeptanzkontinuum	10.- ↔ 120.- DM	5.- ↔ 100.- DM	0
Zahlungsbereitschaft für Nutzungseinheit (1 Std.)	0,15 Pf./Std.	0,15 Pf./Std.	0
Zahlungsbereitschaft für Nutzung insgesamt	≈ 28,- DM	≈ 16,- DM	0
Akzeptanzkontinuum	5.- ↔ 90.- DM	5.- ↔ 50.- DM	0

Innerhalb der Gruppe der Akzeptierer konnte vor diesem Hintergrund ein **Akzeptanzkontinuum für die Nutzungshäufigkeit** von *1 mal* bis zu *10 mal* pro DIALEKT-Modul ermittelt werden. Auch bei den Indifferenten lag eine entsprechende Spanne von *1 mal* bis zu *8 mal* pro DIALEKT-Modul vor (s. Tabelle 16). Bezüglich der Spanne innerhalb des **Akzeptanzkontinuums der Nutzungsintensität** wurden bei den Akzeptierern 4 bis 142 Minuten und bei den Indifferenten 8 bis 120 Minuten ermittelt (s. Tabelle 16). Hier wird besonders deutlich, wie unterschiedlich Akzeptanz hinsichtlich einer grundsätzlichen Entscheidung zur Nutzung mit dem quantitativen Ausmaß dieser Entscheidung divergiert. Ein Akzeptierer mit durchschnittlich 10 Minuten Nutzungszeit bedeutet hierbei ein ganz anderes Ausmaß an monetären Rückflüssen für den Anbieter von Nutzungsgütern/-systemen als ein Akzeptierer mit 100 Minuten. Auch die Angaben zur **Zahlungsbereitschaft für einen Kauf** gehen bei Akzeptierer (10.- bis 120.- DM) und Indifferenten (5.- bis 100.- DM) weit auseinander (s. Tabelle 16), wobei dies ebenso für die Angaben zur **Zahlungsbereitschaft für eine Nutzung** des DIALEKT-Programms gilt (Akzeptierer: 5.- bis 90.- DM; Indifferente: 5.- bis 50.- DM). Respektive dieser Ergebnisse muß nicht nur eine *akzeptanzglobale*, sondern vielmehr eine *akzeptanzindividuelle Analyse* vollzogen werden, da die Klassifizierung in Akzeptanzgruppen mit entsprechenden Durchschnittswerten lediglich Hinweise auf grundsätzliche Erfolgsaussichten beinhaltet.

Vor dem Hintergrund der divergierenden Akzeptanzausprägungen innerhalb eines Akzeptanzkontinuums kann das die **Frage nach der quantitativen Akzeptanz nur aus der Sicht des Anwenders des dynamischen Akzeptanzmodells beantwortet werden.** Die aus dem Modell resultierende grundsätzliche Klassifikation in die drei Akzeptanzgruppen muß somit dahingehend untersucht werden, ob die Ausprägungen innerhalb des jeweiligen Akzeptanzkontinuums (Zahlungsbereitschaft für Kauf bzw. Nutzung) aus Sicht des Anbieters für den ökonomischen Erfolg des Nutzungsgutes ausreichend sind. Daher kann zusammenfassend die Empfehlung gegeben werden, mit Hilfe des dynamischen Akzeptanzmodells aufgrund der Berücksichtigung prozessualer Besonderheiten der Akzeptanzbildung zunächst die Akzeptierer zu identifizieren, um dann eine wirkungsvolle Zuordnung der quantitativen Akzeptanz (Nutzungshäufigkeit/-intensität) anzuschließen. Eine Konklusion und Interpretation der resultierenden Ergebnisse bleibt dem Initiator der Akzeptanzuntersuchung aufgrund eigener Kosten/Nutzen-Überlegungen vorbehalten.

6 Implikationen für die Erfolgsmessung und -prognose bei multimedialen Nutzungsgütern und -systemen

Ausgehend von einem *informationstechnologischen Wandel* innerhalb der aktuellen Markt- und Technologiestrukturen wurde im Rahmen dieser Arbeit festgestellt, daß der hierdurch induzierte **signifikante Anstieg an innovativen Produkten und Dienstleistungen** in den Bereichen *Telekommunikation* und *Multimedia* neue Anforderungen an eine akzeptanztheoretische Erfolgsmessung und -prognose stellt. Bei der Vermarktung einer Vielzahl von **technologischen Innovationen im Bereich Telekommunikation und Multimedia** kommt gegenüber dem bisherigen traditionellen Produktmarketing zum Tragen, daß der Markterfolg nicht allein vom Verkauf, sondern primär durch die **tatsächliche Nutzung** seitens der Nachfrager bzw. Nutzer determiniert wird. Erst mit dem permanenten Einsatz des Telekommunikations- bzw. Multimedia-Systems ergibt sich ein vom Anbieter beabsichtigtes ökonomisches Gewinnpotential bzw. der anvisierte Kommunikationserfolg, da gerade die variablen Nutzungskosten den Großteil der Einnahmen der Systemanbieter bestimmen oder nur bei einer stetigen Nutzung Kommunikationsinhalte effektiv vermittelt werden können. Die Produkte dieser Kategorie wurden daher auch als **Nutzungsgüter bzw. Nutzungssysteme** bezeichnet, die dazugehörigen Innovationen entsprechend als *Nutzungsinnovationen*.

Bei der Betrachtung der Vermarktungsbesonderheiten von innovativen Nutzungsgütern/-systemen resultierte aus der Problematik von **Nachfrage- (Marktwiderstände) und Nutzungslücke (Nutzungswiderstände)** die Forderung an eine Zweidimensionalität der Marketingbetrachtung, innerhalb derer sowohl ein **Kaufakt**, d. h. die Entscheidung zur Übernahme einer Innovation, als auch ein **Nutzungsakt**, d. h. die Entscheidung zur konkreten problemorientierten Verwendung einer Nutzungsinnovation, zum Einsatz kommen muß. Eine *Nichtbeachtung der Nutzungsebene führt bei Nutzungsgütern, bei denen der Markt- oder Kommunikationserfolg von einer kontinuierlichen Nutzung abhängig ist, zu erheblichen Fehleinschätzungen bezüglich ihrer Erfolgsmessung und damit auch ihrer Erfolgsprognose*. Der Erfolg einer Innovation im Bereich Nutzungsgut/-system ist demnach determiniert durch die Übernahme und den Einsatz in der konkreten Anwendungssituation. Aufgrund dieser Kombination wurde das **theoretische Konstrukt der „Akzeptanz" als zentrale Beurteilungsgröße** identifiziert, da eine akzeptanzorientierte Betrachtung entgegen der

Adoptionstheorie über den Übernahme- bzw. Kaufzeitpunkt hinaus in die Nutzungsphase einer Innovation reicht.

Ausgehend von den Vermarktungsbesonderheiten konsumorientierter Nutzungsgüter und -systeme wurde aufgrund der Kritik an bisherigen Definitions- und Modellansätzen zum Konstrukt „Akzeptanz" ein **dynamisches Akzeptanzmodell für innovative Nutzungsgüter und -systeme** generiert, welches insbesondere Kauf- *und* Nutzungsbedingungen und damit eine *umfassende Akzeptanzmessung* berücksichtigt. Neben der **expliziten Betrachtung einer freiwilligen Nutzungsebene** wurde ferner auch auf die Möglichkeit eine **frühzeitigen Erfolgsmessung und -prognose** Wert gelegt, um möglichst frühzeitig, im Idealfall noch vor der Markteinführung bzw. Produktproduktion, das Erfolgspotential einer Nutzungsinnovation abschätzen zu können. Im Ergebnis konstituierte sich ein komplexes Akzeptanzmodell, welches der *Notwendigkeit eines dynamischen* [zeitraumbezogen: prozessuale Verbindung von Einstellungs- (vor Kauf), Handlungs- (Kauf) und Nutzungsphase (nach Kauf/ Nutzung)] *und mehrschichtigen Akzeptanzbegriffes* [zeitpunktbezogen: Zwischenakzeptanzen als Kombination von Einstellungs-, Handlungs- und Nutzungsebene] Rechnung trägt. Vor diesem Hintergrund können im folgenden Implikationen für die Akzeptanzforschung und für das Marketing-Management formuliert werden.

Implikationen für die Akzeptanzforschung bei Nutzungsgütern/-systemen

Respektive der *theoretischen Überlegungen zum Konstrukt der „Akzeptanz" und einer umfassenden empirischen Überprüfung des resultierenden dynamischen Akzeptanzmodells* bei innovativen Nutzungsgütern und -systemen anhand einer multimedialen CD-ROM, manifestiert sich der zusätzliche **Erkenntnisgewinn in den** folgenden **zentralen Ergebnissen** dieser Arbeit:

1. Bei innovativen Nutzungsgütern/-systemen fallen mit der Nutzung **zusätzliche Gebrauchskosten als relevante Kaufentscheidungs-** (Nachfragersicht) *und* **Markterfolgsgröße** (Anbietersicht) an. Dies hat zur Folge, daß sich der Markterfolg aus einem **Kauf- (Verkaufspreis) und Nutzungsakt (Nutzungsgebühren)** zusammensetzt.

2. Die Zweiteilung in Kauf- und Nutzungsakt induziert die Vermarktungsproblematik einer **Nachfrage- (Marktwiderstände) und Nutzungslücke (Nutzungswiderstände)**. Die Markt- und Nutzungswiderstände wiederum

werden durch die verschiedenen **Charakteristika der Nutzungsinnovation** bestimmt (markt-, technologie- und nachfragerbezogene Faktoren).

3. Aufgrund der besonderen Bedeutung der konkreten Nutzung der Nutzungsinnovation durch den Nachfrager müssen die **„Nutzungsbedingungen" als zentraler Erfolgsfaktor** angesehen werden. Diese sollten daher frühzeitig kommuniziert und akzeptanzorientiert an die Bedürfnisse der Nachfrager angepaßt werden. Die aus den Nutzungsbedingungen resultierenden **Nutzungshäufigkeiten und -intensitäten** führen entgegen der traditionellen Auffassung einer Akzeptanz als *Ja/Nein-Entscheidung* zu einer **Interpretation der Akzeptanz als Akzeptanzkontinuum**.

4. Für eine Bedürfnisorientierung bei innovativen Nutzungsgütern/-systemen muß die Akzeptanztheorie zum Einsatz kommen, da nur hier die Nutzungsebene explizit erfaßt wird und somit die traditionellen Ansätze der Einstellungs- (Endpunkt: *innere Bewertung*) und Adoptionsforschung (Endpunkt: *Kauf/Übernahme*) zu kurz greifen. Das mit einem phasenorientierten Akzeptanzprozeß verknüpfte **dynamische Akzeptanzmodell berücksichtigt die neuralgischen Punkte des Markterfolgs (Einstellung/Kauf/Nutzung)** bei Nutzungsgütern/-systemen.

5. Aufgrund der theoretischen Analyse des dynamischen Akzeptanzmodells wurden die **einzelnen Ebenen einer Definition des Begriffes „Akzeptanz"** (Einstellung/Handlung/Nutzung) in ihrer zeitabhängigen Ausprägung **zu drei Zwischenakzeptanzen verdichtet**. Hierbei setzte sich die **Einstellungsakzeptanz** aus *tatsächlicher Einstellungsebene*, *erwarteter Handlungsebene* und *erwarteter Nutzungsebene*, die **Handlungsakzeptanz** aus *tatsächlicher Einstellungsebene*, *tatsächlicher Handlungsebene* und *erwarteter Nutzungsebene*, die **Nutzungsakzeptanz** schließlich aus *tatsächlicher Einstellungsebene*, *tatsächlicher Handlungsebene* und *tatsächlicher Nutzungsebene* zusammen.

6. Die initiierte empirische Prüfung der theoretischen Zusammenhänge anhand des multimedialen Nutzungssystems „DIALEKT-CD-ROM" lieferte deutliche Hinweise auf einen *trade-off* **zwischen der Bedeutung von Einstellungs- zur Nutzungsakzeptanz im Zeitverlauf des Akzeptanzprozesses**. Aufgrund der hohen Bedeutung der Nutzungsebene für den Markterfolg bei Nutzungsgütern/-systemen und der Verlagerung der Bedeutung hin zur Nut-

zungsakzeptanz **sollte für eine** *erfolgsorientierte Akzeptanzmessung* **das dynamische Akzeptanzmodell eingesetzt werden.**

7. Diese Anwendungsempfehlung gilt auch für eine *frühzeitige Akzeptanzprognose* i. S. einer ex-ante-Betrachtung der Bedürfnisse der Nachfrager bei noch nicht am Markt befindlichen Innovationen, da das dynamische Akzeptanzmodell über eine zeitraumbezogene Verknüpfung der Akzeptanzebenen bereits zu Beginn des Akzeptanzprozesses die Aspekte zur Handlungs- und Nutzungsebene integriert. Aufgrund der empirischen Ergebnisse konnte zwischen den in der klassischen Akzeptanzforschung eingesetzten Modellansätzen bzw. traditionellen Einstellungsmodellen hinsichtlich eines Vergleichs mit dem Phasenmodell der Akzeptanz festgestellt werden, daß ein entsprechender **Einsatz des** in dieser Arbeit generierten **dynamischen Akzeptanzmodells eine Verbesserung um 35 Prozentpunkte der personenbezogenen Klassifikations- bzw. Prognosegenauigkeit bewirkt.**

Im Rahmen der durchgeführten theoretischen Analyse und einer entsprechenden empirischen Untersuchung ist jedoch zu beachten, daß der Einsatz des in dieser Arbeit generierten dynamischen Akzeptanzmodells generell nur Sinn macht, wenn **langlebige Nutzungsgüter analysiert** werden, bei denen die Nutzung mit konkreten Kosten bzw. einem hierzu adäquaten Aufwand verbunden ist. Ist dies nicht der Fall, reduziert sich der Markterfolg primär wieder auf den Verkauf des Produktes, so daß auch die Adoptionstheorie zum Einsatz kommen kann. Vor diesem Hintergrund kann kritisch angemerkt werden, daß aufgrund des Untersuchungsdesigns **die Handlungsphase nicht explizit erfaßt** werden konnte, sondern diese lediglich über eine Berücksichtigung von Beginn und Abschluß des Akzeptanzprozesses subsumiert wurde. Dies gilt auch für die Problematik, daß mit der Nutzung des Untersuchungsgegenstandes **keine monetären, sondern lediglich zeitbedingte Kosten** verbunden waren, welche jedoch in der Wertigkeit direkten Geldausgaben unterzuordnen sind. Darüber hinaus können i. S. des informationsökonomischen Erklärungsansatzes von Kaufprozessen bei einer *Akzeptanzmessung* durch das dynamische Akzeptanzmodell **keine Vertrauenseigenschaften erfaßt** werden. Hinsichtlich einer frühzeitigen *Akzeptanzprognose* ist die Tragfähigkeit des Modells ferner **abhängig von der Kommunizierbarkeit der Nutzungsbedingungen** und damit des Anteils an „Quasi-Sucheigenschaften" zu Beginn des Akzeptanzprozesses. Des weiteren ist darauf hinzuweisen, daß durch die räumlich begrenzte Datenerhebung zwar die Zielgruppe des Untersuchungsgegenstandes „DIALEKT-CD-ROM" erfaßt wurde, dennoch die Ergebnisse der Hypothesen **nicht** als **repräsentativ** angesehen werden können. Sie liefern jedoch erste Hinweise auf eine Bestätigung der theoretischen Überlegungen. Weitere empirische Studien in diesem und in anderen Bereichen des Telekommunikations- und Multimediasektors sollten daher auf Grundlage bevölkerungsrepräsentativer Stichproben erfolgen. Ferner erscheint es problematisch Lernziele grundsätzlich mit Kaufzielen gleichzusetzen. Abschließend konzentrieren sich die Ausführungen dieser Arbeit primär auf die **Nachfragerseite** des Marketing, wobei im Sinne einer Analyse und Gestaltung von Austauschprozessen auch die Anbieterseite, d. h. die Gestaltung von Angeboten *mit* akzeptanzrelevanten Inhalten in die Betrachtungen einbezogen werden muß.

Implikationen für das Marketing-Management bei Nutzungsgütern/-systemen

In Anbetracht der theoretischen Ausführungen zum dynamischen Akzeptanzmodell und einer empirischen Untersuchung der resultierenden Hypothesen konstituiert sich ein konkreter **Erkenntnisgewinn für das Marketing-Management bei innovativen Nutzungsgütern und -systemen** (z. B. Telekommunikation oder Multimedia). Basierend auf der Problematik von Nachfrage- (Marktwiderstände) und Nutzungslücke (Nutzungswiderstände) resultiert die grundsätzliche **Forderung an eine Zweidimensionalität innerhalb der Marketingbetrachtung bei Nutzungsgütern/-systemen**. Diese Zweidimensionalität beinhaltet eine Berücksichtigung des **Kaufaktes**, d. h. der Entscheidung zur Übernahme einer Innovation als auch des **Nutzungsaktes**, d. h. der Entscheidung zur konkreten problemorientierten Verwendung einer Nutzungsinnovation. Der Markterfolg wird daher nicht allein von dem Verkauf determiniert (*„over the desk" - Orientierung*), sondern primär durch die anschließende **tatsächliche Nutzung** durch den Nachfrager bzw. Nutzer impliziert (*„behind the scene" - Orientierung*). Erst mit dem permanenten Einsatz des Telekommunikations- bzw. Multimedia-Systems ergibt sich ein vom Anbieter beabsichtigtes ökonomisches Gewinnpotential oder der anvisierte Kommunikationserfolg, da gerade die variablen Nutzungskosten den Großteil der Einnahmen der Systemanbieter bestimmen oder nur bei einer stetigen Nutzung Kommunikationsinhalte effektiv vermittelt werden können. Im Extremfall ist eine Mehrheit der Nachfrager an das Telekommunikations- bzw. Multimedia-System angeschlossen, aber nur eine Minderheit dieser angeschlossenen Teilnehmer nutzt diese Systeme auch tatsächlich, woraus sich *erhebliche Fehleinschätzungen bezüglich der Erfolgsmessung und damit auch der Erfolgsprognose* ergeben.

Im Resultat manifestiert sich ein **Erfolgskarussell eines akzeptanzorientierten Marketing-Management**, bei dem es zu einer Verbindung der neuralgischen Punkte innerhalb des Akzeptanzprozesses kommt (s. Abbildung 68). Erst über einen positiven Durchlauf der Phasen **Einstellung**, mit einer Abwägung von Vor- und Nachteilen, *Handlung* (**Kauf** und **Anschluß**) und **Nutzung**, mit einer konkreten problemorientierten Anwendung der übernommenen Nutzungsinnovation, kann eine tatsächliche Gesamtakzeptanz und damit ein Markterfolg erreicht werden. Hierbei sind vom Anbieter in den Phasen Einstellung und Kauf insbesondere die **Marktwiderstände** zu beachten, welche dazu führen können, daß eine Innovation nicht übernommen wird. In den Phasen Anschluß und (freiwillige) Nutzung stehen dagegen gerade die **Nutzungswiderstände** im Mittelpunkt der akzeptanzorientierten Betrachtungen. Wird der postulierte positive Durchlauf (+) an einer Stelle durch negative Akzeptanzwerte unterbrochen (-), so bewirkt dies einen imaginären Negativprozeß hinsichtlich der Akzeptanzbetrachtung der einzelnen Phasen (s. Abbildung 68).

Anhand der Zweiteilung in **Kauf-** (Einstellung und Handlung) **und Nutzungsakt** (Anschluß und Nutzung) können nun **zwei Marketing-Brennpunkte einer akzeptanzorientierten Innovationsbetrachtung** identifiziert werden. Zum einen müssen innerhalb des **Marketing-Brennpunktes „Überzeugungsphase"** die *Marktwiderstände* abgebaut werden, welche eine Übernahme des innovativen Nutzungssystems verhindern (s. Abbildung 68). Anhand der empirischen Überprüfung des dynamischen Akzeptanzmodells und der Ergebnisse hinsichtlich des Determinantenbereiches sollte der Anbieter hier insbesondere den **„relativen Vorteil"** seiner Nutzungsinnovation gegenüber Konkurrenzangeboten bzw. -technologien herausstellen. Ferner legt der Nachfrager Wert auf die Sicherstellung der **„Kompatibilität"** zwischen der Nutzungsinnovation und bereits am Markt befindlicher Systeme, welche entsprechend bei der Innovationsgestaltung Berücksichtigung finden muß. Beispielsweise wurde diese Kompatibilität im Mobilfunk dadurch erreicht, daß die Mobiltelefone verschiedener Netzbetreiber sowohl aus dem Festnetz als auch von anderen Mobilnetzen erreichbar sind. Innerhalb des **Marketing-Brennpunktes „Bestätigungsphase"** müssen dagegen insbesondere *Nutzungswiderstände* abgebaut werden, welche einen Gebrauch des innovativen Nutzungssystems verhindern (s. Abbildung 68). Hierzu gehören aufgrund der empirischen Ergebnisse dieser Untersuchung insbesondere die **„Nutzungsbereitschaft"** des Systems, auf sich ändernde Anforderungen des Nachfragers flexibel zu reagieren. Die Nutzung selbst ist ein hochgradig dynamisches Phänomen, so daß nicht davon auszugehen ist, daß die Ausgangssituation und damit das ursprüngliche Nutzungsniveau über den Zeitverlauf stabil sein wird. Dies bedeutet mit zunehmender Nutzungsdauer eine gesteigerte Anforderung an das Nutzungsgut/-system, welche von diesem für eine weiterhin positive Akzeptanz erfüllt werden muß. Diese Flexiblität ist z. B. innerhalb des Software-Bereiches durch einen ständigen Update-Service zu gewährleisten. Ferner muß durch den Anbieter eine hohe „**Nutzungswirksamkeit**" in Form einer *leichten Bedienbarkeit* des Nutzungssystems sichergestellt werden, damit möglichst ein günstiges Verhältnis zwischen dem Aufwand zum Erlernen des Systems (Steuerungsmechanismus) und dem Ergebnis einer Nutzung (z. B. Informationsübertragung) erreicht wird.

Abbildung 68: *Erfolgskarusell eines akzeptanzorientierten Marketing-Management*

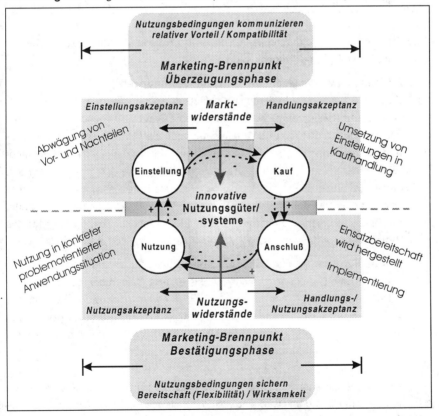

Als zusammenfassendes Ergebnis der Betrachtungen zur zweigeteilten Vermarktungsproblematik und den beiden resultierenden Marketing-Brennpunkten kann eine **„Successkeeper-Funktion" des Marketing-Management bei Nutzungsgütern und -systemen** abgeleitet werden, welche als zentrale Implikation für die Management-Praxis dieser Arbeit angesehen werden kann:

> **Successkeeper-Funktion:**
> **Die Aktivitäten des Marketing-Management dürfen bei Nutzungsgütern bzw. -systemen nicht mit dem Verkauf des Produktes enden (Überzeugungsphase), sondern müssen vielmehr gerade auch in der anschließenden Nutzungsphase (Bestätigungsphase) fortgeführt werden und damit insgesamt kontinuierlich stattfinden.**

Eine Erfüllung dieser Forderung kann hierbei auf zweierlei Art und Weise in der unternehmerischen Praxis vollzogen werden:

1. **Informationsmanagement der Nutzungsbedingungen**
   Durch die besondere Bedeutung der Nutzungsebene für den Erfolg bei Nutzungsgütern/-systemen rückt die konsequente Berücksichtigung der Nutzungsbedingungen in den Mittelpunkt eines Informationsmanagement. Das **Informationsmanagement** muß gewährleisten, daß die Nutzungsbedingungen möglichst frühzeitig an die Nachfragerseite kommuniziert werden (s. Abbildung 69), damit ein Erfolg schon zu Beginn des Akzeptanzprozesses prognostizierbar wird. Hierzu sollte der Anbieter umfangreiche Testmöglichkeiten offerieren oder die Nutzungseigenschaften über Produktpräsentationen bzw. ein „virtuelles Prototyping" vor der eigentlichen Markteinführung detailliert darstellen.

2. **Informationsmanagement über ein „interaktives Marketing"**
   Innerhalb der Beziehung zwischen Anbieter und Nachfrager bei innovativen Nutzungsgütern/-systemen sollte es zu einer *neuen Dimension* innerhalb des Austauschprozesses kommen. Zum einen müssen für eine akzeptanzorientierte Innovationsgestaltung die Bedürfnisse des Nachfragers über Akzeptanzmessungen frühzeitig erfaßt und in das Angebot umgesetzt werden, zum anderen bleibt die intensive Beziehung zwischen Nachfrager und Anbieter auch nach dem Kauf über einen kontinuierlichen Einsatz der Nutzungsinnovation erhalten. Vor diesem Hintergrund wird eine zeitübergreifende intensive „two-way-communication" initiiert, welche auch neue Anforderungen an das traditionelle Marke-

ting in Form eines „**interaktiven Marketing**" stellt. Der ständige wechselseitige Kontakt eröffnet dem Anbieter die Chance, relevante Informationen vom Nachfrager für ein erfolgreiches Produkt zu erhalten, aber auch die Notwendigkeit, hochwertige nutzungsrelevante Informationen anzubieten. Hierbei wird deutlich, daß beim „interaktiven Marketing" durch die zweiseitige Kommunikationsbedingung der Interaktivität (Sender/Empfänger) die Kommunikationsrichtung umgedreht werden kann. Der technologische Wandel zu neuen multimedialen und damit interaktiven Medien forciert die Notwendigkeit einer Umorientierung von klassischen Marketingausprägungen hin zu einem „interaktiven Marketing". Aus Anbietersicht wird im Rahmen dieser Umorientierung die *Flexibilität der Informationsbereitstellung* an die Nachfrager und die *Ausgestaltung des interaktiven Kommunikationskontakts* insbesondere bei Akzeptanzbetrachtungen von elementarer Bedeutung sein.

Bei einer konsequenten **Umsetzung der Möglichkeiten eines akzeptanzorientierten „interaktiven Marketing" im Rahmen des Informationsmanagement** können anhand der „Successkeeper-Funktion" des Marketing-Management bei Nutzungsgütern und -systemen vier potentielle Wettbewerbsfaktoren resultieren (s. Abbildung 69). Einerseits erlangt der **Wettbewerbsfaktor „Schnelligkeit"** an Bedeutung, da über eine frühzeitige akzeptanzorientierte Innovationsgestaltung eine Zeitersparnis bei der Konzeption der Innovation hin zur Marktreife über eine Vermeidung nachträglicher Anpassungsprozesse resultieren kann. Ferner wird durch die Akzeptanzbetrachtung eine höhere Effektivität in bezug auf den **Wettbewerbsfaktor „Zielgruppenansprache"** ermöglicht, da potentielle Akzeptierer im Rahmen der Akzeptanzklassifikation prognostiziert werden. Durch eine Fortführung einer akzeptanzorientierten Betrachtung über den Kaufzeitpunkt hinaus in die Nutzungsphase kann auch der **Wettbewerbsfaktor „Kundennähe"** zwischen Unternehmen und Nachfrager verbessert werden. Im Zuge einer frühzeitigen und umfassenden Akzeptanzanalyse werden auch potentielle Bedürfnisse bezüglich der Nutzungsbedingungen offengelegt, welche sich im **Wettbewerbsfaktor „Flexibilität"** eines Nutzungssystems in der Nutzungsphase widerspiegeln können. Eine Realisierung der Wettbewerbsfaktoren kann durch den **Einsatz des dynamischen Akzeptanzmodells für Nutzungsgüter/-systeme** gefördert werden, da hierdurch Prognosehinweise für eine akzeptanzorientierte Innovationsgestaltung möglich werden. Für die Praxis bedeutet dies eine weitere Unterstreichung der Forderung, möglichst zu Beginn des Akzeptanzprozesses relevante Informationen über Kauf- und Nutzungsbedingungen dem

Nachfrager bzw. Akzeptierer zu offerieren, damit eine Übereinstimmung von *Nutzungsabsicht und tatsächlicher Nutzung* auch nach einer vollständigen Beurteilung der Nutzungsbedingungen gewährleistet wird. Die Frage der Stabilität der Prognosehinweise liegt demnach primär in der Hand des Anbieters.

Abbildung 69: *Die Wettbewerbsvorteile eines akzeptanzorientierten Marketing-Management*

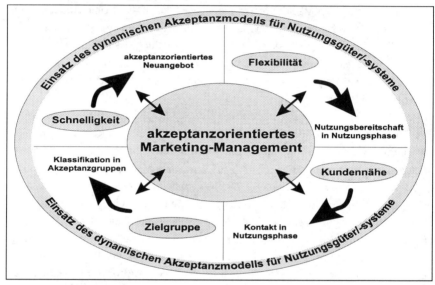

Die vorliegende Arbeit eröffnet neben Implikationen für das Marketing-Management aber auch zusätzliche Ansatzpunkte für **weitere Forschungsbemühungen**:

- In einer weiteren empirischen repräsentativen Überprüfung zum dynamischen Akzeptanzmodell sollte ein expliziter Einbezug der Handlungsebene bei einem gleichzeitigen Vorhandensein von monetären Kosten für Übernahme und Nutzung der Innovation vorgenommen werden.
- Eine Stabilität der Aussagen des dynamischen Akzeptanzmodells sollte über eine multimediale CD-ROM hinaus auch anhand weiterer Untersuchungsobjekte im Bereich Telekommunikation (insb. Mobilfunk) und Multimedia (insb. Online-Dienste) getestet werden.

- Innerhalb der Betrachtung der einzelnen Akzeptanzphasen sollten Überlegungen zum informationsökonomischen Ansatz in die Akzeptanzanalyse integriert werden. Dabei ist insbesondere das Vorhandensein und eine Verlagerung zwischen Such-, Quasi-Such-, Erfahrungs-, und Vertrauenseigenschaften zu analysieren.

- Im Rahmen eines umfassenden Erklärungsansatzes muß neben der Nachfragerseite auch die Anbieterseite betrachtet werden, um die Umsetzung akzeptanzorientierter Ergebnisse in unternehmensinterne Prozesse zu untersuchen.

Abschließend kann festgestellt werden, daß ein „Phänomen Akzeptanz" gerade bei Nutzungsgütern und -systemen sowie den resultierenden Nutzungsinnovationen weit über eine „Worthülse" des alltäglichen Sprachgebrauchs hinausgeht. In Zukunft muß, bei einer Realisierung der Entwicklungspotentiale im Telekommunikations- und Multimedia-Bereich, die **Akzeptanz zu einem zentralen Konstrukt des Käuferverhaltens bei Nutzungsgütern und -systemen** werden.

Anhang

I	Fragebogen der ersten Erhebung (t1)	282
II	Fragebogen der zweiten Erhebung (t2)	294
III	Ergebnisse der Beurteilung der Meßmodelle *	
IV	Die linearen Gleichungssysteme der Meßmodelle *	
V	Ergebnisse der LISREL-Analyse zum Determinantenbereich *	
VI	Ergebnisse der LISREL-Analyse zum Strukturbereich *	
VII	Ergebnisse zum Prognosebereich (Clusteranalyse - BMDP) *	

* Aufgrund des sehr umfangreichen Anhangs für die empirische Untersuchung wurde auf einen Abdruck verzichtet. Die entsprechenden Unterlagen können beim Autor bestellt werden!

Dr. Tobias Kollmann
Lehrstuhl für Marketing, FB IV - BWL/AMK
Universität Trier, Universitätsring 15, D - 54286 Trier
Tel.: 0651 / 201 - 2619, Fax.: 0651 / 201 - 3910, E-Mail: kollmant@uni-trier.de

I Fragebogen der ersten Erhebung (t1)

Lehrstuhl für Marketing   Universität Trier

Univ.-Prof. Dr. Rolf Weiber
Dipl.-Volksw. Tobias Kollmann
FB IV: BWL - AMK
Universitätsring 15
D - 54286 Trier

Telefon: 0651 - 201 / 2634
Telefax: 0651 - 201 / 3910
E-mail: kollmant@uni-trier.de

**Die Akzeptanz technologischer Innovationen
- eine empirische Untersuchung zu interaktiven Multimedia-Systemen**

Untersuchung bei den Teilnehmern

Sehr geehrte Teilnehmer,

im Rahmen eines Forschungsprojektes des *Lehrstuhls für Marketing der Universität Trier* wird die Akzeptanz technologischer Innovationen in dem Bereich „**interaktive Multimedia-Dienste**" analysiert. Dabei stehen speziell die Anforderungen der potentiellen Nutzer von interaktiven Multimedia-Systemen im Mittelpunkt der Betrachtungen. Aus diesem Grund möchten wir Sie als Teilnehmer des Multimedia-Projekts „DIALEKT - Digitale Interaktive Lektionen" bitten, uns durch das vollständige Ausfüllen des Ihnen vorliegenden Fragebogens bei diesem Forschungsprojekt zu unterstützen.

Die empirische Überprüfung findet in <u>zwei Stufen</u> statt: die ersten Stufe bezieht sich auf den Zeitpunkt *vor der Nutzung* des DIALEKT-Programms; die zweite Stufe auf den Zeitpunkt *nach der Nutzung* des DIALEKT-Programms. Um die Veränderungen des Antwortverhaltens zu erfassen, erhalten Sie eine <u>Fragebogennummer</u>, die Sie sich bitte merken, da diese bei der zweiten Stufe wieder zum Tragen kommt. Diese Fragebogennummer dient <u>nicht</u> zu Ihrer Identifikation, sondern sie hat rein empirische Bedeutung. Selbstverständlich werden ihre Daten <u>anonym</u> behandelt. Die Ausfüllung des Fragebogens und die Zuweisung der Fragebogennummer hat <u>keine</u> Auswirkungen auf Ihren Erfolg bei der Teilnahme dieser Übung oder des Seminars.

Fragebogen der Stufe 1: vor der Nutzung des DIALEKT-Programms

Dieser Fragebogen hat die Nummer:

Wichtig: Bitte schreiben Sie sich die Fragebogennummer auf (!). Sie brauchen die Nummer beim zweiten Fragebogen nach Ihrer Nutzungserfahrung.

Für Ihren Beitrag zu diesem Forschungsprojekt dürfen wir uns recht herzlich bedanken.

<u>**Bitte antworten Sie spontan und kreuzen Sie die für Sie zutreffende Antwortalternative an!**</u>

Block 0: Fragen zum Status der/des Befragten

Bitte beantworten Sie kurz einige allgemeine Fragen zu Ihrer Person.

01: Geschlecht: ❏ weiblich   ❏ männlich

02: Alter: _____ Jahre

03: Semester: _____

04: Studiengang: _____

05: Besitzen Sie einen Computer? (wenn *Nein*, weiter mit Frage *010* s.u.)

Ja, und zwar:
- ❏ Home-Computer (Atari, Amiga, etc.)
- ❏ PC mit 286er Prozessor
- ❏ PC mit 486er Prozessor
- ❏ Apple-Computer
- ❏ PC mit 386er Prozessor
- ❏ PC mit Pentium Prozessor

06: Besitzen Sie ein CD-ROM-Laufwerk?   ❏ Ja   ❏ Nein

07: Besitzen Sie Multimedia-CD-ROM's?   ❏ Ja   ❏ Nein

08: wenn Ja, welche?
- ❏ Spiele
- ❏ Guide-Programme (z.B. Stadtführer)
- ❏ Lernprogramme
- ❏ Nachschlagewerke (z.B. Lexikon)
- ❏ Home-Shopping-CD-ROM's
- ❏ sonstige: _____

09: Besitzen Sie ein Modem?   ❏ Ja   ❏ Nein

010: Besitzen Sie einen Zugang zu Online-Diensten (z.B. T-Online, CompuServe, AOL usw.)?   ❏ Ja   ❏ Nein

011: Besitzen Sie Internet-Kenntnisse (WWW)?   ❏ Ja   ❏ wenig   ❏ Nein

012: Besitzen Sie:

TV-Gerät ❏   TV mit Kabelanschluß ❏   TV mit Satellitenanlage ❏   weder noch ❏

Block A: Fragen zur Einstellung gegenüber dem DIALEKT-Programm

Frage A1: Wenn Sie vor dem Hintergrund der Präsentation Ihr Interesse am DIALEKT-Programm beurteilen müßten, inwieweit könnten Sie dann folgenden Aussagen zustimmen?

Aussage	Zustimmungsgrad					
	stimme voll und ganz zu 1	2	3	4	5	stimme gar nicht zu 6
„Ich beachte das DIALEKT-Programm besonders aufmerksam."	❑	❑	❑	❑	❑	❑
„Dem DIALEKT-Programm schenke ich keine Aufmerksamkeit."	❑	❑	❑	❑	❑	❑
„Für das DIALEKT-Programm interessiere ich mich nicht."	❑	❑	❑	❑	❑	❑

Frage A2: Wenn Sie mögliche Vorteile des multimedialen DIALEKT-Lernprogramms beurteilen müßten, inwieweit könnten Sie dann folgenden Aussagen zustimmen?

Aussage	Zustimmungsgrad					
	stimme voll und ganz zu 1	2	3	4	5	stimme gar nicht zu 6
Vom multimedialen DIALEKT-Lernprogramm erwarte ich, ...						
„... daß ich aktiv an einem Lernprogramm teilnehmen kann und dabei selbst den Ablauf bestimme."	❑	❑	❑	❑	❑	❑
„... daß ich hierdurch individuell, gezielt bzw. unabhängig lernen kann."	❑	❑	❑	❑	❑	❑
„... daß ich selbst bestimmen kann, wann und welches Lernpensum ich erledigen will."	❑	❑	❑	❑	❑	❑
„... daß eine schnelle und aktuelle Wissensvermittlung möglich wird."	❑	❑	❑	❑	❑	❑
„... daß ich mein Studium bzw. Lernpensum von zu Hause aus durchführen bzw. bewältigen kann."	❑	❑	❑	❑	❑	❑
„... daß ich einen hohen Lernerfolg habe."	❑	❑	❑	❑	❑	❑
„... daß ich verschiedene Lernmethoden (Schrift, Ton, Bild usw.) innerhalb von DIALEKT kombinieren kann."	❑	❑	❑	❑	❑	❑

Frage A3: Wenn Sie vor dem Hintergrund der Präsentation die <u>Möglichkeiten</u> des DIALEKT-Programms <u>insgesamt</u> beurteilen müßten, inwieweit könnten Sie dann folgenden Aussagen zustimmen?

Aussage	Zustimmungsgrad					
	stimme voll und ganz zu 1	2	3	4	5	stimme gar nicht zu 6
„Ich finde die Möglichkeiten, die mir das Programm in den verschiedenen Lernmodulen bietet, sehr übersichtlich."	❏	❏	❏	❏	❏	❏
„Ich finde die angebotenen Möglichkeiten des Programms nicht überschaubar."	❏	❏	❏	❏	❏	❏
„Ich finde, daß die Möglichkeiten des Programms sehr komplex sind."	❏	❏	❏	❏	❏	❏
„Ich finde, daß die Möglichkeiten der verschiedenen Lernmodule vollkommen erkennbar sind."	❏	❏	❏	❏	❏	❏

Frage A4: Wenn Sie <u>mögliche Nachteile</u> des multimedialen DIALEKT-Lernprogramms beurteilen müßten, inwieweit könnten Sie dann folgenden Aussagen zustimmen?

Aussage	Zustimmungsgrad					
	stimme voll und ganz zu 1	2	3	4	5	stimme gar nicht zu 6
Beim multimedialen DIALEKT-Lernprogramm vermute ich, ...						
„... daß der Kontakt mit dem Lehrer/Prof. verloren geht."	❏	❏	❏	❏	❏	❏
„... daß für die Bedienung eine umfassende Vorübung erforderlich ist."	❏	❏	❏	❏	❏	❏
„... daß man mich leicht kontrollieren und überwachen kann."	❏	❏	❏	❏	❏	❏
„... daß ich erst eine komplizierte Technik lernen und verstehen muß, bevor ich das Programm für den eigentlichen Zweck einsetzen kann."	❏	❏	❏	❏	❏	❏
„... daß ich aufgrund der hohen Informationsmenge, die multimedial bereitgestellt werden kann, sehr viel lernen und behalten muß."	❏	❏	❏	❏	❏	❏
„... daß ich meine bisherigen Lerngewohnheiten umstellen muß, um das multimediale Lernprogramm wirklich nutzen zu können."	❏	❏	❏	❏	❏	❏
„... daß ich einen hohen Lernaufwand (Erlernen des Programms/Verarbeitung von Lehrstoff) haben werde."	❏	❏	❏	❏	❏	❏

| Frage A5: | Wenn Sie sich das multimediale <u>DIALEKT-Programm im Vergleich zu Ihren bisherigen Lernmethoden</u> (Bücher, Skripte, Vorlesung usw.) vor Augen halten, inwieweit können Sie dann folgenden Aussagen zustimmen? |

Aussage — Zustimmungsgrad

stimme voll und ganz zu ← → stimme gar nicht zu
1   2   3   4   5   6

Gegenüber meinen bisherigen Lernmethoden verspreche ich mir vom DIALEKT-Programm, ...

Aussage	1	2	3	4	5	6
„... daß das Zusammenspiel von verschiedenen Medienbausteinen (Bild, Video, Ton usw.) für die Lehrstoffvermittlung besser ist."	❏	❏	❏	❏	❏	❏
„... daß meine individuellen Gestaltungswünsche bei der Lehrstoffaufnahme besser berücksichtigt werden."	❏	❏	❏	❏	❏	❏
„... daß ich durch die interaktive Einflußnahme den Lehrstoff flexibler lernen kann."	❏	❏	❏	❏	❏	❏
„... daß ich den Lehrstoff wirksamer aufnehmen kann."	❏	❏	❏	❏	❏	❏
„... daß ich einen höheren Lernerfolg erzielen kann."	❏	❏	❏	❏	❏	❏
„... daß ich noch mehr Lehrstoff bewältigen muß."	❏	❏	❏	❏	❏	❏

| Frage A6: | Wenn Sie beurteilen müßten, wie das <u>DIALEKT-Programm mit Ihrem bisherigem Lernverhalten</u> (bzw. Ihren Lernmethoden) <u>harmoniert</u>, inwieweit könnten Sie dann folgenden Aussagen zustimmen? |

Aussage — Zustimmungsgrad

stimme voll und ganz zu ← → stimme gar nicht zu
1   2   3   4   5   6

Ich erwarte, daß ...

Aussage	1	2	3	4	5	6
„... das multimediale DIALEKT-Programm eine ideale Ergänzung zu meinen bisherigen Lernmethoden ist."	❏	❏	❏	❏	❏	❏
„... die Möglichkeiten des DIALEKT-Programms nicht zu meinen bisherigen Lernmethoden passen."	❏	❏	❏	❏	❏	❏
„... die Möglichkeiten des DIALEKT-Programms meine bisherigen Lernmethoden vollständig ersetzen werden."	❏	❏	❏	❏	❏	❏

Frage A7:	Wenn Sie beurteilen müßten, wie gut das DIALEKT-Programm ihre Lernziele erfüllen kann, inwieweit könnten Sie dann folgenden Aussagen zustimmen?

Aussage	Zustimmungsgrad					
	stimme voll und ganz zu 1	2	3	4	5	stimme gar nicht zu 6
„Ich bin mir unsicher, ob das multimediale Lernprogramm DIALEKT meine Lernziele voll und ganz erfüllen wird."	❑	❑	❑	❑	❑	❑
„Ich bin mir sicher, daß ich mit dem Lernprogramm DIALEKT meine Lernziele nicht verwirklichen kann."	❑	❑	❑	❑	❑	❑
„Ich bin mir sicher, daß meinen Lernzielen durch das DIALEKT-Programm vollständig entsprochen wird."	❑	❑	❑	❑	❑	❑

Frage A8:	Wenn Sie vor dem Hintergrund der Präsentation und einer Abwägung von Vor- und Nachteilen ein zusammenfassendes Gesamturteil über das multimediale Lernprogramm DIALEKT abgeben müßten, inwieweit könnten Sie dann folgenden Aussagen zustimmen?

Aussage	Zustimmungsgrad					
	stimme voll und ganz zu 1	2	3	4	5	stimme gar nicht zu 6

Ich erwarte, daß ...

Aussage	1	2	3	4	5	6
„... ich das DIALEKT-Programm zum Zweck der Lehrstoffvermittlung uneingeschränkt positiv finde."	❑	❑	❑	❑	❑	❑
„... das DIALEKT-Programm hinsichtlich der Lehrstoffvermittlung überhaupt nicht meinen Vorstellungen entspricht."	❑	❑	❑	❑	❑	❑
„... ich das DIALEKT-Programm für die Lehrstoffvermittlung generell besonders geeignet finde."	❑	❑	❑	❑	❑	❑
„... ich insgesamt von der Lehrstoffvermittlung durch das DIALEKT-Programm überhaupt nicht begeistert bin."	❑	❑	❑	❑	❑	❑
„... ich insgesamt die Lehrstoffvermittlung durch das DIALEKT-Programm gänzlich ablehne."	❑	❑	❑	❑	❑	❑

Block B: Fragen zur erwarteten Nutzung bei DIALEKT-Programm

Frage B1: Vor dem Hintergrund der Präsentation, was glauben Sie wie sehr Sie von den **DIALEKT-Lernmodulen** Gebrauch machen werden? Bitte geben Sie an, <u>wie oft</u> und <u>wie lange</u> sie persönlich die einzelnen Lernmodule wahrscheinlich nutzen werden.

Lernmodul	Wie oft? (in Frequenz)								Wie lange? (in Minuten)							
	gar nicht 0	sehr wenig 1	2	3	4	5	sehr oft 6	x mal	gar nicht 0	eher kurz 1	2	3	4	5	eher lange 6	x Min
Worum geht´s Einführung Fallstudie Ziele der Fallstudie Darst. Bürowerkzeuge	☐	☐	☐	☐	☐	☐	☐	___	☐	☐	☐	☐	☐	☐	☐	___
ODI-Fallstudie Produkt-Darstellung Unternehmens-Darst. Absatzmarkt-Darst.	☐	☐	☐	☐	☐	☐	☐	___	☐	☐	☐	☐	☐	☐	☐	___
Die Theorie-Broschüre Adoptions-/Diff.prozeß Marketingstrategien Prognosemodelle	☐	☐	☐	☐	☐	☐	☐	___	☐	☐	☐	☐	☐	☐	☐	___
Marketinginstrumente theor. Hintergrund Instrumenten-Darst.	☐	☐	☐	☐	☐	☐	☐	___	☐	☐	☐	☐	☐	☐	☐	___
Die Kalkulation Simulat.-/Kalkulat.prog. Erfolgsrechnung Break-Even-Rechn.	☐	☐	☐	☐	☐	☐	☐	___	☐	☐	☐	☐	☐	☐	☐	___
Marktsegmentierung theor. Hintergrund Ziele der Segm. Aspekte der Segm.	☐	☐	☐	☐	☐	☐	☐	___	☐	☐	☐	☐	☐	☐	☐	___
Expertenrunde	☐	☐	☐	☐	☐	☐	☐	___	☐	☐	☐	☐	☐	☐	☐	___
Notizenordner	☐	☐	☐	☐	☐	☐	☐	___	☐	☐	☐	☐	☐	☐	☐	___
Video-Galerie	☐	☐	☐	☐	☐	☐	☐	___	☐	☐	☐	☐	☐	☐	☐	___

Frage B2: Was glauben Sie, wie <u>wichtig</u> werden die einzelnen <u>Lernmodule</u> des DIALEKT-Programms für Sie sein, und wie <u>zufrieden</u> werden Sie mit diesen Lernmodulen sein?

Lernmodul	Wie wichtig? sehr wichtig 1 – gar nicht wichtig 6	Wie zufrieden? eher zufrieden 1 – eher nicht zufrieden 6
Worum geht's *Einführung Fallstudie / Ziele der Fallstudie / Darst. Bürowerkzeuge*	☐ ☐ ☐ ☐ ☐ ☐	☐ ☐ ☐ ☐ ☐ ☐
ODI-Fallstudie *Produkt-Darstellung / Unternehmens-Darst. / Absatzmarkt-Darst.*	☐ ☐ ☐ ☐ ☐ ☐	☐ ☐ ☐ ☐ ☐ ☐
Die Theorie-Broschüre *Adoptions-/Diff.prozeß / Marketingstrategien / Prognosemodelle*	☐ ☐ ☐ ☐ ☐ ☐	☐ ☐ ☐ ☐ ☐ ☐
Marketinginstrumente *theor. Hintergrund / Instrumenten-Darst.*	☐ ☐ ☐ ☐ ☐ ☐	☐ ☐ ☐ ☐ ☐ ☐
Die Kalkulation *Simulat.-/Kalkulat.prog. / Erfolgsrechnung / Break-Even-Rechn.*	☐ ☐ ☐ ☐ ☐ ☐	☐ ☐ ☐ ☐ ☐ ☐
Marktsegmentierung *theor. Hintergrund / Ziele der Segm. / Aspekte der Segm.*	☐ ☐ ☐ ☐ ☐ ☐	☐ ☐ ☐ ☐ ☐ ☐
Expertenrunde	☐ ☐ ☐ ☐ ☐ ☐	☐ ☐ ☐ ☐ ☐ ☐
Notizenordner	☐ ☐ ☐ ☐ ☐ ☐	☐ ☐ ☐ ☐ ☐ ☐
Video-Galerie	☐ ☐ ☐ ☐ ☐ ☐	☐ ☐ ☐ ☐ ☐ ☐

Frage B3: Was glauben Sie, wie <u>wichtig</u> werden folgende <u>Bedienungseigenschaften</u> des DIALEKT-Programms für Sie sein, und wie <u>zufrieden</u> werden Sie mit diesen Bedienungseigenschaften sein?

Bedienungseigenschaft	Wie wichtig? sehr wichtig ←→ gar nicht wichtig						Wie zufrieden? eher zufrieden ←→ eher nicht zufrieden					
	1	2	3	4	5	6	1	2	3	4	5	6
Übersichtlichkeit im Programm	☐	☐	☐	☐	☐	☐	☐	☐	☐	☐	☐	☐
Bedienbarkeit/Steuerkomfort	☐	☐	☐	☐	☐	☐	☐	☐	☐	☐	☐	☐
Aktualität der Modulinhalte	☐	☐	☐	☐	☐	☐	☐	☐	☐	☐	☐	☐
Qualität der Modulinhalte	☐	☐	☐	☐	☐	☐	☐	☐	☐	☐	☐	☐
Schnelligkeit des Systems	☐	☐	☐	☐	☐	☐	☐	☐	☐	☐	☐	☐
Qualität der Darstellung von Modulinhalten	☐	☐	☐	☐	☐	☐	☐	☐	☐	☐	☐	☐
Graphische Aufarbeitung	☐	☐	☐	☐	☐	☐	☐	☐	☐	☐	☐	☐
Anpassung an individuelle Nutzungswünsche (Individualität)	☐	☐	☐	☐	☐	☐	☐	☐	☐	☐	☐	☐
Einflußmöglichkeiten auf Programmablauf (Interaktivität)	☐	☐	☐	☐	☐	☐	☐	☐	☐	☐	☐	☐
Verknüpfbarkeit der Lerninhalte aus einzelnen Modulen	☐	☐	☐	☐	☐	☐	☐	☐	☐	☐	☐	☐
Auswahlmöglichkeiten der Lerninhalte	☐	☐	☐	☐	☐	☐	☐	☐	☐	☐	☐	☐

Frage B4: Unabhängig davon, ob Sie das DIALEKT-Programm einsetzen oder nicht, wie gut glauben Sie kann DIALEKT <u>Ihre persönlichen Nutzungsanforderungen erfüllen</u>?

	Zustimmungsgrad stimme voll und ganz zu ←→ stimme gar nicht zu					
	1	2	3	4	5	6
„Ich glaube, daß DIALEKT meine Anforderungen in bezug auf die Nutzung eines multimedialen Lernprogramms voll und ganz erfüllen wird."	☐	☐	☐	☐	☐	☐
„Ich befürchte, daß DIALEKT meine Anforderungen an die Nutzung eines multimedialen Lernprogramms nicht erfüllen wird."	☐	☐	☐	☐	☐	☐
„Ich erwarte, daß sich das DIALEKT-Programm an meine Nutzungsanforderungen voll und ganz anpassen lassen wird."	☐	☐	☐	☐	☐	☐
„Ich erwarte, daß sich das DIALEKT-Programm nicht auf meine Nutzungsanforderungen abstimmen läßt."	☐	☐	☐	☐	☐	☐

Frage B5: Um das DIALEKT-Programm zu nutzen, müssen Sie einen gewissen Aufwand (z.B. Einarbeitungszeit, Umstellung der Lernmethode usw.) in Kauf nehmen. Was meinen Sie, lohnt sich dieser Aufwand zur Erreichung der Lernziele für Sie persönlich?

Aussage	Zustimmungsgrad					
	stimme voll und ganz zu 1	2	3	4	5	stimme gar nicht zu 6
„Ich kann mir gut vorstellen, daß sich der Aufwand für die Nutzung des DIALEKT-Programms zur Erfüllung meiner Lernziele voll und ganz lohnt."	❏	❏	❏	❏	❏	❏
„Ich glaube nicht, daß der Aufwand für die Nutzung von DIALEKT für die Erreichung meiner Lernziele gerechtfertigt ist."	❏	❏	❏	❏	❏	❏
„Ich glaube, daß der Aufwand mit dem DIALEKT-Programm zur Erreichung meiner Lernziele auf jeden Fall angemessen ist."	❏	❏	❏	❏	❏	❏

Frage B6: Wenn Sie vor dem Hintergrund der Präsentation ein <u>zusammenfassendes Gesamturteil über Ihre Absicht</u> abgeben müßten, <u>das DIALEKT-Programm zu nutzen</u>, inwieweit könnten Sie dann folgenden Aussagen zustimmen?

Aussage	Zustimmungsgrad					
	stimme voll und ganz zu 1	2	3	4	5	stimme gar nicht zu 6
„Ich kann mir gut vorstellen, das DIALEKT-Programm für die Bewältigung des gesamten Lehrstoffs einzusetzen."	❏	❏	❏	❏	❏	❏
„Ich glaube nicht, daß ich das DIALEKT-Programm zur Bewältigung des Lehrstoffs verwenden werde."	❏	❏	❏	❏	❏	❏
„Ich kann mir nicht vorstellen, daß ich das DIALEKT-Programm bei der Bewältigung des Lehrstoffs voll und ganz nutzen werde."	❏	❏	❏	❏	❏	❏
„Ich glaube, daß ich das DIALEKT-Programm zur Bewältigung des Lehrstoff auf jeden Fall einsetzen werde."	❏	❏	❏	❏	❏	❏
„Eine intensive Verwendung des DIALEKT-Programms kann ich mir überhaupt nicht vorstellen."	❏	❏	❏	❏	❏	❏

Block C: Fragen zur Zahlungsbereitschaft für DIALEKT-Programm

Frage C1a: Wenn Sie vor dem Hintergrund der Präsentation ein zusammenfassendes Gesamturteil über Ihre Absicht abgeben müßten, das DIALEKT-Programm zu kaufen, inwieweit könnten Sie dann folgenden Aussagen zustimmen?

Aussage   Zustimmungsgrad

stimme voll und ganz zu ⟵⟶ stimme gar nicht zu
1   2   3   4   5   6

„Ich kann mir nicht vorstellen, finanzielle Aufwendungen für das DIALEKT-Programm in Kauf zu nehmen."   ☐ ☐ ☐ ☐ ☐ ☐

„Ich kann mir gut vorstellen, daß DIALEKT-Programm zu kaufen."   ☐ ☐ ☐ ☐ ☐ ☐

„Ich glaube nicht, daß ich Geld für das DIALEKT-Programm ausgeben werde."   ☐ ☐ ☐ ☐ ☐ ☐

„Ich glaube, daß ich das DIALEKT-Programm auf jeden Fall erwerben werde."   ☐ ☐ ☐ ☐ ☐ ☐

Frage C1b: Wenn Sie bereit sind, das DIALEKT-Programm zu kaufen, wieviel dürfte es maximal kosten?

_____ .- DM (inkl. MwSt.)

Frage C2a: Stellen Sie sich vor, das DIALEKT-Programm würde über Internet oder Online-Dienst abrufbar sein und Sie könnten das Programm gegen Nutzungsgebühren abrufen. Inwieweit könnten Sie dann folgenden Aussagen zustimmen?

Aussage   Zustimmungsgrad

stimme voll und ganz zu ⟵⟶ stimme gar nicht zu
1   2   3   4   5   6

„Ich kann mir vorstellen, das DIALEKT-Programm auch gegen zeitabhängige Gebühren zu nutzen."   ☐ ☐ ☐ ☐ ☐ ☐

„Ich glaube nicht, daß ich zeitabhängige Gebühren für das DIALEKT-Programm ausgeben würde."   ☐ ☐ ☐ ☐ ☐ ☐

„Ich glaube, daß ich auch bei zeitabhängigen Gebühren das DIALEKT-Programm auf jeden Fall nutzen würde."   ☐ ☐ ☐ ☐ ☐ ☐

Frage C2b: Wenn Sie bereit sein würden, für das DIALEKT-Programm zeitabhängige Nutzungsgebühren in Kauf zu nehmen, wie hoch dürften diese für Ihre gesamte persönliche Nutzungsdauer maximal sein?

_____ .- DM (inkl. MwSt.)

Frage C3: Stellen Sie sich vor, Sie könnten das DIALEKT-Programm und traditionelle Arbeitsmittel (Bücher/Texte usw.) einsetzen. Wie sähe vor diesem Hintergrund die <u>prozentuale Verteilung ihres Arbeitseinsatzes</u> aus?

traditionelle Arbeitsmittel   DIALEKT-Programm
(Bücher/Texte usw.)

_____ % + _____ % = 100%

Frage C7: Wenn Sie sich abschließend das <u>multimediale DIALEKT-Programm insgesamt</u>, also **mit Vor-/Nachteilen, Kaufbedingungen und Nutzungsbedingungen** vor Augen halten, welchen der folgenden Aussagen zu einem <u>Gesamturteil</u> können Sie sich dann anschließen?

Aussage   Zustimmungsgrad

Aussage	stimme voll und ganz zu 1	2	3	4	stimme gar nicht zu 5	6
„Ich finde das DIALEKT-Programm grundsätzlich gut und kann mir vorstellen, es auch zu kaufen **und** zu nutzen."	❏	❏	❏	❏	❏	❏
„Ich finde das DIALEKT-Programm nicht gut und würde es daher **weder** kaufen **noch** nutzen."	❏	❏	❏	❏	❏	❏
„Das DIALEKT-Programm wird meine Erwartungen voll und ganz erfüllen, so daß ich es kaufen **und** nutzen werde."	❏	❏	❏	❏	❏	❏
„Aufgrund ein Abwägung der Vor- und Nachteile kommt ein Kauf **und** eine Nutzung von DIALEKT für mich grundsätzlich nicht in Frage."	❏	❏	❏	❏	❏	❏
„Da das DIALEKT-Programm meine Erwartungen nicht erfüllt, würde ich das Programm **weder** kaufen **noch** nutzen."	❏	❏	❏	❏	❏	❏

Denken Sie bitte an die Fragebogennummer !!!

Vielen Dank für Ihre Teilnahmebereitschaft und Ihre Mitarbeit !

II Fragebogen der zweiten Erhebung (t2)

Lehrstuhl für Marketing　　　　　　　　　　Universität Trier

Univ.-Prof. Dr. Rolf Weiber
Dipl.-Volksw. Tobias Kollmann
FB IV: BWL - AMK
Universitätsring 15
D - 54286 Trier

Telefon:　0651 - 201 / 2634
Telefax:　0651 - 201 / 3910
E-mail:　kollmant@uni-trier.de

**Die Akzeptanz technologischer Innovationen
- eine empirische Untersuchung zu interaktiven Multimedia-Systemen**

Untersuchung bei den Teilnehmern

Sehr geehrte Teilnehmer,

im Rahmen eines Forschungsprojektes des *Lehrstuhls für Marketing der Universität Trier* wird die Akzeptanz technologischer Innovationen in dem Bereich „**interaktive Multimedia-Dienste**" analysiert. Dabei stehen speziell die Anforderungen der potentiellen Nutzer von interaktiven Multimedia-Systemen im Mittelpunkt der Betrachtungen. Aus diesem Grund möchten wir Sie als Teilnehmer des Multimedia-Projekts „DIALEKT - Digitale Interaktive Lektionen" bitten, uns durch das vollständige Ausfüllen des Ihnen vorliegenden Fragebogens bei diesem Forschungsprojekt zu unterstützen.

Die empirische Überprüfung findet in zwei Stufen statt: die ersten Stufe bezieht sich auf den Zeitpunkt *vor der Nutzung* des DIALEKT-Programms; die zweite Stufe auf den Zeitpunkt *nach der Nutzung* des DIALEKT-Programms. Um die Veränderungen des Antwortverhaltens zu erfassen, erhalten Sie eine Fragebogennummer, die Sie sich bitte merken, da diese bei der zweiten Stufe wieder zum Tragen kommt. Diese Fragebogennummer dient nicht zu Ihrer Identifikation, sondern sie hat rein empirische Bedeutung. Selbstverständlich werden ihre Daten anonym behandelt. Die Ausfüllung des Fragebogens und die Zuweisung der Fragebogennummer hat keine Auswirkungen auf Ihren Erfolg bei der Teilnahme dieser Übung oder des Seminars.

Fragebogen der Stufe 2: nach der Nutzung des DIALEKT-Programms

Bitte tragen Sie hier Ihre Fragebogennummer aus der ersten Erhebung ein!

Für Ihren Beitrag zu diesem Forschungsprojekt dürfen wir uns recht herzlich bedanken.

Bitte antworten Sie spontan und kreuzen Sie die für Sie zutreffende Antwortalternative an!

Block 0: Fragen zum Status der/des Befragten

Bitte beantworten Sie kurz einige allgemeine Fragen zu Ihrer Person.

01: Geschlecht: ❏ weiblich ❏ männlich

02: Alter: _____ Jahre

03: Semester: _____

04: Studiengang: _____

05: Besitzen Sie einen Computer? (wenn *Nein*, weiter mit Frage *010* s.u.)

Ja, und zwar:
- ❏ Home-Computer (Atari, Amiga, etc.)
- ❏ PC mit 286er Prozessor
- ❏ PC mit 486er Prozessor
- ❏ Apple-Computer
- ❏ PC mit 386er Prozessor
- ❏ PC mit Pentium Prozessor

06: Besitzen Sie ein CD-ROM-Laufwerk? ❏ Ja ❏ Nein

07: Besitzen Sie Multimedia-CD-ROM's? ❏ Ja ❏ Nein

08: wenn Ja, welche?
- ❏ Spiele
- ❏ Guide-Programme (z.B. Stadtführer)
- ❏ Lernprogramme
- ❏ Nachschlagewerke (z.B. Lexikon)
- ❏ Home-Shopping-CD-ROM's
- ❏ sonstige: _____

09: Besitzen Sie ein Modem? ❏ Ja ❏ Nein

010: Besitzen Sie einen Zugang zu Online-Diensten (z.B. T-Online, CompuServe, AOL usw.)? ❏ Ja ❏ Nein

011: Besitzen Sie Internet-Kenntnisse (WWW)? ❏ Ja ❏ wenig ❏ Nein

012: Besitzen Sie:
TV-Gerät ❏ TV mit Kabelanschluß ❏ TV mit Satellitenanlage ❏ weder noch ❏

Block A: Fragen zur Einstellung gegenüber dem DIALEKT-Programm

Frage A1: Wenn Sie vor dem Hintergrund des abgeschlossenen Pilotprojektes Ihr Interesse am DIALEKT-Programm beurteilen müßten, inwieweit könnten Sie dann folgenden Aussagen zustimmen?

Aussage	Zustimmungsgrad					
	stimme voll und ganz zu 1	2	3	4	5	stimme gar nicht zu 6
„Ich beachte das DIALEKT-Programm besonders aufmerksam."	❏	❏	❏	❏	❏	❏
„Dem DIALEKT-Programm schenke ich keine Aufmerksamkeit."	❏	❏	❏	❏	❏	❏
„Für das DIALEKT-Programm interessiere ich mich nicht."	❏	❏	❏	❏	❏	❏

Frage A2: Wenn Sie nach Abschluß des Pilotprojektes die Vorteile des multimedialen DIALEKT-Lernprogramms beurteilen müßten, inwieweit könnten Sie dann folgenden Aussagen zustimmen?

Aussage	Zustimmungsgrad					
	stimme voll und ganz zu 1	2	3	4	5	stimme gar nicht zu 6
Am DIALEKT-Lernprogramm beurteile ich positiv, ...						
„... daß ich aktiv an einem Lernprogramm teilnehmen kann und dabei selbst den Ablauf bestimme."	❏	❏	❏	❏	❏	❏
„... daß ich hierdurch individuell, gezielt bzw. unabhängig lernen kann."	❏	❏	❏	❏	❏	❏
„... daß ich selbst bestimmen kann, wann und welches Lernpensum ich erledigen will."	❏	❏	❏	❏	❏	❏
„... daß eine schnelle und aktuelle Wissensvermittlung möglich ist."	❏	❏	❏	❏	❏	❏
„... daß ich mein Studium bzw. Lernpensum von zu Hause aus durchführen bzw. bewältigen kann."	❏	❏	❏	❏	❏	❏
„... daß ich einen hohen Lernerfolg habe."	❏	❏	❏	❏	❏	❏
„... daß ich verschiedene Lernmethoden (Schrift, Ton, Bild usw.) innerhalb von DIALEKT kombinieren kann."	❏	❏	❏	❏	❏	❏

Frage A3: Wenn Sie nach Abschluß des Pilotprojektes die <u>Möglichkeiten</u> des DIALEKT-Programms <u>insgesamt</u> beurteilen müßten, inwieweit könnten Sie dann folgenden Aussagen zustimmen?

Aussage

Zustimmungsgrad

stimme voll und ganz zu ←——→ stimme gar nicht zu
1   2   3   4   5   6

Aussage	1	2	3	4	5	6
„Ich finde die Möglichkeiten, die mir das Programm in den verschiedenen Lernmodulen bietet, sehr übersichtlich."	❏	❏	❏	❏	❏	❏
„Ich finde die angebotenen Möglichkeiten des Programms nicht überschaubar."	❏	❏	❏	❏	❏	❏
„Ich finde, daß die Möglichkeiten des Programms sehr komplex sind."	❏	❏	❏	❏	❏	❏
„Ich finde, daß die Möglichkeiten der verschiedenen Lernmodule vollkommen erkennbar sind."	❏	❏	❏	❏	❏	❏

Frage A4: Wenn Sie nach Abschluß des Pilotprojektes die <u>Nachteile</u> des multimedialen DIALEKT-Lernprogramms beurteilen müßten, inwieweit könnten Sie dann folgenden Aussagen zustimmen?

Aussage

Zustimmungsgrad

stimme voll und ganz zu ←——→ stimme gar nicht zu
1   2   3   4   5   6

Am DIALEKT-Lernprogramm beurteile ich negativ, ...

Aussage	1	2	3	4	5	6
„... daß der Kontakt mit dem Lehrer/Prof. verloren geht."	❏	❏	❏	❏	❏	❏
„... daß für die Bedienung eine umfassende Vorübung erforderlich ist."	❏	❏	❏	❏	❏	❏
„... daß man mich leicht kontrollieren und überwachen kann."	❏	❏	❏	❏	❏	❏
„... daß ich erst eine komplizierte Technik lernen und verstehen muß, bevor ich das Programm für den eigentlichen Zweck einsetzen kann."	❏	❏	❏	❏	❏	❏
„... daß ich aufgrund der hohen Informationsmenge, die multimedial bereitgestellt werden kann, sehr viel lernen und behalten muß."	❏	❏	❏	❏	❏	❏
„... daß ich meine bisherigen Lerngewohnheiten umstellen muß, um das multimediale Lernprogramm wirklich nutzen zu können."	❏	❏	❏	❏	❏	❏
„... daß ich einen hohen Lernaufwand (Erlernen des Programms/Verarbeitung von Lehrstoff) haben werde."	❏	❏	❏	❏	❏	❏

| Frage A5: | Wenn Sie sich das multimediale <u>DIALEKT-Programm im Vergleich zu Ihren bisherigen Lernmethoden</u> (Bücher, Skripte, Vorlesung usw.) vor Augen halten, inwieweit können Sie dann folgenden Aussagen zustimmen? |

Aussage	Zustimmungsgrad					
	stimme voll und ganz zu		←——→		stimme gar nicht zu	
	1	2	3	4	5	6
Gegenüber meinen bisherigen Lernmethoden stelle ich beim DIALEKT-Programm fest, ...						
„... daß das Zusammenspiel von verschiedenen Medienbausteinen (Bild, Video, Ton usw.) für die Lehrstoffvermittlung besser ist."	❑	❑	❑	❑	❑	❑
„... daß meine individuellen Gestaltungswünsche bei der Lehrstoffaufnahme besser berücksichtigt werden."	❑	❑	❑	❑	❑	❑
„... daß ich durch die interaktive Einflußnahme den Lehrstoff flexibler lernen kann."	❑	❑	❑	❑	❑	❑
„... daß ich den Lehrstoff wirksamer aufnehmen kann."	❑	❑	❑	❑	❑	❑
„... daß ich einen höheren Lernerfolg erzielen kann."	❑	❑	❑	❑	❑	❑
„... daß ich noch mehr Lehrstoff bewältigen muß."	❑	❑	❑	❑	❑	❑

| Frage A6: | Wenn Sie nach Abschluß des Pilotprojektes beurteilen müßten, wie das <u>DIALEKT-Programm mit Ihrem bisherigem Lernverhalten</u> (bzw. Ihren Lernmethoden) <u>harmonierte</u>, inwieweit könnten Sie dann folgenden Aussagen zustimmen? |

Aussage	Zustimmungsgrad					
	stimme voll und ganz zu		←——→		stimme gar nicht zu	
	1	2	3	4	5	6
Ich stelle fest, daß ...						
„... das multimediale DIALEKT-Programm eine ideale Ergänzung zu meinen bisherigen Lernmethoden ist."	❑	❑	❑	❑	❑	❑
„... die Möglichkeiten des DIALEKT-Programms nicht zu meinen bisherigen Lernmethoden passen."	❑	❑	❑	❑	❑	❑
„... die Möglichkeiten des DIALEKT-Programms meine bisherigen Lernmethoden vollständig ersetzen."	❑	❑	❑	❑	❑	❑

Frage A7: Wenn Sie nach Abschluß des Pilotprojektes beurteilen müßten, wie <u>gut das DIALEKT-Programm ihre Lernziele erfüllen kann</u>, inwieweit könnten Sie dann folgenden Aussagen zustimmen?

Aussage   Zustimmungsgrad

Aussage	stimme voll und ganz zu ← → stimme gar nicht zu
	1 2 3 4 5 6
„Ich bin mir unsicher, ob das multimediale Lernprogramm DIALEKT meine Lernziele voll und ganz erfüllt hat."	☐ ☐ ☐ ☐ ☐ ☐
„Ich bin mir sicher, daß ich mit dem Lernprogramm DIALEKT meine Lernziele nicht verwirklichen kann."	☐ ☐ ☐ ☐ ☐ ☐
„Ich bin mir sicher, daß meinen Lernzielen durch das DIALEKT-Programm vollständig entsprochen wird."	☐ ☐ ☐ ☐ ☐ ☐

Frage A8: Wenn Sie nach dem Abschluß des Pilotprojektes aufgrund einer Abwägung von Vor- und Nachteilen ein <u>zusammenfassendes Gesamturteil über das multimediale Lernprogramm DIALEKT</u> abgeben müßten, inwieweit könnten Sie dann folgenden Aussagen zustimmen?

Aussage	Zustimmungsgrad
	stimme voll und ganz zu ← → stimme gar nicht zu
	1 2 3 4 5 6

Ich stelle fest, daß ...

Aussage	
„... ich das DIALEKT-Programm zum Zweck der Lehrstoffvermittlung uneingeschränkt positiv finde."	☐ ☐ ☐ ☐ ☐ ☐
„... das DIALEKT-Programm hinsichtlich der Lehrstoffvermittlung überhaupt nicht meinen Vorstellungen entspricht."	☐ ☐ ☐ ☐ ☐ ☐
„... ich das DIALEKT-Programm für die Lehrstoffvermittlung generell besonders geeignet finde."	☐ ☐ ☐ ☐ ☐ ☐
„... ich insgesamt von der Lehrstoffvermittlung durch das DIALEKT-Programm überhaupt nicht begeistert bin."	☐ ☐ ☐ ☐ ☐ ☐
„... ich insgesamt die Lehrstoffvermittlung durch das DIALEKT-Programm gänzlich ablehne."	☐ ☐ ☐ ☐ ☐ ☐

Block B: Fragen zur tatsächlichen Nutzung bei DIALEKT-Programm

Frage B1: Nach dem Abschluß des Pilotprojektes, wie sehr haben Sie von den DIALEKT-Lernmodulen Gebrauch gemacht? Bitte geben Sie an, <u>wie oft</u> und <u>wie lange</u> sie persönlich die einzelnen Lernmodule genutzt haben.

Lernmodul	Wie oft? (in Frequenz) gar nicht 0 / sehr wenig 1 ↔ sehr oft 6 / x mal	Wie lange? (in Minuten) gar nicht 0 / eher kurz 1 ↔ eher lange 6 / x Min
Worum geht's *Einführung Fallstudie / Ziele der Fallstudie / Darst. Bürowerkzeuge*	☐ ☐ ☐ ☐ ☐ ☐ ☐ ____	☐ ☐ ☐ ☐ ☐ ☐ ☐ ____
ODI-Fallstudie *Produkt-Darstellung / Unternehmens-Darst. / Absatzmarkt-Darst.*	☐ ☐ ☐ ☐ ☐ ☐ ☐ ____	☐ ☐ ☐ ☐ ☐ ☐ ☐ ____
Die Theorie-Broschüre *Adoptions-/Diff.prozeß / Marketingstrategien / Prognosemodelle*	☐ ☐ ☐ ☐ ☐ ☐ ☐ ____	☐ ☐ ☐ ☐ ☐ ☐ ☐ ____
Marketinginstrumente *theor. Hintergrund / Instrumenten-Darst.*	☐ ☐ ☐ ☐ ☐ ☐ ☐ ____	☐ ☐ ☐ ☐ ☐ ☐ ☐ ____
Die Kalkulation *Simulat.-/Kalkulat.prog. / Erfolgsrechnung / Break-Even-Rechn.*	☐ ☐ ☐ ☐ ☐ ☐ ☐ ____	☐ ☐ ☐ ☐ ☐ ☐ ☐ ____
Marktsegmentierung *theor. Hintergrund / Ziele der Segm. / Aspekte der Segm.*	☐ ☐ ☐ ☐ ☐ ☐ ☐ ____	☐ ☐ ☐ ☐ ☐ ☐ ☐ ____
Expertenrunde	☐ ☐ ☐ ☐ ☐ ☐ ☐ ____	☐ ☐ ☐ ☐ ☐ ☐ ☐ ____
Notizenordner	☐ ☐ ☐ ☐ ☐ ☐ ☐ ____	☐ ☐ ☐ ☐ ☐ ☐ ☐ ____
Video-Galerie	☐ ☐ ☐ ☐ ☐ ☐ ☐ ____	☐ ☐ ☐ ☐ ☐ ☐ ☐ ____

Frage B2: Was glauben Sie, wie <u>wichtig</u> sind die einzelnen <u>Lernmodule</u> des DIALEKT-Programms für Sie, und wie <u>zufrieden</u> sind Sie mit diesen Lernmodulen?

Lernmodul	Wie wichtig? sehr wichtig ←→ gar nicht wichtig 1 2 3 4 5 6	Wie zufrieden? eher zufrieden ←→ eher nicht zufrieden 1 2 3 4 5 6
Worum geht's Einführung Fallstudie Ziele der Fallstudie Darst. Bürowerkzeuge	☐ ☐ ☐ ☐ ☐ ☐	☐ ☐ ☐ ☐ ☐ ☐
ODI-Fallstudie Produkt-Darstellung Unternehmens-Darst. Absatzmarkt-Darst.	☐ ☐ ☐ ☐ ☐ ☐	☐ ☐ ☐ ☐ ☐ ☐
Die Theorie-Broschüre Adoptions-/Diff.prozeß Marketingstrategien Prognosemodelle	☐ ☐ ☐ ☐ ☐ ☐	☐ ☐ ☐ ☐ ☐ ☐
Marketinginstrumente theor. Hintergrund Instrumenten-Darst.	☐ ☐ ☐ ☐ ☐ ☐	☐ ☐ ☐ ☐ ☐ ☐
Die Kalkulation Simulat.-/Kalkulat.prog. Erfolgsrechnung Break-Even-Rechn.	☐ ☐ ☐ ☐ ☐ ☐	☐ ☐ ☐ ☐ ☐ ☐
Marktsegmentierung theor. Hintergrund Ziele der Segm. Aspekte der Segm.	☐ ☐ ☐ ☐ ☐ ☐	☐ ☐ ☐ ☐ ☐ ☐
Expertenrunde	☐ ☐ ☐ ☐ ☐ ☐	☐ ☐ ☐ ☐ ☐ ☐
Notizenordner	☐ ☐ ☐ ☐ ☐ ☐	☐ ☐ ☐ ☐ ☐ ☐
Video-Galerie	☐ ☐ ☐ ☐ ☐ ☐	☐ ☐ ☐ ☐ ☐ ☐

Frage B3: Was glauben Sie, wie wichtig sind folgende Bedienungseigenschaften des DIALEKT-Programms für Sie, und wie zufrieden sind Sie mit diesen Bedienungseigenschaften?

Bedienungseigenschaft	Wie wichtig? sehr wichtig ↔ gar nicht wichtig	Wie zufrieden? eher zufrieden ↔ eher nicht zufrieden
	1 2 3 4 5 6	1 2 3 4 5 6
Übersichtlichkeit im Programm	☐ ☐ ☐ ☐ ☐ ☐	☐ ☐ ☐ ☐ ☐ ☐
Bedienbarkeit/Steuerkomfort	☐ ☐ ☐ ☐ ☐ ☐	☐ ☐ ☐ ☐ ☐ ☐
Aktualität der Modulinhalte	☐ ☐ ☐ ☐ ☐ ☐	☐ ☐ ☐ ☐ ☐ ☐
Qualität der Modulinhalte	☐ ☐ ☐ ☐ ☐ ☐	☐ ☐ ☐ ☐ ☐ ☐
Schnelligkeit des Systems	☐ ☐ ☐ ☐ ☐ ☐	☐ ☐ ☐ ☐ ☐ ☐
Qualität der Darstellung von Modulinhalten	☐ ☐ ☐ ☐ ☐ ☐	☐ ☐ ☐ ☐ ☐ ☐
Graphische Aufarbeitung	☐ ☐ ☐ ☐ ☐ ☐	☐ ☐ ☐ ☐ ☐ ☐
Anpassung an individuelle Nutzungswünsche (Individualität)	☐ ☐ ☐ ☐ ☐ ☐	☐ ☐ ☐ ☐ ☐ ☐
Einflußmöglichkeiten auf Programmablauf (Interaktivität)	☐ ☐ ☐ ☐ ☐ ☐	☐ ☐ ☐ ☐ ☐ ☐
Verknüpfbarkeit der Lerninhalte aus einzelnen Modulen	☐ ☐ ☐ ☐ ☐ ☐	☐ ☐ ☐ ☐ ☐ ☐
Auswahlmöglichkeiten der Lerninhalte	☐ ☐ ☐ ☐ ☐ ☐	☐ ☐ ☐ ☐ ☐ ☐

Frage B4: Nach Abschluß des Pilotprojektes, was glauben Sie, wie gut erfüllt das DIALEKT-Programm <u>Ihre persönlichen Nutzungsanforderungen</u>?

	Zustimmungsgrad stimme voll und ganz zu ↔ stimme gar nicht zu
	1 2 3 4 5 6
„Ich glaube, daß DIALEKT meine Anforderungen in bezug auf die Nutzung eines multimedialen Lernprogramms voll und ganz erfüllt."	☐ ☐ ☐ ☐ ☐ ☐
„Ich glaube, daß DIALEKT meine Anforderungen an die Nutzung eines multimedialen Lernprogramms nicht erfüllt."	☐ ☐ ☐ ☐ ☐ ☐
„Ich glaube, daß sich das DIALEKT-Programm an meine Nutzungsanforderungen voll und ganz anpaßt."	☐ ☐ ☐ ☐ ☐ ☐
„Ich glaube, daß sich das DIALEKT-Programm nicht auf meine Nutzungsanforderungen abstimmt."	☐ ☐ ☐ ☐ ☐ ☐

Frage B5: Um das DIALEKT-Programm zu nutzen, mußten Sie einen gewissen Aufwand (z.B. Einarbeitungszeit, Umstellung der Lernmethode usw.) in Kauf nehmen. Was meinen Sie, lohnt sich dieser Aufwand zur Erreichung der Lernziele für Sie persönlich?

Aussage	Zustimmungsgrad					
	stimme voll und ganz zu ←———→ stimme gar nicht zu					
	1	2	3	4	5	6
„Der Aufwand für die Nutzung des DIALEKT-Programms zur Erfüllung meiner Lernziele lohnt sich voll und ganz."	❏	❏	❏	❏	❏	❏
„Der Aufwand für die Nutzung von DIALEKT für die Erreichung meiner Lernziele ist nicht gerechtfertigt."	❏	❏	❏	❏	❏	❏
„Ich glaube, daß der Aufwand mit dem DIALEKT-Programm zur Erreichung meiner Lernziele auf jeden Fall angemessen ist."	❏	❏	❏	❏	❏	❏

Frage B6: Wenn Sie nach dem Abschluß des Pilotprojektes ein <u>zusammenfassendes Gesamturteil über Ihre tatsächliche Nutzung</u> abgeben müßten, inwieweit können Sie dann folgenden Aussagen zustimmen?

Aussage	Zustimmungsgrad					
	stimme voll und ganz zu ←———→ stimme gar nicht zu					
	1	2	3	4	5	6
„Ich glaube, das ich das DIALEKT-Programm für die Bewältigung des gesamten Lehrstoffs eingesetzt habe."	❏	❏	❏	❏	❏	❏
„Ich glaube nicht, daß ich das DIALEKT-Programm zur Bewältigung des Lehrstoffs verwendet habe."	❏	❏	❏	❏	❏	❏
„Ich glaube, daß ich das DIALEKT-Programm bei der Bewältigung des Lehrstoffs voll und ganz genutzt habe."	❏	❏	❏	❏	❏	❏
„Ich glaube, daß ich das DIALEKT-Programm zur Bewältigung des Lehrstoff auf jeden Fall eingesetzt habe."	❏	❏	❏	❏	❏	❏
„Ich glaube, daß eine intensive Verwendung des DIALEKT-Programms zur Bewältigung des Lehrstoffs nicht vorlag."	❏	❏	❏	❏	❏	❏

Block C: Fragen zur tatsächlichen Zahlungsbereitschaft für DIALEKT-Programm

Frage C1a: Wenn Sie nach dem Abschluß des Pilotprojektes ein zusammenfassendes Gesamturteil zum Kauf des DIALEKT-Programms abgeben müßten, inwieweit können Sie dann folgenden Aussagen zustimmen?

Aussage	Zustimmungsgrad					
	stimme voll und ganz zu					stimme gar nicht zu
	1	2	3	4	5	6
„Ich glaube, daß ich finanzielle Aufwendungen für das DIALEKT-Programm in Kauf nehme."	☐	☐	☐	☐	☐	☐
„Ich glaube, daß ich das DIALEKT-Programm kaufe."	☐	☐	☐	☐	☐	☐
„Ich glaube nicht, daß ich Geld für das DIALEKT-Programm ausgebe."	☐	☐	☐	☐	☐	☐
„Ich glaube, daß ich das DIALEKT-Programm auf jeden Fall erwerbe."	☐	☐	☐	☐	☐	☐

Frage C1b: Wenn Sie das DIALEKT-Programm kaufen, wieviel sollte es maximal kosten?

_____ .- DM (inkl. MwSt.)

Frage C2a: Stellen Sie sich vor, das DIALEKT-Programm wird über Internet oder Online-Dienst abrufbar sein und Sie können das Programm gegen Nutzungsgebühren abrufen. Inwieweit könnten Sie dann folgenden Aussagen zustimmen?

Aussage	Zustimmungsgrad					
	stimme voll und ganz zu					stimme gar nicht zu
	1	2	3	4	5	6
„Ich glaube, daß ich das DIALEKT-Programm auch gegen zeitabhängige Gebühren nutze."	☐	☐	☐	☐	☐	☐
„Ich glaube nicht, daß ich zeitabhängige Gebühren für das DIALEKT-Programm ausgebe."	☐	☐	☐	☐	☐	☐
„Ich glaube, daß ich auch bei zeitabhängigen Gebühren das DIALEKT-Programm auf jeden Fall nutze."	☐	☐	☐	☐	☐	☐

Frage C2b: Wenn Sie das DIALEKT-Programm zeitabhängig nutzen, wie hoch sollten die Nutzungsgebühren für Ihre gesamte persönliche Nutzungsdauer maximal sein?

_____ .- DM (inkl. MwSt.)

Frage C3: Sie konnten das DIALEKT-Programm und traditionelle Arbeitsmittel (Bücher/Texte usw.) einsetzen. Wie sah vor diesem Hintergrund die prozentuale Verteilung ihres Arbeitseinsatzes aus?

Traditionelle Arbeitsmittel   DIALEKT-Programm
(Bücher/Texte usw.)

_____ %   +   _____ %   = 100%

Frage C7: Wenn Sie sich nach Abschluß des Pilotprojektes abschließend das multimediale DIALEKT-Programm insgesamt, also mit Vor-/Nachteilen, Kaufbedingungen und Nutzungsbedingungen vor Augen halten, inwieweit können Sie sich dann folgenden Aussagen zu einem Gesamturteil anschließen?

Aussage	Zustimmungsgrad					
	stimme voll und ganz zu					stimme gar nicht zu
	1	2	3	4	5	6
„Ich finde das DIALEKT-Programm grundsätzlich gut und kaufe **und** nutze es."	☐	☐	☐	☐	☐	☐
„Ich finde das DIALEKT-Programm nicht gut, so daß ich es **weder** kaufe **noch** nutze."	☐	☐	☐	☐	☐	☐
„Das DIALEKT-Programm erfüllt meine Erwartungen voll und ganz, so daß ich es kaufe **und** nutze."	☐	☐	☐	☐	☐	☐
„Aufgrund ein Abwägung der Vor- und Nachteile kommt es für mich **nicht** zu einem Kauf **und** einer Nutzung von DIALEKT."	☐	☐	☐	☐	☐	☐
„Da das DIALEKT-Programm meine Erwartungen nicht erfüllt hat, wird das Programm **weder** gekauft **noch** genutzt."	☐	☐	☐	☐	☐	☐

Frage D1: Wenn Sie die „Übung/Seminar zum Marketing" insgesamt beurteilen müßten, inwieweit können Sie sich dann folgenden Aussagen anschließen?

Aussage	Zustimmungsgrad					
	stimme voll und ganz zu 1	2	3	4	stimme gar nicht zu 5	6
„Ich finde das Konzept (Theorie/Anwendung/Plenum) grundsätzlich gut und wünsche mir in Zukunft mehr derartige Veranstaltungen."	☐	☐	☐	☐	☐	☐
„Ich finde insbesondere den Praxisbezug (Fallstudie) gut und wünsche mir mehr in diese Richtung."	☐	☐	☐	☐	☐	☐
„Ich finde den Einsatz multimedialer Lehrtechniken positiv und wünsche mir in Zukunft einen erhöhten Einsatz derartiger Lehrmitttel (CD-ROM/Online-Netz)."	☐	☐	☐	☐	☐	☐
„Aufgrund des Einsatzes von kleinen Lerngruppen war ein intensiver Austausch und Diskussionen zur Problematik möglich."	☐	☐	☐	☐	☐	☐

Frage D2: Nun dürfen Sie uns benoten! Bitte beurteilen Sie folgende Eigenschaften/Aspekte der Veranstaltung „Übung/Seminar zum Marketing".

Aussage	Schulnotensystem					
	sehr gut 1	2	3	4	ungenügend 5	6
Das Blocksystem der Übung (Theorie und Anwendung)	☐	☐	☐	☐	☐	☐
Die Bildung von kleinen Arbeitsgruppen	☐	☐	☐	☐	☐	☐
Der Einsatz von praxisorientierten Fallstudien	☐	☐	☐	☐	☐	☐
Der Einsatz multimedialer Lehrtechniken (CD-ROM)	☐	☐	☐	☐	☐	☐
Der Einsatz von Computersimulationen	☐	☐	☐	☐	☐	☐
Die Betreuung in den Arbeitsgruppen	☐	☐	☐	☐	☐	☐
Die Betreuung bei der Nutzung des DIALEKT-Prog.	☐	☐	☐	☐	☐	☐
Die Hilfsmittel (Folien/Skript/Info-Zettel)	☐	☐	☐	☐	☐	☐
Die Diskussion im Plenum	☐	☐	☐	☐	☐	☐
Die Organisation der Veranstaltung	☐	☐	☐	☐	☐	☐
Die Aufgabenstellungen für die Gruppenarbeit	☐	☐	☐	☐	☐	☐
Die Zeiteinteilung bzw. -bemessung der Veranstaltung	☐	☐	☐	☐	☐	☐

Sollten Sie noch persönliche Kommentare haben, nutzen Sie bitte die Rückseite !
Denken Sie bitte an den Eintrag der Fragebogennummer !!!
Vielen Dank für Ihre Teilnahmebereitschaft und Ihre Mitarbeit !

Das Nutzungsprotokoll

Univ.-Prof. Dr. R. Weiber   Dipl.-Vw. Tobias Kollmann

Nutzungsprotokoll

DIALEKT-Programm mit Fallstudie ODI
Übung/Seminar zum Marketing WS 1996/97

Fragebogennummer:

Modul	Wie oft ?	Wie lange ?
Worum geht´s		
ODI-Fallstudie		
Theorie-Broschüre		
Marketinginstrumente		
Kalkulation		
Marktsegmentierung		
Expertenrunde		
Notizenordner		
Video-Galerie		

Sind Probleme mit dem Rechner aufgetaucht?
Falls ja, welche ...

Bitte geben Sie diesen Protokollzettel wieder in C317 oder C332 ab!
Vielen Dank!

Literaturverzeichnis

A

Adler, Jost (1994): Informationsökonomische Fundierung von Austauschprozessen im Marketing, Arbeitspapier Nr. 3 zur Marketingtheorie des Lehrstuhls für Marketing der Universität Trier, hrsg. von R. Weiber, Trier 1994.

Adler, Jost (1996): Informationsökonomische Fundierung von Austauschprozessen - eine nachfragerorientierte Analyse, Wiesbaden 1996.

Allerbeck, Mechthild/Helmreich, Reinhard (1984): Akzeptanz planen - aber wie?, in: Office Management, Heft 11, 32 (1984), S. 1080-1082.

Allerbeck, Mechthild/Helmreich, Reinhard (1991): Akzeptanz planen - Wie man die Weichen richtig stellt, in: Helmreich, Reinhard (Hrsg.): Bürokommunikation und Akzeptanz - Benutzungsoberflächen ergonomisch gestalten, Technik richtig einführen, Folgen beherrschen, Heidelberg 1991, S. 1-13.

Altmann, Jörn (1990): Volkswirtschaftslehre - einführende Theorie mit praktischen Bezügen, Stuttgart 1990.

Altschul, Kurt (1978): Marketing um Mark und Dollar, in: Absatzwirtschaft Sonderausgabe Nr. 10, 21 (1978), S. 34-42.

Anderson, James C./Gerbing, David W. (1982): Some Methods for Respecifying Measurement Models to Obtain Unidimensional Construct Measurement, in: Journal of Marketing Research, 19 (1982), S. 453-460.

Anderson, James C./Gerbing, David W. (1987): On the Assessment of Unidimensional Measurement - Internal and External Consistency and Overall Consistency Criteria, in: Journal of Marketing Research, 24 (1987), S. 432-437.

Anderson, James C./Gerbing, David W. (1988): Structural Equation Modelling in Practice - A Review and Recommended Two-Step Approach, in: Psychological Bulletin, Nr. 103 (1988), S. 411-423.

Anderson, James C./Gerbing, David W./Hunter, John, E. (1987): On the Assessment of Unidimensional Measurement - Internal and External Consistency and Overall Consistency Criteria, in: Journal of Marketing Research, 24 (1987), S. 432-437.

Anstadt, Ulrich (1994): Determinanten der individuellen Akzeptanz bei Einführung neuer Technologien, Frankfurt/M. 1994.

Anstötz, Karin (1991): Akzeptanzorientierte Systemgestaltung - Möglichkeiten und Grenzen von Prototyping mit Benutzerbeteiligung am Beispiel eines Informations- und Kommunikationssystems im Rechnerverbund, Bergisch Gladbach 1991.

B

Baan, Adri (1995): Elektronische Produkte und Märkte der Zukunft, in: Alfred Herrhausen Gesellschaft (Hrsg.): Multimedia - Eine revolutionäre Herausforderung, 3. Jahreskolloquium 16./17. Juni 1995, Frankfurt/M. 1995, S. 73-87.

Backhaus, Hagen (1993): Karstadt-Music-Master - Akzeptanztest, Forschungsstelle für Interaktive Absatzsysteme an der Bergischen Universität Wuppertal, Wuppertal 1993.

Backhaus, Hagen (1994): Multimedia-Systeme als Marketing-Instrument, in: geldinstitute, 4/5 (1994), S. 56-65.

Backhaus, Klaus (1991): Auswirkungen kurzer Lebenszyklen bei High-Tech-Produkten, in: Thexis, Nr. 6, 8 (1991), S. 11-13.

Backhaus, Klaus (1995): Investitionsgütermarketing, 4. Auflage, München 1995.

Backhaus, Klaus/Erichson, Bernd/Plinke, Wulff/Weiber, Rolf (1996): Multivariate Analysemethoden - Eine anwendungsorientierte Einführung, 8. Auflage, Berlin 1996.

Backhaus, Klaus/Voeth, Markus (1995): Innovations- und Technologiemarketing, in: Zahn, Erich (Hrsg.): Handbuch Technologiemanagement, Stuttgart 1995, S. 395-408.

Backhaus, Klaus/Voeth, Markus (1997): Stadtinformationssysteme - Ergebnisse einer Akzeptanzuntersuchung bei Privathaushalten in Münster (Westf.), Münster 1997.

Backhaus, Klaus/Voeth, Markus/Bendix, Kai B. (1995): Die Akzeptanz von Multimedia-Diensten - Konzeptionelle Anmerkungen und empirische Ergebnisse, Arbeitspapier Nr. 19 des Betriebswirtschaftlichen Instituts für Anlagen und Systemtechnologie, hrsg. von K. Backhaus, Münster 1995.

Bagozzi, Richard P. (1980): Causal Models in Marketing, New York.

Bagozzi, Richard P. (1981): Evaluating Structural Models with Unobservable Variables and Measurement Error - A Comment, in: Journal of Marketing Research, 18 (1981), S. 375-381.

Bagozzi, Richard P./Fornell, Claes (1982): Theoretical Concepts, Measurement and Meaning, in: Fornell, Claes (Hrsg.): A Second Generation of Multivariate Analysis, Vol. 2: Measurement and Evaluation, New York 1982, S. 24-38.

Bagozzi, Richard P./Phillips, Lynn W. (1982): Representing and Testing Organizational Theories - A Holistic Construal, in: Administrative Science Quarterly, Nr. 27 (1982), S. 459-489.

Bagozzi, Richard P./Yi, Youjae (1988): On the Evaluation of Structural Equation Models, in: Journal of the Academy of Marketing Science, Nr. 16 (1988), S. 74-94.

Bagozzi, Richard P./Yi, Youjae/Phillips, Lynn W. (1991): Assessing Construct Validity in Organizational Research, in: Administrative Science Quarterly, 36 (1991), S. 421-458.

Baird, John E. (1977): The Dynamics of Organizational Communication, London 1977.

Bamberg, Günter/Baur, Franz (1991): Statistik, 7. Auflage, München 1991.

Bänsch, Axel (1993): Käuferverhalten, 5. Auflage, München 1993.

Bauer, Felix (1984): Datenanalyse mit SPSS, Stuttgart 1984.

Bearden, William O./Netemeyer, Richard G./Mobley, Mary F. (1993): Handbook of Marketing Scales - Multi-Item Measures for Marketing and Consumer Behavior, Newberry Park 1993.

Bebié, André (1978): Käuferverhalten und Marketing-Entscheidung - Konsumgüter-Marketing aus der Sicht der behavioral sciences, Wiesbaden 1978.

Bechmann, Gotthart/Wingert, Bernd (1981): Sozialwissenschaftliche Begleitforschung und Technologieplanung - Theoretische, methodische und organisatorische Probleme, in: Janshen, Doris/Keck, Otto/Webler, Wolff-Dietrich (Hrsg.): Technischer und sozialer Wandel, Königstein/Ts. 1981, S. 121-155.

Bentler, Peter M. (1980): Multivariate Analysis with latent Variables - Causal Modelling, in: Annual Review of Psychology, 31 (1989), S. 419-456.

Bentler, Peter M. (1985): Theory and Implementation of EQS - A Structural Equations Program, Los Angeles 1985.

Berg, J. u.a. (1974): Analyse der Entwicklung und Anwendungsmöglichkeiten von Computer-Display-Systemen, Studiengruppe für Systemforschung e.V., Heidelberg 1974.

Berndt, Ralph (1996): Marketing, Band 1 - Käuferverhalten, Marktforschung und Marketing-Prognosen, 3. Auflage, Berlin 1996.

Biedenkopf, Kurt (1996): Multimedia-Zukunft - eine Skizze, in: Glowalla, Ulrich/Schoop, Eric (Hrsg.): Deutscher Multimedia Kongreß´96 - Perspektiven multimedialer Kommunikation, Berlin 1996, S. 9-16.

Bierfelder, Wilhelm H. (1989): Innovationsmanagement, München 1989.

Blalock, Hubert M. jr. (1982): Conceptualization and measurement in the social sciences, Beverly Hills 1982.

Bleicher, Knut (1995): Technologiemanagement und organisationaler Wandel, in: Zahn, Erich (Hrsg.): Handbuch Technologiemanagement, Stuttgart 1995, S. 579-596.

Bock, Hans H. (1974): Automatische Klassifikation - Theoretische und praktische Methoden zur Gruppierung und Strukturierung von Daten, Göttingen 1974.

Böck Bachfischer, Nikola M. (1996): Interaktive Medien im elektronischen Medienmarkt - eine theoretische und empirische Analyse, München 1996.

Böcker, Franz/Gierl, Heribert (1988): Die Diffusion neuer Produkte - Eine kritische Bestandsaufnahme, in: Zeitschrift für betriebswirtschaftliche Forschung, Nr. 1, 40 (1988), S. 32-48.

Böndel, Burkhard (1995): Multimedia - Zahlen gegriffen, in: WirtschaftsWoche, Nr. 35 vom 24.08.1995, S. 81.

Bohrnstedt, Georg W. (1970): Reliability and Validity Assessment in Attitude Measurement, in: Summers, G. F. (Hrsg.): Attitude Measurement, Chicago 1970, S. 80-99.

Booz • Allen & Hamilton (1996a): Mobilfunk - Vom Statussymbol zum Wirtschaftsfaktor, hrsg. von Booz • Allen & Hamilton - Institut für Medienentwicklung und Kommunikation GmbH in der Verlagsgruppe FAZ GmbH, Frankfurt/M. 1996.

Booz • Allen & Hamilton (1996b): Zukunft Multimedia - Grundlagen, Märkte und Perspektiven in Deutschland, hrsg. von Booz • Allen & Hamilton - Institut für Medienentwicklung und Kommunikation GmbH in der Verlagsgruppe FAZ GmbH, Frankfurt/M. 1996.

Börner, Wolfgang/Schnellhardt, Günther (1992): Multimedia - Grundlagen, Standards, Beispielanwendungen, München 1992.

Broadbent, D. E. (1969): Perception and Communication, 3. Auflage, Oxford 1969.

Brockhoff, Klaus (1969): Probleme und Methoden technologischer Vorhersagen, in: Zeitschrift für Betriebswirtschaft, Ergänzungsheft Nr. 2, 39 (1969), S. 1-24.

Brockhoff, Klaus (1986): Wettbewerbsfähigkeit und Innovation, in: Dichtl, Erwin (Hrsg.): Innovation und Wettbewerbsfähigkeit, Wiesbaden 1986, S. 53-74.

Brose, Peter (1982): Planung, Bewertung und Kontrolle technologischer Innovationen, Berlin 1982.

Brosius, Gerhard/Brosius, Felix (1995): SPSS - Base System and Professional Statistic, Bonn 1995.

Bullinger, Hans-Jörg/Solf, Johannes (1978): Produktergonomie hilft Berufskrankheiten vermeiden, in: REFA-Nachrichten, Heft 1, 31 (1978), S. 17-21.

Burkert, Axel (1997): Kampf um König Kunde - Deutschlands Mobilfunk-Provider packen den Hammer aus, in: Connect, Nr. 1 (1997), S. 16-18.

Busse von Colbe, Walther/Hammann, Peter/Laßmann, Gert (1990): Betriebswirtschaftstheorie, Band 2 - Absatztheorie, 3. Auflage, Berlin 1990

C

Cakir, Ahmet/Reuter, Hans-Jürgen/Schmude, Lothar v./Armbruster, Albert (1978): Anpassung von Bildschirmarbeitsplätzen an die physische und psychische Funktionsweise des Menschen, hrsg. vom Bundesminister für Arbeit und Sozialordnung, Bonn 1978.

Campbell, Donald T. (1960): Recommendations for APA Test Standards Regarding Construct, Trait or Discriminant Validity, in: American Psychologist, 15 (1969), S. 546-553.

Campbell, Donald T./Fiske, Donald W. (1959): Convergent and Discriminant Validation By the Multitrait-Multimethod Matrix, in: Psychological Bulletin, 56 (1959), S. 81-105.

Carmines, Edward G./Zeller, Richard A. (1979): Reliability and Validity Assessment, Beverly Hills 1979.

Churchill, Gilbert A. (1979): A Paradigm for Developing Better Measures of Marketing Constructs, in: Journal of Marketing Research, 26 (1979), S. 64-73.

Cochran, Betty/Thompson, Gill (1964): Why New Products Fail, in: The National Industrial Conference Board Record, Nr. 1, 10 (1964), S. 11-18.

Cohen, Joel B. (1979): Exploring Attitude Construct Validity - Or Are We?, in: Wilkie, W. L. (Hrsg.): Advances in Consumer Research, Vol. 6, Ann Arbor 1979, S. 303-306.

Conover, W. J. (1980): Practical Nonparametric Statistics, 2. Auflage, New York 1980.

Cordes, Ralf (1993): Multimediakommunikation in Privaten Netzen, in: Forst, Hans-Josef (Hrsg.): Multimedia - Neue Anwendungen in der Telekommunikation, Berlin 1993, S. 37-59.

Cronbach, Lee J./Meehl, Paul E. (1955): Construct Validity in Psychlogical Tests, in: Psychological Bulletin, 52 (1955), S. 281-302.

D

Danes, Jeffrey E./Mann, O. Karl (1985): Unidimensional Measurement and Structural Equation Models with Latent Variables, in: Journal of Business Research, Nr. 12 (1985), S. 337-352.

Degenhardt, Werner (1986): Akzeptanzforschung zu Bildschirmtext: Methoden und Ergebnisse, München 1986.

Degenkolbe, Gert (1965): Über logische Struktur und gesellschaftliche Funktionen von Leerformeln, in: Kölner Zeitschrift für Soziologie und Sozialpsychologie (KZfSS), 17 (1965), S. 327-338.

Dierkes, Meinolf (1982): Akzeptanz und Akzeptabilität der Informationstechnologie, in: Wissenschaftsmagazin, Heft 1 (1982), S. 12-15.

Dietz, Axel (1995): Multi-Media am Point-of-Fun - am Beispiel Philip Morris, in: Hünerberg, Reinhard/Heise, Gilbert (Hrsg.), Multi-Media und Marketing, Wiesbaden 1995, S. 239-247.

Dixon, W. J. (1992): BMDP - Statistical Software Manual, Volume 2, Berkeley 1992.

DM (1995): Multimedia-Studie, hrsg. von DM Wirtschaftsmagazin, Düsseldorf 1995.

Döhl, Wolfgang (1983): Akzeptanz innovativer Technologien in Büro und Verwaltung - Grundlagen, Analyse und Gestaltung, Göttingen 1983.

Dornbusch, Rüdiger/Fischer, Stanley (1986): Makroökonomik, München 1986.

Dröge, Franz W./Lerg, Winfried B. (1965): Kritik der Kommunikationswissenschaft, in: Publizistik, Nr. 3, 10 (1965), S. 251-284.

Drosdowski, Günther u.a. (1991): Der Duden in 10 Bänden - das Standardwerk zur deutschen Sprache Band 1, hrsg. von Drosdowski, Günther u.a., Mannheim 1991.

Drucker, Peter F. (1955): The Practise of Management, London 1955.

E

Eberle, Rudolf (1980): Wissenschaft und politische Entscheidungsfindung, in: Bierfelder, Wilhelm H./Höcker, Karl-Heinz (Hrsg.): Systemforschung und Neuerungsmanagement, München 1980, S. 49-60.

Eidenmüller, Bodo (1986): Schwerpunkte der technologischen Entwicklung bei Siemens, in: Siemens AG (Hrsg.): Soziale Bewältigung der technologischen Entwicklung, Berlin 1986, S. 9-18.

Encarnacao, José/Noll, Stefan/Schiffer, Norbert (1993): Multimedia und CSCW, in: Forst, Hans-Josef (Hrsg.): Multimedia - Neue Anwendungen in der Telekommunikation, Berlin 1993, S. 7-17.

Engel, James F./Blackwell, Roger D. (1982): Consumer Behavior, Chicago 1982.

Engelhardt, Werner H./ Backhaus, Klaus/Günter, Bernd (1977): Investitionsgüter-Marketing - Eine kritische Bestandsaufnahme und Ansatzpunkte zur Weiterentwicklung, in: Zeitschrift für Betriebswirtschaft, Nr. 3, 47 (1977), S. 153-166.

Engholm, Björn (1981): Die Problematik der Neuen Medien unter gesellschafts- und bildungspolitischen Gesichtspunkten, in: Media Perspektiven, Heft 11 (1981), S. 799-801.

Esser, Hartmut (1988): Gesellschaft ohne Personen - Individualismus ohne Individuen, in: SR, Nr. 11 (1988), S. 263-267.

F

Fabris, Hans/Luger, Kurt (1981): Neue Medien - Stand der Begleitforschung, in: Medien Journal, Heft 1a (Sonderheft), 5 (1981), S. 63-67.

Feldman, Tony (1995): Multimedia - Eine Einführung, Friedrichsdorf 1995.

Festinger, Leon (1957): A theory of cognitive dissonance, Evanstone 1957.

Festinger, Leon (1978): Theorie der kognitiven Dissonanz, Bern 1978.

Filipp, Helmut (1996): Akzeptanz von Netzdiensten und Netzanwendungen - Entwicklung eines Instruments zur permanenten Akzeptanzkontrolle, Sinsheim 1996.

Fischbach, Rainer (1992): Volkswirtschaftslehre - Einführung und Grundlagen, 7. Auflage, München 1992.

Fischer, Conrad (1995): Electronic Publishing und Elektronischer Katalog - Chancen für neue Wege der Verkaufsförderung, in: Hünerberg, Reinhard/ Heise, Gilbert (Hrsg.): Multi-Media und Marketing - Grundlagen und Anwendungen, Wiesbaden 1995, S. 287-295.

Fishbein, Martin/Ajzen, Icek (1975): Belief, Attitude, Intention and Behavior - An Introduction to Theory and Research, Reading (Mass.) 1975.

Fisseni, Hermann-Josef (1990): Lehrbuch der psychologischen Diagnostik, Göttingen 1990.

Florek, Siegfried (1982): Zur Dynamik von Informationsanforderungen, in: Krallmann, Hermann (Hrsg.): Sozioökonomische Anwendungen der Kybernetik und Systemtheorie, Berlin 1982, S. 411-426.

Ford, Gary T./Smith, Darlene B./Swasy, John L. (1990): Consumer Skepticism of Advertising Claims - Testing Hypotheses from Economics of Information, in: Journal of Consumer Research, 16 (1990), S. 433-441.

Fornell, Claes (1982): A Second Generation of Multivariate Analysis - An Overview, in: Derselbe (Hrsg.): A Second Generation of Multivariate Analysis, Vol. 1: Methods, New York 1982.

Fornell, Claes/Bookstein, Fred L. (1982): Two Structural Equation Models - LISREL and PLS Applied to Consumer Exit-Voice Theory, in: Journal of Marketing Research, 19 (1982), S. 440-452.

Fornell, Claes/Larcker, David F. (1981): Evaluating Structural Equation Models with Unobservable Variables and Measurement Error, in: Journal of Marketing Research, 18 (1981), S. 39-50.

Forthmann, Jörg/Hamacher, Eli (1995): Online - das elektronische Abenteuer, in: Hamburger Abendblatt Nr. 205 vom 02./03.09.1995, S. 19.

Foster, Richard N. (1986): Innovation - Die technologische Offensive (Übers. aus d. Amerikan.: Brigitte Stein), Wiesbaden 1986.

Franke, Herbert H. (1995): Interaktives Fernsehen - Technische Grundlagen und zukünftige Nutzungsformen, in: Medien praktisch, Nr. 2, 19 (1995), S. 15-17.

Frater, Harald/Paulißen, Dirk (1994): Multimedia, Düsseldorf 1994.

Frese, Michael (1987): Partizipation - Schlüssel zur Akzeptanz, in: IBM Nachrichten, Nr. 288, 37 (1987), S. 13-17.

Freter, Hermann (1983): Marktsegmentierung, Stuttgart 1983.

Frey, Dieter (1978): Die Theorie der kognitiven Dissonanz, in: Derselbe (Hrsg.): Kognitive Theorien der Sozialpsychologie, Bern 1978, S. 243-292.

Frey, Ulrich D. (1994): Marketing im Aufbruch - Werbung, Verkaufsförderung, Trademarketing und Vertrieb, Landsberg/Lech 1994.

Friedrichs, Jürgen (1990): Methoden empirischer Sozialforschung, 14. Auflage, Opladen 1990.

Froitzheim, Ulf. J. (1995): „E" für Empty - Der Kampf um die Vorherrschaft bei den Infonetzen ist voll entbrannt, in: Wirtschaftswoche, Nr. 9, 49 (1995), S. 108-114.

Furrer, Gustav (1989): Medienwahl bei IES, in: Thexis, Nr. 5, 6 (1989), S. 17-21.

G

Geigant, Friedrich (1987): Lexikon der Volkswirtschaft, Landsberg/Lech 1987.

Geiger, Theodor (1970): Vorstudien zu einer Soziologie des Rechts, Neuwied 1970.

Gellner, Berthold/Croonenbroeck, Hans (1981): Technischer Fortschritt - Wichtig: Akzeptanz und produktive Nutzung, in: der arbeitgeber, Nr. 6, 33 (1981), S. 300-302.

Gerbing, David W./Anderson, James C. (1988): An Updated Paradigm for Scale Development Incorporating Unidimensionality and its Assessment, in: Journal of Marketing Research, 25 (1988), S. 186-192.

George, Paula (1990): IES - neue Instrumente für Verkauf und Verkaufsförderung, in: Thexis, Nr. 5, 7 (1990), S. 20-21.

Glomb, Herbert J. (1995): Lean Marketing durch den Einsatz von interaktiven Multi-Media-Systemen im Marketing-Mix, in: Hünerberg, Reinhard/Heise, Gilbert (Hrsg.): Multi-Media und Marketing - Grundlagen und Anwendungen, Wiesbaden 1995, S. 121-139.

Glowalla, Ulrich/Hasebrook, Joachim/Fezzardi, Gilbert/Häfele, Gudrun (1993): The Hypermedia System MEM and its application in evaluating learning and relearning in higher education, in: Strube, Gerhard/Wender, Karl F. (Hrsg.): The cognitive psychology of knowledge, Amsterdam 1993, S. 367-385.

Grösser, Heinz-Dieter (1981): Test der Akzeptanz im „Prüffeld Büro" - Feldversuch Bürokommunikation, in: Handelsblatt Nr. 200 vom 19.10.1981, S. 29.

Guggenbühl, Henry/Mund, Hannsk (1975): Die Kommunikations-Analyse, in: Die Unternehmung, Nr. 2, 29 (1975), S. 121-142.

Günter, Bernd (1990): Markt- und Kundensegmentierung in dynamischer Betrachtungsweise, in: Kliche, Mario (Hrsg.): Investitionsgütermarketing - Positionsbestimmung und Perspektiven, Wiesbaden 1990, S. 113-130.

Gulliksen, H. (1950): Theory of Mental Tests, New York 1950.

Gutenberg, Erich (1979): Grundlagen der Betriebswirtschaftslehre - Der Absatz (2. Band), 16. Auflage, Berlin 1979.

H

Haacke, Wilmont (1964): Wege und Umwege zur Kommunikationsforschung, in: Publizistik, Nr. 3, 9 (1964), S. 195-199.

Hackstein, Rolf (1977): Ein Analyse-Instrumentarium zur Erfassung und zum Vergleich von Arbeitsplatz-Anforderungs- und Personal-Fähigkeitsdaten, Aachen 1977.

Hahn, Dietger/Laßmann, Gert (1986): Produktionswirtschaft - Controlling industrieller Produktion, Bd. 1, Grundlagen, Führung und Organisation, Produkte und Produktprogramm, Material und Dienstleistungen, Heidelberg 1986.

Haller, Peter (1980): Spielregeln für erfolgreiche Produkte - Erfahrungen aus Marketing und Werbung, Wiesbaden 1980.

Hansen, Ursula/Stauss, Bernd (1983): Marketing als marktorientierte Unternehmenspolitik oder als deren integrativer Bestandteil, in: Marketing ZFP, Heft 2, 5 (1983), S. 77-86.

Hanser, Peter (1995): Aufbruch in den Cyberspace, in: Absatzwirtschaft, Nr. 8, 38 (1995), S. 34-39.

Hardes, Heinz-Dieter/Mertes, Jürgen (1994): Grundzüge der Volkswirtschaftslehre, 4. Auflage, München 1994.

Hartge, Thomas (1991): Lernen mit neuen Medien, in: Medien praktisch, Nr. 2 (1991), S. 19-24.

Haseloff, Otto W. (1970): Kommunikationstheoretische Probleme der Werbung, in: Behrens, Karl C. (Hrsg.): Handbuch der Werbung, Wiesbaden 1970, S. 157-200.

Hattie, John (1985): Assessing Unidimensionality of Tests and Items, in: Applied Psychological Measurement, Nr. 9 (1985), S. 139-164.

Hauschildt, Jürgen (1997): Innovationsmanagement, 2. Auflage, München 1997.

Hayduk, Leslie (1987): Structural Equations Modelling with LISREL, Baltimore 1987.

Heeler, R./Ray, M. (1972): Measure Validation in Marketing, in: Journal of Marketing Research, 9 (1972), S. 361-370.

Heidingsfelder, Michael M. (1990): Das Marketing innovativer Informationstechnologien, Saarbrücken 1990.

Heimbach, Petra (1994): Multimedia im Musikmarketing, in: Werbeforschung & Praxis, Nr. 6, 39 (1994), S. 223-226.

Heinemann, Christopher (1994): Computer Supported Cooperative Work im Marketing, in: Werbeforschung & Praxis, Nr. 6, 39 (1994), S. 212-214.

Heinemann, Christopher (1997): Dialogische Marketing-Kommunikation im interaktiven Fernsehen, Göttingen 1997 (im Druck).

Heinen, Edmund (1978): Betriebswirtschaftliche Kostenlehre, Wiesbaden 1978.

Heinen, Edmund/Dietel, Bernhard (1976): Zur "Wertfreiheit" in der Betriebswirtschaftslehre, in: Zeitschrift für Betriebswirtschaft, Heft 2, 46 (1976), S. 101-122.

Helmreich, Reinhard (1980): Was ist Akzeptanzforschung?, in: Elektronische Rechenanlagen, Nr. 1, 22 (1980), S. 21-24.

Hermanns, Arnold/Püttmann, Michael (1987): Pay TV - Akzeptanz zu welchem Preis?, in: Absatzwirtschaft, Nr. 12, 30 (1987), S. 52-56.

Hesslinger, Hermann (1993): Die wachsende Bedeutung von Frühwarnsystemen, in: io Management Zeitschrift, Nr. 11, 62 (1993), S. 83-84.

Hiese, D. R. (1969): Seperating Reliabilität and Stability in Test-Retest Correlations, in: American Sociological Review, Nr. 2, 34 (1969), S. 93-101.

Hilbig, Winfried (1983): Akzeptanzermittlung und Akzeptanzförderung, Diplomarbeit an der Universität Bremen 1983.

Hilbig, Winfried (1984): Akzeptanzforschung neuer Bürotechnologien - Ergebnisse einer empirischen Fallstudie, in: Office Management, Heft 4, 32 (1984), S. 320-323.

Hildebrandt, Lutz (1984): Kausalanalytische Validierung in der Marketingforschung, in: Marketing ZFP, Heft 6, 6 (1984), S. 41-51.

Hill, Wilhelm/Fehlbaum, Raymond/Ulrich, Peter (1981): Organisationslehre 2, Bern 1981.

Hirsch, Joachim (1975): Wissenschaftlich-technischer Fortschritt und politisches System, Frankfurt/M. 1975.

Höflich, Joachim R. (1988): Kommunikationsregeln und interpersonale Kommunikation, in: Communications, Heft 2, 14 (1988), S. 61-83.

Hofmeister, Ernst (1981): Innovationsbarrieren, in: Hofmeister, Ernst/Ulbricht, Mechthild (Hrsg.): Von der Bereitschaft zum technischen Wandel, Berlin 1981, S. 83-124.

Homburg, Christian/Giering, Annette (1996): Konzeptualisierung und Oprerationalisierung komplexer Konstrukte - Ein Leitfaden für die Marketingforschung, in: Marketing ZFP, Heft 1, 18 (1996), S. 5-24.

Hopkins, David S./Bailey, Earl L. (1971): New Product Pressures, in: The National Industrial Conference Board Record, Nr. 3, 17 (1971), S. 20-24.

Hossinger, Hans-Peter (1982): Pretests in der Marktforschung, Würzburg 1982.

Howard, John A./Sheth, Jagdish N. (1969): The Theory of Buyer Behavior, New York 1969.

Hummel, R./Eichinger, M./Haberl, G. (1982): Begleitstudie zur Einführung von Bildschirmtext in Österreich, Wien 1982.

Hünerberg, Reinhard/Heise, Gilbert (1995): Multi-Media und Marketing - Grundlagen und Anwendungen, in: Dieselben (Hrsg.): Multi-Media und Marketing - Grundlagen und Anwendungen, Wiesbaden 1995, S. 1-21.

Hunter, John E./Gerbing, David W. (1982): Unidimensional Measurement, Second Order Factor Analysis and Causal Models, in: Research in Organizational Behavior, Nr. 4 (1982), S. 267-320.

Hüttig, Cornelia (1992): Zur Akzeptanz moderner Telekommunikationstechnik in den neuen Bundesländern, in: Office Management, Heft 12, 40 (1992), S. 34-36.

I

Ickler, Theodor (1989): Funktion und Bedeutung des politischen Schlagwortes, in: Forum für interdisziplinäre Forschung, Heft 2, S. 39-46.

Ives, Blake/Olson, Margrethe H./Baroudi, Jack J. (1983): The Measurement of User Information Satisfaction, in: Communications of the acm, 26 (1983), S. 785-793.

J

Jacoby, Jacob (1978): Consumer Research - How Valid an Useful are All Our Consumer Behavior Research Findings?, in: Journal of Marketing, Nr. 4, 42 (1978), S. 87-96.

Jaffe, Andrew (1993): Don't panic - But the interactive train is leaving the station, in: Adweek [Eastern Ed.], Nr. 50, 34 (1993), S. 46.

Jarzina, Klaus Rüdiger (1995): Wirkungs- und Akzeptanzforschung zu interaktiven Multi-Media-Anwendungen im Marketing, in: Hünerberg, Reinhard/Heise, Gilbert (Hrsg.): Multi-Media und Marketing - Grundlagen und Anwendungen, Wiesbaden 1995, S. 39-56.

Jöreskog, Karl G. (1971): Statistical Analysis of Sets of Congeneric Tests, in: Psychometrika, Nr. 36 (1970), S. 109-133.

Jöreskog, Karl G. (1978): Structural Analysis of Covariance and Correlation Matrices, in: Psychometrika, Nr. 43 (1978), S. 443-477.

Jöreskog, Karl G. (1981); Analysis of Covariance Structures, in: Scandinavian Journal of Statistics, Nr. 8 (1981), S. 65-83.

Jöreskog, Karl G./Sörbom, Dag (1989a): LISREL 7 - A Guide to the Program and Applications, Chicago 1989.

Jöreskog, Karl G./Sörbom, Dag (1989b): LISREL 7 - User's Reference Guide, Mooresville 1989.

Johne, Frederick A. (1984): Segmenting High Technology Adopters, in: Industrial Marketing Management, 13 (1984), S. 59-63.

Joseph, Jürgen (1990): Arbeitswissenschaftliche Aspekte der betrieblichen Einführung neuer Technologien am Beispiel von Computer Aided Design (CAD), Frankfurt/M. 1990.

Joseph, Jürgen/Knauth, Peter/Gemünden, Hans-Georg (1992): Determinanten der individuellen Akzeptanz neuer Technologien, in: DBW, Heft 1, 52 (1992), S. 59-70.

Joußen, Wolfgang (1990): Massen und Kommunikation - zur soziologischen Kritik der Wirkungsforschung, Weinheim 1990.

K

Keele, Steven W./Neill, W. Trammell (1987): Mechanisms of Attention, in: Carterette, Edward C./Friedman, Morton P. (Hrsg.): Handbook of Perception, New York 1978, S. 3-47.

Kennedy, Anita M. (1983): The Adoption and Diffusion of New Industrial Products - A Literature Review, in: European Journal of Marketing, Nr. 3, 17 (1983), S. 31-88.

Kepplinger, Hans M. (1977): Probleme der Begriffsbildung in den Sozialwissenschaften - Begriff und Gegenstand Öffentliche Meinung, in: Kölner Zeitschrift für Soziologie und Sozialpsychologie (KZfSS), Nr. 29 (1977), S. 233-260.

Kern, Egbert (1990): Der Interaktionsansatz im Investitionsgütermarketing, Berlin 1990.

Kern, Horst/Schumann, Michael (1970): Industriearbeit und Arbeiterbewußtsein - Eine empirische Untersuchung über den Einfluß der aktuellen technischen Entwicklung auf die industrielle Arbeit und das Arbeiterbewußtsein, Teil 1, Frankfurt/M. 1970.

Kieser, Alfred/Kubicek, Herbert (1974): Organisationsstruktur und individuelles Verhalten als Einflußfaktoren der Gestaltung von Management-Informationssystemen, in: Zeitschrift für Betriebswirtschaft, Heft 6, 44 (1974), S. 449-474.

Kinnebrock, Wolfgang (1994): Marketing mit Multimedia - neue Wege zum Kunden, Landsberg/Lech 1994.

Kirsch, Werner/Kieser, Heinz-Peter (1974): Perspektiven der Benutzeradäquanz von Management-Informations-Systemen, in: Zeitschrift für Betriebswirtschaft, Heft 6, 44 (1974), S. 383-402.

Kirsch, Werner/Klein, Heinz K. (1977): Management-Informationsysteme II - Auf dem Wege zu einem neuen Taylorismus, Stuttgart 1977.

Kistner, Klaus-Peter (1981): Produktions- und Kostentheorie, Würzburg 1981.

Klee, Hans Werner (1989): Zur Akzeptanz von Expertensystemen - Eine empirische Analyse der Relevanz und Angemessenheit der Erklärungskomponente, München 1989.

Kleinaltenkamp, Michael (1990): Der Einfluß der Normung und Standardisierung auf die Diffusion technologischer Innovationen, Bochum 1990.

Kleinaltenkamp, Michael (1993): Standardisierung und Marktprozeß - Entwicklungen und Auswirkungen im CIM-Bereich, Wiesbaden 1993.

Kleinaltenkamp, Michael/Rohde, Harald H. (1993): Empirische Überprüfung des Einflusses der betrieblichen Standardisierung auf den Marktprozeß von CIM-Komponenten und -Systemen, Zwischenbericht des Teilprojekts K-2 im Sonderforschungsbereich 187 der DFG, Ruhr-Universität Bochum 1993.

Kliche, Mario (1991): Industrielles Innovationsmarketing - eine ganzheitliche Perspektive, Wiesbaden 1991.

Knetsch, Werner A./Arthur D. Little (1995): Der Telekommunikationsmarkt im Jahr 2010 - Wagnis einer spekulativen Prognose, in: telcom report, Heft 4, 18 (1995), S. 158-161.

Kollmann, Tobias (1994): Der Wandel der Werbung im Spiegel der Kritik, Sinzheim 1994.

Kollmann, Tobias (1996a): Interaktives Fernsehen - Im Aufwind der Kundenakzeptanz, in: Online Direct, Nr. 3, 1 (1996), S. 14-15.

Kollmann, Tobias (1996b): Die Akzeptanz technologischer Innovationen - eine absatztheoretische Fundierung am Beispiel von Multimedia-Systemen, Arbeitspapier Nr. 7 zur Marketingtheorie des Lehrstuhls für Marketing der Universität Trier, hrsg. von R. Weiber, Trier 1996.

Kollmann, Tobias (1996c): Fernsehen interaktiv - electronic dialog, in: Direkt Marketing, Nr. 11, 32 (1996), S. 49-50.

Kollmann, Tobias (1997a): Interaktives Fernsehen - Wenn der Zuschauer aktiv werden soll, muß Werbung einen Mehrwert bieten, in: Marketing Journal, Nr. 2, 30 (1997), S. 118-121.

Kollmann, Tobias (1997b): Die Akzeptanz multimedialer Lehrtechniken im universitären Einsatz, in: Weiber, Rolf/Kollmann, Tobias (Hrsg.): Die Akzeptanz von interaktiven Multimedia-Programmen im universitären Einsatz - Empirische Ergebnisse eines Pilotversuchs des Lehrstuhls für Marketing an der Universität Trier, Forschungsbericht Nr. 4 zum Marketing des Lehrstuhls für Marketing der Universität Trier, Trier 1997, S. 38-108.

Kommission für den Ausbau des technischen Kommunikationssystems (KtK) (1976): Telekommunikationsbericht - Bedürfnisse und Bedarf für Telekommunikation, Anlagenband 1, hrsg. vom Bundesministerium für das Post- und Fernmeldewesen, Bonn 1976.

Kortmann, Walter (1995): Diffusion, Marktentwicklung und Wettbewerb, Frankfurt/M. 1995.

Köster, Robert (1995): Multi-Media in der Kommunikationspolitik - Einsatzbeispiele der BBDO/Telecom, in: Hünerberg, Reinhard/Heise, Gilbert (Hrsg.): Multi-Media und Marketing - Grundlagen und Anwendungen, Wiesbaden 1995, S. 207-219.

Kotler, Philip/Bliemel, Friedhelm (1995): Marketing-Management, 8. Auflage, Stuttgart 1995.

Kredel, Lutz (1988): Wirtschaftlichkeit von Bürokommunikationssystemen - eine vergleichende Darstellung, Berlin 1988.

Kroeber-Riel, Werner (1971): Konsumentenverhalten und kognitives Gleichgewicht - verhaltensorientierte Grundlagen der Absatzprognose, in: Zeitschrift für betriebswirtschaftliche Forschung, Nr. 5, 23 (1971), S. 395-401.

Kroeber-Riel, Werner (1972): Marketingtheorie - Verhaltensorientierte Erklärungen von Marktreaktionen, Köln 1972.

Kroeber-Riel, Werner (1992): Konsumentenverhalten, 5. Auflage, München 1992.

Kroeber-Riel, Werner/Weinberg, Peter (1996): Konsumentenverhalten, 6. Auflage, München 1996.

Kuhlmann, Eberhard/Brünne, Michael/Sowarka, Bernhard (1992): Interaktive Informationssysteme in der Marktkommunikation, Heidelberg 1992.

Kupsch, Peter U./Marr, Rainer/Picot, Arnold (1991): Innovationswirtschaft, in: Heinen, Edmund (Hrsg.): Industriebetriebslehre - Entscheidungen im Industriebetrieb, Wiesbaden 1991, S. 1069-1156.

Kuß, Alfred (1990): Entscheider-Typologien und das Buying Center-Konzept, in: Kliche, Mario (Hrsg.): Investitionsgütermarketing - Positionsbestimmung und Perspektiven, Wiesbaden 1990, S. 21-37.

L

Labay, Duncan G./Kinnear, Thomas C. (1981): Exploring the Consumer Decision Process in the Adoption of Solar Energy Systems, in: Journal of Consumer Research, Heft 4, 8 (1981), S. 271-278.

Lazo, Hector (1965): Finding a Key to Success in New Product Failures, in: Industrial Marketing, 11 (1965), S. 74-75.

Leber, Titus (1989): Audiovisuelle Gestaltung interaktiver Systeme, in: Thexis, Nr. 5, 6 (1989), S. 23-31.

Leven, Wilfried (1983): Die Blickfangwirkung der Aufmerksamkeit beim Betrachten von Werbeanzeigen, in: GfK Nürnberg (Hrsg.): Jahrbuch der Absatz- und Verbrauchsforschung, Nr. 3 (1983), Berlin 1983, S. 247-274.

Lichtenthal, J. David/Beik, Leland L. (1984): A History of the Definition of Marketing, in: Research in Marketing, 7 (1984), S. 133-163.

Liebman, H. (1993): 2002 - Interactive adland ?, in: Mediaweek, Vol. 3, Iss. 20, S. 14.

Lienert, Gustav (1969): Testaufbau und Testanalyse, Weinheim 1969.

Loehlin, J. C. (1987): Latent Variable Models, Hillsdale 1987.

Long, J. Scott (1993): Confirmatory Factor Analysis - A Preface to LISREL, in: Lewis-Beck, Michael S. (Hrsg.): International Handbook of quantitative applications in the Social Science, Vol IV - Basic Measurement, Newberry Park 1993, S. 247-328.

Lord, Frederic M./Novick, Melvin R. (1968): Statistical Theories of Mental Test Scores, Reading 1968.

Lübbe, Hermann (1971): Zur politischen Theorie der Technokratie, in: Derselbe (Hrsg.): Theorie und Entscheidung - Studien zum Primat der praktischen Vernunft, Freiburg 1971, S. 32-53.

Lucke, Doris (1995): Akzeptanz - Legitimität in der „Abstimmungsgesellschaft", Opladen 1995.

M

Manz, Ulrich (1983): Zur Einordnung der Akzeptanzforschung in das Programm sozialwissenschaftlicher Begleitforschung, München 1983.

McDonald, Roderick P. (1981): The Dimensionality of Tests and Items, in: British Journal of Mathematical and Statistical Psychology, Nr. 34 (1981), S. 100-117.

MC Online (1996): Monitor I / 96 - Executive Edition, hrsg. von MC Informationssysteme Beratungs- GmbH, Bad Homburg v. d. H. 1996.

Meffert, Heribert (1976): Die Durchsetzung von Innovationen in der Unternehmung und im Markt, in: Zeitschrift für Betriebswirtschaft, Heft 2, 46 (1976), S. 77-100.

Meffert, Heribert (1983): Bildschirmtext als Kommunikationsinstrument, Stuttgart 1983.

Meffert, Heribert (1985): Marketing und neue Medien, Stuttgart 1985.

Meffert, Heribert (1986): Marketing - Grundlagen der Absatzpolitik, 7. Auflage, Wiesbaden 1986.

Meissner, Wolfgang (1989): Innovation und Organisation, Stuttgart 1989.

Mensch, Gerhard (1972): Basisinnovationen und Verbesserungsinnovationen, in: Zeitschrift für Betriebswirtschaft, Heft 4, 42 (1972), S. 291-297.

Mesina, M./Bartz, W./Wippler, E. (1990): CIM - Einführung - Rationalisierungschancen durch die Anschaffung und Integration von CA-Komponenten, Ehningen 1990.

Mettler-Meibom, Barbara (1983): Versuche zur Steuerung des technischen Fortschritts, in: Rundfunk und Fernsehen, Heft 1, 31 (1983), S. 24-40.

Meyer-Abich, Klaus M. (1979): Ausgerechnet Kernkraftwerke - Zum Problem der Sozialverträglichkeit verschiedener Energieversorgungssysteme, in: Süddeutsche Zeitung vom 27.09.1979, S. 8-9.

Middelhoff, Thomas/Walters, Michael (1981): Akzeptanz neuer Medien - eine empirische Analyse aus Unternehmersicht, Arbeitspapier Nr. 27 des Instituts für Marketing der Universität Münster, Münster 1981.

Müller, H.W./Adler, A./Strasser, H. (1975): Arbeitsphysiologische Untersuchungen in Mensch-Maschine Systemen zur Ermittlung der mentalen Beanspruchung, Bonn 1975.

Müller, Verena/Schienstock, Gerd (1978): Der Innovationsprozeß in westeuropäischen Industrieländern, Band 1, München 1978.

Müller, Verena/Schienstock, Gerd (1979): Machbarkeit und soziale Akzeptanz, in: Wirtschaftsdienst, 59 (1979), S. 295-299.

Müller, Werner (1996): Wettlauf mit dem Netz, in: Screen Multimedia, Nr. 6 (1996), S. 26-33.

Müller-Böling, Detlef (1978): Arbeitszufriedenheit bei automatisierter Datenverarbeitung, München 1978.

Müller-Böling, Detlef/Müller, Michael (1986): Akzeptanzfaktoren der Bürokommunikation, München 1986.

Müller-Hagedorn, Lothar (1986), Das Konsumentenverhalten, Wiesbaden 1986.

Müller-Hagedorn, Lothar (1990): Einführung in das Marketing, Darmstadt 1990.

Müller-Hagedorn, Lothar/Heidel, Brigitte (1988): Interaktive Medien am Point of Sale - dargestellt am Beispiel einer Informationssäule von Minolta, Projektbericht des Lehrstuhls für Marketing der Universität Trier, Trier 1988.

Murmann, Klaus (1996): Was Manager brauchen, aber im Studium nicht lernen, in: Die Welt am Sonntag vom 15.12.1996, Nr. 50 (1996), S. 34.

Musiol, Achim (1981a): Einheit der Büroarbeit und Vielfalt der Büromaschinen - Eine Analyse der heutigen und eine Prognose der künftigen Bürosituation, Teil 1, in: Zeitschrift für Organisation, Nr. 2, 50 (1981), S. 75-83.

Musiol, Achim (1981b): Einheit der Büroarbeit und Vielfalt der Büromaschinen - Eine Analyse der heutigen und eine Prognose der künftigen Bürosituation, in: Zeitschrift für Organisation, Teil 2, Nr. 3, 50 (1981), S. 163-173.

N

Naschold, Frieder (1987): Technologiekontrolle durch Technologiefolgeabschätzung? - Entwicklungen, Kontroversen, Perspektiven der Technologiefolgeabschätzung und -bewertung, Köln 1987.

Netta, Franz (1989): Stand der Entwicklung bei interaktiven elektronischen Systemen (IES) in Marketing, Schulung und Information, in: Thexis, Nr. 5, 6 (1989), S. 9-15.

Neuberger, Oswald (1974): Theorien der Arbeitszufriedenheit, Stuttgart 1974.

Neuerburg, Hans J. (1993): Dienste in Breitbandversuchsnetzen für Multimediaanwendungen, in: Forst, Hans-Josef (Hrsg.): Multimedia - Neue Anwendungen in der Telekommunikation, Berlin 1993, S. 19-36.

Nicoladoni, Alexander (1993): Play TV, in: Screen Multimedia, Nr. 9 (1993), S. 25-27.

Nicosia, Francesco M. (1968): Consumer Decision Process, Englewood Cliffs 1968.

Nieschlag, Robert/Dichtl, Erwin/Hörschgen, Hans (1994): Marketing, 17. Auflage, Berlin 1994.

Nink, Hermann (1991): Informationsvermittlung - Aufgaben, Möglichkeiten und Probleme, Wiesbaden 1991.

Noam, Eli M. (1995): Visionen des Medienzeitalters - Die Zähmung des Informationsmonsters, in: Alfred Herrhausen Gesellschaft (Hrsg.): Multimedia - Eine revolutionäre Herausforderung, 3. Jahreskolloquium 16./17. Juni 1995, Frankfurt/M. 1995, S. 35-62.

Nowak, R. (1981): Computerunterstützung am Arbeitsplatz - ein Akzeptanzproblem, in: Betriebswirtschaftliche Blätter, Nr. 6 (1981), S. 299-304.

Nunnally, Jum C. (1967): Psychometric Theory, New York 1967.

O

Oehler, Andreas (1990): Die Akzeptanz der Technikgestützten Selbstbedienung im Privatkunden-Geschäft von Universalbanken, Stuttgart 1990.

Oppermann, Reinhard (1984): Aktive Akzeptanzunterstützung durch Betroffenenbeteiligung, in: Office Management, Heft 11, 32 (1984), S. 1084-1086.

Ostlund, Lyman E. (1974): Perceived Innovation Attributes as Predictors of Innovativeness, in: Journal of Consumer Research, Heft 9, 1 (1974), S. 23-29.

Ovum (1993): Network Multimedia - The Business Opportunity, hrsg. von Ovum Ltd., London 1993.

o.V. (1996a): Reihenweise Innovationen, in: telcom report, Nr. 1, 19 (1996), S. 49.

P

Pea, Roy (1991): Learning through Multimedia, in: IEEE Computer Graphics & Applications, Nr. 4, 11 (1991), S. 58-66.

Penzkofer, Peter/Kölblinger, Mario (1973): Kommunikative und soziale Aspekte der Diffusionsforschung, in: Zeitschrift für Betriebswirtschaft, Heft 1, 43 (1973), S. 1-28.

Peter, J. Paul (1979): Reliability - A Review of Psychometric Basics and Recent Marketing Practices, in: Journal of Marketing Research, 16 (1979), S. 6-17.

Peter, J. Paul (1981): Construct Validity - A Review of Basic Issues and Marketing Practice, in: Journal of Marketing Research, 18 (1981), S. 133-145.

Peter, J. Paul/Churchill, Gilbert A. (1986): Relationship among Research Design Choices and Psychometric Properties of Rating Scales - A Meta-Analysis, in: Journal of Marketing Research, 23 (1986), S. 1-10.

Peters, Rolf-Herbert (1995): Neuester Tratsch, in: Wirtschaftswoche, Nr. 35, 49 (1995), S. 88-91.

Pfeiffer, Simone (1981): Die Akzeptanz von Neuprodukten im Handel, Schriftenreihe Unternehmensführung und Marketing, Band 14, hrsg. von H. Meffert/H. Steffenhagen/H. Freter, Wiesbaden 1981.

Pfeiffer, Werner/Bischof, Peter (1974): Einflußgrößen von Produkt-Marktzyklen, Arbeitspapier Nr. 22 des Betriebswissenschaftlichen Instituts der Friedrich-Alexander-Universität Erlangen-Nürnberg, hrsg. von W. Pfeiffer, Nürnberg 1974.

Pfeiffer, Werner/Staudt, Erich (1975): Innovation, in: Grochla, Erwin/Wittmann, Waldemar (Hrsg.): Handwörterbuch der Betriebswirtschaftslehre, Stuttgart 1975, Sp. 1943-1953.

Platten, Wilfried F. (1992): Jetzt wird´s bunt, in: PC Professionell Extra „Multimedia & Windows", S. 5.

Pohl, Alexander (1994): Ausgewählte Theorieansätze zur Erklärung des Nachfragerverhaltens bei technologischen Innovationen, Arbeitspapier Nr. 4 zur Marketingtheorie des Lehrstuhls für Marketing der Universität Trier, hrsg. von R. Weiber, Trier 1994.

Pohl, Alexander (1996): Leapfrogging bei technologischen Innovationen - Ein Erklärungsansatz auf Basis der Theorie des wahrgenommenen Risikos, Wiesbaden 1996.

Popitz, Heinrich (1980): Die normative Konstruktion von Gesellschaft, Tübingen 1980.

Porter, Lyman W./Roberts, Karlene H. (1976): Communication in Organizations, in: Dunnette, Marvin D. (Hrsg.): Handbook of Industrial and Organizational Psychology, Chicago 1976, Sp. 1553-1589.

Porter, Michael E. (1992): Wettbewerbsvorteile - Spitzenleistungen erreichen und behaupten, 3. Auflage, Frankfurt/M. 1992.

Pressmar, Dieter B. (1982): Zur Akzeptanz von computergestützten Planungssystemen, in: Krallmann, Hermann (Hrsg.): Unternehmensplanung und -steuerung in den 80er Jahren - eine Herausforderung an die Informatik, Berlin 1982, S. 324-348.

Prognos (1981): Szenarien zur Entwicklung der Kabelkommunikation - die privaten Haushalte, hrsg. von Prognos AG, Basel 1981.

Prognos (1992): Multi Client Study - Multimedia 2000 - Systems and Services, hrsg. von Prognos AG, Basel 1992.

R

Ratzke, Dietrich (1990): Elektronische Medien - Aktuelle Begriffe, Abkürzungen und Adressen, Frankfurt/M. 1990.

Reichwald, Ralf (1978): Zur Notwendigkeit der Akzeptanzforschung bei der Entwicklung neuer Systeme der Bürotechnik, Arbeitsbericht 'Die Akzeptanz neuer Bürotechnologie', Band 1, Hochschule der Bundeswehr, München 1978.

Reichwald, Ralf (1979): Neue Systeme der Bürotechnik und das Problem der Akzeptanz, in: telecom report, 2 (1979), S. 309-313.

Reichwald, Ralf (1980): Vorwort, in: Schönecker, Horst G.: Bedienerakzeptanz und technische Innovation - Akzeptanzrelevante Aspekte bei der Einführung neuer Bürotechniksysteme, München 1980.

Reichwald, Ralf (1982): Neue Systeme der Bürotechnik und Büroarbeitsgestaltung - Problemzusammenhänge, in: Neue Systeme der Bürotechnik - Beiträge zur Büroarbeitsgestaltung aus Anwendersicht, hrsg. von R. Reichwald, Berlin 1982, S. 11-48.

Reichwald, Ralf/Bodem, Helmut/Schönecker Horst G./Sorg, Stefan (1979): Bedingungen der Akzeptanz - Erhebungsmethoden, München 1979.

Reichwald, Ralf/Manz, Ulrich (1982): Akzeptanzchancen neuer Systeme der Bürokommunikation aus Anwendersicht, in: Krallmann, Hermann (Hrsg.): Sozioökonomische Anwendungen der Kybernetik und Systemtheorie, Berlin 1982, S. 231-250.

Reichwald, Ralf/Picot, Arnold (1980): Teletext - Forschungsprojekt Bürokommunikation, Hannover 1980.

Reinhard, Ulrike/Salmony, Michael (1994): Interaktives Fernsehen - Ein Definitionsversuch, in: Reinhard, Ulrike (Hrsg.): PRO 5 - interaktives Fernsehen, Heidelberg 1994, S. 141-143.

Reisman, Sorel (1991): Developing Multimedia Applications, in: IEEE Computer Graphics & Applications, Nr. 4, 11 (1991), S. 52-57.

Remmerbach, Klaus-Ulrich (1987): Markteintrittsentscheidungen, Wiesbaden 1987.

Renckstorf, Karsten (1981): Zur Akzeptanz regionaler/lokaler Programmangebote von Hörfunk und Fernsehen, in: Rundfunk und Fernsehen, Heft 4, 29 (1981), S. 437-462.

Riesman, David (1956): Die einsame Masse, Darmstadt 1956.

Rogers, Everett M. (1962): Diffusion of Innovations, 1. Auflage, New York 1962.

Rogers, Everett M. (1983): Diffusion of Innovations, 3. Auflage, New York 1983.

Rogers, Everett M. (1986): Communication Technology - The New Media in Society, New York (1986).

Rogers, Everett M./Agarwala-Rogers, Rekha (1976): Communication in Organizations, New York 1976.

Rogers, Everett M./Shoemaker, F. Floyd (1971): Communication of Innovations - A Cross-Cultural Approach, New York 1971.

Rohmert, Walter/Rutenfranz, Joseph/Luczak, Holger (1975): Arbeitswissenschaftliche Beurteilung der Belastung und Beanspruchung an unterschiedlichen industriellen Arbeitsplätzen, hrsg. vom Bundesminister für Arbeit und Sozialforschung, Bonn 1975.

Ronneberger, Franz (1982): Neue Medien - Vorteile und Risiken für die Struktur der demokratischen Gesellschaft und den Zusammenhalt der sozialen Gruppen, Konstanz 1982.

Ronneberger, Franz (1986): Nutzung und Akzeptanz von Fernsehen und Hörfunk in München, in: Media Perspektiven, Heft 4 (1986), S. 223-236.

Rossi, Peter H./Freeman, Howard E. (1982): Evaluation - A systematic approach, Beverly Hills 1982.

Rougé, Daniel (1994): Faszination Multimedia - Umfassender und leicht verständlicher Überblick, Düsseldorf 1994.

Ruekert, Robert/Churchill, Gilbert A. (1984): Reliability and Validity of Alternative Measures of Channel Member Satisfaction, in: Journal of Marketing Research, 21 (1984), S. 226-233.

S

Sachsenberg, Marion (1980): Akzeptanz organisatorischer Methoden und Techniken, in: Zeitschrift für Organisation, Nr. 1, 49 (1980), S. 37-41.

Sanders, Andriens F. (1977): Psychologie der Informationsverarbeitung, Bern 1977.

Saxer, Ulrich (1983): Probleme der Kabelpilotprojekte - Begleitforschung aus der Sicht der Kommunikationswissenschaft, in: Media Perspektiven, Heft 12 (1983), S. 825-833.

Schanz, Günther (1982): Organisationsgestaltung - Struktur und Verhalten, München 1982.

Schellhaas, Holger/Schönecker, Horst G. (1983): Kommunikationstechnik und Anwender - Akzeptanzbarrieren, Bedarfsstrukturen, Einsatzbedingungen, Forschungsprojekt Bürokommunikation, Band 1, hrsg. von A. Picot/R. Reichwald, München 1983.

Schenk, Michael (1987): Medienwirkungsforschung, Tübingen 1987.

Schenk, Michael/Donnerstag, Joachim/Höflich, Joachim R. (1990): Wirkungen der Werbekommunikation, Köln 1990.

Scheuch, Fritz (1987): Marketing, München 1987.

Schierenbeck, Henner (1989): Grundzüge der Betriebswirtschaftslehre, 10. Auflage, München 1989.

Schmalen, Helmut/Pechtl, Hans (1989): Erweiterung des dichotomen Adoptionsbegriffes in der Diffusionsforschung - Ein Fallbeispiel aus dem Bereich der kommerziellen PC-Software-Anwendung, in: Jahrbuch der Absatz- und Verbrauchsforschung, Heft 1, 35 (1989), S. 92-120.

Schmenk, Andreas/Wätjen, Arno (1993): Multimedia - Multimedia verstehen, planen, einsetzen, München 1993.

Schmidhäusler, Fritz (1996): Training ist (fast) alles, in: Cogito, Heft 3, 12 (1996), S. 24-27.

Schmidt, Ralf-Bodo (1969): Wirtschaftslehre der Unternehmung - Grundlagen, Band 1, Stuttgart 1969.

Schmidtborn, Michael/Mann, Andreas (1995): Servicequalität durch multi-mediale Kundenterminals am Beispiel des Lufthansa Ticket Terminal, in: Hünerberg, Reinhard/Heise, Gilbert (Hrsg.): Multi-Media und Marketing: Grundlagen und Anwendungen, S. 311-324.

Schmidt-Prestin, Barbara (1987): Neue Technik in Büro und Verwaltung rationell einsetzen - sozial gestalten, München 1987.

Schmitt, Neal/Stults, Daniel M. (1986): Methodology Review - Analysis of Multitrait-Multimethod Matrices, in: Applied Psychological Measurement, 10 (1986), S. 1-22.

Schmitz, Heinz (1990): Die Bedeutung von interaktiven Kommunikationssystemen am POS, in: Gruber, Hansjörg (Hrsg.): Der Handel für die Märkte von Morgen, Frankfurt/M. 1990, S. 172-181.

Schnell, Rainer/Hill, Paul B./Esser, Elke (1993): Methoden der empirischen Sozialforschung, München 1993.

Schönecker, Horst G. (1980): Bedienerakzeptanz und technische Innovation - Akzeptanzrelevante Aspekte bei der Einführung neuer Bürotechniksysteme, München 1980.

Schönecker, Horst G. (1982): Akzeptanzforschung als Regulativ bei Entwicklung, Verbreitung und Anwendung technischer Innovationen, in: Reichwald, Ralf (Hrsg.): Neue Systeme der Bürotechnik - Beiträge zur Büroarbeitsgestaltung aus Anwendersicht, Berlin 1982, S. 49-69.

Schönecker, Horst G. (1985): Kommunikationstechnik und Bedienerakzeptanz, Forschungsprojekt Bürokommunikation, Band 6, hrsg. von A. Picot/R. Reichwald, München 1985.

Schoop, Eric/Glowalla, Ulrich (1996): Internet und Online-Dienste - Eine guided tour durch den Dschungel der Multimedia-Kommunikation, in: Dieselben (Hrsg.): Deutscher Multimedia Kongreß '96 - Perspektiven multimedialer Kommunikation, Berlin 1996, S. 51-60.

Schreyögg, Georg (1993): Umfeld der Unternehmung, in: Wittmann, Waldemar/Kern, Werner/Köhler, Richard/Küpper, Hans-Ulrich/Wysocki, Klaus v. (Hrsg.) : Handwörterbuch der Betriebswirtschaft, 3. Band, 5. Auflage, Stuttgart 1993, Sp. 4231-4247.

Schubert, Frank (1986): Akzeptanz von Bildschirmtext in Unternehmungen und am Markt, Münster 1986.

Schulte, Christof (1989): Betriebliche Früherkennungssysteme, in WISU, Nr. 3, 18 (1989), S. 149-151.

Schulte, Dieter (1978): Die Bedeutung des F&E-Prozesses und dessen Beeinflußbarkeit hinsichtlich technologischer Innovationen, Bochum 1978.

Schumpeter, Joseph A. (1939): Business Cycles - a Theoretical, Historical and Statistical Analysis of the Capitalist Process, Band 1, New York 1939.

Schumpeter, Joseph A. (1947): The Creative Response in Economic History, in: Journal of Economic History, Nr. 2, 7 (1947), S. 149-159.

Schünemann, Thomas M./Bruns, Thomas (1985): Entwicklung eines Diffusions-modells für technische Innovationen, in: Zeitschrift für Betriebswirtschaft, Heft 2, 55 (1985), S. 166-185.

Schwier, Richard/Misanchuk, Earl (1993): Interactive Multimedia Instruction, Englewood Cliffs 1993.

Seitz, Willi/Rausche, Armin (1976): Persönlichkeitsfragebogen für Kinder zwischen 9 und 14 Jahren (PFK 9-14), Braunschweig 1976.

Short, John/Williams, Ederyn/Christie, Bruce (1976): The Social Psychology of Telecommunications, New York 1976.

Silberer, Günter (1994): Multimedia als Marketing-Instrumentarium, in: Werbeforschung & Praxis, Nr. 6, 39 (1994), S. 209-211.

Silberer, Günter (1995a): Marketing mit Multimedia im Überblick, in: Derselbe (Hrsg.): Marketing mit Multimedia -Grundlagen, Anwendungen und Management einer neuen Technologie im Marketing, Stuttgart 1995, S. 3-31.

Silberer, Günter (1995b): Verlockende Vielfalt - Multimedia im Marketing-Einsatz, in: Absatzwirtschaft, Nr. 9, 38 (1995), S. 76-81.

Silberer, Günter (1995c): Marketing und Multi-Media, in: Hünerberg, Reinhard/Heise, Gilbert (Hrsg.): Multi-Media und Marketing: Grundlagen und Anwendungen, Wiesbaden 1995, S. 85-103.

Simon, Hermann (1992): Preismanagement - Analyse, Strategie, Umsetzung, 2. Auflage, Wiesbaden 1992.

Souder, William E. (1987): Managing new product innovations, Massachusetts/Toronto 1987.

Späth, Georg-Michael (1995): Preisstrategien für innovative Telekommunikationsleistungen - Entwicklung eines DV-gestützten Simulationsansatzes, Wiesbaden 1995.

Spanik, Christian (1993): Multimedia - Einsteigen ohne auszusteigen, Haar 1993.

Stachelsky, Friedrich v. (1981): Laborakzeptanz von abrufbaren Bildschirm-Verbraucherinformationen, Berlin 1981.

Stachelsky, Friedrich v. (1983): Typologie und Methodik von Akzeptanzforschungen zu neuen Medien, in: Publizistik, Nr. 1, 28 (1983), S. 46-55.

Statistisches Bundesamt (Hrsg.): Fachserie 11, Reihe 4.4, Wiesbaden 1996, Tabelle 10.

Staudt, Erich (1983): Widerstände bei der Einführung neuer Technologien, in: VDI-Technologiezentrum (Hrsg.): Mikroelektronik - Chancen und Probleme, Berlin 1983.

Steffenhagen, Hartwig (1975): Industrielle Adoptionsprozesse als Problem der Marketingforschung, in: Meffert, Heribert (Hrsg.): Marketing heute und morgen, Wiesbaden 1975, S. 107-125.

Steiger, Patrick (1995): Die Akzeptanzprüfung bei Multimedia-Anwendungen, in: Silberer, Günter (Hrsg.): Marketing mit Multimedia - Grundlagen, Anwendungen und Management einer neuen Technologie im Marketing, Stuttgart 1995, S. 269-308.

Steinbrink, Bernd (1992): Multimedia - Einstieg in eine neue Technologie, München, 1992.

Steinhausen, Detlef/Langer, Klaus (1977): Clusteranalyse - Einführung in Methoden und Verfahren der automatischen Klassifikation, Berlin 1977.

Steinmetz, Ralf (1993): Multimedia-Technologie - Einführung und Grundlagen, Berlin 1993.

Steinmetz, Ralf/Rückert, Johannes/Racke, Wilfried (1990): Multimedia-Systeme, in: Informatik-Spektrum, Nr. 5, 13 (1990), S. 280-282.

Stipp, Horst (1994): Welche Folgen hat die digitale Revolution für die Fernsehnutzung? - Die amerikanische Debatte über die Zukunft des Fernsehens, in: Media Perspektiven, Heft 8 (1994), S. 392-400.

Strebel, Heinz (1968): Unsicherheit und Risiko der industriellen Forschung und Entwicklung, in: Betriebswirtschaftliche Forschung und Praxis, Heft 4, 20 (1968), S. 193-214.

Suchman, Edward A. (1967): Evaluative research - Principle and practice in public service and social action programs, New York 1967.

Swoboda, Bernhard (1996a): Die Bedeutung der Akzeptanzmessung bei modernen Informations- und Kommunikationstechnologien - theoretische und empirische Ergebnisse am Beispiel multimedialer Kundeninformationssysteme, St. Gallen 1996.

Swoboda, Bernhard (1996b): Interaktive Medien am Point of Sale - Verhaltenswissenschaftliche Analyse der Wirkung multimedialer Systeme, Wiesbaden 1996.

T

Tapscott, Don (1996): Die digitale Revolution - Verheißungen einer vernetzten Welt: die Folgen für Wirtschaft, Management und Gesellschaft, Wiesbaden 1996.

Thienen, Volker v. (1983): Technikfolgenabschätzung und sozialwissenschaftliche Technikforschung - eine Bibliographie, Berlin 1983.

Tonnemacher, Jan (1983): Kabelpilotprojekt Berlin - Thesen zu einer wissenschaftlichen Begleitforschung, in: Media Perspektiven, Heft 12 (1983), S. 876-885.

Topitsch, Ernst (1960): Über Leerformeln, in: Derselbe (Hrsg.): Probleme der Wissenschaftstheorie, Wien 1960, S. 233-264.

Topritzhofer, Edgar (1974a): Absatzwirtschaftliche Modelle des Kaufentscheidungsprozesses, Wien 1974.

Topritzhofer, Edgar (1974b): Modelle des Kaufverhaltens - Ein kritischer Überblick, in: Hansen, Hans R. (Hrsg.): Computergestützte Marketing-Planung, München 1974, S. 35-73.

Tornatzky, Louis G./Klein, Katherine J. (1982): Innovation Characteristics and Innovation Adoption-Implementation - A Meta-Analysis of Findings, in: IEEE Transactions on Engineering Management, Nr. 1, 29 (1982), S. 28-45.

Triandis, H.C. (1971): Attitude and Attitude Change, New York 1971.

Trommsdorff, Volker (1975): Die Messung von Produktimages für das Marketing - Grundlagen und Operationalisierung, Köln 1975.

U

Ulich, Eberhard/Großkurth, Peter/Bruggemann, Agnes (1973): Neue Formen der Arbeitsgestaltung, Frankfurt/M. 1973.

Urchs, Ossi (1993): Multimedia - Jetzt steht der Mensch im Mittelpunkt, in: Multimedia - Zukunft erleben, Verlagsbeilage zur Internationalen Funkausstellung der Vereinigten Motor-Verlage, S. 3.

Utterback, J. M. (1971): The process of Innovation - A Study of the Origination and Development of Ideas for New Scientific Instruments, in: IEEE-Transactions on Engineering Management, 18 (1971), S. 124-131.

V

Varian, Hal R. (1989): Grundzüge der Mikroökonomik, München 1989.

W

Wallau, Siegfried (1990): Akzeptanz betrieblicher Informationssysteme - eine empirische Untersuchung, Arbeitsberichte des Lehrstuhls für Wirtschaftsinformatik der Universität Tübingen, Tübingen 1990.

Walters, Michael (1984): Marktwiderstände und Marketingplanung - strategische und taktische Lösungsansätze am Beispiel des Textverarbeitungsmarktes, Wiesbaden 1984.

Weber, Max (1967): Rechtssoziologie, Neuwied 1967.

Webster, Frederick E. jr./Wind, Yoram (1972): Organizational Buying Behavior, Englewood Cliffs 1972.

Weiber, Rolf (1992): Diffusion von Telekommunikation - Problem der kritischen Masse, Wiesbaden 1992.

Weiber, Rolf (1993): Die Bedeutung von Standards bei der Vermarktung von Systemtechnologien, in: Droege, Walter P. J./Backhaus, Klaus/Weiber, Rolf (Hrsg.): Strategien für Investitionsgütermärkte - Antworten auf neue Herausforderungen, Landsberg/Lech 1993, S. 146-161.

Weiber, Rolf/Adler, Jost (1995a): Informationsökonomisch begründete Typologisierung von Kaufprozessen, in: Zeitschrift für betriebswirtschaftliche Forschung, Nr. 1, 47 (1995), S. 43-65.

Weiber, Rolf/Adler, Jost (1995b): Positionierung von Kaufprozessen im informationsökonomischen Dreieck - Operationalisierung und verhaltenswissenschaftliche Prüfung, in: Zeitschrift für betriebswirtschaftliche Forschung, Nr. 2, 47 (1995), S. 99-123.

Weiber, Rolf/Kollmann, Tobias (1995): Die Vermarktung von Multimedia-Diensten: Akzeptanzprobleme bei interaktivem Fernsehen, Forschungsbericht Nr. 3 zum Marketing des Lehrstuhls für Marketing der Universität Trier, hrsg. von R. Weiber, Trier 1995.

Weiber, Rolf/Kollmann, Tobias (1996a): Die Akzeptanz von interaktivem Fernsehen - Anforderungen an ein neues Multimedium, in: Glowalla, Ulrich/Schoop, Eric (Hrsg.): Deutscher Multimedia Kongreß'96 - Perspektiven multimedialer Kommunikation, Berlin 1996, S. 163-169.

Weiber, Rolf/Kollmann, Tobias (1996b): Interaktives Fernsehen - Information schlägt Unterhaltung, in: Absatzwirtschaft, Nr. 2, 39 (1996), S. 94-99.

Weiber, Rolf/Kollmann, Tobias (1997a): Wettbewerbsvorteile auf virtuellen Märkten - vom Marketplace zum Marketspace, in: Link, Jörg/Brändli, Dieter/Schleuning, Christian/Kehl, Roger E. (Hrsg.): Handbuch Database Marketing, Ettlingen 1997, S. 513-530.

Weiber, Rolf/Kollmann, Tobias (1997b): Der Wettbewerb auf virtuellen Märkten - Perspektiven eines Marketing im Multimedia-Zeitalter, in: DBW (eingereicht).

Weiber, Rolf/Kollmann, Tobias (1997c): Competitive advantages in virtual markets - perspectives of „information-based-marketing" in Cyberspace, in: European Journal of Marketing (EJM), Special Issue of Marketing in Cyberspace, (im Druck).

Weiber, Rolf/Kollmann, Tobias (1997d): Interactive Marketing - von der medialen Massen - zur multimedialen Einzelkommunikation, in: Link, Jörg/Brändli, Dieter/Schleuning, Christian/Kehl, Roger E. (Hrsg.): Handbuch Database Marketing, Ettlingen 1997, S. 533-555.

Weiber, Rolf/Kollmann, Tobias (1997e): Die Verwendung multimedialer Lehrtechniken im universitären Einsatz, in: Weiber, Rolf/Kollmann, Tobias (Hrsg.): Die Akzeptanz von interaktiven Multimedia-Programmen im universitären Einsatz - Empirische Ergebnisse eines Pilotversuchs des Lehrstuhls für Marketing an der Universität Trier, Forschungsbericht Nr. 4 zum Marketing des Lehrstuhls für Marketing der Universität Trier, Trier 1997, S. 1-37.

Weiber, Rolf/Pohl, Alexander (1994): Leapfrogging bei der Adoption neuer Technologien - Theoretische Fundierung und empirische Prüfung, Arbeitspapier Nr. 2 zur Marketingtheorie des Lehrstuhls für Marketing der Universität Trier, hrsg. von R. Weiber, Trier 1994.

Weiber, Rolf/Pohl, Alexander (1995): Einführung technologischer Innovationen, Lehrbrief des weiterbildenden Studiums Technischer Vertrieb, hrsg. von M. Kleinaltenkamp, Berlin 1995.

Weiber, Rolf/Pohl, Alexander (1996a): Das Phänomen der Nachfrage-Verschiebung - Informationssucher, Kostenreagierer und Leapfrogger, in: Zeitschrift für Betriebswirtschaft, Heft 6, S. 675-696.

Weiber, Rolf/Pohl, Alexander (1996b): Leapfrogging-Behavior - Ein adoptionstheoretischer Erklärungsansatz, in: Zeitschrift für Betriebswirtschaft, Heft 10, S. 1203-1222.

Weiss, Allen M./John, George (1989): Leapfrogging Behavior and the Purchase of Industrial Innovations, Technical Working Paper des Marketing Science Institute, Report Nr. 89-110, Cambridge/Massachusetts 1989.

Weiss, Robert (1994): Interaktives Multimedia: mehr als nur ein Schlagwort?, in: io Management Zeitschrift, Nr. 1, 63 (1994), S. 18-21.

Wenderoth, Axel (1995): Multi-Media am Point-of-Information - Messemarketing bei Hoechst, in: Hünerberg, Reinhard/Heise, Gilbert (Hrsg.): Multi-Media und Marketing: Grundlagen und Anwendungen, Wiesbaden 1995, S. 347-357.

Werner, Josua (1967): Das Verhältnis von Theorie und Geschichte bei Joseph A. Schumpeter, in: Montaner, Antonio (Hrsg.): Geschichte der Volkswirtschaftslehre, Köln 1967, S. 277-295.

Wiedemann, Herbert (1982): Organisationspsychologische Fragen der Akzeptanz bei der Implementierung neuer Bürotechnik am Beispiel eines EDV-Kommunikations- und Entwicklungssystems, in: Reichwald, Ralf (Hrsg.): Neue Systeme der Bürotechnik - Beiträge zur Büroarbeitsgestaltung aus Anwendersicht, Berlin 1982, S. 133-142.

Wiley, D. E./Wiley, J. A. (1971): The Estimation of Measurement Error in Panel Data, in: Blalock, H. M. jr. (Hrsg.): Causal Models in the Social Sciences, Chicago 1971.

Witte, Eberhard (1973): Organisation für Innovationsentscheidungen - Das Promotoren-Modell, Göttingen 1973.

Witte, Eberhard (1977): Organisatorische Wirkungen neuer Kommunikationssysteme, in: Zeitschrift für Organisation, Nr. 7, 46 (1977), S. 361-367.

Witte, Eberhard (1981): Telekommunikation zwischen Euphorie und Fortschrittsangst, in: Siemens Zeitschrift, Heft 2, 55 (1981), S. 2-5.

Wittkemper, Gerd (1995): Vorwort, in: Booz • Allen & Hamilton (Hrsg.): Zukunft Multimedia - Grundlagen, Märkte und Perspektiven in Deutschland, 2. Auflage, Frankfurt/M. 1995, S. 9-12.

Wittmann, Werner W. (1985): Evaluationsforschung - Aufgaben, Probleme und Anwendungen, Berlin 1985.

Wöhe, Günter (1993): Einführung in die allgemeine Betriebswirtschaftslehre, 18. Auflage, München 1993.

Wold, Herman (1982): Systems Under Indirect Observation Using PLS, in: Fornell, Claes (Hrsg.): A Second Generation of Multivariate Analysis, Vol. 1: Methods, New York 1982, S. 325-347.

Z

Zahn, Erich (1991): Innovation und Wettbewerb, in: Müller-Böling, Detlef/Seibt, Dietrich/Winand, Udo (Hrsg.): Innovations- und Technologiemanagement, Stuttgart 1991, S. 115-133.

nbf neue betriebswirtschaftliche forschung

(Fortsetzung von Seite II)

Band 151 Mag. Dr. Ulrike Hugl
Qualitative Inhaltsanalyse und Mind-Mapping

Band 152 Prof. Dr. Dodo zu Knyphausen-Aufseß
Theorie der strategischen Unternehmensführung

Band 153 Dr. Frank H. Witt
Theorietraditionen der betriebswirtschaftlichen Forschung

Band 154 Dr. Jörg B. Kühnapfel
Marketing für Telekommunikations-Dienstleistungen

Band 155 Dr. Katja Schimmelpfeng
Kostenträgerrechnung in Versicherungsunternehmen

Band 156 Dr. Olaf Plötner
Das Vertrauen des Kunden

Band 157 Prof. Dr. Ronald Bogaschewsky
Natürliche Umwelt und Produktion

Band 158 Dr. Rudolf Large
Unternehmerische Steuerung von Ressourceneignern

Band 159 Dr. Thomas Walter
Kosten/Nutzen-Management für Informations- und Dokumentationsstellen

Band 160 Dr. Dirk Schiereck
Internationale Börsenplatzentscheidungen institutioneller Investoren

Band 161 Dr. Britta Schulze-Wischeler
Lean Information

Band 162 Prof. Dr. Martin Glaum
Internationalisierung und Unternehmenserfolg

Band 163 Dr. Jörg Henneböle
Executive Information Systems für Unternehmensführung und Controlling

Band 164 Dr. Henning Kreisel
Zentralbereiche

Band 165 Dr. Jürgen Eisele
Erfolgsfaktoren des Joint Venture-Management

Band 166 Prof. Dr. Harald Hungenberg
Zentralisation und Dezentralisation

Band 167 Dr. Martin Möhrle
Prämarketing

Band 168 Dr. Thomas Schubert
Strategische Allianzen im internationalen Bankgeschäft

Band 169 Dr. Olaf Göttgens
Erfolgsfaktoren in stagnierenden und schrumpfenden Märkten

Band 170 Dr. Volker Schultz
Projektkostenschätzung

Band 171 Dr. Kai Gruner
Beschleunigung von Marktprozessen

Band 172 Dr. Wilfried Gebhardt
Organisatorische Gestaltung durch Selbstorganisation

Band 173 Dr. Stefan Nabben
Circuit Breaker

Band 174 Dr. Martin Wiegand
Prozesse Organisationalen Lernens

Band 175 Dr. Roland Wolf
Aktienoptionsstrategien und Steuerbilanz

Band 176 Dr. Rainer Jäger
Grundsätze ordnungsmäßiger Aufwandsperiodisierung

Band 177 Dr. Michael Greth
Konzernbilanzpolitik

Band 178 Dr. Stefan Winter
Prinzipien der Gestaltung von Managementanreizsystemen

Band 179 Dr. Heinz K. Stahl
Zero-Migration

Band 180 Dr. Nathalie Noll
Gestaltungsperspektiven interner Kommunikation

Betriebswirtschaftlicher Verlag Dr. Th. Gabler GmbH, Postfach 15 46, 65005 Wiesbaden

nbf neue betriebswirtschaftliche forschung

Band 181 Dr. Johannes M. Lehner
Implementierung von Strategien

Band 182 Dr. Stephan Popp
Multinationale Banken im Zukunftsmarkt VR China

Band 183 Dr. Alexander Pohl
Leapfrogging bei technologischen Innovationen

Band 184 Dr. Jörg Schlüchtermann
Planung in zeitlich offenen Entscheidungsfeldern

Band 185 Dr. Marcel Crisand
Pharma-Trends und innovatives Pharma-Marketingmanagement

Band 186 Dr. Friederike Wall
Organisation und betriebliche Informationssysteme

Band 187 Dr. Christine Autenrieth
Wandel im Personalmanagement

Band 188 Dr. Martin Faßnacht
Preisdifferenzierung bei Dienstleistungen

Band 189 Dr. Horst Bienert
Der Marktprozeß an Aktienbörsen

Band 190 Dr. Reinhard Schulte
Kursänderungsrisiken festverzinslicher Wertpapiere

Band 191 Dr. Klaus Ries
Vertriebsinformationssysteme und Vertriebserfolg

Band 192 Dr. Christina A. Weiss
Die Wahl internationaler Markteintrittsstrategien

Band 193 Dr. Andreas Matje
Kostenorientiertes Transaktionscontrolling

Band 194 Dr. Michael Leonhard Bienert
Standortmanagement

Band 195 Dr. Reinhold Kosfeld
Kapitalmarktmodelle und Aktienbewertung

Band 196 Dr. Bärbel Friedemann
Umweltschutzrückstellungen im Bilanzrecht

Band 197 Dr. Gabriele Rother
Personalentwicklung und Strategisches Management

Band 198 Dr. Frank Kersten
Simulation in der Investitionsplanung

Band 199 Dr. Peter Witt
Planung betrieblicher Transformationsprozesse

Band 200 Dr. Bibi Hahn
Erfolgsfaktor Managementpotential

Band 201 Dr. Ralf Antes
Präventiver Umweltschutz und seine Organisation in Unternehmen

Band 202 Dr. Andreas Herrmann
Nachfrageorientierte Produktgestaltung

Band 203 PD Dr. Silvia Föhr
Organisation und Gleichgewicht

Band 204 Dr. Jost Adler
Informationsökonomische Fundierung von Austauschprozessen

Band 205 Dr. Jost Schwaner
Integration von Kunden und Lieferanten

Band 206 PD Dr. Stefan Betz
Operatives Erfolgscontrolling

Band 207 Dr. Matthias Wolz
Die Krisenwarnfunktion des Abschlußprüfers

Band 208 Dr. Norbert Klink
Anleihenbewertung auf unvollkommenen Kapitalmärkten

Band 209 Univ.-Doz. Dr. Kurt V. Auer
International harmonisierte Rechnungslegungsstandards aus Sicht der Aktionäre

Band 210 Dr. Bettina Büchel
Development of Joint Ventures

Band 211 Dr. Philip Lettmann
Internationale Rechnungslegung

Betriebswirtschaftlicher Verlag Dr. Th. Gabler GmbH, Postfach 15 46, 65005 Wiesbaden

nbf neue betriebswirtschaftliche forschung

Band 212 Dr. Christian Noss
Zeit im Management

Band 213 Dr. Alan Hippe
Interdependenzen von Strategie und Controlling in Unternehmensnetzwerken

Band 214 Dr. Joachim Tarara
Ökologieorientierte Informationsinstrumente in Unternehmen

Band 215 Dr. Harald Werner
Relationales Beschaffungsverhalten

Band 216 Dr. Dorothea Alewell
Die Finanzierung betrieblicher Weiterbildungsinvestitionen

Band 217 Dr. Niko Mohr
Kommunikation und organisatorischer Wandel

Band 218 Dr. Tomás Bayón
Neuere Mikroökonomie und Marketing

Band 219 Dr. Andreas Al-Laham
Strategieprozesse in deutschen Unternehmungen

Band 220 Dr. Bernd Helmig
Variety-seeking-behavior im Konsumgüterbereich

Band 221 Dr. B. Peter Utzig
Kundenorientierung strategischer Geschäftseinheiten

Band 222 Dr. Madeleine Janke
Dauerschuldverträge und Grundsätze ordnungsmäßiger Bilanzierung

Band 223 Dr. Sibylle Isabelle Peter
Kundenbindung als Marketingziel

Band 224 Dr. Eckart Schmitt
Strategien mittelständischer Welt- und Europamarktführer

Band 225 Dr. Hans-Knud Arndt
Betriebliche Umweltinformationssysteme

Band 226 Dr. Ingo Kiedaisch
Internationale Kunden-Lieferanten-Beziehungen

Band 227 Dr. Heide Vornkahl
Marktforschung als Informationsverhalten von Unternehmen

Band 228 Dr. Andreas Klein
Controllinggestütztes Produktmanagement

Band 229 Dr. Axel Baden
Strategische Kostenrechnung

Band 230 PD Dr. Joachim Büschken
Sequentielle nicht-lineare Tarife

Band 231 PD Dr. Manfred Schwaiger
Multivariate Werbewirkungskontrolle

Band 232 Dr. Kjell E. Gruner
Kundeneinbindung in den Produktinnovationsprozeß

Band 233 Dr. Reinhard Schütte
Grundsätze ordnungsmäßiger Referenzmodellierung

Band 234 Dr. Jörg Vogt
Vertrauen und Kontrolle in Transaktionen

Band 235 Dr. Kai Wiltinger
Preismanagement in der unternehmerischen Praxis

Band 236 Dr. Achim Walter
Der Beziehungspromotor

Band 237 Dr. Matthias Bank
Die Gestaltung von Finanzierungskontrakten und die Rolle von Finanzintermediären zur Lösung von Informationsproblemen bei der Kapitalüberlassung (Arbeitstitel)

Band 238 Dr. Georg Wübker
Preisbündelung

Band 239 Dr. Tobias Kollmann
Akzeptanz innovativer Nutzungsgüter und -systeme

Band 240 Dr. Bernd Garbe
Industrielle Dienstleistungen

Band 241 Dr. Bettina Rudolph
Kundenzufriedenheit im Industriegüterbereich

Band 242 Dr. Markus Nöth
Informationsaggregation und Insidererkennung in Finanzmärkten

Band 243 Dr. Joachim Houtman
Elemente einer umweltorientierten Produktionstheorie

Betriebswirtschaftlicher Verlag Dr. Th. Gabler GmbH, Postfach 15 46, 65005 Wiesbaden